JN129564

リジェネラティブ・リーダーシップ

「再生と創発」を促し、生命力にあふれる人と組織のＤＮＡ

ローラ・ストーム
ジャイルズ・ハッチンズ
著
小林泰紘
翻訳

英治出版

本書の目的

この本を書き上げた今、私たちには、
両家族合わせて3人の娘がいます。

そしてローラはもう1人、新たな生命の出産をひかえています。

7歳に満たないこの子どもたちに、
私たちはどのような世界をつないでいくことができるのでしょうか。

そんな問いかけがいつも私たちの内側から聞こえています。

地球の生態系が息吹を取り戻し、
子どもたちが人として生きる喜びを目一杯に感じながら生きていくには
どうすればいいのでしょうか。

地球という船は壊滅へと向かっています。
新たな方向へと舵を切らなければなりません。
そのために本書を執筆しました。

リーダーが現在の苦境から抜けだして、
人々が生きる実感を取り戻し、
組織が活力に溢れ、生命の生態系が繁栄していく。

そんなリジェネラティブ・リーダーシップのアプローチを提示することが
本書の目的です。

本書は、私たちの子どもたち、
そしてその次の子どもたちに捧げます。

リリーベル、ヘーゼル、ロキシー、
ローラのお腹の中にいる赤ちゃんに。

そしてこの偉大なる地球に生まれてくる
すべての子どもとあらゆる生命に。

Regenerative Leadership

The DNA of life-affirming 21st century organizations

by Giles Hutchins and Laura Storm

本書に寄せられた推薦文

リジェネラティブ・リーダーシップは、リジェネラティブなビジネスを指向するすべての人や組織に求められる、最も重要かつほとんど理解されていない能力に光を当てている。それは本書で「リジェネラティブ・リーダーシップのDNA」と呼ばれるモデルを織りなす、3つのダイナミクスを理解し、体現しながら生きる力だ。

私たち自身と私たちが一部を成す全体性（ホールズ）の発達、そしてより大きな生命界への人類ならではの貢献に同時に取り組むために必要な意識を高めることで、地球が必要としている再生する力（リジェネラティブ・キャパシティ）を獲得することができるかもしれない。

パメラ・マン
リジェネシス共同設立者、*Regenerative Development and Design* 共著者

世界は急速に変化しているが、組織はそのスピードに追いつけていない。本書は、リジェネレーションに向けた変化の触媒（カタリスト）となり、21世紀の世界を牽引するようにリーダーたちに呼びかける。

クリスティアーナ・フィゲレス
気候変動に関する国際連合枠組条約 元事務総長

自然界にインスピレーションを求めるリジェネラティブ・リーダーシップの原則は、ビジネスにおいても人生においても躍動に満ちた道を進むためのフレームワークを提供してくれる。

ライアン・ゲラート
パタゴニア CEO

世界の喫緊の課題は相互につながりあっており、システミックな視点を通じてのみ解決に向かうことができる、という避けることのできない結論からリジェネラティブ・リーダーシップははじまる。自然界の知恵や法則に基づく考え方、在り方、やり方を提示してくれる本書は希望だ。ビジネスリーダーたちは、思考が拡張されていくこの旅路をきっと楽しむことができるだろう。

アンドリュー・ウィンストン
サステナビリティ・ストラテジスト、『ビッグ・ピボット』（英治出版）著者

凡例

・読みやすさを考慮して、適宜改行、太字、傍点などを加えた
・原注は本文中に番号を振って巻末に掲載した
・訳注は＊印をつけて脚注あるいは文章内に簡易版を、詳細版を巻末の訳注一覧に記載した
・書籍名は未邦訳のものは原題を添え、邦訳されているものは出版社名を添えた。なお、引用部分については書籍内の文脈を考慮して独自に訳出した箇所もある

訳者まえがき
なぜ今、リジェネラティブ・リーダーシップなのか？

「豊かで持続可能な社会づくりを目標に掲げていたとしても、リーダー自身が内なる生命と調和していなければ、本当に必要な変容は起こっていかない」

2019年春、私はデンマークの首都コペンハーゲンにある国立公園で、本書の共著者であるローラとジャイルズに出会いました。2人が主催したワークショップで冒頭の言葉を聞いたとき、「こんなにも自分の世界観と共鳴し、その知恵をビジネスで活用できるように体系化している人たちがいる!」と感銘を受けたのを今でも覚えています。

私は普段、循環や環境再生、人と自然の関係性をテーマに企業や自治体の組織変革やリーダーシップ醸成、事業づくりなどを支援していますが、当時の日本では「リジェネレーション」や「リジェネラティブ」という概念はほとんど知られておらず、「サステナビリティ」というテーマですらどこか他人事のような雰囲気でした。しかし、このままでは気候変動や生物多様性の危機がますます進行していくことは明らかで、持続可能な社会経済システムへの本格的な移行を進めるためには表面的な手法のみならず、1人ひとりのものの見方や内面の変容が同時に問われていくだろう――。そんな風に感じていた私にとって、本書のメッセージは、自分の活動とも深く共鳴し、勇気と活力を与えてくれました。

それから5年の歳月を経て、新型コロナウイルス感染症のパンデミックや各地での戦争・紛争、環境危機の加速など、世界の状況は大きく変化しました。しかし、生命とのつながりを取り戻し、分断から再統合へと向かおうとする本書のメッセージは、色あせるどころか、ますますその意義を強めているのではないでしょうか。当時の私は自分自身で翻訳をすることになるとは想像していませんでしたが、多くの方々に支えられ、こうして出版を迎えられたことをとても嬉しく思います。

本書が提唱する「リジェネラティブ・リーダーシップ」は、時代の急激な変化や高まる複雑性に適応しながら、自然環境と調和した新たな未来への道筋を切り拓くリーダーたちの実践や在り方をもとに、生命システム論に根ざした独自のリーダーシップ・モデルとして体系化されたものです。

組織をバラバラの部品からなる「機械」ではなく、相互につながりあう「生命システム」として捉え、あらゆるステークホルダーの生命の繁栄を大切にする。そして、自身の内面や生命感覚に深くつながりながら、自分たちを取り巻く外部システムの活力や、森羅万象が相互につながりあう自然界の動態への感度を高め、呼応し、システム全体の創発的な変容を促していく。

こうした創造的な再生者（リジェネレーター）としてのリーダーの役割は、ビジネスや仕事という範疇にとどまらず、あらゆる状況において、私たちがどのように自分や他者、世界と関わり、生きていくのかという問いと向き合うことを意味します。

日本では、時に厳しい自然環境に畏怖・畏敬の念を抱きながら、自然と共に生きていくための暮らしや精神性を育み、その知恵を身体化させながら継承していく文化や技術が古くから培われてきました。自然を一方的に支配・搾取するのではなく、人もその一部として関わり、手を入れ、相互につながりあういのちの生態系を持続的に育んでいく。近代化に伴い失われつつあるものの、多くの人がそうした感覚や考え方に多少なりとも馴染みがあるのではないでしょうか。一方で、ビジネスや社会活動においては、西洋近代の論理や機械論的な考え方が優先され、東洋的な精神性や叡智は切り離され、置き去りにされているのが現実です。

リジェネラティブ・リーダーシップは、そうした日本が古来育んできた自然観や知恵に再び光を当てるとともに、ビジネスや組織、社会活動の実践へとつなぎ直していく突破口になるのではないか、と私は思っています。従来のビジネスの考え方や経営手法に限界を感じ、自然と調和した営みを実践していきたいが、その一歩をどのように踏みだし、周囲を巻きこみ、広げていけばいいのかを模索している方にとって、多くの示唆を与えてくれるでしょう。

生命のつながりを取り戻す

本書には、根底に流れるテーマが大きく2つあります。

1つは「生命のつながりを取り戻す」こと。単に自然や生命を大切にしようというだけでなく、生命の捉え方そのものをシフトさせていく必要性を提示しています。これまでも、自然界から学ぶことを重要視するリーダーシップや組織論は数多く存在しました。しかし、どんなに自然界から学ぶ発想を取り入れたところで、近代的な文明発展の中で強固に訓練されてきた機械論的な見方や論理で捉えている限り、私たちは生命の深淵な営みから遠ざかっていってしまう（それどころか、時として生命をむしばむ「生命盗用」になりかねない）と本書は指摘します。

人と自然を二項対立的に切り離すのではなく、あらゆるものが相互につながりあう、動的な生命システムとして世界を感受し、絶え間なくめぐる生命の流れの中で今この瞬間を生き、さまざまな営みを展開していくこと。そのためには、リーダー自身が、頭だけでなく、身体や感情、直感的な知性を含めた全体性を取り戻し、内なる生命性と深くつながった在り方へとシフトしていく必要があることを静かに、かつ力強く伝えています。

内と外の再統合

もう1つは「内と外の再統合」というテーマです。

昨今は日本でも、「リジェネレーション」や「ネイチャーポジティブ」という言葉を耳にする機会も増えていますが、1人ひとりの内なる自然や感受性を取り戻すことなしに、（自分たちから切り離された）外部の自然環境の話に終始してしまいやすい傾向があります。それに対し、本書が提示するパラダイムでは、気候変動や生物多様性、食糧危機、構造的な社会経済格差など現代社会が抱える複雑なシステム課題は、自分とは切り離された「どこか外の世界」の話ではなく、私たち自身の「内面の在り方」と深く結びついていると捉えられます。

共著者のローラは、世界経済フォーラムのヤング・グローバル・リーダーズに選出され、2015年にパリで開催されたCOP21（国連気候変動枠組条約締約国会議）に関わるなどサステナビリティの専門家として第一線で活躍してきましたが、あるとき、事故で脳の外傷性損傷を負います。本書でも語られる、そこからはじまる「終わりの見えない悪夢のような」日々——長く厳しい冬の時期——をゆっくりと受け入れ、内なる生命の躍動と静かに向き合っていく死と再生の過程を通じて、彼女自身のリジェネラティブ・リーダーとしての旅路が動き出していきます。外側のサステナビリティだけでなく、内なるサステナビリティを切り離さずに再統合していく旅路です。

リジェネレーションとは、地球生態系の再生であると同時に、私たち人間自身の再生でもあります。とはいえ、現代の社会経済システムの中で、生命システム論のパラダイムや内なる生命感覚を日々の仕事や社会活動につなげていこうとする営みには、常に微細なバランス感覚が問われます。自然界や生命の営みへの身体的な実感や内なるつながりを取り戻さないまま、表層的な思考で外側のシステムだけを扱おうとすると、人類が集団として抱えているトラウマや分断はますます深まるばかりです。かといって、内なる世界を大切にするがあまり閉じこもってしまうと、他者や社会システムとの接触領域（コンタクトゾーン）において生じる違和感やテンション（緊張構造）が生みだす創発的な余白（スペース）が失われてしまいます。

内なる導きに耳を澄ませていくと同時に、それを現実社会でかたちにしていくためには、内に閉じこもることなく外へもひらかれ、絶えずゆらぎ、決して居心地がいいだけではない動的な流れの中に身をおき、常に自らを生成しながら、異なる他者や世界と関わり続けていくほかありません。本書で語られるリジェネラティブ・リーダーシップの世界観やエッセンスは、そうした能力を養っていくためのガイドとなるはずです。

現代に起こる地球規模での危機的な状況から目を背けるのでもなく、内に抱えた痛みや分断を加速させるのでもなく、内と外のつながりを取り戻しながら、本来誰もが持つ生き物としての感受性や全体性、取り巻く生命システムとの調和的な関わり方を回復させていくこと。それは、本書の中で引用される未来学者ジョン・ネイスビッツの次の言葉のように、この地球で人が生きていくことの真の意味に気づき、未来世代へと希望をつないでいく営みに他なりません。

「21世紀最大の躍進（ブレイクスルー）は、テクノロジーによるものではなく、人間存在の意味が拡張されることによって起こるだろう」

日本における共鳴と実践の輪を広げていくために

本書と出会ってから5年。私は日本においてリジェネラティブ・リーダーシップを知ってもらうための活動を少しずつ展開してきました。アクティブ・ブック・ダイアローグ（ABD）という手法を使った原著の読書会、リジェネラティブ・リーダーシップの世界観を学ぶオンラインプログラムの開講、山梨や千葉、遠野、屋久島などの自然豊かなフィールドで身体感覚を深めながら、リジェネラティブ・リーダーシップを学ぶ体験型プログラムの開発・提供などを通じて、これまで延べ200名ほどの経営者やビジネスリーダー、興味・関心を寄せる企業・個人と学びを分かち合ってきました。嬉しいのは、そうした人たちから共感・共鳴の輪が広がり、それぞれの現場での多様な実践が生まれていることです。

目の前の売上を追い求めるあまり組織が疲弊し、何かを変えなければならないと感じていた某企業の経営者Wさんは、体験型の研修プログラムを通じて、リジェネラティブ・リーダーシップの概念を学び、森の中で1人きりの時間を過ごす中で自身の変化が起こっていったと言います。

「今でも印象に残っている光景は、森の中で見かけた1本の倒木です。研修初日の私は、その倒木を『役に立たなくなったもの』と認識していました。しかし、プログラムの中で森に何度か足を運ぶうちに、その崩れかけた倒木は土と一体となり、新しい命の芽を育んでいることに気づきました。無意味なものは存在せず、すべてが循環している。その事実を理解したとき、私の目に映る景色はまったく違ったものになっていました。会社での振る舞いにも変化が生じ、自分自身のリーダーシップも少しずつ、より持続的で、自然と調和した形に変わっていきました」

また、米国ワシントンD.C.在住で、国際金融機関のプロジェクトリーダーを務めるIさんは、一時帰国時に私たちのプログラムに参加して、本書のエコシステミック・マッピングを実践しました。そこで自身を取り巻く組織のエコシステムとビジョンを再発見し、浮かびあがってきた今後のアクションプランを行動に移しはじめています。

他にも、リジェネレーションやネイチャーポジティブをテーマに新規事業起案チームを立ち上げたメーカーの事業開発担当者の方、自分の地域で環境再生や生物多様性回復の取り組みをスタートした自治体職員の方、家族やチームとの関係性に変化が起こりはじめた方など、業界や分野、法人／個人を問わず、少しずつ、でも確かにそれぞれのフィールドでの実践がはじまっています。

もちろん、従来の組織・社会システムの中で新たなパラダイムに根ざした萌芽を育み、実践するには、うまくいかないことや困難もつきものです。そんなときに、志を同じくし、試行錯誤を分かち合える仲間がいることは大きな勇気を与えてくれます。本書を読んで、何かを感じた方は、ぜひこうした実践者のコミュニティの仲間に加わってください。

本書の構成と読み方のガイド

本書の大まかな構成についても概観しておきます。

3部から構成されており、PART1は、分断と再統合をテーマに、今の時代にリジェネラティブ・リーダーシップが必要とされている背景を人類の歴史や時代洞察をもとに明らかにしていくパートです。

1章では、数万年かけて人類が歩んできた歴史をたどりながら、現代社会が抱えるさまざまな課題の根本に潜む分断——人と自然、男性性と女性性、右脳と左脳、内と外という4つの分断——の構造が明らかにされます。

2章では、複雑性の高まるビジネス環境における、従来の機械論的なビジネス観や組織観の限界と共に、急速に加速する地球規模での生態系の危機と私たち自身の内面の危機が相互につながりあっていることが指摘されます。そして3章では、分断から再統合へ向かうための根本的なパラダイム変容——生命システム論に根ざしたリジェネラティブ・リーダーとしての意識の変容——の必要性が提示されます。

PART2では、リジェネラティブ・リーダーシップの具体的なモデルと構成要素が説明されます。著者たちは、経営やサステナビリティに関する長年の経験を通じて、新たな未来を切り拓くビジネスリーダーたちが、従来とは異なる性質や役割を担っていることを見出しました。

組織や事業を生命システムとして捉え、多様なステークホルダーや1人ひとりの生命の躍動を大切にする。そして、内なる感覚と深くつながりながら、外側への感度を高め、自然界の原理・原則に根ざしたシステムの変容を促していく。そうした実践のよりどころとなるのが、生命の営みを支える7つの原則として定義される**ロジック・オブ・ライフ**（4章）と、実践体系を提示する**リジェネラティブ・リーダーシップのDNAモデル**です。

DNAモデルは、**ライフ・ダイナミクス**と**リーダーシップ・ダイナミクス**と呼ばれる二筋の異なる流れが織りなす二重らせん型のモデルで（5章）、その交わりの中に、**生命システムデザイン**、**生命システムカルチャー**、**生命システムビーイング**という3つの実践領域が示され、それぞれの領域を構成する17の要素が紹介されていきます（6・7・8章）。

とりわけ、これからの時代のリーダーシップの要として、自身や組織を取り巻くシステムのツボ（レバレッジ・ポイント）を感受し、エネルギーの循環や活性化を促すことで、より活力溢れた生命の生態系を育んでいく**エコシステミック・ファシリテーター**としての役割を提示した意義は特筆に値します（7章）。

それは、明確な答えやビジョンを示し、トップダウンで人々を動かしていく指導型のリーダーシップでもなければ、ボトムアップでメンバーの支援に徹する奉仕型のリーダーシップとも異なります。**セルフ・アウェアネス**（自身の内で起こっていることへの自覚性）と、**システミック・アウェアネス**（取り巻く生命システムにおける流れや力学への自覚性）の双方を涵養していくことで、さまざまなステークホルダーとのつながりあいの中で、自ずと創発が起こっていくような環境条件と流れを調え、取り巻く生命システムそのものの変容を促していく営みです。

動植物や菌類などの無数の存在が複雑に絡まりあい、それぞれの生命活動を営むことで、多様性溢れる森や豊かな水の循環を育んでいるように、絶え間なく相互に影響し合う個と全体の動的なバランスの中で、生命システムとしての組織や集団が本来持つポテンシャルを解き放つことを指向しています。

最後のPART3は、実践編です。リジェネラティブ・リーダーシップのモデルや考え方を、個人レベル・組織レベルで実践・応用していくためのツールやエクササイズが紹介されています。

組織やチームで活用できる診断ツールや取り巻く生態系システムの状態を可視化するワーク（9章）、リジェネラティブ・リーダーシップの旅路に踏みだすための質問集（第10章）、個人・組織それぞれのレベルで取り入れることのできる具体的なツール群（第11章）など、従来のパラダイムや既存の仕組みとバランスをとりながら、リジェネラティブなパラダイムへと移行・変容していくためのさまざまなガイドが示されています。読者はそれぞれの状況に合わせて、リジェネラティブ・リーダーシップの旅路へと踏みだすことができるでしょう。

読み方として、1章から順に読みすすめていくことをおすすめはしますが、もし端的にリジェネラティブ・リーダーシップの世界観や中身を知りたいという方は、3章やPART2（4章）から読みはじめてみてもいいでしょう。そこからもう少し背景を深く理解するために冒頭に戻ってもいいですし、自分の理解や状態と合わせてPART3の実践編へと進んでもいいでしょう。

本書は、ビジネスの実践事例に加えて、U理論や成人発達理論、インテグラル理論、脳神経科学、生物学、バイオミミクリー、複雑系科学、量子論といった幅広い研究分野の科学的知見、さらには仏教や道教などの東洋哲学思想、先住民の知恵などを多面的に包摂しています。中には馴染みのない専門用語や、自分が前提としている枠組みや世界観とは異なる視点が出てくることもあるかもしれません。

そんなときは、理解の助けとして訳註（原則初出のみに記載しています）や巻末の用語集も参考にしてみてください。難解だと捉えられがちな本書ではありますが、私は読書会に参加してくれたある高校生の言葉をいつも思いだします。

「本書の内容をすべて理解できたかはわからない。でも、自分の内にある大切な何かと共鳴するのを確かに感じました。そこから自分にとってのリジェネラティブ・リーダーシップの実践をはじめていきたいです」

本書は、外側から新たな知識を習得するという以上に、**すでに自分たちの内にある大切な感覚や世界とのつながり方を思いださせてくれる本**です。特別な誰かのためのものではなく、誰もが持っている本来の感性や能力を取り戻し、1人ひとりが生き方を自ら導いていくためのリーダーシップなのです。

そして、本書の翻訳出版の目的は、リジェネラティブ・リーダーシップの考え方を日本で広げていくだけでなく、前述したような日本の精神性や気候風土と掛け合わせることで、さらに深化させ、根を張っていくことにあります。

近現代の産業文明の中で急速に失われつつあるそうした知恵や文化を受け継ぎながら、東洋と西洋の叡智を融合させた多元的な物語の一端を世界に届けていく役割が、日本に生きる私たちにはあるはずです。

また、たとえば1章で扱われる分断の旅路の歴史観は、人類共通の課題を投げかけてはいますが、当然ながら著者たちの拠点である西洋の見方が強い傾向にあります。

本書の出版をきっかけに、読者の皆さんと共に、日本や東洋において我々の祖先が歩んできた旅路を読み解き、国内でもすでに起こりはじめているリジェネレーションのうねりと協働しながら、各地の気候風土に根ざしたリジェネラティブ・リーダーシップを探究・実践していけたら嬉しいです。

本書が、リジェネラティブな実践により多くの人をいざない、未来の世代に希望をつなぐきっかけになることを願っています。

2024年6月21日
訳者 小林泰紘
大地に沁み込む夏至の雨音を聴きながら

日本語版序文

２０１９年にこの本の原書を出版してから、5年の歳月が経ちました。その間、国際社会はパンデミックや戦争、ますます高まる地政学的な不安定さを経験し、荒波のなかで舵取りを迫られてきました。本書で扱ったメンタルヘルスの危機もますます進行しています。新型コロナウイルス感染症のパンデミックは、多くの意味で、今後さらに迫りくる惑星規模（プラネタリー）のシステムを揺さぶるような出来事の予兆だったといえるでしょう。

頻発する異常気象は、世界に大きな混乱を引き起こしています。洪水も、季節はずれの猛暑も、単発に見える自然災害も、それらは地球上のあらゆる生命を支える生態系で起こる多くの相互作用とフィードバック・ループの結果です。気候や生態系に関わるあらゆる要素、そしてそれらが生みだす災害は、なんらかの形でつながっています。そして私たち自身も、これらの生命維持システムと深くつながっています。

私たちは自然の一部なのです。今回のパンデミックは、システム思考や相互のつながり、レジリエンス、そしてリジェネレーション（再生）の重要性をかつてないほど示唆してくれました。それらは本書の核となる概念でもあります。

この5年間のさまざまな出来事を経て、リジェネラティブ・リーダーシップの必要性はこれまで以上に高まっているのではないでしょうか。気候変動、生物多様性の喪失、不平等、人種差別、うつ病や自殺率の増加など、現代社会はさまざまな課題に直面していますが、ほとんどの対策が表面的な対症療法に留まっており、背後にある根本的な原因は放置されています。表面的な解決策は、しばしばさらなる不調和を生みだして問題を深刻化させてしまいます。

原書の出版当時は、リジェネラティブ・リーダーシップはほとんど認知されていませんでしたが、日に日に共感者が増え、今では、グローバルなうねりが少しずつ起きはじめています。ドイツ語、ポルトガル語、ブラジルポルトガル語、デンマーク語にも翻訳され、世界各地のリーダーや組織、事業家、コーチといった人々が、リジェネラティブ・リーダーシップの旅路を歩みだしています。そうしたなかで、こうして日本での出版を迎えることができたことをとても嬉しく思います。

人間活動（および企業活動）は今、岐路に立たされています。この数年のあいだに、多くの人が価値観を根底から揺さぶられ、自然界の営みに反するのではなく、調和していかなければならないと気づきはじめています。リジェネラティブなアプローチは、進むのが困難な荒波にもまれながらも、未来に向かって舵を取り、進んでいくための新たな北極星なのです。

胸躍るエキサイティングな時代だと思いませんか。私たちは、リジェネレーション（再生）の時代に向けた革命前夜を生きているのです。既存の社会システムが崩れ衰退していくなかで、ビジネスや組織における新たなリーダーシップの意識が生まれ、ロジック・オブ・ライフ（本書で紹介する生命の原則と実践）に根ざすことの重要性を理解し、地球やビジネスにおける根本的なマインドセットの再生に貢献しようとするリーダーたちが生まれています。世界中で再生のための環境や条件を育み、新たな繁栄の道に向かおうとする先駆者です。未来へのよりよい道筋があるのだと信じるこうしたリーダーたちは、社会のシステムや構造を再構築し、地球の生命の衰退ではなく繁栄に貢献するような、新しいビジネスの実践を広げているのです。

共著者のジャイルズはコーチングを通じてこうした実践者たちと出会い、とりわけ本書の出版以来、ビジネスパラダイムの転換期にある数多くのリーダーや組織を支援し、リジェネラティブ・リーダーシップの原則に基づく実践を支えてきました。彼らの多くが、スプリッドウッド・ファーム（ロンドン近郊にあるジャイルズのリーダーシップセンター）で直接学び、自然の中に身をおき、「リジェネレーションとは何か」の身体的な実感を深めています。また、オンラインでの1on1やチームコーチング、ウェビナーにも世界中の人々が参加しています。

また、共著者のローラは出版以来400回を超える講演やワークショップを行い、リジェネラティブなパラダイムについて数多くの取材を受けてきました。リジェネラティブ・リーダーシップを学ぶ場である「リジェネラティブ・アカデミー」には、デザイナー、建築家、コーチ、コンサルタントなど業種を超えて延べ1000人以上が参加しています。

私たち2人は、こうした活動を通じて、生命を中心においたビジネスの在り方を学ぶことへの熱意と意欲の高まりを感じています。これらの動きは、世界がリジェネレーションの時代における新たなビジネス・マインドへとまさに移行しようとしているのだというシグナルです。従来の機械論的なパラダイムでキャリアを積んできた多くのリーダーたちが、これまでの古いやり方や在り方、リーダーシップではもう立ち行かなくなるという岐路に立っています。彼ら彼女らは心の中では、深いところから生じる意義や目的の感覚を探っており、本当はよりよい方法があるとわかっているのです。それは、自分たちが本来持っている潜在能力を解き放ち、自然の営みに根ざしながら仕事に打ちこみ、そして未来へと機敏に適応していくチームや組織を支えていく方法です。

あなたが本書を読んでいる今この瞬間にも、青虫から蝶への美しいメタモルフォーゼ（変態）を支える成虫原基のように、世界的な変態の鍵となる細胞たちが目覚め、地球規模で人々の意識は変わりはじめています。これからの数年で多くの変化が起こっていくでしょう。不安定さと複雑さがますます高まる現代社会で、従来のビジネスにおける機械論的な考え方は崩れ、再生に向かう新たなリーダーシップの考え方が突破口をひらこうとしているのです。

このように、リジェネラティブ・リーダーシップの考え方を世に送りだしてから、次々とその旅路を照らしだす事例や体現者が現れています。ジャイルズのポッドキャスト「Leading by Nature」でも、本書や実践者たちの最新情報を紹介しています。

どうぞ本書をお楽しみください。またこの本が、あなたが勇気を持って一歩を踏みだす後押しになればこれ以上嬉しいことはありません。エキサイティングな時代を、共に歩んでいきましょう！

リジェネラティブ・リーダーシップ

目次

CONTENTS

PART 2

リジェネラティブ・リーダーシップのDNA

PART 3

実践編——真価が問われるとき

はじめに　旅立ちにあたり

本書を書いている現在もなお、何百万人もの子どもや学生が毎週金曜日に学校をストライキし、大人たちに気候変動に対して行動を起こすよう求めています。この運動をはじめたのは、スウェーデンの当時16歳の学生グレタ・トゥーンベリです。

２０１８年の夏休み明け、地球のことが心配で、何か行動しなければという衝動に駆られた彼女は、学校に行く代わりにストックホルムの国会議事堂の前に座りこみました。彼女の活動には次第に多くの学生が加わり、注目を集めました。そして２０１９年1月、グレタはスイスのダボス会議（世界経済フォーラム）に招待され、世界中のリーダーたちに向けて演説をしました。

「今、私たちは文明と生物圏全体を脅かしている気候危機の時代を生きています。このことを少しでもわかっているなら、それがどれほど都合が悪くて不利益を生むとしても、誰もがはっきりと真実を語るべきです。現代社会のほとんどすべてのことを、変えなければならないのです。

カーボン・フットプリント（温室効果ガス排出量）が大きくなるほど、あなたの義務も大きくなります。活動範囲が大きくなるほど、あなたの責任も大きくなります。大人はいつも子どもたちに希望を与えたいと言いますが、私は大人たちの希望を求めていないし、希望を抱いてほしくもありません。パニックになってほしいのです。私が毎日感じている恐怖を感じてほしいのです。そして、行動してほしい。危機の真っ只中にいるかのように、行動してほしい。自分の家が火事で燃えているかのように、行動してほしいのです。なぜならそれが実際に起こっていることだからです」

２０１９年3月15日、気候変動ストライキは１２３カ国の２０００以上の都市で行われ、何百万人もの人々が参加しました。その後グレタはノーベル平和賞にもノミネートされています。

私たちは大きな激動と変化の時代を生きており、グローバルシステムの瓦解（ブレイクダウン）が無視できないほど差し迫っていることに疑いの余地はないでしょう。政治においてもビジネスにおいても、リーダーたちは次々と生じる課題への対処に追われています。

資源の枯渇、職場での高いストレス、予測不可能かつ頻繁に生じる破壊的イノベーション、蔓延する社会格差、絶え間ない人材獲得競争、変動性（ボラティリティ）の増大とステークホルダーの期待の変化、急速なデジタル化とグローバル化、大量の移民と難民の発生、脆弱なサプライチェーン、社会不安の高まり、政治における過激派や急進派の台頭、社会的弱者への差別や暴力、イギリスのＥＵ離脱、トランプ大統領の出現、世界的な債務水準の上昇……。あげればキリがないですが、こうしたことが次々と波のように押し寄せてきています。

そしてご存知の通り、現代の社会システムが抱えるたくさんの課題の背後から、さらに決定的に押し寄せている波が、予想を超える速さで進行している気候変動と、人類史上かつてないペースで失われている生物多様性です。

人や他のすべての種が依存している生態系の健全性は、かつてないほど急速に悪化しています。私たちは経済、雇用、食糧安全保障、健康、そして生活の質を支える基盤そのものを世界中で侵食しているのです。

——ロバート・ワトソン卿（IPBES会長）

資源の搾取、廃棄を繰り返す生産システム。短期的な利益の最大化に囚われ、人の命や尊厳ある暮らしを犠牲にする金融システム。過激な競争や権力支配に基づく階層構造、ストレスの高い環境が恒常化している組織システム。現代社会は、大多数が犠牲になって一握りの人が利益を得る状況を生みだしてきました。ですが、これまでのやり方はもう長くは続かないでしょう。産業革命以降、人を機械のようにみなし、目の前の生産性を高めることを優先し、そして過度な消費至上主義文化を生みだしてきた旧来のシステムや構造は、ゆっくりと崩壊しつつあります。こうした瓦解（ブレイクダウン）のさなかで、新たな生き方やビジネスの形があると信じて模索する開拓者（パイオニア）たちが世界中で立ちあがっています。既存のシステムや構造を再構築し、地球を破壊するのではなく、**生命の繁栄**を指向する新たなビジネスを実践しはじめているのです。

これまでと同じことを繰り返すほうが楽かもしれません。不確実な変化に対して無理をせず、心地よい選択をし続けているほうがよさそうに思えるかもしれません。しかし、長期的にはそのことが私たちを内側から侵食し、弱らせ、組織の活力やステークホルダーの生態系を静かにむしばんでいくでしょう。

私たちが今向き合うべき問いは、次のようなことです。

・どうすればこの困難な状況を打開（ブレイクスルー）する、新たな方法を推進できるだろうか？
・どうすれば自分たちが危機の真っ只中にいることを自覚し、行動を起こすことができるだろうか？
・どうすれば人々が生きる実感を取り戻し、組織が活力に溢れ、生態系が繁栄していくような未来を支えるリーダー、すなわち**リジェネラティブ・リーダー**へと変容していくことができるのだろうか？

「非合理性（アンリーズン）の時代」に突入している。多くの分野において、未来は私たちのために、私たちの手で形づくられることを待っているのだ。この時代に唯一予測できることは、未来が予測不可能だということだけだ。だからこそ、暮らしでも仕事でも大胆に想像し、ありそうもないことを思考し、成しうるのが難しいように思うことに挑戦する必要があるのだ。

——チャールズ・ハンディ（組織文化の専門家）

一見不可能に思えることでも大胆に思考し、挑戦する準備ができているでしょうか。私たちみんなの家が火事で燃えているという現実から目をそらさず、大人として行動を起こす準備ができているでしょうか。

本書について

私たち2人のキャリアを合わせると、サステナビリティ、リーダーシップ、気候変動に関する政策立案、エグゼクティブ・コーチング、コンサルティングの分野で40年以上も仕事をしてきました。長年グローバル組織のリーダー職も務め、多様な分野のビジネスにおけるベストプラクティスや知見を収集してきました。その経験をもとに生まれてきたのが、組織も人も地球も、そして経済も共に繁栄していけるような、新たな生き方とリーダーとしての在り方を描いた「リジェネラティブ・リーダーシップのＤＮＡモデル」です。

このモデルは、生物学、心理学、社会学、経済学、人類学、神経学などの学術研究、そしてパーマカルチャーやサーキュラーエコノミー、バイオフィリア、バイオミミクリー、「ゆりかごからゆりかごまで」といった方法論など、多分野の知見を統合したものです。システム変容に関する理論や方法論も、古き伝統的な知恵から最先端の研究成果まで多くのアイデアや概念を参照しました。

学術的な理論やフレームワークに根ざしたうえで、私たちが大切にしていることは、**新たなリーダーシップのパラダイムを提示し、いのちを吹きこむ**ことです。これからの時代に必要とされるリーダーシップの在り方やビジネスモデル、協働や価値創造の方法に関する新しい考え方を促すことです。蝶へと変貌していくさなぎのような、メタモルフォーゼ（変態）の時代のさなかに立ちあがる多くの開拓者（リジェネレーター）たちのうねりを刺激し、方向を示し、支えたいと思い、執筆しました。

本書ではリジェネラティブ・リーダーシップ、つまり生命指向型の未来を生みだす新たなリーダーシップを育むための包括的なアプローチを提示しています。スタートアップであれ成熟企業であれ、NGO、多国籍企業、都市、国家、はたまた小さなプロジェクトチームなどであれ、あらゆる集団において活用できるはずです。皆さんがリジェネラティブな旅路を歩んでいくための支えになることを願っています。

各章のあちこちに「自然界に学ぶ」「ビジネス・インサイト」「さらに深める」と題したコラムを記載しています。ビジネスの現場で実際に活用してきたワークツールや実践事例、先駆的なリーダーたちの個人的な探求の様子を盛りこんでいるので、ぜひ実践の参考にしてみてください。

左記のアイコンが道標です。

自然界に学ぶ

ビジネス・インサイト

さらに深める

読み方のすすめ

本書は、社会システムや組織、コミュニティの変容を探究し、実践することに関心を持つあらゆる人のための本です。

私たちは、今、この世界が求めている集合的な創造の営みに、経営幹部や役員、中間管理職、企業内イノベーター、社会変革の担い手、実践者、文化的創造に携わる人、政治家、メディア、デザイナー、起業家などさまざまな立場の人に加わってほしいと思っています。リジェネラティブ・リーダーシップは、生命の生態系が躍動し、人々が生きる実感を取り戻していくための新たなやり方（ニューウェイ）であり、若く才能溢れた人たちがこの生きた惑星（リビングプラネット）を憂慮するあまり路上を占拠する必要のない未来を生みだすための新たな道筋（ニューウェイ）なのです。

本書は、皆さんの思考や行動、対話を刺激するため、随所に、問いや知見、格言、事例などを盛りこみました。読みながら、ジャーナリングや内省、自然の中での散歩、同僚と対話する時間をぜひとってください。そして、リジェネラティブな未来の実現に向けてあなた自身が一歩踏みだすための行動計画（アクションプラン）——明日ではなく、今日から行動に移すためのアイデア——を考えてみてください。

好奇心に溢れ、ひたむきで、情熱的な人を世界は必要としています。あなたが本書を読んでくださることを大変嬉しく思います。

生命をめぐる再生（リジェネレーション）の旅路へようこそ。

Regenerative Leadership

瓦解と打開

ブレイクダウン ブレイクスルー

PART 1

BREAKDOWNS
&
BREAKTHROUGHS

歴史や起源、文化を知らずに
生きる人は、根っこを失った
木のようなものだ
——マーカス・ガーベイ
（黒人民族運動の指導者）

1 危機の根源をさかのぼる

海に浮かぶ大量のプラスチックゴミ、世界中で開発される森林、昆虫の減少、土壌の劣化、河川の汚染、そして気候変動。世界を見渡すと、あらゆるところで生命を支える生態系が侵食されていることに気がつきます。

また、不安定な政治情勢や世界的な社会経済格差、そしてストレスやうつ、燃え尽き症候群(バーンアウト)などが若い世代でも起こっています。外の世界でも内面の世界でも私たちは大きな重圧を感じながら生きています。

どうすればこの状況を変えることができるのでしょうか。何を優先し、どこから手をつければよいのでしょうか。現在の状況を掘り下げる前に、まずは今日に至るまでの人類の歴史をたどる旅にお連れします。人間関係や文化、組織、リーダーシップなど、現在の社会がどのように形成されてきたのか、そして私たちが目の当たりにしている内と外の世界の痛みを生みだしている根本的な課題を探りたいと思います。

準備はいいですか。

それでは、現在の危機の根源をたどる旅へと出かけましょう。

人と自然のつながり

研究によると、ホモ・サピエンス（現生人類）は10万年ほど前にはすでにサハラ以南のアフリカを出て、各地の居住可能な土地で暮らしはじめていました。[1] そして、約1万年前（紀元前8000年）のホモ・サピエンスが平等主義的な共同体のなかで比較的平和に暮らしていたことを示す考古学的な証拠が、中央アジアやヨーロッパで見つかっています。暴力的な行為や社会的分断、男女差別、階層化が広がっていた証拠はほとんどなく、代わりに芸術や踊り、共同生活に多くの時間を割いていたという研究結果もあります。[2]

この頃の人類は、人の手で自然を作り変えることをせず、原生状態の自然のなかで、地球と深くつながりながら暮らしていました。古代の文化や宗教の研究者たちは、天空の男神と大地の女神の崇拝が世界中の多くの古代文化に共通してみられることを発見しています。「聖婚」とも表現される生命に内在する男性性と女性性との深い結びつきは、古代の文化の土台となっていました。[3] こうした文化的規範のなかで生き物への深い敬意が育まれ、あらゆるものがより大きな全体の一部を成していると理解されていたと考えられています。人類は自分たちの地球上での目的を、生き延びるというだけでなく、自然界に内在するリズムの守護者であり、地球の守人であると理解していたのです。

人類は地球における99％の時間を狩猟採集民として暮らしており、目の前に広がる世界をつぶさに理解しながら生きてきた。私たちの奥深くには、自然と再びつながりたいという切望が今でもあり、それらが私たちの想像力や言葉、歌や踊り、神への畏敬の念を形づくってきたのだ。

——ジャニン・ベニュス（生物学者）

分離のはじまり

約1万年前以降になると、気候の急激な変化とともに、人の暮らしも変わっていきました。たとえば英国のヨークシャー地方北部にある中石器時代の遺跡での調査結果によれば、ヨーロッパにおいて、私たちの祖先は数百年にわたる4度～10度ほどの気温低下を生き延びてきたことがわかっています。[4] 人類学者のスティーブ・テイラーは、こうした急激な気候危機により自我の爆発が生じたと指摘しています。[5] 自分という存在を自然の一部としてではなく、自然から切り離してみる認識へのシフトです。自我の意識が高まることで、自然から切り離さ

ホモ・サピエンスの黎明期がすべてバラ色だったと考えるのは明らかに浅はかであり、厳しさや争いがあったことも確かです。しかし、私たちの祖先が平等主義的であり友好的な性格であったことを示す具体的な研究も多くあります。たとえば、学術誌『印欧研究ジャーナル』（The *Journal of Indo-European Studies*）に掲載されているマリヤ・ギンブタスの研究「欧州および印欧における青銅器時代のはじまり」（The Beginning of the Bronze Age in Europe and the Indo-Europeans）をはじめ、アン・ベーリングやジュール・キャッシュフォードの『女神の神話』（*The Myth of the Goddess*）、リーアン・アイスラーの『聖杯と剣』（法政大学出版局）、ルパート・シェルドレイクの『自然の再誕生』（*The Rebirth of Nature*）、ジャイルズ・ハッチンズの『分離という幻想』（*The Illusion of Separation*）などの研究を参照してください。

れた自己という感覚が強化され、個としての主体性や能力が向上していったとされています。その結果、激しい嵐や厳しい気温にも耐えられるようになったのです。そして、この自己意識の高まりは、心理的にも社会的にもそして進化においても重要な発展を促し、農耕革命の引き金となりました。狩猟採集民は定住し、作物を栽培し、家を建て、食料や衣服のために動物を飼育するようになったのです。動物の家畜化や農耕の普及のはじまりです。

こうしたシフトは、急激な気候変化に対して人類が適応し進化していくために、重要な役目を果たすと同時に、文化的にも著しい変化をもたらしました。ヨーロッパにおいては、家父長制の台頭や社会の階層化と分断の加速、大地の女神と対照をなす天空神（男神）の重視、軍事化の広がり、機械化された武器や道具による他者や自然の搾取・支配、通貨の普及、文字の出現、土地を所有する権利といった文化的な革新が起こっていきます。

この過程で、人と自然の一体性は分離へと向かいます。西洋のいたるところでこの分離の旅がはじまり、ヘレニズム時代のギリシャ、ローマ帝国、中世ヨーロッパ、ルネッサンスといったその後の歴史のなかで、少しずつ進行していきました。

しかし、このような文化的変化のなかでも、自然への深い敬意とつながりは保たれ、自然界の生きた叡智は人々の暮らしと密接に結びついていました。状況が大きく変わったのは今から500年ほど前です。

人と自然、男性性と女性性の分離

500年ほど前（15〜16世紀）にヨーロッパの気候は再び大きな変動を迎えました。小氷期と呼ばれる寒冷期です。正確な時期については気候学者の間でも諸説あり、地域によっても状況は異なりますが、ヨーロッパでは激しい嵐、長く厳しい冬、涼しい夏が約80年間続いた時期があったと考えられています（およそ1460年から1540年ごろの「シュペーラー極小期」と呼ばれる時代）。この気候の変化は、当時の交通網の要である河川や運河の凍結、作物の不作など、生活環境や食糧生産に大きな影響を与えました。ヨーロッパ大陸の広範囲にわたって飢饉が発生し、人々は飢え、病気になり、栄養失調に陥り、疫病が野火のように瞬く間に広がりました。[6]これが社会不安の引き金となり、人々の恐怖や不満を募らせ、自然の力に対する警戒心を強めていくことになります。

中世ヨーロッパでは、神は自然とは異なるというキリスト教の教義が普及していました。そこで教会は人々の間で高まる恐怖心と社会不安をうまく利用し、自然の力は悪魔の仕業であり、社会不安と飢餓の元凶であると主張しました。そして、多くの女性が自然の叡智と調和しているとされ、自然の持つ治癒力や植物療法、薬草治療、周期性など自然に内在する知恵を実践する者は悪魔と密接な関係を結んだ魔女とみなされました。

1485年、ローマ教皇インノケンティウス8世は魔女狩りを公式に発令します。魔女狩りは社会から悪魔を一掃するための唯一の方法であると考えられ、300年近く続きました。自然の理を崇拝する女性を根絶しようとしたのです。宗教改革や三十年戦争の時期とも重なった激変の時代のなかで、ある種の集団的なヒステリー反応が起こり、人と自然との分離意識が高まっていきました。こうして中世ヨーロッパでは、キリスト教的文化規範とも相まって、神や男性を自然や女性から切り離していく新たな世界観が台頭していったのです。

そうした中、フランシス・ベーコン、ガリレオ・ガリレイ、ヨハネス・ケプラー、トマス・ホッブズ、ルネ・デカルトなどの偉大な学者たちが、この時代の科学と哲学の発展を主導し、人と自然との関係についての新たな社会の考え方を確立させていきました。プロテスタンティズム、合理主義、経験論が隆盛し、科学革命が起こったのもこの頃です。

「科学的方法の父」とも呼ばれるフランシス・ベーコン（1561〜1626）は、卓越した科学者や哲学者として知られていますが、法務長官を経て最終的にはイギリスの大法官も務めました。彼は、科学革命に貢献しただけでなく、司法長官として魔女裁判でも大きな役割を果たします。自然は「自然のままでいるよりも、（機械的な技術による）実験や圧迫のもとで、よりはっきりとその正体を現す」と考えていました。[7] 歴史家のクリフォード・コナーは『科学の人類史』（*A People's History of Science*）の中でこう書いています。

「ベーコンの著作に見られる家父長的なイメージは、17世紀初頭の女性の社会的地位を反映しています。ベーコンは秘密を隠し持つ女性として自然を描いていました。『秘密は自然の胸に閉じ込められている』『自然の子宮に孕んでいる』と記述し、『彼女に秘密を明かさせるためには、強制的に入りこみ、内側から暴かせなければならない』と述べています[8]」

ベーコンは著書『男性性の誕生』（*The Masculine Birth of Time*）の中で、自然を人間の奴隷とすべきだと語っています。[9] このような考え方は西洋社会全体で集団として起こっていたため彼1人を批判すべきではありませんが、彼の見解は、科学革命を通して形成された人と自然、男性と女性の分断を示す適切な例といえます。ベーコンは著書『ノヴム・オルガヌム』（岩波書店）の中で、還元的な実験によって自然を調べ、解明することについて語っています。「本来の状態よりも人間の手によって、自然を強制的に縛りつけ歪める」ことで、人は「自然の外庭」を越えて「さらに深く突き進む」ことができ、「内奥への通路を見いだす」ことができるのだと。そして「知の目的は自然をコントロールすることである」とし、「自然を知ることで、それを支配し、管理し、人間の生活のために利用することができる。自然は目的を持たないのだ」と語っています。[10]

現代の私たちはこうした表現に不快感を覚えるかもしれませんが、当時、この考え方は西洋全体に広がる集合的な世界観の大きなシフトの一端を担っていました。そして、自然は人間のためだけに利用されるべき資源であるという文化的前提と合わせて、今でもなお現代社会が根底に抱えている考え方でもあるのです。

科学革命以降、自然は林業、漁業、農業、鉱業など産業商品化（コモディティ）されていきました。一方、（儀礼を通じて自然を体現する存在と考えられていた）女性は手に負えない野蛮な存在であり、合理的な分析能力に欠け、管理と支配が必要な存在とみなされていました。15世紀後半から約3世紀にわたって行われた魔女裁判では、「自然と調和することは悪魔の手先になることと同じである」と証明するために、何百万人もの女性が拷問や尋問を受け、何十万人もの女性が子どもや隣人たちの前で殺されたり焼かれたりしました。

こうして、自然や女性性とのつながりはほぼ完全に断たれ、分離が広がりました。何十万年にもわたって育まれた、自然の叡智と深く統合された在り方や、男性性と女性性を等しく尊重する価値観が、わずか数十年の間に極端に失われ、女性も自然も「男性からの支配を必要とする野蛮で邪悪なもの」とみなされるようになったのです。これが、女性的な質よりも男性的な質が優先されるようになったはじまりでした。

あらゆる人は男性性と女性性の両方を持っていますが、ここ数世紀にわたって男性的な性質の方が優れたものであると社会的に認識されてきました。次頁の表では、男性的あるいは女性的な性質とされる典型例をいくつか示しています。

科学革命の最たる特徴は、合理的分析による還元主義でした。科学革命を主導した1人、フランスの哲学者・数学者であるルネ・デカルトは、自然が生きていて、感覚があり、相互につながりあい、叡智を内包しているという概念を否定しなければならないと考えていました。自然を思考（マインド）（または精神（スピリット））から切り離すことは還元主義的機械論*の前提条件であり、システム全体の相互作用や関係を無視して、分解された部位（パーツ）を掘り下げていくために必要だったからです。

1630年、デカルトはカトリックの神学者であるマリン・メルセンヌに宛てて、「王が王国に法律を定めるように、神は自然の中に数学的法則を定める」と書き、それによって自然からあらゆる形態の意識や感覚を排除しようとしました。[11] 自然は単なる物質のかたまりに過ぎず、ブロックを積み重ねた建物のように、決められた因果の力によって衝突したり合体したりする構成要素の集まり以外の何ものでもないと認識されるようになっていきました。

哲学者のトマス・ホッブズやアイザック・ニュートンもこうした還元主義の普及に貢献しました。特にホッブズが唱えた、人間と自然はお互いに競合関係にある細分化された単位で

＊還元主義的機械論：自然界の諸現象を、心や精神、霊魂などの概念を用いずに、部分の因果関係によって機械的に説明や解釈することが可能とする立場を機械論という。全体は部分の総和であり、部分への要素還元によって全体も説明できるとする還元主義に基づく機械論を還元主義的機械論という。

男性性の質	女性性の質
自己の欲求	他者への共感
競争的	協力的
主張的	受容的
防衛	養育
目標指向	関係指向
合理的な思考	直感的な感覚
独立性	相互依存性
単一タスク	マルチタスク
行動・スピードを重視（アクション・バイアス*）	流れ・調和を重視

構成されていて「万人の万人に対する闘争[12]」に巻き込まれているのだ、という基本前提は、ある種の欠陥を抱えているにもかかわらず、現代社会にもいまだに根付いており、進化のプロセス全体を利己的な支配によるものとみなすネオダーウィニズムにも影響を与えています。今でも多くの人が、自然の仕組みについて語るときには決まり文句のように「弱肉強食の無情な世界における過酷な生存競争」といった言い方をしています。

適者生存は、ニッチ*に適合するというダーウィンの本来の意図を離れ、権力や支配によって他者の優位に立って生き残ることを意味するようになりました。そうすることで、戦争や帝国主義、利己的な行動の正当化に活用され

*ニッチ：生態的地位を意味する生物学用語で、ある生物の種や個体群が占める特有の生息場所やまとまった環境要因のこと。

*アクション・バイアス：スピードを重視してまず行動すること。

てきたのです。それが生き物の本性なのだから、と。

現代でも多くの人がこうした前提のもとで世界を解釈しています。自然環境に関するドキュメンタリー番組でさえも競争的な側面が強調され、自然界の協調的な力学（ダイナミクス）は軽視されています。このような偏った見方が、ビジネス、政治、そして社会全体での私たちの行動や関係性に影響を与えているのです。

競争は1つの側面でありますが、自然界には他にもたくさんの力学が働いていて、ネットワークやパートナーシップ、コラボレーションなど無数の方法で生命は活動しています。冷酷な弱肉強食の競争がすべてを支配しているわけではありません。しかし、ここ数世紀のあいだに私たちは偏った視点から生命を見るようになり、私たち自身が本来備えているつながりや共存の可能性を損なってきました。

科学革命の時代には物質的な豊かさと科学的発見が飛躍的に進み、今日の私たちはその恩恵を大いに受けています。しかし、私たちが生きていく環境そのものである自然との断絶や男性性による女性性の支配は、個人としても社会全体としても私たちの中に不均衡をもたらしています。いわば、精神的なトラウマを示す深い深い傷が、ヒトという種の中に埋め込まれているのです。この種としてのトラウマや不均衡こそ、恐怖や不安、エゴイズム、個人主義、消費至上主義を増幅させる根本的な要因となっています。自分の内側が不完全で何かが足りないと感じると、私たちは「外の世界（どこか）」に解決策を探し求めてしまいますが、癒やすべき深い傷は「内面（ここ）」にあるのです。

分離の旅

人と自然の分離

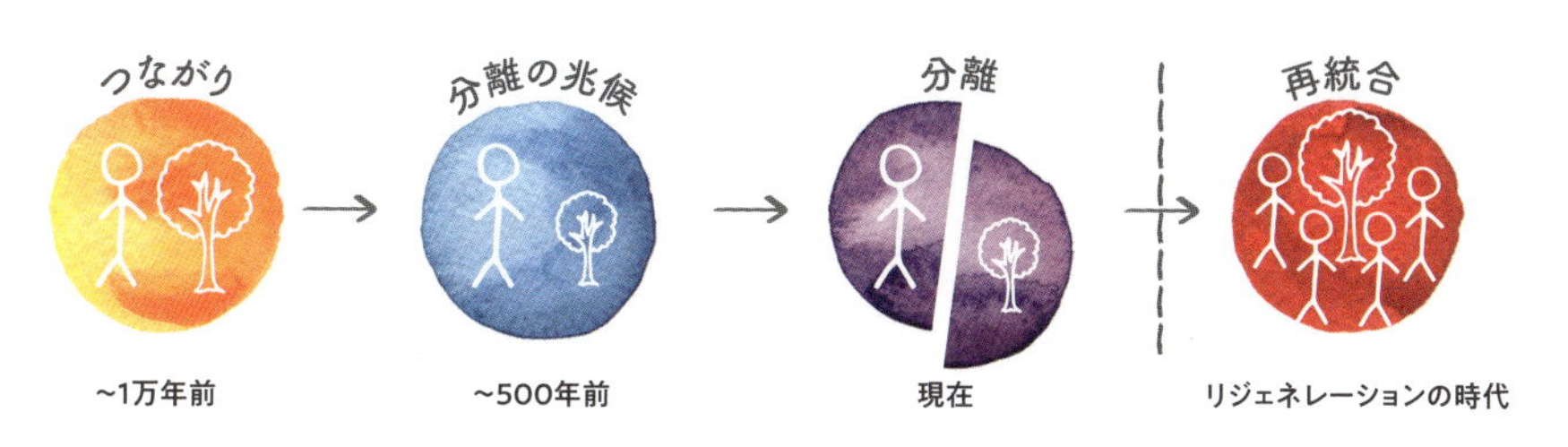

女性性と男性性の分離

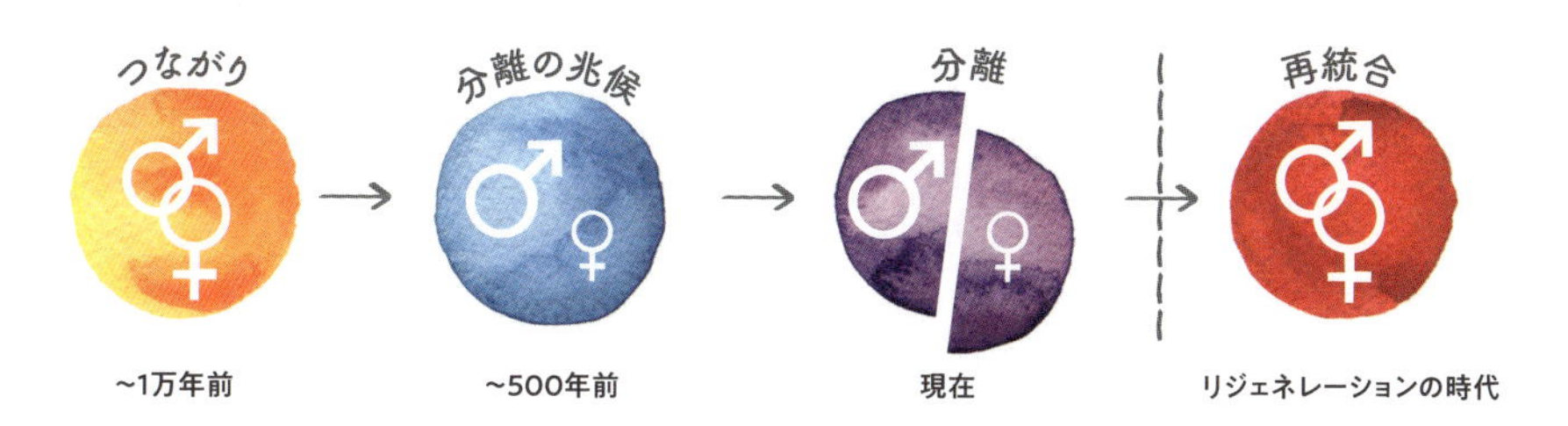

上の図は、人と自然、女性性と男性性の分離を含めた集合的な分離のプロセスを示しています。「つながり」と「分離の兆候」の2つの段階を経て、500年前ごろから分離が強化されました。第3段階の分離は現在もなお続いていますが、同時に、癒やし・再統合という第4段階の兆候も現れはじめています。

この分離の傷を癒やすためには、つながりを取り戻し、切り離されたものを再び編みなおさなくてはなりません。『精神の生態学へ』などの著書で知られる人類学者のグレゴリー・ベイトソンは、心と物質、精神と自然を切り離すことが、あらゆる問題を引き起こすことを予見していました。西洋の思考習慣の中に深く、無意識のレベルで織り込まれているこの分離が最も根源的な過ちであり、私たちが地球上で持続的に栄える能力を奪ってしまっている。人間を自然と敵対させ、競争により生存するという世界観は、人間を自己中心的で宿主の環境を破壊する寄生虫のようにしてしまう「悪考のエコロジー（an ecology of bad ideas）」なのだと考えていました。

ベイトソンは次のように述べています。「……自分を取り巻いている環境を、精神(マインド)を持たず、道徳的、倫理的に配慮される資格はないとみなすのであれば、環境は搾取する対象になっていく。……もしあなたが自然との関係をこのように考えていて、しかも先進的な技術を有しているのだとしたら、人がこの地球で生き延びていく可能性は地獄に落とされた雪玉のように溶けてなくなっていくだろう。自分の憎しみが生んだ有害な副産物か、あるいは単純に過剰人口と過剰放牧によって死を迎えることになるだろう」[13]

現代の一般的な世界観では自然と精神(マインド)は切り離されているため、人間にとっての有用価値という視点以外には倫理的な考慮がなされないまま、自然は感覚を持たない資源の集合体として搾取されています。このような考え方を続けていては、ベイトソンが「地獄に落とされた雪玉」といったように、人類が種として生き延びる可能性は皆無なのではないでしょうか。

さらに深める

家父長制の台頭による女性や女性性の支配と、人と自然の分離がどのように関係しているかについては広範な研究がなされており、この濃密で奥深い分野を扱う書籍は数多くあります。推薦書をいくつかあげるとすれば、レイチェル・カーソンの『沈黙の春』（新潮社）、マリア・ミースとヴァンダナ・シヴァの『エコフェミニズム』（*Ecofeminism*）、キャロリン・マーチャントの『自然の死』（工作社）、アン・ベーリングとジュール・キャッシュフォードの『女神の神話』（*The Myth of the Goddess*）、リーアン・アイスラーの『聖杯と剣』（法政大学出版局）などがあります。

内と外の分離

科学革命における還元主義の中核は、「全体」ではなく「部分」に着目することです。すべてのものを個別単位に分割し、「全体」から切り離され独立した「部分」として分析する手法には利点もあります。複雑さを減らして単純化することで、私たちが暮らすこの世界の膨大な情報量に圧倒されることなく、現実に向き合いやすくなるのです。還元的な分析は、西洋社会の進化において重要な役割を果たしてきました。私たちの暮らしに関わる多くの分野で大きな進歩をもたらし、テクノロジーや食糧生産、流通、医療などの物質的な発展を可能にしてきました。しかし、このような要素還元的な視点だけで生きていると、私たち自身や周囲との関係、つまり、あらゆる生命システムに内在する、相互に関係しあう広範な力学(ダイナミクス)を理解し、そのリズムと呼応していく余白はほとんどなくなってしまいます。

科学革命後の数世紀の間に、生命は機械のようなものとして捉えられるようになりました。つまり、生命は、時計のように独立した部品(パーツ)が組みあわさり、一連の因果関係によって機械的に予測可能な方法で作動していると認識されるようになったのです。自然の法則や普遍的な原理は、還元的な分析方法によってのみ正しく理解できるのだと考えられました。細分化された「部分」を分析し、それによって導かれた定理を複雑な現実世界に投影しさえすれば、人間の本性や生命、そして宇宙のすべて——私たちがどのように存在しているかの複雑な力学——を理解することができるのだと。

デカルトは、宇宙を巨大な機械のように考えていました。彼は数学ですべてを説明できるような包括的な自然哲学、つまり自然界の新たな物の見方を生みだすことに熱心でした。宇宙のあらゆるものが説明でき、測定でき、定義できるという考え方は、非常に魅力的であると同時に危険もはらんでいました。こうした分析的レンズを通した世界の見方を身につけていく過程で、人が生まれながらにして持っている直感的な感覚、共感的なつながり、そして身体で感じる生身の経験は徐々に失われていってしまったのです。

　健全に生きていくために大切な要素や全身に宿る知性につながるための経路はいつの間にか閉ざされ、物質と心、自然と精神を分離して捉える感覚がさらに強化されていきました。神話学者であるジョゼフ・キャンベルは、「物質と精神の分離、あるいは生命のダイナミズムと精神世界の分離、そして自然の恩恵と超自然（スーパーナチュラル）の恩恵の分離は、自然が本来持つ力を弱体化させてしまった。それによってヨーロッパの人々の心や暮らしから生きる力が失われてしまった」[14]と指摘しています。

　その結果、生命との深く共感的なつながりを感受する文化は途絶え、主に技術革新や物質的進歩といった外側（アウター）の世界に焦点が当てられるようになり、内面（インナー）のウェルビーイングや意識は軽視されるようになったのです。

　内側（精神）と外側（物質）の分離は二元的に引き裂かれていく痛みを生みだし、双方の知性が統合されたときにはじめて触れることができるはずの膨大で豊かな知識や叡智から私たちを遠ざけてしまいました。私たちの生命を根源的に支える領域であり、動的に相互に影響し合っていたはずの、この内と外のつながりもまた、人と自然、男性性と女性性と同様に、分離の旅路をたどってきたのです。

　内なる強いつながりを持つというのがどういうことなのか、あるいは自分の身体でどのように感じられるのか、現代の私たちの多くは理解していないのかもしれません。あなたはどうでしょうか。自分の内な

分離の旅

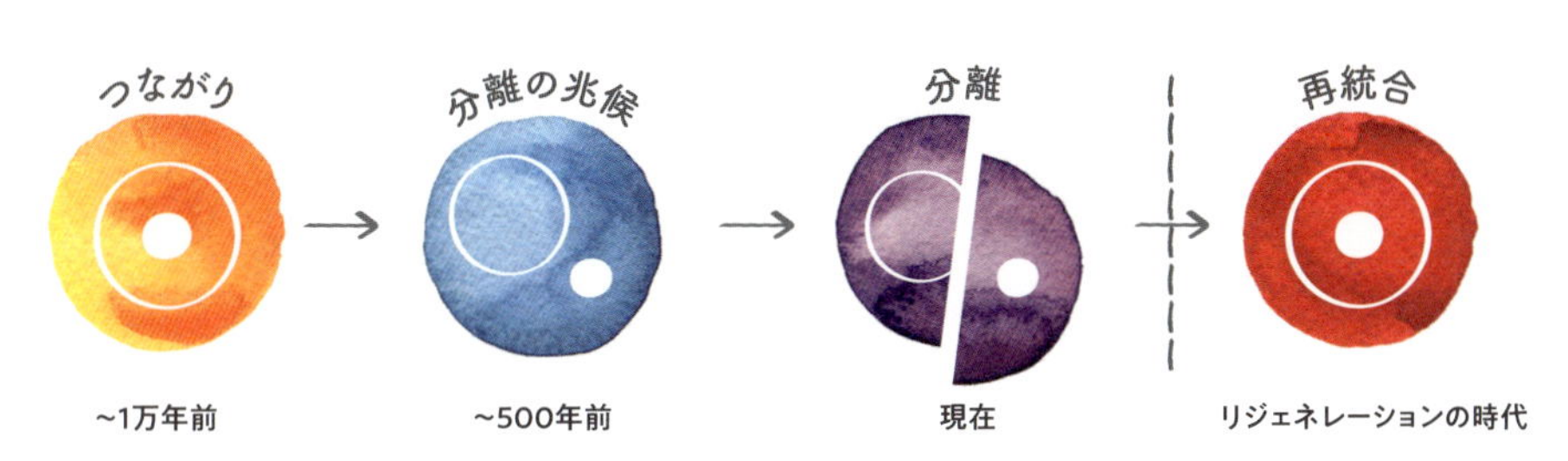

る世界にしっかりと根を下ろし、穏やかに自分自身と確かにつながっている感覚がどのようなものか味わったことはあるでしょうか。

多くのリーダーたちは、身体における反応や気づきを非合理で非理性的なものとみなしています。自然が本来備えている叡智とのつながりは、ヒッピー的で浅はかなものとされ真剣に受け止められないことも多いのではないでしょうか。直感は理解されず、疑わしいものだとみなされますし、非合理的な考え方は（合理的なものよりも）劣っていると捉えられ、「それはありえない」と嘲笑されることもあるかもしれません。どんなときでもすぐに脳を働かせて状況を分析することが優先され、直感的な洞察や肚（はら）の底の感覚は無視されます。人は困難な状況に直面した際、立ち止まって深呼吸し、知恵に深く根ざして向き合うのではなく、思考で反応（リアクト）しています。社会的慣習に沿って「繰り返し（re）行動している（act）」ともいえるかもしれません。

私たちは知らず知らずのうちに自分自身から、そして目の前の現実から自分を切り離しています。たとえば、日々の暮らしにおいてはどうでしょうか。心の内に悩みや困惑を抱えているとき、外の世界に心地よさを求めたことはないでしょうか。たとえば、爆買いをしたり、ストレス発散的な食事をしたり、週末の旅行、エクストリームなスポーツ体験、デートや浮気をしたりなどです。あるいは、一時的な気分の高揚を得るためや自分に価値があることを示すために、あえて仕事に打ちこんだことはないでしょうか。私たちは外の世界でやることに忙殺されて気を紛らわし、内面の在り方を無視したり、感じないようにしているのです。

人類のあらゆる問題は、人が部屋の中で1人静かに座っていられないことに起因する。

――ブレーズ・パスカル（数学者・哲学者）

次に、ここまでのことを念頭に置いて、私たちの頭の中を見てみましょう。最新の研究によれば、自然を人から分離し、女性性や内面よりも男性性と外界を優先するようになるにつれて、左脳の働きが強化されていったと考えられています。

右脳に対する左脳優位

神経科学者のイアン・マクギリストは、西洋文化における左脳の優位性を徹底的に調査しました。マクギリストらの研究によれば、左脳は、閉鎖系のシステムのなかで問題を脱文脈化し、要素還元し、抽象化することで、問題の部分に焦点を当てます。

これはもちろん、目の前の問題を分析し、解決策を見出すのに役立ちます。しかし、それは孤立した閉鎖系のシステムのなかでの解決策であって、創発的で複雑な生きたシステム——ビジネス環境も本来はそうであるはずです——のなかでの解決策ではありません。同理論によれば、右脳は視野を広げ、つながりを形成し、開放系のシステムとして状況を見ることで、問題の全体性に焦点を当て、文脈を見出し、（既成概念に囚われずに）創造的に思考し、より深い理解を得ることを可能にします。私たちが今日直面する問題を解決するためには、部分の知識（ナレッジ）（左脳）と全体の知恵（ウィズダム）（右脳）の両方が必要なのです。

左脳が唯一好むもの、それが機械的なモデルだ。

——イアン・マクギリスト（神経科学者）

左脳の性質を利用して、人は高度な技術、合理性、機械的な順序付け、コントロールに基づいた文明を形成してきました。このような形で物事に対処することで、人は世界に対する力と支配の感覚を抱くようになります。それは魅力的で心地よいものですが、世界の微細な変化や関係の力学、主観的な感情、そして全体性を感受する能力を低下させ、生きることのリアリティから私たちを締めだしてしまいます。

左大脳半球の新皮質には、世界を分析して問題を解決するために、物事を構成要素に分解して境界線をつくりだす働きがあります。世界を理解可能なものにするために、私たちは分析という名のハサミを使って、本来は境界線のない生命の網の目を断ち切っているのです。しかし、その切り口や境界線をつくったのは自分たちの思考であることを忘れてしまい、その切り口や境界線が外側の世界に存在すると

考えてしまうのです。〈傍点は訳者による〉

——ピーター・ホーキンス（リーダーシップの専門家）

マクギリストは、その深淵な著作『主人と使者』（*The Master and His Emissary*）の中で、西洋文化における左脳の優位性について次のように語っています。

「宗教改革と啓蒙主義には明らかな連続性があり、左脳偏重は両者に共通している特徴です。白黒はっきりすることがよしとされ、曖昧なものは退けられ、論理で説明できない物事は信用されなくなりました。生身の身体で感じる活き活きとした世界は疎外され、人は左脳で思考処理された現実のみを経験するようになっていきました……トマス・ジェファーソンが考えた民主主義は、本質的に地域的、農耕的、共同体的、有機的な構造を持っており、右脳の特徴と調和していました。しかし、それらはやがて、啓蒙主義運動の左脳的産物、つまり根っこのない大規模で機械的な資本主義の力によって一掃されてしまいました[15]」

左脳的な管理手法は、分析や定量化やコントロールを可能にし、大きな効用をもたらしてきました。このことは否定できません。しかし、私たちの社会や組織デザインの多くは、あまりに左脳偏重的になってしまいました。こうした脳のアンバランスが人間と自然のいびつな関係にも密接につながっています。

左脳的な性質	右脳的な性質
あなたvs私	一体としての私たち
直線的	相互作用用的
因果性	関係性
部分への焦点	全体の把握
構造と順序	既成概念に囚われない創造性
二極化・対極化	張り合う力学（テンション）

左脳と右脳の性質

上の表は、左脳と右脳に関する性質を示しています。これを見ると、今日の社会やビジネスの多くの分野が、左脳的資質によって形づくられ、支配されていることがわかります。

科学的にはもちろん、右脳と左脳が分離しているとはいえませんが、人と自然、男性性と女性性、内面と外界という3つの領域で見てきたのと同様に、左脳優位が進んできたことは明らかです。本書で扱う「分離の旅」は、これら4つの領域が密接に結びついた集合的な旅路なのです。

ハーバード大学で研究を行っていた脳科学者ジル・ボルト・テイラー博士は、脳卒中で左脳を損傷したことにより、右脳だけで世界を体験することになりました。何十年にもわたって脳を研究してきた彼女は、突然、右脳と左脳の間にある深淵な違いを、自分の身体を通して内側から体験することになったのです。テイラー博士は、脳が右側だけで認識していたときに、世界がどれほど平和で活き活きとしていたかを語っています。周囲のすべてのものが色鮮やかに輝き、音楽のような美しい音色が聞こえ、すべてのものと一体化したように感じられ、

分離の旅

左脳と右脳の分離

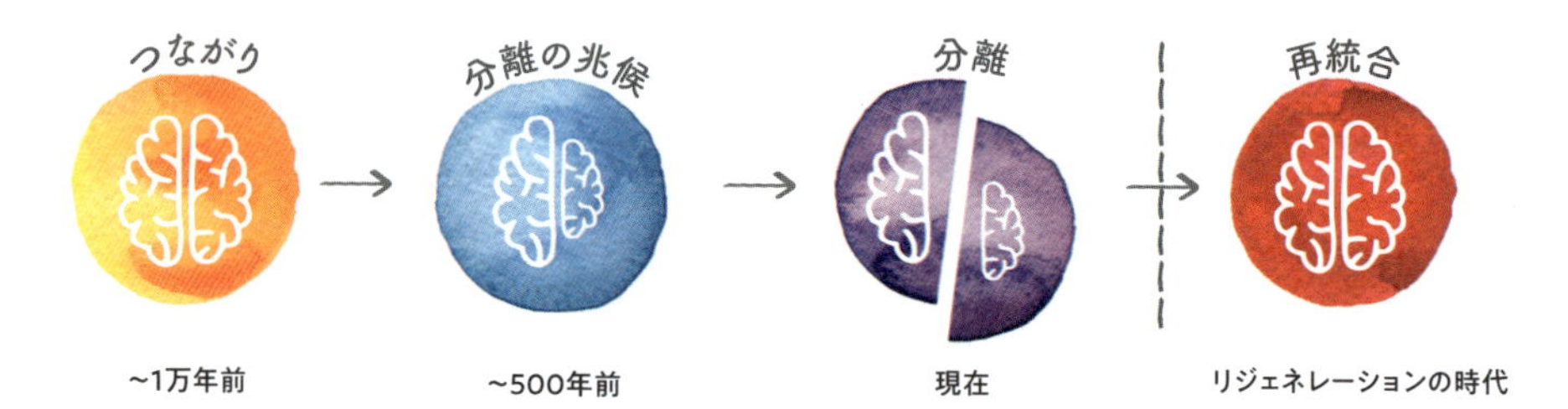

@copyright Hutchins & Storm

左脳が停止したことで心配ごとも消えていたといいます。自分と世界の間には何の隔たりもなく、すべてが相互につながりあっていました。

しかし、ほんの数分間左脳の機能が戻ったとき、彼女は自分の状況の深刻さを理解し、分析能力を使って救急車を呼び、何が起こっているのかを医学用語で説明することができました。その後、再び心配ごとから解放された右脳の一体感に切り替わり、テイラー博士は生命とつながった自己の感覚（センス・オブ・セルフ）を取り戻すのです。インタビューの中で彼女はこう語っています。

「右脳の世界は、すべてがつながっています。私たちはすべてのものと一体化しています。自分がどこからはじまり、どこで終わるのかという境界を定めるためには、左頭頂部の細胞が必要です。その細胞が停止すると、物理的な境界線がなくなりました。私はエネルギーでした。そう、私はエネルギーです。私たちはエネルギーなのです」

さらに深める

テイラー博士の魅力的なTED動画「My stroke of insight」を参照してください。また、テイラー博士の著書『奇跡の脳』（新潮社）も出版されています。

そして、この経験によってどのような変化があったかという質問に、彼女はこう答えました。

「以前の私は、科学や研究室、顕微鏡の中の細胞、理論や観念などに心を向けていました。それらが私を突き動かすすべてだったからです。今では、より大きな視点での人類の在り方や、人間とこの惑星との関係により深くつながることができるようになりました（中略）以前は、何をするかという行為の世界で左脳が私を動かしていました（中略）しかし、今ではまったく違う方法で私という人間を生きています。私の判断は、直感、言うなれば、私にとって物事がどのように活き活きとしたエネルギーとして感じられるのかに基づいてなされているのです[16]」

テイラー博士は、自分の実体験を研究に取り入れ、脳の研究に対するアプローチを大きく変えました。右脳と左脳がより統合された生き方を強く提唱するようになったのです。

再統合の旅の幕開け

システム思考の発展

ここ数十年のシステム思考の発展のおかげで、私たちは相互のつながりやパターン、プロセスという

再統合の旅

分断・分離　　　　再統合

現代　　　　リジェネレーションの時代

観点からものごとを考えることができるようになりました。システム思考では、あらゆる活動や生命が相互につながりあっているという性質を認識し、システム全体を部分の総和を超えたものとして捉えます。機械論的な還元思考が個別に分離された要素の理解を助けるのに対し、システム思考は複雑性や変化、関係性の理解を促します。

システムにおける個別要素を理解するには、より広範なシステムにおける各要素の相互関係を十分に理解することが必要です。システムの全体性、脳の全体性、あるいは身体の全体性。生命というのは、効率や効果を合理的に高めるために計測や管理が可能な構成要素が、ブロック塀のように積み上げられてできているのではありません。これは私たちが直感的に知っていることです。すべてが定量化され、理路整然と分類できるとか、エクセルの数式で計算できると思いこんだほうが楽なのかもしれませんが、生命の営みはそういうものではありません。

これからの時代のリーダーには、個別部分の理解と同時に、それらがどのような全体性をもって相互作用しているかという理解が求められます。そのためには、ここまで見てきた左脳と右脳、内面と外界、男性性と女性性、人間と自然の再接続と再統合が必要です。今こそ4つの領域が交わる再統合の旅への一歩を踏みだしていくときなのです。

内と外のサステナビリティの統合

持続可能な開発目標（SDGs）が多くの分野・セクターで採用されていますが、そのような前向きな変化が数多く起こっているにもかかわらず、持続可能なビジネスを指向する潮流は、現代の社会－生態学的システムの系内外の負荷に対処できるインパクトを生みだすほどの勢いにはなっていません。サステナビリティ戦略、SDGs、CSR、サーキュラーエコノミー（循環経済）などは、主に外側の世界に焦点を当てており、より深くにある根本の課題、つまり、「分断を生みだす機械論的な思考様式」から「相互のつながりを見出す思考様式」へといかに移行できるのか、という点には十分に向き合えていません。

サーキュラーエコノミーやSDGsのような取り組みが世界的に注目を集めていることは希望でもありますが、これらの取り組みがそもそもの問題を引き起こした従来の機械論的な考え方で実践されているケースも多くあります。SDGsも物事をより細分化して測定・管理する機械論的なやり方で取り組まれている場合がほとんどです。結局のところ、私たちは依然として内面と切り離され、根本的なストレスや痛みを抱え、生命そのものと調和が取れていない状態のまま、従来のビジネスとは少し違うやり方で外側の世界をどうにかしようとしているにすぎないのです。そのため、これらの取り組みによって生じる変化は、革新的な変容というよりもこれまでの延長線上をたどるものでしかありません。

> 我々が直面するあらゆる問題は、それをつくりだしたときと同じレベルの考え方では解決することはできない。
>
> ——アルベルト・アインシュタイン（物理学者）

著者である私たちローラとジャイルズは、何十年もの間、サステナビリティの分野で仕事をし、有望なテクノロジーの普及や政策提言、財務面や運営面の仕組みづくりなど、サステナビリティを推進する仕事にやりがいを見出してきました。このようなアプローチを「外側（アウター）のサステナビリティ」と呼んでいます。サステナブルな社会にシフトしようとするとき、これは重要な役割を担っていることは間違いありません。しかし、それだけに焦点を当てていると、さらなる不均衡を生みだしてしまいます。

私たちは「内面（インナー）のサステナビリティ」にも取り組む必要があります。それは、創造性や遊び心、ウェルビーイングや身体知性を育み、自然の叡智を活用し、相互に結びついたシステムで考え、全体性のなかでそれぞれが感受する自らの存在目的につながった状態のことです。左の図は、これらが持続可能で生命の繁栄に向かう再生型（リジェネラティブ）の文化へのシフトの一環であることを示しています。

「危機の真っ只中で、自分たちが内面で感じていることをケアする暇などあるのだろうか」

「今、最も重要なのは、適切な技術を導入し、適切な政策とプロセスを遂行することではないのだろうか」

もしかしたらそんな風に思うかもしれません。

外側と内面のサステナビリティ

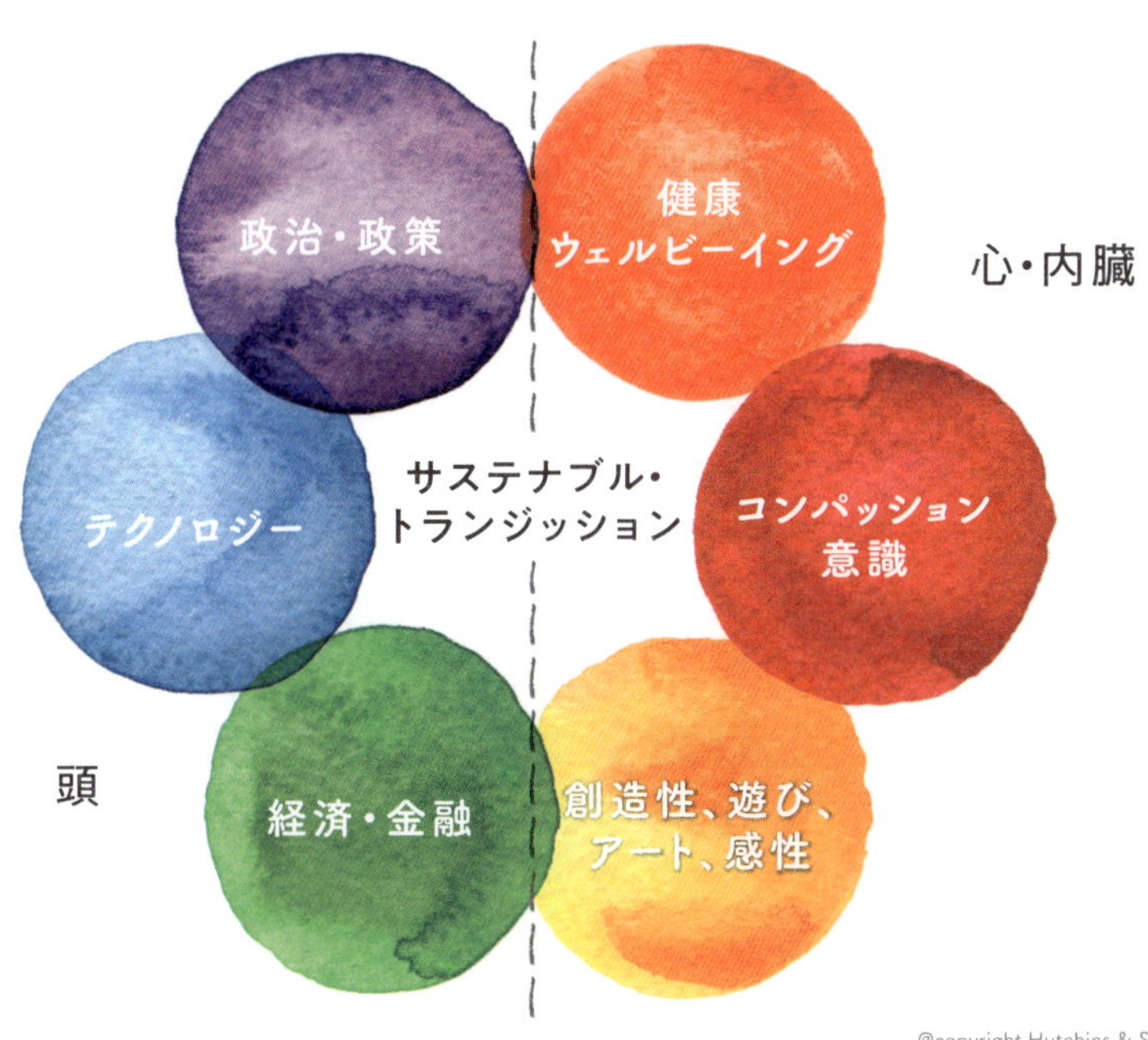

@copyright Hutchins & Storm

確かに、緊急な事態ではあります。しかし、従来の論理で解決を急ぎ、これまでと同様にバランスを欠いた方法で活動を続けていては、時間と資源を無駄にし、同じことの繰り返しになってしまいます。

たとえば、気候変動に関する国際連合枠組条約（UNFCCC）の気候変動プロセスに関する締約国会議（COP）は、外側のサステナビリティだけに焦点を当てていては必要な結果が得られないことを示したよい例でしょう。

著者の1人であるローラは、コペンハーゲン気候協議会のディレクターとして、2009年のCOP15開催までの交渉プロセスに深く関わっていました。COP15は、国連の大規模な気候サミットで、当時多くの人が気候変動に関する法的拘束力のある世界条約（京都議定書の後継となるもの）が締結されるのではないかと考えていました。

しかし、2009年12月の開催に向けた最後の数カ月間で交渉は決裂し、あらゆる関係が崩壊しました。舞台裏では大きなエゴの戦いが繰り広げられ、何年もかけて信頼関係を築いてきたデンマークの交渉責任者は解雇されました。

開催国のデンマークは、先進国と途上国のさまざまな視点に耳を傾けてそれを尊重することなく、強引に合意を押し通そうとし、その結果、交渉は決裂してしまったのです。各国の首脳は逃げるようにその場を後にし、国際メディアはこれを「グローバル政治の史上最大の失敗」[17]と呼びました。左脳や男性性に偏ったプロセスのなかで外側の結果だけに焦点が当たっていたために、大きな機会が（そして資源と時間が）無駄になったのです。

その6年後、ローラは、法的拘束力のある世界的な気候条約を交渉する2度目のチャンスとされたパリのCOP21に参加しましたが、COP15とはまったく異なる経験をしました。このサミットでは、UNFCCCの責任者であるクリスティアナ・フィゲレスと、フランスの交渉担当者であり長年環境問題に熱心に取り組んできたニコラ・ヒューロが中心となって、すべての関係者の意見を聞き、あらゆる途上国や島しょ国の人々、そして精神的な指導者や信仰団体の代表者の声に公平に耳を傾けることに努めました。それは心導かれるようなプロセスで、人によってはふわっとした印象を受けたかもしれませんが、すばらしい結果をもたらしました。

サミットの半年前、フランス大統領とクリスティアナ・フィゲレスの招聘で、交渉担当者、各国首脳、NGO、宗教団体、スピリチュアルリーダーたちが集う1日のサミットが開催されました。そこでは、「なぜ私は地球のことを気にかけるのか。自分の子どもたちにどんな遺産を残したいのか」という問いかけがなされ、参加者それぞれの心からの思いが共有されました。中には涙を流す人もいて、関係者1人ひとりの間に真のつながりが生まれました。

この日の集いが、半年後のCOP21で前例のない世界的合意を得るための重要な基盤となりました。増幅するエゴに支配されたプロセスではなく、そこには対話、透明性、パートナーシップ、共感、1人ひとりが抱える真実や弱さ、そして互いへの敬意がありました。

COP15からCOP21への変化は、さまざまな組織、機関、コミュニティにおけるあらゆる種類の変革プロセスの手本となるべきなのではないでしょうか。

生命とつながりなおす

日々の暮らしのなかで、自分が関与しているシステムの全体性を意識することはほとんどありません。買い物をしているときも、休暇を過ごしているときも、KPI*を達成するために仕事をしているときも、私たちは直接的な関わりを超えて、さまざまなシステム、関係、構造に影響を与えていますが、自分の行動を全体の一部として理解することからあまりに遠ざかり、

COP15で起こった政治的ドラマの詳細を知りたい方は、デンマークの気候政策専門家であるペル・マイルストループが、主要な政府関係者、交渉者、政治家全員にインタビューした舞台裏の本を書いています。この本はデンマーク語で「Kampen om Klimaet（気候のための私たちの戦い）」と呼ばれていますが、その詳細な要約は「The Runaway Summit: The Background Story of the Danish Presidency of COP15, the UN Climate Change Conference（逃走サミット：UN気候変動会議 COP15における議長国デンマークの舞台裏）」にて英語で読むことができます（＊巻末の訳注一覧を参照）。

＊KPI：Key Performance Indicator（重要業績評価指標）の略称。目標を達成するプロセスでの達成度合いを計測したり管理したりするために設定される定量的な指標のこと。

仕事においても日々の買い物においてもほとんど気にしなくなっています。

たとえば、あなたの新しいズボンが手元に届くまでに、どのような原料や栽培方法、輸送手段、労働者が関わっているでしょうか。昼食のサラダや、家で使っている洗剤はどうでしょうか。

家に飾られている素敵なクリスマス人形は、北極にある温かくて素朴なサンタさんの工場で作られたものではなく、おそらく刺激の強い化学薬品や枯渇しつつある資源を使って、さらには援助の届かない児童労働によって大量生産されたものかもしれません。それはまったく素敵なことではありません。

あらゆる意思決定や取引、選択は、ポジティブにもネガティブにも波紋を広げています。しかし、日々を忙しく過ごすあまり、自分が波及効果を生みだしていることに気づかないでいるのです。

つまり、今日、私たちが直面しているさまざまな問題には、根深い原因があります。それは、本章で数世紀にわたるホモ・サピエンスの進化の過程を掘り下げてくるなかで見てきたように、人と自然、男性性と女性性、内面と外界、左脳と右脳の意識の不均衡（アンバランス）です。

私たちは、自分の内面と自身を取り巻く外の世界で起こっていることの乖離（かいり）を統合したいという願いを誰もが抱いていることに気づく必要があります。問題をそもそも引き起こしてきた意識とは異なるレベルの意識をもって、前進していかなくてはなりません。左脳と右脳、自分自身の内と外、男性性と女性性、そして人と自然の関係を統合していく必要があるのです。

人は、外界（アウターネイチャー）の自然にも内なる自然（インナーネイチャー）にもどのようにつながることができるのかを忘れてしまいました。生命に内在するパターンや関係性、エネルギー、知恵、知性を読み解く術を思いだし、学びなおさなければならないのです。

こうした生命の論理（ロジック）と再びつながりなおすことこそ、これからの時代に人と地球が繁栄していくための、よりバランスの取れた仕組みや一貫性のあるビジネスパラダイムへの道を見出す糸口となるはずです。

人は、
日々繰り返される習慣によってつくられる
——アリストテレス（哲学者）
Photo creadit: Abishek Pawar

瓦解と打開のあわいで

こうした分離の旅路のなかで、現代の社会やビジネスはどのように形づくられてきたのでしょうか。人と自然、男性性と女性性、内面と外界、そして左脳と右脳の分離は、私たちの世界観やリーダーシップの在り方、組織文化、社会システム、生態系にどのような影響を与えてきたのでしょうか。本章では、こうした問いを掘り下げながら世界の状況を概観し、リーダーたちが直面している地平を探ります。

リジェネラティブ・リーダーシップは、従来のリーダーシップ論とは一線を画すアプローチです。これまでのように機械論が生みだしてきた問題に対し、機械論に基づいて解決を試みるのではなく、さまざまな物事が相互につながりあう生命システムとして社会を捉えなくてはなりません。現代の私たちが直面する壮大な課題に取り組むためには、従来のリーダーシップ論が適用してきた思考様式とはまったく異なるものの見方が必要なのです。

本章では、現状を包括的に俯瞰しながら、現代社会が抱える課題の根本的な要因と、そこから枝分かれして生じている潮流を見ていきましょう。

複雑性の高まるビジネス環境

近年のリーダーシップ研究では、現代のリーダーたちは高まる複雑性に適切に対処するスキルが欠如していることが指摘されています。私たちには20世紀型の経営の常識が深く根付いていて、現代のような変化の激しい状況には対応できていないのです。

21世紀型のリーダー育成を行うインターナショナル・チャーチル・ソサエティが２０１５年に開催したグローバル・リーダーシップ・プログラムのレポートでは、企業や政府のトップに就いている人たちに極秘で行われた60件の詳細なインタビューの総括が発表されており、新たなリーダーシップへの変容が不可欠であることが明らかにされています。「経営者の近視眼」と題されたこのレポートでは、「短期主義」「衝動的なリスク回避」「金融システムへの不安」「コスト削減重視」「型にはまった発想」「情報過多と認知的不協和」そして「不安、弱さ、疲労による極度の消極性」等が指摘されました。英国での調査ではありますが、世界のほかの地域での関連調査と照らしあわせてみても、現代のリーダーたちが複雑性への適応という課題に直面している状況が浮かびあがってきます。

高まる複雑性に対処していくためには、新たなリーダーシップや組織運営の方法が必要です。ロンドン・ビジネス・スクールのゲイリー・ハメルやハーバード・ビジネス・スクールのジョン・コッターといった組織論の専門家たちは、数年前からこのことに警鐘を鳴らしていました。

たとえば、２０１４年にＩＢＭが実施した調査では、世界60カ国の１５００人以上のＣＥＯにインタビューを行い、リーダーが根本的に「新たな常識」を受け入れる必要性が強調されています。リーダーの

79％は、最大の課題を「複雑性の高い環境下でのリーダーシップ」と表現していますが、実際にそうした環境のなかでリーダーシップを発揮できると感じているという回答は50％以下でした。デロイトが23の産業分野で1万4000人以上のCEOを対象に行った2018年の調査では、リーダーの意識と実態との間に明らかなギャップがある、つまり「直面している複雑な状況に自分では対処しきれない」と感じていることが明らかにされました。

ビジネスリーダーたちは、これまでに経験したことのないレベルの複雑性に直面しています。その要因となっているビジネス環境の変化を簡潔にまとめてみます。

- 気候変動や資源枯渇、生態系の循環サイクルの崩壊などのシステム課題
- 破壊的イノベーション
- デジタル化による産業構造の変化（直販化）
- 市場における価格変動の増大
- 急速に変化する顧客の購買パターン
- 高レベルのストレス、燃え尽き症候群（バーンアウト）、うつ病
- 従業員のエンゲージメントの低下
- 人材獲得競争の激化
- ソーシャルメディアを通じた情報の透明化や倫理観の変化
- 政治規制の変化

・新たな働き方を求めるミレニアル世代

従来のリーダーシップでは、これらを別々の課題として捉え、対処してきました。これは前章でも掘り下げた分断された世界との関わり方に起因する、機械的で左脳的な論理に基づく考え方です。科学革命以来、人類が繰り返してきたこの思考フレームでは、根本的な原因にアプローチができず、知らず知らずのうちに対症療法に留まってしまいます。さらに、自分がすでに知っていることや成功体験に囚われてしまうため——あるいは執着してしまうため——リーダーや組織は急激な変化に対応できなくなっていきます。部分の相互のつながりのなかで生じていく全体性を無視し、物事の断片だけを見て対処していると、気づかないうちにさらなるシステム課題を引き起こしてしまうのです。

20世紀的な成功に最適化された企業は、21世紀には失敗する運命にある。

——デビッド・S・ローズ（シリアル・アントレプレナー）

現在のビジネスの論理(ロジック)に内在するこの欠陥を十分に理解しないかぎり、私たちが適切に歩みを進め、高まる複雑性に適応し、よりよいビジネスの方法論を新たに生みだしていくことはできないでしょう。まずは、現在のビジネスに通底する論理がどのようなものなのかを詳しく見てみましょう。

機械としての組織

これまでのビジネスでは、組織を「機械」として捉えてきました。組織を駆動する各部分(パーツ)は、人材管理、サプライチェーン管理、財務管理といった具合に、リソースや投資対象の資産、道具(モノ)として扱われ、食うか食われるかの超競争的かつ男性的な世界観のなかで、いかに効率や効果を最大化できるかが追求されてきました。

こうした組織観は、組織はすべてが理路整然と定義されており、完璧にコントロールできるものだという感覚をリーダーたちに与えてきました。しかしそれは管理型のマインドセットに基づいた還元主義的な論理から導かれたもので、恐れや分離の感覚によって強化された左脳支配の幻想に過ぎません。現実の世界はそのようにはできていませんし、これらの見方は現代社会の価値観にもそぐわなくなってきています。

歴史を見てみると、1911年に原書が出版されたフレデリック・テイラーの『科学的管理法』(ダイヤモンド社)は、この旧来型のパラダイムが土台となっており、組織を機械とみなす社会的認知の形成に大きな影響を与えたことがわかります。

テイラーのアプローチでは、機械の効率化によるパフォーマンス向上を目指すため、いかに効率的にオペレーションをまわすかがマネージャーの主な関心事となり、従業員は管理者によって定義された職務を効率的に遂行するだけの存在に追いやられました。経営陣は機械的に組織の効率を改善しようと躍起になり、現代でもお馴染みの、サイロ化*と官僚主義を

＊サイロ化：サイロとは家畜の飼料、米や麦などの農産物などが混ざらないように個別に貯蔵しておく容器あるいは倉庫のこと。企業組織が縦割り構造になり、各部門が孤立し、部門同士の連携が取れていない状況を指す。タコツボ化ともいう。

伴った階層型組織の構造が作られていきます。一方で、従業員の創造性や資質、ウェルビーイング、エンパワーメントといった目に見えない側面はないがしろにされていきました。

かつてないほど不安定で、不確実で、複雑で、曖昧なＶＵＣＡ*と呼ばれる現代のビジネス環境において、19世紀や20世紀の論理（ロジック）で設計された従来の手法では生き延びること、ましてや活き活きと繁栄していくことはできません。未来を切り拓いていくためには、変化に機敏（アジャイル）に適応し、より革新的で、しなやかな回復力（レジリエンス）を持ち、パーパス指向の組織が必要であり、今こそリーダーシップが前提としている論理（ロジック）そのものを変容させる必要があります。

> 先の見通せない混乱の時代における危機とは、混乱そのものではなく、従来と変わらない思考（ロジック）でそれに向かってしまうことにある。
>
> ――ピーター・ドラッカー（経営学者）

リーダーシップと組織の変容について踏みこんでいく前に、前章で見た分離の旅、つまり人と自然、男性性と女性性、左脳と右脳、内面と外界の分離がビジネスにおいてどのような世界観を形成してきたのかを見てみましょう。

---

*VUCA：「不安定（volatile）」「不確実（uncertain）」「複雑（complex）」「曖昧（ambiguous）」という4つの単語の頭文字をとった言葉で、環境変化が激しく、将来の予測が困難な状況を指す。

現代のビジネス観が抱える欠陥

ビジネスの目的は「お客様のニーズに合った商品やサービスを提供し、株主に利益をもたらすこと」というのが現在の主流です。利益を拡大するため、顧客の消費を増やし、より多くの商品やサービスを売ることが重要視されます。これは消費に基づく成長または大量消費文化と呼ばれ、経済成長の原動力となっています。経済が成長し、雇用が促進され、人々の収入が増えることで消費も増え、経済成長をさらに加速させることができます。しかし、この消費至上主義は——そして、それに基づいて私たちが構築してきた金融システムは——少なくとも2つの大きな欠陥を抱えています。

❶ 資源の正しい価値(コスト)や外部性が考慮されていない

ビジネスはより多くの製品やサービスを提供し、より多くの利益を生みだすことに主眼が置かれています。利益は経済的価値(およびコスト)によって決定されますが、そこには製品やサービスの調達、生産、消費によって生じる社会的および環境的な価値(およびコスト)は含まれていません。

このような社会や環境に対する影響とコストは「外部性」と呼ばれますが、企業会計の貸借対照表(バランスシート)には組み込まれていないのです。こういった観点から見ると、消費者価格というのは、商品の真の価値(トゥルーコスト)を反映できておらず、生産側の費用も、真のコストではありません。

❷ 終わりなき消費喚起によるウェルビーイングの低下

ビジネスでは、お客様のニーズを満たすことを追求します。優れたビジネスは、消費者の欲求を刺激し、自社の製品やサービスがそのニーズを満たすのだと訴えます。マーケティング、コミュニケーション、メディア露出、広告などに投資し、心理学を応用して消費需要を創出していきます。これらはビジネスの常識です。その結果、消費者としての人類の欲望は、ビジネスによって喚起され続けるようになっています。「この商品を買えば、あなたの人生はもっと充実し、もっと幸せになれます」とか、「より美しく、よりすばらしい女性に」あるいは「より強い男性になれますよ」といった具合です。そして不景気になると、成長のための需要創造の必要性が叫ばれます。「消費を喚起して経済危機を乗り切ろう」というのは政治的にも好まれる手法です。

しかし、こうした経済発展の仕方には大きな落とし穴がありました。多くの場合、人間本来の幸せやウェルビーイングの向上とは無関係（ともすれば逆の方向）に、消費を拡大するためだけの需要やニーズが喚起されてしまうことです。

人は、それが正しいかどうかを吟味することなく、広く普及した意見をもとに、不健全な考えや視点を持ってしまうものだ。

――アラン・ド・ボットン（哲学者）

加速するエコロジカルな危機

こうした欠陥を抱えながらも、従来の世界観はすばらしい技術発展や物質的な進歩をもたらし、現代を生きる私たちのほとんどがその恩恵を享受しています。しかし、人間も含めた地球全体の生態系の視点に立てば、自然資源や人的資源の搾取を前提とした社会経済基盤は巨大な危機(メガクライシス)を引き起こしています。それは、生き物としてのヒトのウェルビーイングの危機であり、人間社会が依存しているこの惑星の生態系崩壊の危機です。

では、近現代の産業文明が地球の生態系にもたらしている主要な課題をいくつか見てみましょう。

気候変動

気候変動に関する世界有数の科学者であるNASAのジェームズ・ハンセン博士は、2011年の時点で「現在の気候変動は、人為的要因による地球温暖化だ。すでに甚大な影響を及ぼしており、もし人間が現在のような活動を続けるならば、そのうち米国南部はもはや人が住める環境ではなくなるだろう」[1]と言及していました。

地球規模での温暖化は、科学革命と産業革命によって、何百万年ものあいだ地下に貯蔵されていた石油、天然ガス、石炭などの化石燃料が開発されていったことによってはじまったとされています。[2]化石燃料は、数百万年以上も前に炭素を取りこんだ植物の化石からできていますが、数百万年もの時間をかけてできたその資源を人はわずか1年で消費しているのです。[3] 大気中に排出される温室効果ガス（GHG）の排出量は、地球の生態系の許容量を超え、深刻なレベルでの温暖化を招いています。NOAA（アメリカ海洋大気局）の年次調査によれば、「過去5年間の北極の気温は、毎年史上最高記録を更新」しています。[4] 特に北半球においては、例年より暑い夏を楽しんでいるだけで気候の変化を特に心配する必要はないと考えている人もいるかもしれません。しかし、これらの気候変動は、世界中の自然生態系に大きな影響を与えています。

では、気候変動とは具体的には何を意味するのでしょうか。2014年のIPCC（気候変動に関する政府間パネル）に参加した科学者たちによると、気候変動——現在では人的要因によって引き起こされたものであることが明らかになっています——は次のような影響を及ぼすといわれています。

- 極端な気温上昇とそれに伴う深刻な干ばつ、山火事、熱波の発生
- 2100年までに海面が0・3m～1・2mほど上昇し、海水温も大幅に上昇する
- 海洋酸性化で海水の化学的反応が変化し、多くの海洋生物のライフサイクルに影響を与え、連鎖反応を引き起こす
- 豪雨、台風、暴風、洪水などがより深刻になる
- 氷冠、氷河、永久凍土などの雪と氷が溶け、膨大なメタンガスが放出され、爆発的な気候変動が生じる

これらの異常気象が人間社会に及ぼす影響には、次のようなものがあります。

- 主に開発途上国での飢餓と水危機の増加

・南半球の大部分の住環境悪化に伴う、膨大な数の難民や紛争が生じる可能性
・農作物、植物、果樹の生態への影響
・気温上昇や熱波による健康への影響やウイルス・病原体の増加
・急激な気温上昇による生物多様性の喪失
・住居や地域社会における大規模災害の増加

2018年9月、世界80カ国の830人の科学者によって書かれたIPCCの重要な調査報告書が発表され、このままいけば2030年までに、臨界値である1・5度――産業革命以前より平均気温が1・5度上昇すること――に到達するという警告がなされました。これはその前になされた予測よりもかなり速いペースでした。気候変動は、より深刻な台風、干ばつ、山火事、洪水、厳しい冬、暑い夏、食糧不足などにより何億人もの人々に影響を与えます。30年後には気候変動により5000万人から7億人が居住地を移動しなければならないという予測もあります。[5]

IPCCの科学者たちは、この危機を解決して深刻な被害を減らすために残された時間はわずか12年、2030年までだと結論付けました。報告書では、温度上昇を1・5度から2度に保つために、前例のない緊急の対応が必要であると述べられています。共同議長の1人であるデブラ・ロバーツは、報告書の発表にあたり「一線を越えれば取り返しがつかなくなります。今こそ行動しなくてはなりません。これは科学界からの最終警告であり、どうにかして全人類が行動し、現状に安住する雰囲気を打破することを願っています」とコメントしています。[6]

あなたは、このメッセージを自分ごととして受け止めることができるでしょうか。わずか12年で状況をひっくり返すことができなければ、悲惨な結末が待っています。これは政治のレベルだけで解決できることではありません。毎週金曜日に学校の前でストライキをする若者だけでなく、あらゆる分野のリーダーが勇気と信念をもって行動を起こす必要があるのです。

ＩＰＣＣの報告書では、気温上昇を約１・5度に抑えるためには世界の温室効果ガス排出量を２０３０年までに45％削減する必要があり、今すぐ私たちが行動を起こさなければ、将来の世代に大きな負担を残してしまうことが強調されています。削減を実現するための道筋として、土地利用とテクノロジー活用を組みあわせた4つのパターンが示されており、すべてのシナリオに共通して、森林再生、流通の電動化、二酸化炭素回収・貯留技術の導入拡大が不可欠とされています。[7]

イギリスの経済学者であるニコラス・スターン卿は、このことに何年も前から言及しています。２００6年の報告書で、すぐに行動を起こす必要性を忠告していましたが、その10年後、イギリスのガーディアン誌のインタビューで「今になって私は、リスクを過小評価していたことに気がつきました。行動を起こさなかった場合のコストについて、報告書の中でもっと強く主張するべきでした。危機を過小評価していました」と語っています。[8]

世界有数の科学者たちが一様に緊急事態だと声をあげているのであれば、きっとすでに社会のさまざまなリソースを結集して必要な対策が講じられているのだろうと思うかもしれませんが、実際には、多くのリーダーや大人たちは事態の深刻さに気づいていません。気づいていたとしても、日々の業務に忙殺されていたり、あるいは新たな発明や技術革新、政策によってこの問題が解決されるのではないかと考えたりしています。しかし、気候変動に関する人々の認識と理解を高め、対策への支持を集めて実際に人々を動かしていくためには、技術や政策におけるイノベーションよりも、リーダーの根本的な意識変容が必要になっています。

大量絶滅の危機

気候変動と同様に深刻であるにもかかわらず、生物多様性の急激な減少について話題にのぼることはまだ多くありません。気候変動の進行と並行して、大規模な森林伐採や農薬の使用、生息地の急激な減少などにより、多くの生物種にとって地球はますます過酷な場所になっています。世界資源研究所の報告によると、人類はこれまですでに地球上の自然林の80%以上を破壊し、1日あたり2万ヘクタールという異常なペースで開発を続けています。

IPBES*によって2019年5月に発表された、生物多様性と生態系サービス*に関する研究の成果報告書では、森林の伐採、土壌や海洋資源の乱開発、大気や水の汚染によって生物界が窮地に立たされていることが明確に記されています。これは国連が支援し、3年間にわたって地球上の生き物の状態を調査するという画期的な研究で、何万もの種が高い絶滅リスクにさらされていること、人間社会が自然を利用する割合が地球の再生能力をはるかに超えていること、増え続ける世界の人口を支えるだけの食料と真水を提供する能力が損なわれてしまっていることなどが強調されています。[9]

＊IPBES：生物多様性および生態系サービスに関する政府間科学ー政策プラットフォーム。

＊生態系サービス：私たちの暮らしを支える、食料や水の供給、気候の安定等、生態系の機能や生物多様性から得られる恵みのこと。

WWFが発表している「リビング・プラネット・レポート2018」によると、野生の生き物の60%が50年足らずで失われたとされています。主な要因は生息地の喪失、汚染、気候変動、乱獲などで、人間の活動が「6回目の大量絶滅を推し進めている」のです。[10] 過去の地球の歴史における大量絶滅とは異なり、人間という1つの種によって引き起こされている今回の絶滅は、あらゆる生物に壊滅的な影響を与え、そこには当然人類も含まれています。たとえば、2017年10月に発表された研究によると、飛行昆虫の数は過去27年間で75%減少しています。80%の植物の受粉を昆虫が担っており、昆虫の多様性と豊かさの喪失は、食物ネットワークに連鎖的な影響を引き起こし、生態系に深刻なダメージを及ぼすと予想されています。[11]

ここで浮かんでくるのは、この歴史の転換点において人間という種は絶滅するのか？　という問いです。おそらく統計的にも、倫理的にも、答えを導くのは困難ですが、もしも近い将来そのときが訪れるとするならば、人間は種として自殺行為をした、ということになるでしょう。

——ジャック・マイルズ（ゲッティ財団 シニアアドバイザー）

土壌・大気・水の汚染の深刻化

人類は急激な気候変動や水害、第六次絶滅危機だけでなく、大気や河川、海洋の汚染、土壌劣化に深刻な規模で直面しています。現代の集約型農業は土壌からカルシウム、リン、鉄、タンパク質、ビタミンなどの重要な栄養素を奪ったり、流出を引き起こしたりしています。[12] 有毒な化学物質は河川や地下水を汚染し、飲料水として私たちの血液や細胞組織に流れこんでいます。[13] 壮大なスケールで世界の均衡（バランス）を崩壊させているのは、私たち人間なのです。

海に目を向ければ、溢れるプラスチックやゴミが海洋全体の生態系を破壊しています。毎年800万トン以上のプラスチックごみが世界中の海に流れこみ、テキサス州やフランス国土に相当する「ごみの島」ができるほどです。2050年には、海洋プラスチックの量は海洋生物より多くなるといわれています。[14] 科学者たちの研究によれば、海鳥の90％が胃の中にプラスチックを抱え、水揚げされた魚介類の中にもプラスチックが発見されています。[15] ポリエステルやアクリルなど衣服の合成繊維は、淡水の循環系にも入りこんでおり、今やマイクロプラスチックはビールから飲料水、魚介類、そして人間の便（つまり、私たちの血流やリンパ系、肝臓）などあらゆるものから発見されています。[16] 森林火災、海洋酸性化、生物種の減少、台風、海洋プラスチック、ミツバチの絶滅危機、深刻な気候変動、食品や水に含まれるマイクロプラスチック、大量絶滅。これらのすべての行方が、私たち人間次第なのです。

人がつくりあげたシステムや行動様式が、網目のように広がる地球の生命生態系に大混乱を引き起こしています。イギリスの生物学者デビッド・アッテンボロー卿が「人間は地球にとっての疫病となってしまった」と言及したように、ここ数世紀の物質主義的な文化や工業化、機械論的な考え方は、いつの間にか私たちの目を問題からそらし、生命の営みを目の前で破壊していることすら気づかないような社会経済を生みだしてきてしまったのです。

内面の危機とストレス

社会経済や生態系の話だけではなく、私たちの内面も危機を迎えています。多くの人が心身の不調や精神疲労を抱え、かつてないほどのストレス社会を生きています。WHOは「ストレスは21世紀の世界的な伝染病である」と発表し、ギャラップ社による2018年のグローバルエモーションズレポートによると、世界のストレスや不安のスコア指数は過去最高水準に達しています。145カ国15万4000人の成人を調査したこのレポートの序文では、「私たちは、集団としてかつてないほどのストレスや不安、悲しみ、そして痛みを感じているのです」と書かれています。[17]

ストレスは、一般労働者から経営者まで、あらゆる人に影響を及ぼしています。ハーバード大学メディカルスクールの調査によれば、米国の上級管理職の96%は燃え尽き症候群（バーンアウト）の兆候があり、3分の1は極度のストレス環境のなかで仕事をしていることがわかっています。こうしたストレスはうつ病、肥満、不安、不眠症、心臓発作、呼吸器および消化器系の問題、高血圧、免疫力の低下などさまざまな種類の健康問題を引き起こします。[18] 抗うつ剤のヨーロッパにおける売上は、2000年から2012年にかけて毎年増加し、[19] 米国での使用は過去15年間で65%増加しています。[20]

こうした研究結果、統計、および世論調査は、従来の社会経済の在り方や世界との関わり方が、根本的なところで何かがおかしくなってしまっていることを示しています。慢性的なストレス状態に置かれていては、直面している厳しい現実を集団として乗り越えていくことは難しいのではないでしょうか。

人は慢性的なストレス状態にあると、思いやりと協調性に欠け、創造性や革新性が低下し、賢明な判断がしづらくなるということが科学的にわかっています。ストレス下にある脳では、ベータ波とよばれる脳波が高まり、戦うか逃げるかのモードに入ります。これは、何千年にもわたって人が狩猟民として育んできた生存に必要な能力です。目前の課題（たとえば捕食者）に注意を集中し、それ以外の情報を遮断する非常に重要な能力でした。ベータ波状態では、興奮度が高まり、すぐ目の前にあるものに対しては驚くべき集中力と注意力を発揮しますが、大量の栄養とエネルギーを消費します。仕事の締め切りに追われ続けている現代社会では、エネルギーを大量消費するベータ波状態で1日の大半を過ごし、健康状態とウェルビーイングに多大な影響を与えていると考えられています。

継続的にストレスを抱えた状態では、たとえば気候変動、生物多様性の喪失、難民問題、フードロス、広範囲にわたる生態系の劣化などのシステム課題を体系的に考えて適切に対処することも難しくなります。複雑性の高まる現代社会においては、自己を適切に認識・知覚し、思いやりを育み、自身を取り巻くシステムと調和していく必要があるにもかかわらず、多くのビジネスリーダーは、燃え尽き、うつを抱え、めまぐるしく回転する社会経済システムの車輪に巻きこまれてしまっているのです。

ストレスは、生まれる前の子宮内にいる子どもたちの健康状態にも影響を与えるという研究もあります。コルチゾールレベルが高い環境で成長する胎児は、心臓病、肥満、糖尿病を患う可能性が高く、学校での人間関係で苦労したり、短気やＡＤＨＤ（注意欠陥多動症）になったりしやすい傾向がみられるといわれています。[21] つまり、このストレスをめぐる負のフィードバックサイクルを、次世代が生まれる前から引き継いでしまっているのです。

ストレスや精神疾患は、社会として今すぐ対処すべき問題であり、個人がその症状を恥じたり隠したり

あらゆるシステムにかかる負荷やストレスは、相互につながっている

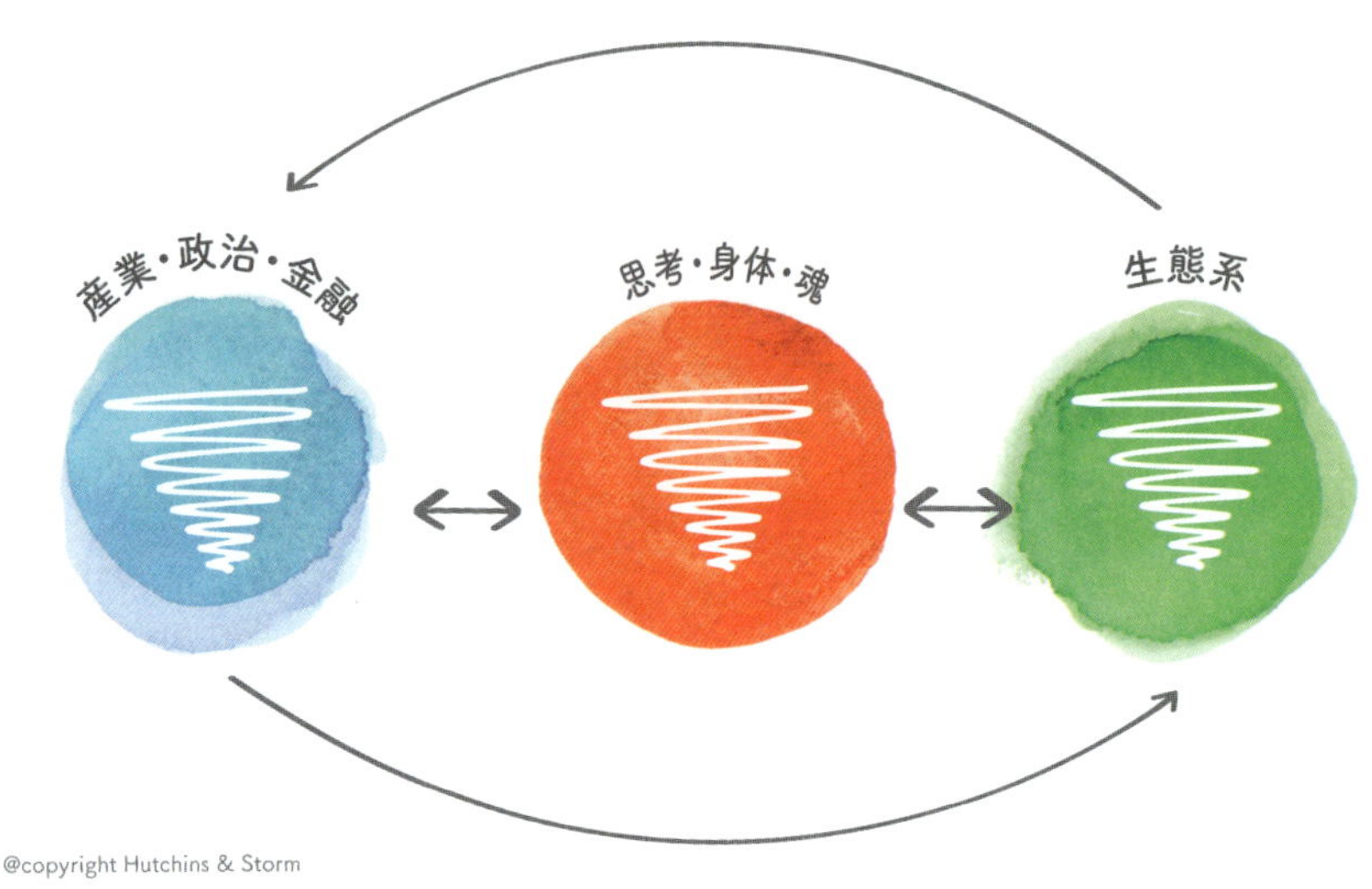

するようなものではないということを認識する必要があります。現代社会が直面しているこの病を断ち切るためには、さまざまな現象が表出する根本にある、社会のシステムや構造、リーダーシップの在り方を変えていかなければならないのです。

つながりあうシステム

政治から金融、社会、生態系まで、現代社会のあらゆるシステムにおける負荷やストレスは、さまざまなレベルで相互につながり、影響し合っています。私たちが生きる論理（ロジック）を根本的に変えないかぎり、状況は日に日に悪化し続けていくでしょう。

相互に連関するシステムにおけるストレスの負のフィードバックサイクルは、ますます手に負えなくなってきています。意志と勇気をもって根本原因と向き合い、従来の機械論的な論理（ロジック）とはまったく異なる新たな発想へと転換して

いく必要があるのです。

私たちが体験している物語

ここで少し立ち止まって、深呼吸をしてみましょう。視点を変えるために、あなたが他の惑星からきた宇宙人だと想像してみてください。そして人類の文明社会や行動を観察し、次のようなまっとうな問いを持つかもしれません。

「人間という生き物は地球で一体何をしているのか。どこに向かおうとしているのか」

人間は、自分たちのニーズを満たすために、創意工夫をこらし、局所的には最適化と価値創出を行ってきました。しかしその過程で、自らの生存を支えている生命システムの持続性を破壊してきました。地球から警告のメッセージは何度も送られてきているにもかかわらず、搾取を続け、大量消費や汚染を加速させています。

人間は自然界の生息地を離れ、町や都市をつくりだし、コンクリートと鉄で作られた高層のオフィスやマンションに移住しています。若い世代は日々忙しく働き、高齢者は家で介護を受け、子どもたちは学校や幼稚園に通っています。ビタミンやミネラルが著しく欠如した工業的な加工食品を食べ、1日のほとんどの時間をパソコンやスマートフォンの画面の前で過ごしています。絶えず不安を感じたり、燃え尽き症候群になったり、うつの症状が出たり、心理状態も悪化しています。そうした痛みを麻痺させるためにさらなる消費と生産を繰り返し、環境を汚染し続けています。ファストファッションやテクノロジーに対する中毒症状やせわしない過度な消費行動は、地球上の生命にとっての大惨事を引き起こし、人を含むあらゆる生き物の危機的な状況を自らつくりだしています。

ホモ・サピエンスという種は、内なる自然や外界の自然を感受し、尊重することをいつの間にか忘れ、生命が本来宿しているパターンや関係、エネルギー、知恵、知性を読み解く術（すべ）を見失ってしまいました。生命の論理（ロジック・オブ・ライフ）から自らを切り離し、代わりに機械的な論理に基づいた社会のシステムと構造を設計してきた結果、自ら生みだした課題に適切に対処することができなくなり、過度なストレス状態に陥ってしまっています。

人類と地球全体の生命の営みが共に繁栄する未来に向かっていくためには、生命が宿してきた深淵な理（ことわり）へと再びつながりなおし、分断に陥ることなく、互いに連関するシステムとして真にバランスの取れた一貫性あるビジネスパラダイムを再構築することが必要になっています。

リーダーたちへ——今こそ変化のとき

多くの人が、よりよい未来へ向かうための新たな変化と道標を必要としています。ここでは、私たち人類に変容を求めるさまざまな潮流を、外的因子と内的因子という2つの視点から紹介します。

生態系の繁栄なくして、
人はこの地球に生きることなどできない。
海や河川が汚染され、土壌が劣化し、
森林が荒廃した状態では、
多様な生物種が健やかに繁栄する未来は
やってこない。

それなのに、人の暮らしやビジネス、
政治の活動様式は一向に変わらない。
まるで何もしなくても
幸せな未来を迎えられるかのように。

外的因子（プッシュ）――VUCAと呼ばれるビジネス環境のなかで、あらゆる立場にあるリーダーたちが何か変化を起こさなければならないと感じています。自分たちの組織が単に生き延びるというだけでなく、これからの不安定な時代のなかで繁栄していくために、新しいビジネスの在り方とリーダーシップが強く求められています。20世紀のビジネスを支えてきた考え方や手法は、十分でないどころか、変化を阻害してしまっており、不可逆で抜本的な変容が必要なのです。

過去数年間、私たちがさまざまな組織の経営陣と仕事をするなかで、見えてきたことがあります。リーダーたちは変化の激しいビジネス環境の荒波のなかで計り知れないほどのプレッシャーを感じており、そこには2つの側面があるということです。

1つは今この瞬間に、変化の激しい大海原で沈没しないようにしなければならないこと。そしてもう1つは、未来に向けて、単に生き残るだけではなく躍動した企業へと変容するために、組織運営の手法を抜本的に変化させていかなければならないということです。激しさの増す嵐の中で地に足をつけ、沈没しないように気をつけながらも、同時に変容を進めていくためのまったく新たなビジネスの考え方が必要になるのです。このことを、あるグローバル企業のCEOは、飛行機の比喩で次のように説明しています。

「パイロットである経営者は、乱気流の中で機内の乗務員と乗客の幸せを保ち、地上スタッフとも継続的に連絡を取りながら、飛行の真っ只中で旧来型の飛行機を新たなモデルへと改造していく必要があるのです[22]」

階層型の組織構造のなかで、どのボタンを押せば何が起こるかがわかっていた時代は終わりを迎えました。意思決定と指示がスマートに実行されるコマンド&コントロールの中央集権的構造は、複雑なネットワークへと変化していきました。

——ニック・ゴーイング、クリス・ラングドン（リーダーシップのスペシャリスト）

内的因子（プル）——内的因子とは、私たち自身の中にある、内面性や在り方、心理的な状態のことです。本書のPART2でも述べますが、集合的な無意識（コレクティブ・アンコンシャス）とも呼ばれるものが私たちをより真実へとひらかれた存在へといざなっています。それは、表層的な消費主義、物質主義、個人主義を超え、自我（エゴ）の囚われから抜けだし、人として地に足をつけ、より深くつながり、関係しあい、思いやりを持ち、目的意識に溢れた存在へのいざないです。この世界における場所の感覚（センス・オブ・プレイス）*や存在目的（パーパス）のより深い理解がやってこようとしています。マインドフルネスやウェルビーイング、ヨガ、瞑想、オーガニックな生産活動、菜食主義者とビーガン食、あるいはビジョンクエスト*など先住民の知恵の継承、自然療法、感情的・精神的な成人発達などへの注目がかつてないほど高まっていることからも、その傾向がうかがえます。

相互に引きあうこれらの外的因子（プッシュ）と内的因子（プル）のあいだから立ち現れる新たなリーダーシップ。それは生命の知恵を解き放ち、機敏さ（アジリティ）やしなやかさ、柔軟性（レジリエンス）、創発性を備え、繁栄に向かうリーダーシップです。そして人と組織が、複雑な生態系と調和しながら、変化に機敏に適応し、創発し続けていくためのリーダーシップなのです。

社会的にも生態学的にも生命の営みとの調和を崩すことなく、38億年ものあいだ絶えず受け継がれてきた生命そのもの、を育み続けていく新たなやり方やマインドセット、行動様式が、

＊**場所の感覚（センス・オブ・プレイス）**：身体的、社会的、歴史的に構築された、人と場所との関係性を表す環境人文学の用語。

＊**ビジョンクエスト**：古くから多くのネイティブ・アメリカンの種族に伝わる、子どもから大人になるための通過儀礼。

あらゆる世代や地域において同時多発的に生まれはじめています。根本の世界観に欠陥を抱えた従来のビジネスが行き詰まる中、これまでのビジネス論理（ロジック）を乗り越えた新たな手法を実践する先駆的な組織がセクターを問わず出現しています。これについてはPART2で掘り下げます。

人々は官僚的な組織で魂を吸い取られるように働くことを望んでいるわけではありません。多くの人は、より創造的で、刺激的で、活力に溢れ、目的意識に溢れた職場環境を望んでいます。利益だけでなく世界によりよい影響を与えていくようなリーダーを求めています。人々は、機械化された巨大な組織の一部として歯車のように働くのではなく、日々の仕事が生みだす価値と意味あるつながりを感じたいと思っています。自分の内なる自然性と再びつながり、活き活きと生きていくことを支えてくれる組織で働きたいと願っています。

あなたはどう感じているでしょうか。さっと読み進めてしまう前に、**今一度心で感じ、味わってみてください。従来のビジネス論理（ロジック）を超えて、リジェネラティブなパラダイムへの移行が起ころうとしている確かな兆し（エビデンス）。そして、世界と新たにつながり直そうとしている人々の深い願い。**この旅路は、とてもワクワクすることであると同時に、時代からの喫緊の要請でもあります。世界はすでにひらかれ、動きだしているのです。

準備はいいでしょうか。

それでは、これからの時代のビジネス論理（ロジック）を見ていきましょう。

生命を育む新たな世界観を今こそ、
呼び覚ますときです。

生命の繁栄（ライフ・アファーミング）に貢献するという
自然界の原則に基づいた生き方やリーダーシップを
デザインしていくことが、
この時代を生きる私たちの使命なのです。

きっとどこかに割れ目があるはずだ。
ほら、光が差しこんでくる

——レナード・コーエン
（シンガーソングライター）

Photo creadit: Gian Reto Tarnutzer

新たなリーダーシップの夜明け

私たちは激動の時代を生きています。古い体制が瓦解（ブレイクダウン）し従来の世界観が打ち破られ、新たな打開（ブレイクスルー）がはじまろうとしています。前章で見てきたように、現在のリーダーたちに求められているのは、きわめて複雑なシステム課題に迅速に対処し、社会のあちこちで生じているストレスや不安、葛藤に向き合っていくことです。今はまだ分離やコントロール、そして過度な競争に基づく世界観が支配的ですが、意志を持って選択を重ねていくことで、乗り越えていくことができるはずです。もちろんこれは容易ではありません。

こうした大きな変容の真っ只中で、ビジネスが果たせる役割、そして1人ひとりがリーダーとなり変革の大海原のなかで自ら運転席に座り、ハンドルを握ることの意味を考えるとワクワクしてきませんか。世界中の権力の回廊*を行き来する人たちは、もはや従来の機械論的な見方では、増殖を繰り返す厄介かつ危険な現代のシステム課題に対処できないことに気づいています。今こそ、20世紀の古い思考様式を刷新する新たな方法を編みなおすときなのです。

本章では、こうした新たな時代の夜明けに現れているリーダーたちの意識の兆候（サイン）を探ります。1人ひとりのリーダーシップがよりよい社会に向かう推進力となり、変化の触媒となり、自らが

＊権力の回廊：重要な政治決定がなされる場所のこと。C. P. スノーの小説タイトルに由来している。

受け取る以上の価値を後世に残すようなシステムや構造を生みだしていくこと。環境への負荷を減らすだけでなく、生命の発展に貢献する道を選択し続けていくこと。リジェネラティブ・リーダーシップは、人類の進化の旅路のなかで今を生きる私たちに課せられた必然的な在り方なのです。

「時代は変わる」*

私たちは、持続可能なビジネスに関心のあるリーダーたちのあいだで急激な変化が起こっていることを強く感じてきました。セクターを問わず、アジャイル*に環境変化に適応し、発達し続けていく組織づくりのアプローチが採用され、内面（パーパス、文化、ウェルビーイング）と外面（サステナビリティ、ステークホルダー、価値提案）の両方に取り組むことの重要性がますます認識されるようになっています。前章でも説明したような外的変化（プッシュ）と内的変化（プル）を多くのリーダーが体験し、新たなリーダーシップや組織の在り方が出現しているのです。

これらの兆候をいくつか見てみましょう。

2018年1月に世界最大手の戦略コンサルティングファームであるマッキンゼーが発表した「アジャイル組織の5つの特徴」というレポートでは、ここまで議論してきた世界観（パラダイム）

＊時代は変わる：ボブ・ディランの1964年のヒット曲「The Times They Are A-Changin'」。

＊アジャイル：元々はソフトウェア開発手法の1つで、短期間かつ機能単位の小さいサイクルですばやく開発し、フィードバックを受けながら改善を進めていく開発手法を指すものであった。近年は、組織文化や経営の文脈において機敏に変化に適応していくための手法として「アジャイル」と呼称される。

のシフト、つまり組織を機械とみなす考え方から生命システムとして捉える考え方へ移行することの重要性が強調されています。また、『アジャイルの時代』(*The Age of Agile*)の著者であるスティーブ・デニングは、数年以内に経営におけるパラダイムシフトが起こるだろうと述べています。彼が「ポスト官僚主義のパラダイム」と呼ぶ次世代型組織のパフォーマンスは、従来のコントロールに基づく階層型組織のそれと比べてどの程度上回っているのかを研究し、「今ではアジャイル型のマネジメントは、急速な成長と長期的な収益性を支える主要因とみなされている」[1]と述べています。

さらに投資家のジェイ・ブラグドンは、最新の研究で、生命システムに基づいた手法と生命指向型(ライフ・アファーミング)の文化を採用している組織が、いかに機械的な組織よりも優れたパフォーマンスを継続させているのかを調査しました。専門家のこうした指摘には勇気づけられます。

「これらの企業は、機械的に想定される効率(産業化時代に出現した思考プロセス)に基づいて組織をモデル化するのではなく、生命システムに基づいて組織を形成している。また、オープンで倫理的意識が高く、多様性を尊重する慣習があり、現場で起こることに対して従業員が自ら声をあげて関わろうとする。このためトップダウンで意思決定する従来型の企業よりも際立った優位性があるのだ」[2]

こうした変化は、元マッキンゼーのコンサルタントであるフレデリック・ラルーの著書『ティール組織』(英治出版)が世界中のリーダーや実践者たちに広く支持されていることからも見てとれます。2014年の原書版の出版以来、何千人ものリーダーたちが、ティール組織が示すこれからの時代の生命体的な組織モデルを実践しはじめています。『ティール組織』はリーダーシップや組織における意識レベルの発達について優れた枠組みを提示しており、PART2でも触れていきます。

　マサチューセッツ工科大学（MIT）は、自己を深く理解してシステム変化を促すリーダーシップを育み、資本主義を変容させていくリーダーシップ開発を数年前からはじめました。これを提供しているプレゼンシング・インスティテュート*には、世界中から約10万人のリーダーや実践者たちが参加していますが、このリーダーシップのアプローチの中核にあるのは、オットー・シャーマー教授によって開発されたU理論と呼ばれるプロセスです。これは、場の全体に意識と身体感覚をひらき、現れようとしている未来に深く耳を傾けながら、自らの内にある皮肉、評価、恐れを手放していく心理的変容のプロセスです。20年前にはこうした考え方を教えているビジネススクールはどこにもありませんでしたが、現在はMITのスローン経営大学院が大変力を入れてこのアプローチを扱っており、他のビジネススクールも続々と採用しています。世界中の主要なビジネススクールが、これからの時代のリーダーに求められるものとして「コンシャス・リーダーシップ*」「変化への適応力」「サステナビリティ」といったテーマを掲げ、ミッションの根幹に据えています。

　また、ラジェンドラ・シソーディアとジョン・マッキーによる『世界でいちばん大切にしたい会社』（翔泳社）がベストセラーとなり、世界各地で広がっていることも新たな時代の兆候です。他にも、ロンドン・ビジネススクールのゲイリー・ハメル教授が官僚組織（ビューロクラシー）を

＊プレゼンシング・インスティテュート：MIT上級講師のオットー・シャーマー氏らによって設立された、U理論で提唱されるUプロセスの実践を探求するための組織。

＊コンシャス・リーダーシップ：コンシャス（conscious）とは「意識的であること」を意味する。経済利益だけでなく、関わる人々、社会的意義、環境なども含めたあらゆるステークホルダーの幸福や便益に奉仕していくリーダーシップの在り方を指す。

打破する組織形態として提唱した「ヒューマノクラシー（人を中心に据える組織）」をはじめ、キャロル・サンフォード、ジョン・コッター、ロバート・キーガン、リサ・レイヒー、リチャード・バレット、ミシェル・ホリデイなどさまざまなリーダーシップの専門家たちが、今まさに立ち現れようとしている新たなリーダーシップ——人類を次のステージへと移行させ、生命繁栄型の未来へと導くリーダーシップの研究を進めています。この点について、巻末にある参考文献リストでもいくつかの書籍を紹介しています。

さらに、Bコープ（B-Corp）*の台頭も新しいビジネスの変容を示す兆候といえるでしょう。これらの企業は、株主のみの利益を最大化するという従来の視座から、社会や環境を含むあらゆるステークホルダーに貢献するという考え方に移行しています。2007年の制度開始以来、Bコープ認証を取得した企業の数は世界中で2500を超え、日々増え続けています。

こうした変化を起こそうとしているのは、小規模な組織だけではありません。フランスの消費財メーカー大手のダノンでは、グループ内の3割の子会社がBコープであり、またユニリーバの子会社であるベン&ジェリーズ、セブンスジェネレーション、パッカ・ハーブスなどが続々とBコープ認証を取得し、大手企業内のBコープも数を増やしています。

企業の社会的責任（CSR）やサステナビリティ、サーキュラーエコノミー（循環型の経済）は、もはや本業とは切り離された慈善のボランティア活動や報告書にのせるための

＊Bコープ（B-Corp）：株主だけでなく、環境、従業員、顧客といったすべてのステークホルダーに配慮した事業を行い、事業を通じた社会や環境へのよい影響、社会的透明性や説明責任を高い水準で満たす企業のこと。

うわべの事業ではなくなり、組織が繁栄していくために欠かせない戦略の中核であるという認識が高まっています。サステナビリティの専門家たちは、今や小さな地下室から経営会議へと居場所を移し、組織を横断する大規模かつ専任のチームとして活躍しています。社会・環境課題の深刻化に伴い、企業活動におけるサステナビリティの優先度が高まっているのは明らかです。

あらゆる企業は繁栄のためには、利益を出すだけでなく、いかに社会に貢献しているのかを示していかなければならない。株主や従業員、顧客、および地域社会など事業を取り巻くあらゆるステークホルダーに利益をもたらす必要があるのだ。

――ラリー・フィンク（世界最大のビジネス投資機関 ブラックロック CEO）

この5年間で、投資家たちの視座は大きく変化しました。サステナビリティやコンシャス・リーダーシップ、企業倫理や社会的責任は、企業にとってのお荷物ではなく、VUCAの時代に生き残っていくために必要不可欠な要素であると認識されるようになりました。世界最大の投資機関であるブラックロックのCEOラリー・フィンクはあらゆる組織にとって、ESG（環境・社会・ガバナンス）が未来の繁栄の鍵になると考え「今後5年以内にあらゆる投資家がESG指標を投資先選定の際に重視するようになる」と経営者たちに伝えています。イングランド銀行総裁のマーク・カーニーによれば、イギリスの銀行の7割が「気候変動」を投資の主要財務リスクとみなしています。近年立ちあがった「包摂的な資本主義（インクルーシブ・キャピタリズム）に向けた堤防プロジェクト（EPIC）」*ではこうした潮流を追い風に、資産運用総額が30兆ドルを超える投資家たちが集まり、幅広いテーマの社会・環境課題を盛りこんだ形で、投資先の長期的価値の評価基準を開発しようとしています。

> ポートフォリオマネージャーには、人間としてのきわめて大切な仕事がある。自分の資産ポートフォリオを守ることや孫世代を守ることだけでなく、ヒトという種を守る仕事を担っているのだ。
>
> ――ジェレミー・グランサム（投資家）

気候変動と環境危機は、2019年の世界経済フォーラムでも優先度の高いテーマとしてリーダーたちが議論を交わしました。「できるならやる」というレベルではなく、「喫緊の行動が今こそ必要だ」と理解しているからです。

未来の先行きは不透明ですが、持続可能で環境に配慮したビジネスへのシフトは明らかにはじまっています。それは単なるトレンドではなく、新しい組織が出現してきているのです。それは、従業員、顧客、サプライヤー、投資家、資源調達、社会、環境が織りなすエコシステムと常に関わり、共創し、革新し、適応していくことを通じて、絶えず変化するビジネス環境をすばやく感知して行動する組織です。

こうした組織の特徴は、組織観の違いにあります（次頁図）。要素還元が可能で、硬直した階層構造を持つ「機械的な組織」ではなく、動的に躍動する「生命システム」として組織を認識している

＊包摂的な資本主義に向けた堤防プロジェクト（EPIC）：https://www.coalitionforinclusivecapitalism.com/epic/

機械から生命システムへ

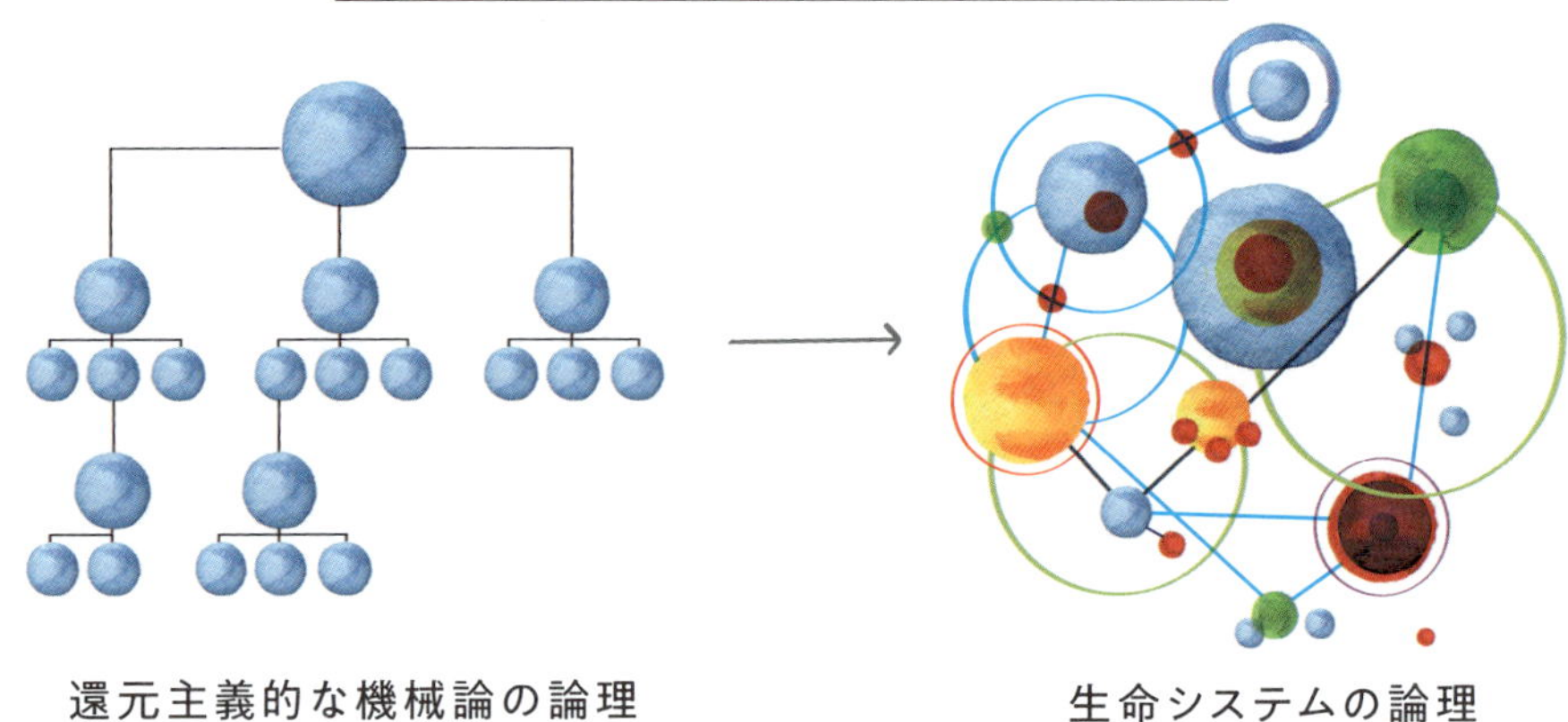

@copyright Hutchins & Storm

のです。組織が未来に物語をつないでいくためには、こうした認識のシフトが必要であり、旧来の考え方のままでは変化に対応できず取り残されてしまうでしょう。これはシンプルな議論で、「未来に適応するか、さもなくば死ぬか」といった「進化」の分岐点なのです。

重要なのはこうした世界の潮流をただ語り熱狂することではなく、「この新たなパラダイムへのシフトをいかに実現できるのか」です。これは意識の抜本的な変容であり、組織の見方を新たにする必要があります。それを私たちは「リジェネラティブ・リーダーシップのDNAモデル」と呼び、詳しくはPART2で紹介しますが、その第一歩は、「組織を機械のように理路整然と効率的に管理できるものとしてみなすのではなく、雑多に絡まりあう複雑な人間関係からなる生命システムとして捉えなおすこと」です。

そのためには、現代社会に深く根付いている従来の機械論ではなく、私たちが「ロジック・オブ・ライフ」と呼ぶ、生命の理（ことわり）に根ざした新たな論理へと移行していく必要があります。リジェネラティブ・リーダーシップの意識にひらかれていくことで、組織においても抜本的な意識のメタモルフォーゼ（変態）が可能になります。

機械のように分解可能で、
硬直化した階層構造として
組織を捉える旧来の考え方から
脱却しなくてはなりません。

生命システムとしての組織は、
変化にすばやく適応し、活力やしなやかさ(レジリエンス)に溢れ、
多様性や革新性に富み、再生し続けます。

青虫から蝶へ

「メタモルフォーゼ（変態）」の考え方がビジネスにおいてかつてないほど重要な意味を持つ時代になっています。その例えとしてぴったりなのが、青虫から蝶への美しい変態の様子です。

青虫が蝶に変わる第一段階では、古い細胞がドロドロに溶解（ブレイクダウン）していきます。ただし「成虫原基」と呼ばれる細胞は溶けずに、集団（クラスター）を形成します。これらの成虫原基は幼虫の段階から存在していますが、変態時期になるとはじめて集団化します（企業組織においても同様ですね）。

そして、成虫原基の集合体が形成されると、もともとの幼虫の細胞たちはそれを現状への脅威だとみなし、抗体やそれに類するタンパク質を生成して戦います。しかし、成虫原基が粘り強く抵抗し、臨界点を越えると、幼虫の内部では成虫原基こそが自分自身であり、未来の原型なのだと捉えはじめるのです。すると、今度は成虫原基に栄養が流れこみ、変態のプロセスが一気にひらかれていきます。

人間の社会や組織も同じなのです。現在は、まさに瓦解（ブレイクダウン）の段階（成虫になる前の溶けた状態）に差し掛かっています。そして新たな在り方と実践を忍耐強く続けることで、幼虫のような旧態依然の体制を突破（ブレイクスルー）し、変態のプロセスを歩むことができるのです。

つながりを取り戻す旅

分断・分離　　　　再統合

現代　　　　リジェネレーションの時代

意識の第1階層から第2階層へ

機械論を脱し、生命システムとしての組織へと変態していくためには、リーダーは分断からつながりへと意識を移行させ、上の図が示すような、分断から再統合への旅路を歩んでいくことが求められます。その際に必要になるのが成人発達理論*のリーダーシップへの応用です。

まず、心理学者のクレア・グレイブスによるスパイラル・ダイナミクス理論*を見てみましょう。グレイブスの研究では、個人（リーダー）レベルにおいても集団（組織）レベルにおいても、第1階層（ティア1）の意識から第2階層（ティア2）の意識への段階的な変化があることが示されています。

本書が提示するリジェネラティブ・リーダーシップの意識レベルは、未来が予測できない不確実な時代に組織が活き活きと繁栄していくために必要であり、第2階層の意識レベルに対応しています。フレデリック・ラルーが提唱した「ティール組織」も、第2階層における1つ目の意識段階である「ティール」から着想を得たものです。

スパイラル・ダイナミクス

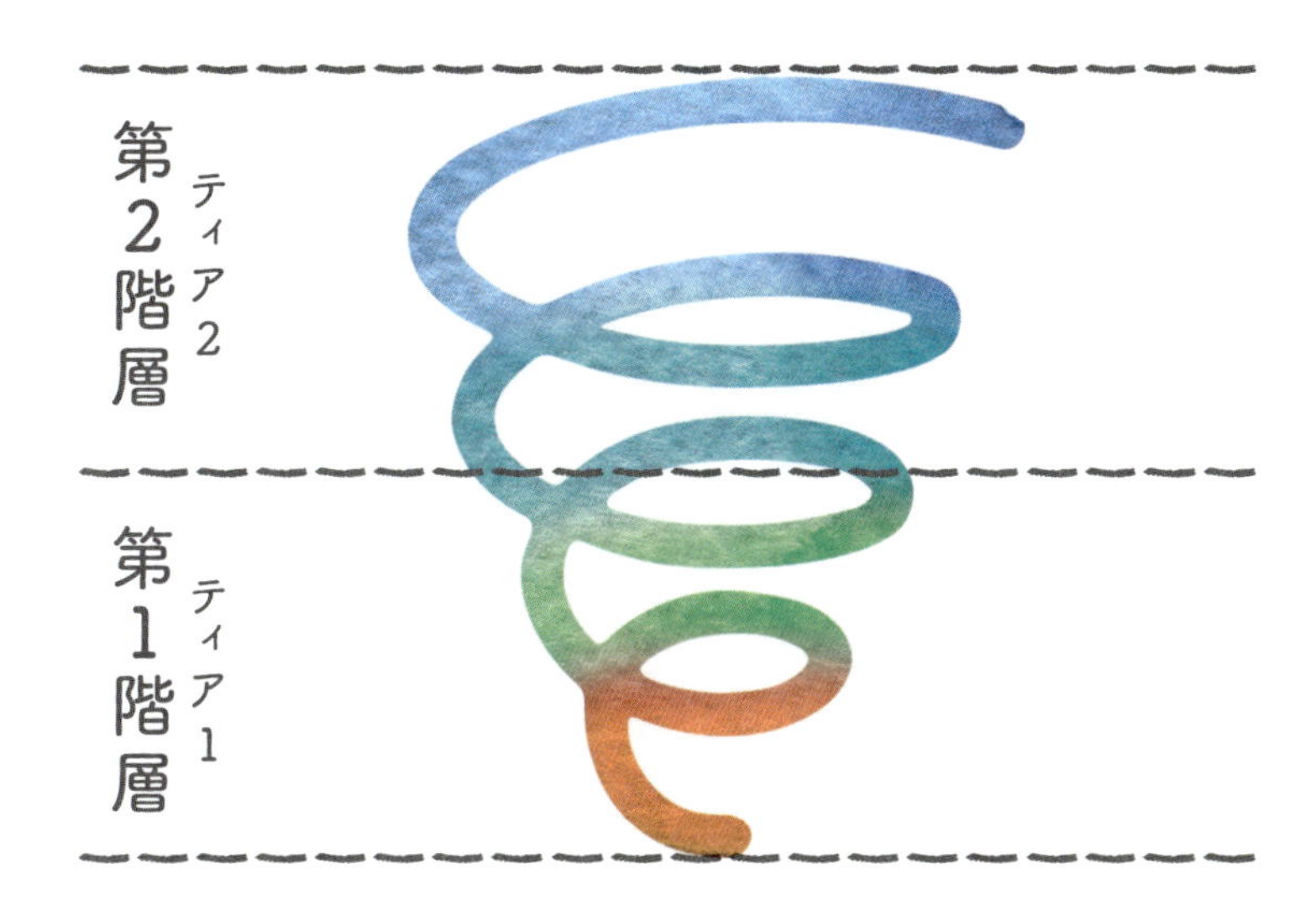

@copyright Hutchins & Storm

上記の図は、スパイラル・ダイナミクスのモデルにおける第2階層（リジェネラティブ・リーダーシップの意識レベル）へのシフトを簡易的に示したものです。

スパイラル・ダイナミクスは、さまざまな意識レベルを明確に定義していますが、ここでは現在起ころうとしているビジネスの変容との関連が強い、第1階層のオレンジとグリーン、そして第2階層のティールに焦点を当てて、詳しく見ていきましょう。

オレンジ段階の意識

現代における企業活動やビジネスの考え方に広く浸透しているのが、オレンジ段階の意識です。この意識レベルは、競争に勝ち抜き、よい暮らしを生みだすことを目指します。組織のマネジメントは機械論に

＊**成人発達理論**：発達心理学の一分野であり、成人以降の人の意識の成長・発達に焦点をあてた理論。

＊**スパイラル・ダイナミクス理論**：人間の意識進化に関する統計的な実証を行い、人間の発達段階を8つにまとめた研究。『ティール組織』（英治出版）に影響を与えたケン・ウィルバーのインテグラル理論の土台となっている。

基づき、要素還元的な分析がなされ、因果関係と階層構造に基づく権力によってコントロールされます。オレンジ段階の意識は、顧客ニーズを満たすためにテクノロジー主導でイノベーションを起こすことや、数値目標の達成、機械的な製品開発プロセスの遂行などにおいてすばらしい効果を発揮します。

オレンジ段階における組織のメタファーは「機械」です。この段階では、「成功」「自律」「自己利益」「経験による学習」「実力主義」「専門能力の開発」「科学と技術主導のイノベーション」などが特徴的な価値観となります。資本主義的な「消費」の考え方は、オレンジ段階の意識レベルの産物であり、リーダーたちは「数値目標を達成する」「収益を生む新しい市場を創造する」「競争に打ち勝つ」「目標と金銭的なインセンティブによって経営する」といったことに意識を向けます。環境負荷や倫理性には、対応が義務化されたり事業の収益に直接影響が出たりしないかぎり、関心を持つことはありません。

グリーン段階の意識

次のグリーン段階の意識では、オレンジ段階の意識が生みだす課題を

さらに深める

リーダーの意識変容については、以下に紹介する理論や研究が非常に参考になるでしょう。統合的な意識に至るまでの人間の意識構造に関するジャン・ゲブサーの研究、自己実現を最高段階とする心理的な健康状態に関するアブラハム・マズローの理論、スパイラル・ダイナミクス理論の土台となっているクレア・グレイブスの人の意識進化に関する研究、ケン・ウィルバーの『インテグラル理論』（日本能率協会マネジメントセンター）、ジェーン・レヴィンジャーとスザンヌ・クック＝グロイターの自己アイデンティティに関する研究、ビル・トルバートとバレット・ブラウンによる後慣習的（ポスト・コンベンショナル）な行動論理に関するリーダーシップ研究、ロバート・キーガンの構成主義に基づく成人発達理論に関する研究など。

認識しています。画一的かつ物質的な成長を追求すると、さまざまな物事のバランスを損ね、人々のエゴを増幅し、社会的格差や環境悪化を生みだしてしまう、ということです。グリーンの思考様式は、コミュニティとしての感覚を高め、人間性を回復していくことによって、組織をエゴや利己主義から解放します。

リーダーは、1人ひとりの人間性を尊重する文化を育むことで、社員のモチベーション向上とステークホルダーへの価値提供を実現しようとします。この段階の意識レベルでは、みんなで話し合って「合意（コンセンサス）」によって意思決定することが好まれ、リーダーシップにおいても感情的知性（EQ）や共感がより重要な要素になると捉えられています。サステナビリティやCSR、企業倫理、価値観、共同体感覚やパーパスなどが経営課題に盛りこまれるようになります。しかし組織の在り方としては、機械的にサイロ化された構造が採用され、制度的な管理や官僚主義から抜けだせなくなってしまう傾向にあります。合意形成を重視するあまり会議が延々と続き、組織の活力が失われてしまうこともあります。

この段階では、組織のメタファーは「家族」であり、「コミュニティ」「平等」「調和」「他者や環境への思いやり」などが特徴的な価値観として表れます。社会民主主義や自由主義的な考え方もこの意識レベルから生まれており、グリーン段階のリーダーは多くのよりよい社会変化を生みだしています。オレンジからの健全なステップアップであると同時に、次の段階、すなわち第2階層の意識への準備段階でもあります。

グリーンから次の意識レベルへの発達は、第1階層から第2階層へのシフトという大きな変化を意味します。グレイブスはこれを「人類にとって重大な飛躍」[3]と表現しています。この飛躍は他者に急かされたり強制されたりして起こるものではありませんが、リーダーは、そのシフトが起こるような状態になるための手助けをすることはできます。

第2階層（ティア2）の意識

オレンジやグリーンとは異なり、ティア2と呼ばれる第2階層の意識は、自分たちの組織が周囲のさまざまなシステムと作用し合い、相互依存性の中にあることを認識する「システミック・アウェアネス」（詳細は後述）に根ざしています。組織を「学習し、適応し続ける生命システム」と捉えるこの段階の思考様式では、個人は適応系の一部として自律的に応答（レスポンス）していくことが求められます。この段階では、自分とは生きとし生けるものを「結びつけるパターン*」のなかで生かされる存在である、ということが自覚されています。そして、この世界に1人ひとりが日々どのように立ち現れ、応答していくかという在り方そのものがシステム全体へと波紋を広げていくと捉えています。

> 私たちは勘違いをしていたのだ。これまでは、自動車がタイヤや車体の組みあわせでできているように、組織や社会という全体が部分の総和で構成されているかのように考えてきた。すると、全体の動きは構成する部分の効率性に依存し、もしもある部分が壊れれば、部品の修理や取り替えが必要になる。これは相手が機械であればきわめて論理的な考え方である。
>
> しかし、生命システムはそのようにはできていない。全体は絶え間なく部分に表象し、部

＊結びつけるパターン：グレゴリー・ベイトソンによって提唱された概念で、あらゆる生き物を結びつけるパターン。

分は全体を表している。コントロールや予測、標準化、「速いほどよい」といった工業化時代の機械的な思考様式に囚われているかぎり、世界の全体性との不調和が拡大しているにもかかわらず、これまでどおりの機械的組織を再生産し続けてしまうだろう。要するに、「組織」と呼ばれているものの根本的な問題は、それが「生きたシステム」であることに私たち自身が気づいていない、ということなのだ。

——ピーター・センゲ、オットー・シャーマー、ジョセフ・ジャウォースキー、ベティ・スー・フラワーズ（リーダーシップの専門家）

意識の第2階層では、組織のメタファーは「生命システム」です。組織は、社員、顧客、サプライヤー、投資家、パートナー、コミュニティ、社会、ローカルにもグローバルにも、組織内外のあらゆるシステムと相互につながり、依存し合っています。生命体が周囲の生態系を常に感受し、適応し、進化していくのと同じように、組織というのは、こうしたあらゆるステークホルダーと絶え間なく対話をし続けているものなのです。

この意識段階では、地球上のあらゆる生命はつながりあい、相互に依存しているという本質的な理解があるため、企業にとってサステナビリティはミッション実現のために不可欠なテーマとして扱われます。また、従来型の組織で重視される「部門別の収益責任」や「現場のラインマネジメント」ではなく、より流動的で創発的な新しい働き方が求められていることに気づきます。学習、フィードバック、適応という互いに学びあうための文化が育まれ、リーダーシップは分散されます。会議と意思決定のやり方も変化し、人々が互いに敬意を払いながらも真実や本音を語りあうことで、オープンで率直なフィードバックと学習のサイクルが回りだし、個人としても集団としても、新たに学び成長していくことができます。組織構造はよりフラットで、親子のような上下関係や振る舞いが減り、自主経営（セルフマネジメント）*の割合が増え、「ミッション志向の目的意識（パーパス）」「自ら応答する力」「統合された全体性（ホールネス）」といった要素が重視されます。ここでは誰もがリーダーであり、日々が学びの旅路なのです。

第2階層の核となる価値観は、「1人ひとりの内に宿る真実」「自己学習」「生命繁栄を指向する目的意識」「自身やシステムに対するアウェアネス」「内なる自然性がひらかれていく状態を育むための自律的な応答と責任」「あらゆる生命とのつながりの感覚」といったものです。

この意識レベルでのリーダーシップにおいては、上司や組織やステークホルダーの利益のために人々が管理されたり操作されたりすることはもはやありません。そうではなく、内外のあらゆるやりとりが、「それぞれの勇気や思いやり、弱さを感受して相互に応答する機会」となり、それを通じてより深い本質を見出したり全体性を自覚したりできるようになっていきます。こうした感受と応答は、組織における内面からの心理的変容をもたらし、分離を生みだす第1階層の機械論的な思考様式の不均衡（アンバランス）を調律してくれます。リジェネラティブ・リーダーシップへのシフト、すなわち機械論に基づく第1階層から生命論に基づく第2階層へのシフトとは、1つのステップアップというよりも、抜本的に世界の見方や関わり方を変えることであり、私たち自身や文明社会そのもののメタモルフォーゼ（変態）なのです。

＊自主経営（セルフマネジメント）：『ティール組織』における3つの特徴の１つ。従来の階層型組織のように「上司/部下」の関係ではなく、1人ひとりあるいはチーム単位での自律的な意思決定による組織の経営形態のこと。

内包し、越えていく

第1階層から第2階層への移行は、階段を直線的に上っていくような容易な話ではありません。青虫が、一度溶けて蝶に変態していくように、古いやり方が瓦解（ブレイクダウン）し、それが栄養源となり新たなパラダイムへの突破口（ブレイクスルー）がひらかれていくのです。クレア・グレイブスの言葉を借りれば「それは単に異なるレベルへの移行ではなく、人間存在のアイデンティティをめぐる交響曲（シンフォニー）が新たなはじまりを迎える」[4]ということなのです。この意識の変容は、リーダー自身が旧来のやり方を手放し、自身の存在の奥底で感じている可能性に自らをひらいていくことによってはじめて動きだしていきます。

> 次の飛躍に備えなければならない。そうでなければ、代わりに過酷な痛みを伴う退歩に直面することになるだろう。米国でのトランプ大統領の当選、英国のEU離脱、多くの国で急速に広がるナショナリズムと二極化、保守主義、ポピュリズム、人種差別などからくるいらだちや困惑、どことない不満は、溜まりに溜まった政治的で感情的なエネルギーとして今後爆発していく兆候なのかもしれない。
>
> だが同時に、こうした現状への不調和は、グリーン段階のミームから第2階層のミーム*を志向していくうねりを示す確かな兆候（サイン）でもある。これらは、人類が次の意識段階へと移行し、新たな物語を離陸させていくためのいざないなのだ。
>
> ——テディ・ヘボ・ラールセン
>
> （『スパイラル・ダイナミクスの実践』[*Spiral Dynamics in Action*] 共著者）

哲学者のケン・ウィルバーが、より高い意識レベルはそれ以前のレベルを「内包し、越えていく」と言ったことは有名ですが、これは重要なポイントです。リジェネラティブ・リーダーシップの意識レベルに移行する際、それまでの段階で身につけたオレンジやグリーンの考え方を否定して置き去りにするのではなく、必要に応じて活かすことができます。リジェネラティブなリーダーには、常に自分にこびりついた反応パターンに自覚的になりながら、日々のさまざまなプレッシャーのなかでオレンジやグリーン、第2階層の思考様式を統合していくことが求められるのです。

オレンジやグリーンを内包し、越えていくためには、それぞれの思考様式の特性を自覚しておく必要があります。オレンジの思考様式が得意とするのは、「期限と予算を管理する」「生産効率を高める」「コンプライアンスを徹底する」「数値目標を達成する」といったことです。これらはすべて、事業運営に必要ですが、こうした思考様式が過度に支配的になると、生命システムとしての組織の活力が失われ、弊害が生じます。グリーンの思考様式は、「尊厳、多様性、包摂を尊重する文化を育む」「多様なステークホルダーの価値観や視点を受け止め、価値観で共鳴する協力関係を築いてかつてないビジネス上の価値を創造する」といったことを得意とします。しかし、組織が自律的な創造性やアジリティ（機敏性）を高め、自主経営を必要としている場合には、グリーンの思考様式で起こりがちな、ルールに基づく官僚主義的なアプローチを乗り越えていく必要があります。

上の図は、オレンジからティールまでの3つの意識レベルにおける組織的特性を示しています。

＊ミーム：文化的遺伝子。模倣によって人から人へと伝わり、増殖し、文化を形成する情報のまとまりのこと。

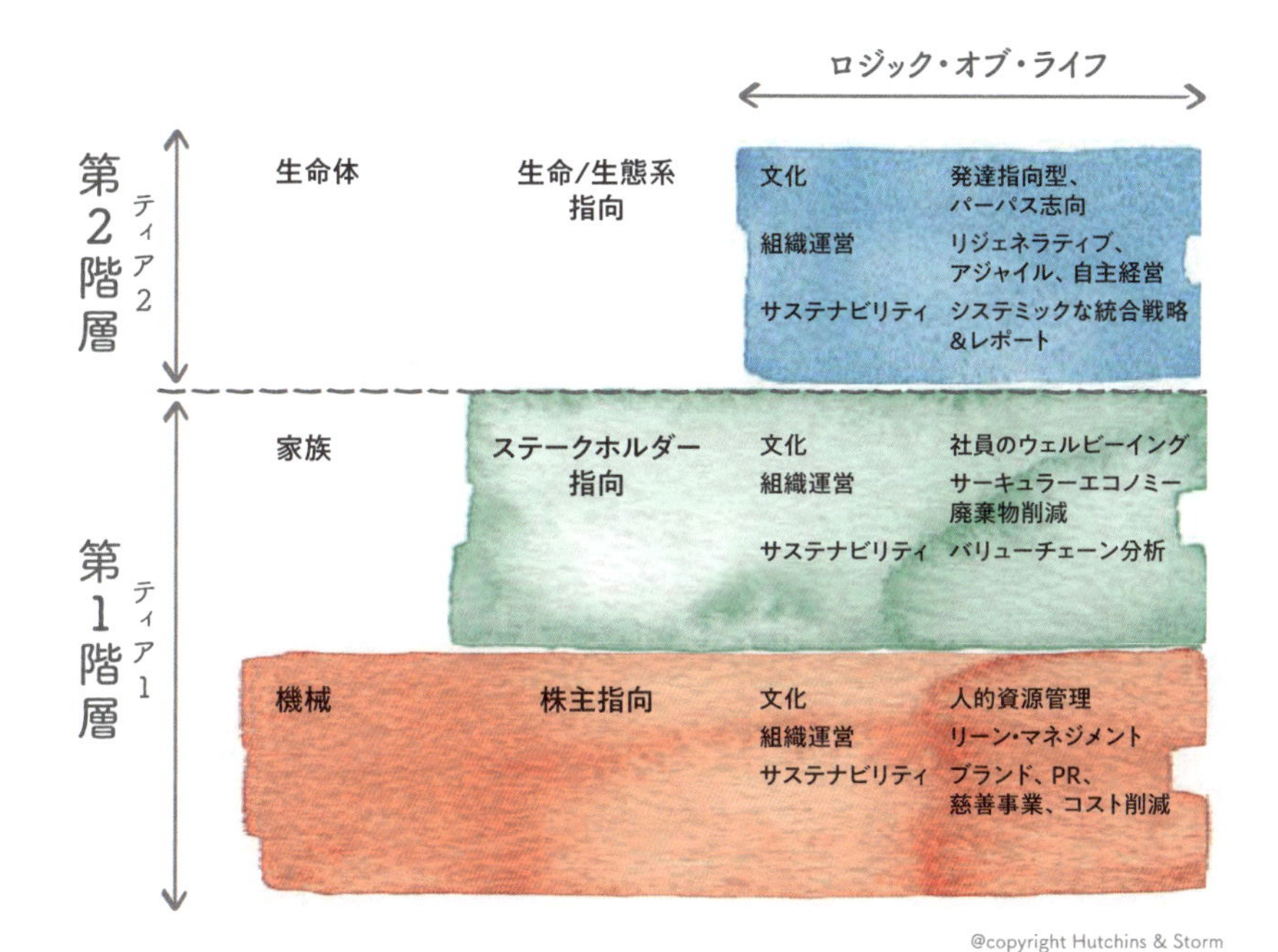

オレンジ――現代社会で主流の思考様式です。人的資源の管理やプロセス改善のフィードバック（リーン・マネジメント）など組織運営や文化に効率性をもたらしてくれます。しかしその特性上、組織は機械的に運営され、数値目標を達成する以上の目的を持ちづらくなります。サステナビリティは限定的にしか捉えることができず、コスト削減やコンプライアンス、ブランディング、マーケティングなどの取り組みに包含される傾向があります。

グリーン――オレンジの1つ上位の発達段階であり、人的資源の管理やコントロールではなく、社員のウェルビーイングを高め、エンパワーメントを大切にした文化が育まれます。組織運営やサステナビリティについては、ステークホルダー全体のエコシステムに広く意識を向けた考え方をとります。

第2階層――組織運営や文化、サステナビリティに関するアプローチは、現場のニーズや状況変化に呼応してより自己組織化され、アジャイルで流動的なものになっていきます。リーダーの役割はあらゆる立場の社員に分散され、1人ひとりが組織の文化や業務、サステナビリティの取り組みに活力を吹きこんでいく役割を担います。

この第2階層、すなわちリジェネラティブ・リーダーシップの意識への変容は、来るべき大海嘯(だいかいしょう)*に向けて必要不可欠なものですが、組織のあらゆる人がこの意識段階になるべきだと考えてはいけません。まずは、チームのメンバーや組織全体が、どのような状況においてオレンジやグリーン、そして第2階層の意識特性を発揮しているのかを認識する必要があります。「組織の重心はどこにあり、どのように全体に影響を及ぼしているか」を考えてみてください。

リジェネラティブ・リーダーシップの意識レベルによって、組織全体が生命システムとして支えられているのであれば、特定のチームや状況においてオレンジやグリーンの思考様式を活かすことが賢明な場合もあるでしょう。組織は各段階の意識レベルを内包して越えていくことができるのです。

＊大海嘯：海嘯とは満潮時に高い波が川をさかのぼり押し寄せる自然現象で、『風の谷のナウシカ』にも登場する。原著ではsea-change。シェイクスピアが『テンペスト』で使用した言葉で、急激な大変化を意味する。

進化の旅路としてのリジェネラティブ・ビジネス

それでは、「リジェネラティブ・リーダーシップの意識」とはどういうものでしょうか。それを理解するためにまず、**「システム思考」「システミック・アウェアネス」「エコシステミック・アウェアネス」**という3つの用語を解説しておきましょう。「リジェネラティブ・リーダーシップの意識」はこれらの3つの位相から成り立っています。

システム思考とは、部分を切り分ける機械的な思考様式から、システム全体における相互のつながりを認識する思考様式へのシフトを指します。あらゆるシステムは入れ子構造のように他のシステムに組み込まれていることが理解されている状態です。また、左脳での処理が過度に支配的な状態を乗り越えて左脳と右脳のより適切なバランスを取り戻し、生命システムとしての組織で相互に呼応している部分同士のつながりや関係性を見ていくことでもあります。

システム思考へのシフトは、思考の層（レベル）で生じる変化です。これはMITのオットー・シャーマーが「ひらかれた思考（オープンマインド）」と呼ぶものにあたります。私たちは、思考を開放し、異なる見方で物事を見ることで、システムレベルでの相互関係や力学のパターンに気づくことができます。

システミック・アウェアネスは、システムとの関係性そのもののシフトです。システム思考では、システムの外側からシステムを観察し、分析しています。たとえば、組織におけるあらゆる相互関係を可視化したシステムマップを作成することがそうです。一方、システミック・アウェアネスでは、可視化されたものだけでなく、その根底に流れる、情報や暗黙知、フィードバック、活力などの目には見えない流れを感受し、組織内外で絶え間なく動き続ける全体の力学に踏みこんでいきます。この目には見えない流れは、日々の会議や会話や関係性にまで影響を及ぼす厄介なものだと捉える人もいるかもしれません。

システミック・アウェアネスは、他者への意識の向け方や声の聞き方、物事を見るときの文化的なバイアスや判断の仕方、そしてそれらを通じて私たちがシステムへどのように参与するかに関わるものです。組織が過去に体験してきたことや抱えているトラウマ、文化的・歴史的な影響への理解を深めることも、システムの全体像をより豊かに感受するのを助けてくれるでしょう。つまり、客観的に外部からシステムを観察する段階を超えて、システムの内部へと没入していく段階へとシフトしていくことなのです。思考ではなく心や身体感覚の層（レベル）へと潜っていくことで、私たち生命の内面や周囲を取り巻く動的なシステムのなかで創発されていく力学（ダイナミクス）をよりありありと感受しやすくなるのです。これは、オットー・シャーマーのU理論のフレームワークでいえば「ひらかれた心（オープンハート）」にあたる段階です。

エコシステミック・アウェアネスとは、人だけでなく、人間的なるもの（モア・ザン・ヒューマン）を超えた存在、そして私たち自身を含む生命システムのあらゆる範囲にひらかれた意識を向けている状態を指します。人は本来、つながりあう生命の営みを感受する力をもっており、現実世界に浸透するフィールドにひらかれた存在です。そのフィールドを私たちは「生命システムフィールド」と呼んでいます（PART2参照）。あらゆるものが相互依存的につながりあうこのフィールドに自らをひらいていくことで、1章で扱ったような人と自然の分断を乗り越え、調和や再統合へと向かっていくことができます。

システミック・アウェアネスからエコシステミック・アウェアネスへのシフトは、心や身体、そして精神のレベルで生じる存在そのものの変容です。U理論の「ひらかれた意志（オープンウィル）」に相当します。思考（マインド）や心（ハート）、意志（ウィル）が

生命システムへの移行

これまでのロジック

第１階層のリーダーシップ

機械論
線形
原因と効果
エゴ／左脳／男性性／外側への集中

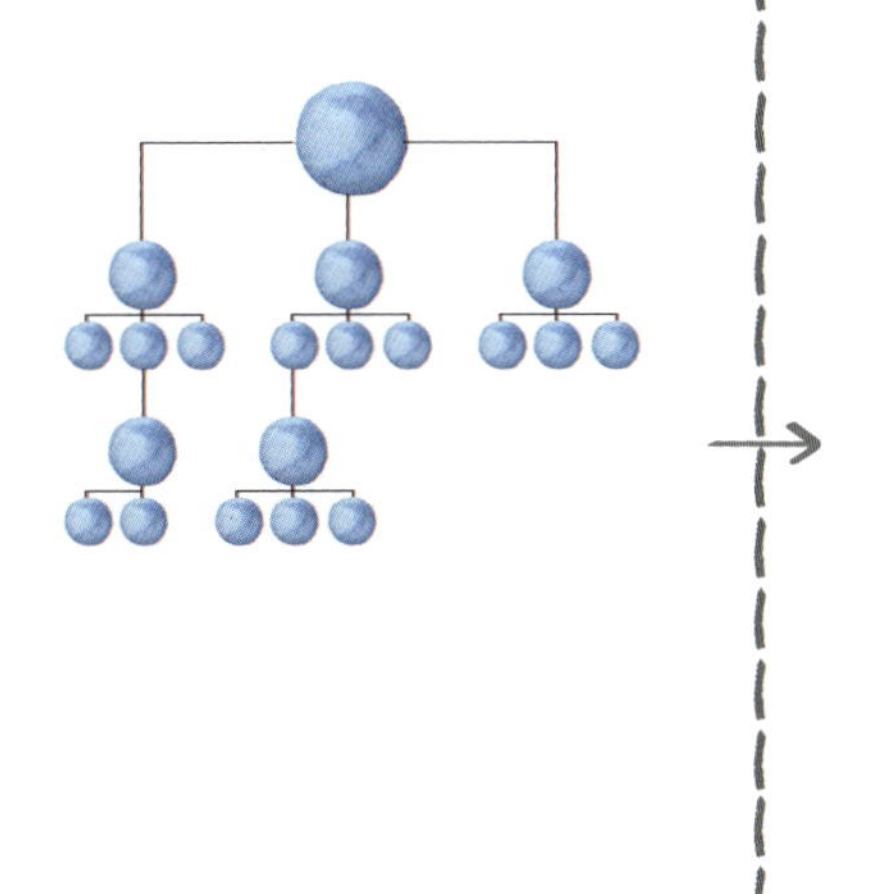

ロジック・オブ・ライフ

第２階層のリーダーシップ

相互的なつながり

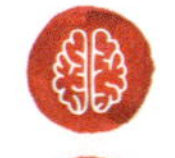

1　システム思考
・右脳と左脳の統合
・関係性へのアウェアネス
・ひらかれた思考

2　システミック・アウェアネス
・内と外、男性性と女性性の統合
・内部からのアウェアネス
・ひらかれた心

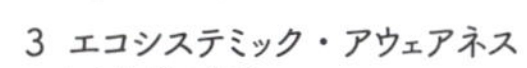

3　エコシステミック・アウェアネス
・人と自然の統合
・生命システムフィールド
・ひらかれた意志

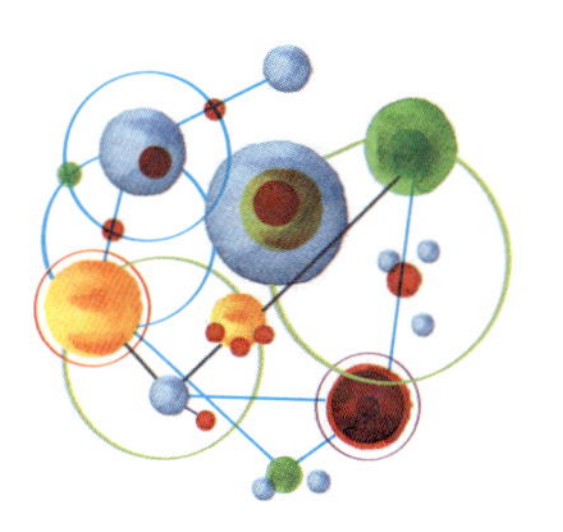

メタモルフォーゼ

ひらかれていくことで、私たちは生命に宿る深淵なフィールドに身を委ねていくことができるようになります。また、この世界における自己（セルフ）や場所（プレイス）、存在目的（パーパス）の感覚を更新したり、軌道修正をしていくことができるのです。

システム思考（ひらかれた思考）、システミック・アウェアネス（ひらかれた心）、エコシステミック・アウェアネス（ひらかれた意志）という3段階のシフトを通じて、「自己」「他者」「世界」に対する認識に微細な変化がもたらされます。それは、これまでの分離の旅路のなかでバランスが崩れてきてしまった「内と外」「男性性と女性性」「右脳と左脳」「人と自然」を再び統合していくことでもあります。それをまとめたのが前頁の図です。

このリジェネラティブ・リーダーシップの意識へのシフトは、微細ながら非常に力強い変化であり、これを普段の生き方や働き方に取り入れていくことで、リジェネラティブな実践を深めることができます。機械論的な思考によって自らつくりだしていた分離という幻想（イリュージョン・オブ・セパレーション）*を乗り越え、いのちの営みに根ざして生きていくこと、そして生命の繁栄に貢献する組織を生みだしていくことができるようになるのです。

> 自身を越えた大いなる目的に仕えていくということ。これは人生における真の喜びだ。利己的な病や不満に囚われ、世界が自分を幸せにしてくれないと騒ぎ立てる愚か者でいることをやめ、自然の一部として生きていくということなのだ。
>
> ――ジョージ・バーナード・ショー（作家）

乱気流のような現代社会のうねりのなかであっても、すでに多くの前向きな変化が生まれはじめていることは希望です。私たちがリジェネラティブ・ビジネスと呼ぶ、生命システムとして繁栄する新たな在り方を体現する組織においては、環境への負の影響を単に軽減するだけでなく、生命の再生（リジェネレイト）に寄与するビジネスが生まれ、成長しはじめています。

組織やまちづくり、政策、スタートアップ投資などさまざまな領域におけるリジェネラティブなリーダーたちが、生命指向型（ライフ・アファーミング）の未来に向けて社会やビジネスを推進していくうねりを

＊分離という幻想（イリュージョン・オブ・セパレーション）：ジャイルズの前著に『分離という幻想』（*The Illusion of Separation*）がある。関心のある方は以下のインタビュー映像（英語）をおすすめする。https://www.youtube.com/watch?v=vuwgvLfWOXc

リジェネラティブなビジネスとは？

「リジェネラティブ」とは、生命そのものを育み続ける状態を生みだすことです。生命が絶えず生まれ変わり、新たな形態へと進化し、変化する環境のなかで繁栄していく状態です。

このことを「生命の繁栄を指向する（ライフ・アファーミング）」と呼んでいますが、これは私たちがまとめた「ロジック・オブ・ライフ（生命の論理）」の第一原則です。リジェネラティブなビジネスでは、この原則を妨げるのではなく、促す方向にリーダーシップや組織の発達を進めていくことが必要になります。従来のCSRやサステナビリティの取り組みのように、自分たちの活動による負の影響を軽減するだけでなく、まったく新しい形で世界と関わりながら、ビジネスあるいはそれを超えた営みを実践していくのです。

リジェネラティブなビジネスの論理では、「経済の外部性は付加価値を生みだす源泉になり、誰かにとって不要なものは他者にとっての新たな資源になる」と捉えます。線形的な思考から、システム思考や循環型の考え方にシフトし、リソースは短期的利益のために管理・コントロールするものではなく、つながりあう生命の網目のなかで広く影響しあうものとして、より広範な全体性のなかで認識されるようになります。ステークホルダーは、自分をさらけだして互いの真実を語りあうコミュニケーションと相互的関係を通じて協働するパートナーとなり、あらゆる生命に対して搾取したりごまかしたりするのではなく「適切な関係（ライト・リレーションシップ）」を育みます。相反する視点や要望、考え、感情的な不協和は避けるべきものではなく、張りあう力学（テンション）を通じて何かが立ち現れてくるための余白であると捉えます。これらはすべて、目の前の現実と向き合い、収益性のある活き活きとしたビジネスを持続しながら、より人間らしく生きていくための学びの旅路なのです。

起こしはじめています。生命システムとしての組織やコミュニティは、不安定に揺れ動く環境の中にあっても、大いなる生命に奉仕するという深い情熱とパーパスに支えられた人々を惹きつけ、あらゆるステークホルダーによりよい影響（ベネフィット）をもたらし、繁栄していくことができます。

世界最大のカーペットメーカーであり、最も持続可能な企業の1つであるインターフェイスのEAAA（欧州、アフリカ、アジア、オーストラリア地域）統括責任者であるナイジェル・スタンスフィールドに、リジェネラティブ・リーダーシップに関する本を書いていると話したとき、彼は次のように言いました。

「あまりにも長い間、多くのリーダーたちは、自然の生態系から資源を搾取し、競争し、負の影響を無視して自分の利益だけをあげるビジネスに邁進してきました。しかし、気候変動の影響が社会で広く認知されるようになった今、環境を犠牲にした利益はもはや歓迎されていません。そうしたなかで、顧客や従業員、投資家、自然環境、事業が関わる地域社会やコミュニティに長期的な恩恵と安心をもたらすビジネスを生みだそうとする、リジェネラティブなリーダーたちが現れはじめています。こうしたリーダーたちが、地球環境とのつながりを取り戻し、パーパスに基づいて企業の戦略や価値が定められていくような組織を切り拓いていきます。彼らは経済的にも事業を成り立たせながら、将来の世代が生きていける地球環境を残すために奮闘しているのです」

リジェネラティブなビジネスは、生きることを豊かにします。私たち自身や顧客、さまざまなステークホルダーとの生態系に恵みをもたらします。お客様に物質的な充足感を与える背後で生命のつながりを傷つけてしまうのは旧来の思考論理の産物であり、乗り越えていかなければなりません。これからの未来を見据えて繁栄を願う組織にとって、そうした短期指向の考え方はもはや現実的な選択肢ではありません。ビジネスはもはや、お金を動かして権力や富を手に入れるための手段ではなく、時間とリソースと創造力を注いで大いなる生命に仕えていく営みに変わろうとしています。これは事業や職場倫理の根本的な変化であり、私利私欲を満たしていくエゴに基づいたアプローチから、コラボレーションや共創、奉仕に向かうアプローチへと私たちの役割や目的意識を変容させていきます。リジェネラティブ・リーダーは、自分自身や子どもたち、地域の隣人や地球に暮らすあらゆる人々、そして、種を超えて生命の起源を同じくする生きとし生けるものたち——種を超えて絡まりあう人間以上の諸存在（モア・ザン・ヒューマン）——のために、自分たちを取り巻く生命システムに活力とウェルビーイングをもたらします。そうすることで、この時代にヒトとして生きる真の意味に気づき、目覚めていくのです。

私たちは生命であり、自然であり、生命の共同体と家族のような絆で結ばれた存在で、そのことによって人の健康も地球の健康も成り立っているという真実に従って生きるならば、それぞれの地域に適応した多様でリジェネラティブな文明社会を世界中で生みだしていくことこそ、これからの時代の創造的な挑戦なのだと気づくだろう。

——ダニエル・クリスチャン・ヴァール（リジェネラティブ・デザインの実践者）

変動が激しく不確実な時代のうねりのなかで、これまでの慣れ親しんだやり方や思考様式を手放すには大きな勇気が必要です。プレッシャーが高まると、私たちは本能的に、まず手のひらを固く握りしめます。確信が持てない、コントロールができないという不安や恐れからコンフォート・ゾーンや従来のやり方に固執してしまうことは誰にでも経験があるのではないでしょうか。しかし、今こそ1人ひとりが恐れを手放して、新たな実践に自らをひらいていくことが問われているのです。リジェネラティブ・リーダーシップが提示する新たなパラダイムは、理想や幻想ではありません。ユートピアでもありません。より創造的に、思いやりを持って、自分にとっての真実と向き合い、より大きな目的意識に満たされながら、私たちの内に宿る生命や取り巻く生態系のリズムと調和していくこと。それは人間らしく生きていくことそのものです。そして、そうした営みは静かに大河へと流れ込もうとしています。

これから、リジェネラティブ・リーダーシップのDNAモデルを共有し、あらゆる組織、つまりあなたの組織において、ひらかれようとしている新たな変容を支える考え方やツール、事例などを紹介していきます。PART2では、リジェネラティブ・デザインやネット・ポジティブ*、リジェネラティブな文化や組織発達といった、すでに起こりはじめているさまざまな実践の兆しを引き合いに出しながら、リジェネラティブなリーダーとして必要な能力（キャパシティ）を理解し、PART3ではそれを実践していくためのツールや手法を紹介します。

＊ネット・ポジティブ：差し引きしてプラスになること。ここでは、あらゆるステークホルダーのウェルビーイングを向上させるビジネスのことを指す。

船を作りたければ、木を切るために人を集めたり、仕事や作業を割り振ったりするな。広大な海への憧れを教えよ。

――アントワーヌ・ド・サン＝テグジュペリ（作家）

本書は、私たちの内にある存在目的（パーパス）の力とより深くつながるための本です。そして、組織が生命繁栄に向かう価値創造システムとしてのミッションを追求する術を、より明瞭に理解するための北極星（ガイド）なのです。

人類は深い願いを抱えています。

本来の存在に還っていくという切実な願いです。

生命の守人（ライフ・スチュアート）であり、世話人（ケアテイカー）であり、

共創造者（コ・クリエイター）であるという

自らの役目を思いだすときがきています。

ロジック・オブ・ライフ（生命の論理）の

深淵な世界へ、ようこそ。

INTERLUDE

間奏
生命進化をたどる瞑想――私たちの物語

PART2では、ロジック・オブ・ライフ（生命の論理）に基づくリーダーシップの在り方を探索します。ですがその前に、少し視点を変えて、ある瞑想を紹介します。生命進化の物語をたどる瞑想で、エコセラピストであるアンディ・マクギーニーから着想を受けたものです。大地に根ざして生きる場所の感覚（センス・オブ・プレイス）や人間としての存在目的とつながる術（すべ）の1つなので、本書のPART1とPART2の間奏にきっとぴったりのはずです。リジェネラティブ・リーダーシップのリトリートやセミナーでも何度も紹介しています。ぜひ、リラックスした状態を確保して、自分で朗読をしてみたり、誰かに読んでもらったりしながら瞑想を行い、終わったら振り返りの時間をとってみてください。

はじめる前に、まずは深呼吸をして、目を閉じてください。
足下であなたを支えている大地とのつながりを感じてください。
それでは、はるか彼方へと時間を巻き戻してみましょう。

＊＊＊

147億年前。

ビッグバンが起こり、すべてがはじまったとき。

宇宙は爆発するエネルギーでした。

私たちは、もうそこにいました。

現在のあらゆるものを生みだしたエネルギーが、そこにありました。

エネルギーのもとにより多くのエネルギーが集中し、原子が生まれました。原子は光の速さで時空間を動き回り、何千年もかけて何十億もの銀河を生みだしました。光と熱が溢れだし、世界を満たしていきました。そう、今と同じように。

その無数の銀河の1つが天の川（ミルキーウェイ）。

50億年前に渦巻腕＊の途中にエネルギーの渦ができ、現在の私たちの主なエネルギー源である太陽が生まれました。周囲の星たちが爆発し、太陽に向けて大きなガスの渦を放ったのです。

あなたもそこにいたことを。

覚えていますか。

重力によって星くず（スターダスト）の原子が集まり、太陽の周りに惑星が結合していきました。その中に、熱すぎることも冷たすぎることもない惑星がありました。私たちが生きる惑星（ホーム）、地球です。

＊**渦巻腕**：渦巻銀河が持つ渦状の構造のこと。

＊＊＊

ここからは、地球が誕生してからの46億年という宇宙規模の時間軸をわかりやすくするために、地球を46歳の女性に例えます。ガイアと呼ばれるその女性の人生——私たちの人生——をたどってみましょう。

生まれたとき、地球（ガイア）は赤々と燃えさかる溶けた金属体の塊でした。彗星が孤を描くように太陽系に衝突し、地球は水——そう、太陽光とともに地球上の生命を支えている水——を得ました。青い惑星（ブルー・プラネット）のはじまりです。

地球（ガイア）の生涯の初期段階のこと。海の火山噴出物の奥深くで最初の分子や複雑な化合物が形成されはじめました。やがてそれらは集合体となり、ＤＮＡの鎖を持つ最初の細胞となります。あらゆる植物や動物の祖先となる最初の細胞です。その後、光合成を行うバクテリアが現れ、藻類になりました。副産物として生みだされた酸素によって、何千年にもわたってオゾン層が形成され、有害な紫外線から地球上の生物を守ってきました。

ガイアが8歳の誕生日を迎えるまでに、バクテリアは海や大気圏で生命活動ができるようになりました。私たちが食事をするたびに食べ物の消化を助けてくれる腸内細菌の祖先です。あらゆる生命はこのような共通の系統を持っています。塩分を含んだ海洋では、次々と進化が起こり、新たな生命体が誕生しました。サンゴ、カニ、クラゲ、ミミズ、そして背骨を持つ魚類。その特徴は今日の私たちの身体にも受け継がれています。

背骨がどのようにつくられていったかを覚えていますか？

私たちの背骨、神経系、心臓、腸は、魚類の祖先から受け継いだもの。あなたは海の中を泳いでいたときのことを思いだせますか？　背骨をくねくねと曲げることができますか？　海の塩分は私たちの涙や汗に今でも流れ、胎児のときは誰もがエラと尾を持つ小さな魚のような姿をしているのです。

覚えていますか？

はじめてひれを使って浜辺に上がった日のことを。

＊＊＊

陸上に生命が誕生するのは、42歳、つまり今から4年前のこと。菌類と植物が陸上に進出し、岩石の分解が進み、大地がつくられていきました。昆虫たちがその後に続きます。爬虫類は卵を水圧に強い殻に閉じ込め、陸上で生きていける皮膚を持つようになります。そのうちのいくつかは恐竜に進化し、同時期に最初の哺乳類と鳥類が誕生しました。今からわずか2年前のことです。

生命は、子孫を生みだすために十分な年月を生きることで進化してきました。それができなかったあらゆる生き物たちは、形質を受け渡すことができませんでした。人間、そして今日生きているあらゆる生き物は、生き残ったものたちの子孫であり、生命の賜物なのです。

今からわずか3カ月ほど前、私たちは大型類人猿*となり、知性と社会性を発達させることで道具を使ったり、未来のことを考えたりするようになりました。馬とロバよりも、人間とチンパン

＊大型類人猿：ヒトと最も近縁な動物で、ヒト科の中でヒト属以外のものを指す。

ジーは近い関係にあるのです。

3週間前になると気候が変化し、アフリカの森林が縮小すると、私たちは他の霊長類とは違う道を歩みはじめました。そして2日前に私たちの種が誕生します。最大250人ほどの集団で生活し、自然のリズムと周期を感じ取りながら、季節の変化のなかで狩りや採集を行っていました。

私たちは生命のあらゆるつながりと響き合い、生命の網目（ウェブ・オブ・ライフ）のなかで自分の役割を果たしています。火を使い、音楽やアートを生みだします。集団の絆を強め、物語を語り、学びを次の世代へと受け渡していくために、言葉を話すようになりました。

ホモ・サピエンスはその歴史のほとんどの時間を、狩猟採集民として生きてきました。自然を崇拝し、その方法を学んできました。自然のリズムと一体となり、植物の薬効を理解し、動物とコミュニケーションをとってきました。人の心や身体は20万年以上もの歳月をかけて、自然と調和して生きるように発達してきているのです。生命システムの営みを感受し、生命の理（ことわり）とともに生きてきました。

生まれた土地の生きとし生けるものたちに囲まれながら、自然と深い共感を持ってつながる感覚を覚えていますか？

1時間ほど前、私たちは農耕をはじめ、所有という考え方を取り入れるようになりました。大きな都市をつくり、自然から自分たちを切り離し、自然を外側のものとして捉えるようになりました。天候が乱れ、作物が被害を受けると、自然を呪い、悪魔の仕業と恐れました。そして、より自然と調和していると考えられていた女性たちもまた悪魔の手先とみなされ、魔女狩りがはじまりました。数百年もの間、たくさんの女性が殺され、拷問されました。

科学革命は、自然は人間が支配するべきものだという考え方を重視し、林業、漁業、農業、鉱業といった形で自然を人間のための産業製品（コモディティ）としていきました。

そして、60秒前に、この自然と女性を支配し、搾取する考え方の上に産業革命が起こります。このわずか60秒の間に、国家や大都市、政府、学校制度、工場、企業が生まれ、そして数えきれないほどの機械や自動車、飛行機がつくられました。デジタル革命、インターネット、ソーシャルメディア、AI、ビットコインなどの概念が生まれたのは、ほんの数秒前の出来事です。

現在、ほとんどの人は町や都市で自然から切り離された生活を送り、社会は地球（ガイア）が再生（リジェネレイト）できる許容量よりもはるかに多くの天然資源を使用しています。人は、生命の網目（ウェブ・オブ・ライフ）との調和から外れた破壊的な種になってしまいました。

この星が育んできた広大で豊かな生命。しかし、私たちを支えている地球のシステムはホモ・サピエンス（わたしたち）が選択してきたやり方ではもう持たないのです。

このままではいけないと誰もが深いところで感じているはずです。言葉にはできなくても、何かが間違っているという感覚を持っているはずです。この地球で生命のバトンをつなぐ種の1つになるためには根本的に軌道修正をしなければならないことに、多くの人が気づいているはずです。

人類は知性を、私たち自身の内なる自然（インナーネイチャー）や、私たちを包みこむ自然界（アウターネイチャー）のシステムとのつながりを取り戻すための力として活かすのでしょうか？　それとも、生命を支えるシステムの破壊を続けて、集合的な自殺行為に加担するのでしょうか？

私たちは、生命がより繁栄していく道筋をひらく役割を集団として担うことができるでしょうか？　どうすれば、生命を破壊する（ディジェネレイト）のではなく、生命を再生し続ける（リジェネレイト）種となれるのでしょうか？　混沌とした世界のなかで、あなたが果たせる役割は何でしょうか。

こうした時代の最中に、地球（ガイア）の大いなる歴史の今この瞬間に、あなたはどんな変化をもたらしたいですか？

＊＊＊

ここまでの物語を振り返り、私たちが（コレクティブな）歩んできた進化の旅路におけるあなたの役割について、立ち止まって考えてみてください。

リジェネラティブ・リーダーシップのDNA

真の叡智は、自然から離れることなく、
自然の法則や定めに従って
自らの振る舞いを形成していくことだ

——セネカ（哲学者）

Photo creadit: Evgeni Tcherkasski

4 生命の論理に根ざした新たなリーダーシップ

これからの新たなリーダーシップのパラダイムは、ロジック・オブ・ライフ（生命の論理）に基づき、自然の叡智に根ざしていくことが必要だ――そんな風にお伝えすると、多くのリーダーたちは「自然の叡智に根ざすってどういうこと？」と困惑した表情を浮かべます。

私たちは、自然界から――たとえば森やアリや菌類や季節の移り変わりから――何を学ぶことができるのでしょう。自然の叡智というのは、うわべだけの理想主義的な戯言にすぎないのでしょうか。それとも、地に足のついた知恵や科学的根拠、事例、研究に基づき、実際のビジネスや組織づくりにも活かすことができるようなものなのでしょうか。

「複雑化するビジネスや組織運営に自然の叡智をいかに活かしていくか」というのがこのPART2のテーマです。科学やビジネスの観点から、さまざまな生命システムに関する知見や事例、研究を掘り下げていきましょう。そこには、私たち自身、つまり人間という非常にユニークな種を研究する発達心理学の領域も含まれています。自然界が教えてくれる生命システムの論理は、バイオミミクリーや自然界に着想を得たイノベーションだけの話ではありません。私たちの奥底にも、その論理が本当は鳴り響いているのです。

リジェネラティブ・リーダーシップには、さまざまな学問分野の知見が横断的に活用されています。たとえば、複雑系理論やサイバネティックス*、発達心理学、システム理論、ホリスティック・サイエンスなどです。何十億年もの進化の過程で磨かれてきた自然界のコミュニケーションや協働の知恵を土台に、複雑適応系におけるエネルギーの循環、成人発達理論の組織への応用、システムで生じるフィードバックループの力学といった近年の科学的理論を組みあわせています。こうした領域横断型のアプローチを通じ、人の組織も、（アリ塚や土中の菌糸ネットワーク、ハチの群れと同じように）**多層に重なりあう大きな生命システムに内包された生命システム**であり、**人間関係の複雑な絡まりあいを通じて繁栄している**という私たち自身を理解するための豊かな視点を得ることができます。

ＰＡＲＴ１で見てきたような複雑性に対処し、不確実な未来に備え、自分自身や組織を育んでいくために自然界の生命システムから学べることがたくさんあるのです。

> シロアリなどの社会性を持つ昆虫は、多くの点で人間とは異なるものの、我々と同様に超個体*であり、人が社会を形成する力学を理解するための優れた指針なのだ。
>
> ――ティム・フラナリー（科学者）

＊サイバネティックス：生き物と機械における制御と通信を融合し、生理学、機械工学、システム工学、人間と機械の相互的なコミュニケーションなどを統一的に研究する学問。

＊超個体：superorganism。多数の個体で構成され、あたかも独立した1個の生物体のように振る舞う生物集団。

リジェネラティブ・リーダーシップの DNAモデル

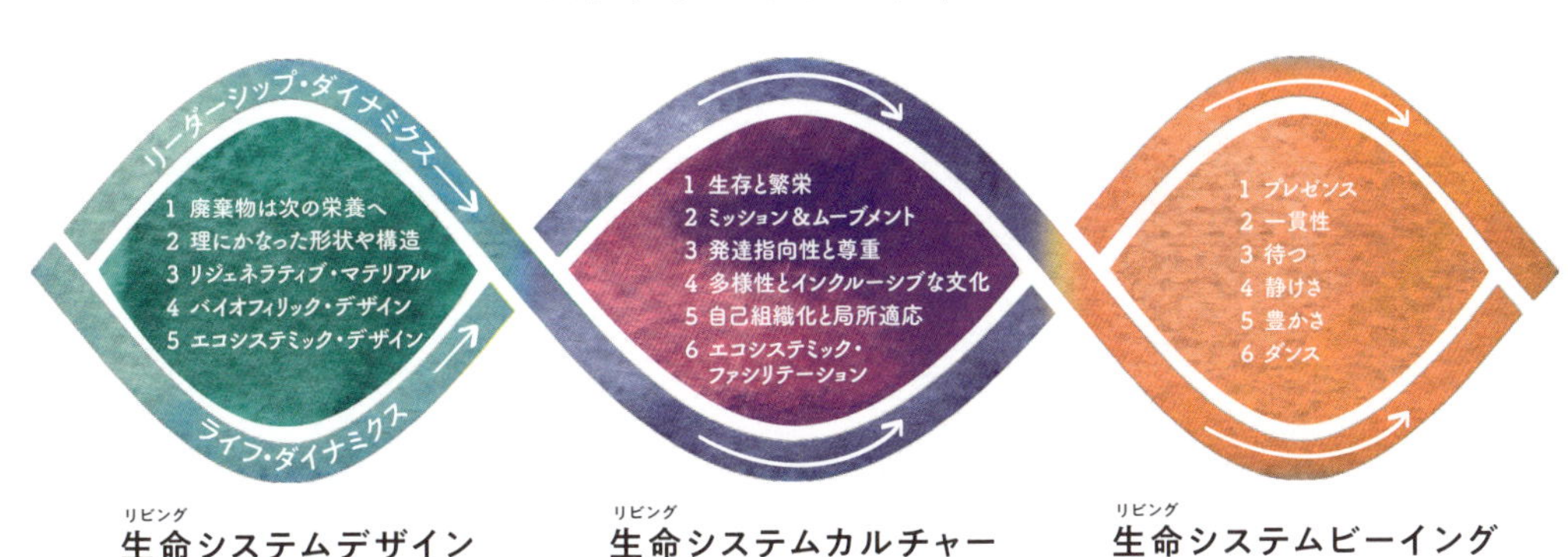

リジェネラティブ・リーダーシップの DNAモデル

PART2では、リジェネラティブ・リーダーとして新たなビジネスのパラダイムに踏みだし、実践するために必要な知識を深く伝えていきます。PART1で述べた昨今の世界の状況からも明らかなように、あらゆる分野に求められているのは「リジェネレーションの時代」への移行です。今、新しい生き方を切り拓かなければ、この地球に永く住むことができなくなるほどの転換点に来ています。

ビジネスは、とてもパワフルで創造的な営みです。地球が生命の躍動に溢れた未来を迎えるか、真逆の結末を迎えるのかを大きく左右する力を持っています。これからの時代には、利益のために人や地球が犠牲になるのではない、自然の理（ことわり）に根ざした新たなリーダーシップやビジネスのパラダイムが求められているのです。

では、リーダーたちはどのようにロジック・オブ・ライフに基づき、日々直面している課題を乗り越え、新たなリーダーシップへと踏みだしていくことができるのでしょうか。

本書が提示するリジェネラティブ・リーダーシップのDNAモデルには、生命や地球環境の再生に向かう新たなビジネスの考え方を解き放つために必要な、内面と外界の双方を扱う技術やツール、マインドセットが凝縮されています。従来のようにサイロ化されたアプローチを繰り返すのではなく、膨大な量の研究、異なる領域、専門的な方法論を包摂し、多様な点と点をつなげ、編みなおした統合的なフレームワークです。

このDNAモデルは私たちが長年の実践と研究を経て開発したもので、これまで小規模な社会的企業から大企業まで、さまざまな組織のリーダーを対象に、コーチングやコンサルティングを通じてテスト運用を行ってきました。また、国際会議やセミナー、ワークショップで紹介したり、生命システムの考え方をリーダーシップに応用する先進的な実践者や熟練した専門家との対話を重ねてきたりしました。そうしたなかで、人類の文明を次のステージに導いていくために、内と外を統合し全体性を取り戻していくこのモデルが必要とされていることを強く実感しています。

まずは、全体像を見てみましょう。「ロジック・オブ・ライフ」という壮大な生命世界の論理に包まれたこのDNAモデルは、「生命（リビング）システムデザイン」「生命（リビング）システムカルチャー」「生命（リビング）システムビーイング」という3つの領域と、それらを結びつける2つの流れ「ライフ・ダイナミクス」と「リーダーシップ・ダイナミクス」によって構成されています。ロジック・オブ・ライフについては後ほど詳しく取り上げますが、地球上のあらゆる生命に一貫して見出すことができる、生命の営みの核となる原則のことです。はじめに2つのダイナミクス、次に3つの領域について、概観していきましょう（各論についてはその後で詳しく説明していきます）。

ライフ・ダイナミクス

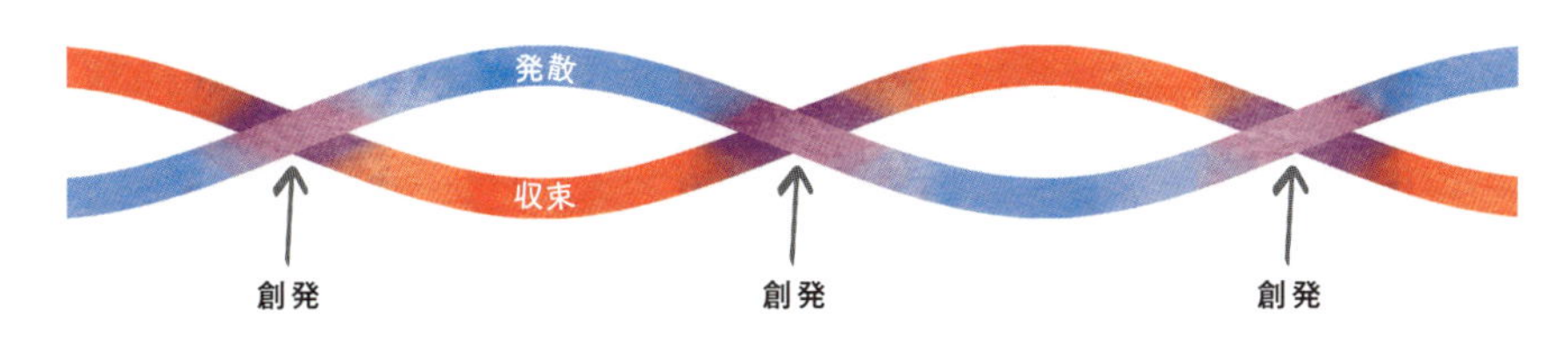

@copyright Hutchins & Storm

ライフ・ダイナミクス――生命の力学

発散
生命は開放と多様化によって活性化し、創造性は異なるものとの境界域で高まる。

収束
生命は目的意識のようなもので、自己の同一性、境界、構造を持つことでバランスと秩序を維持する。

創発
発散と収束のあいだで生じる健全なテンション（緊張関係）が、生命の創発（エマージェンス）を促す。

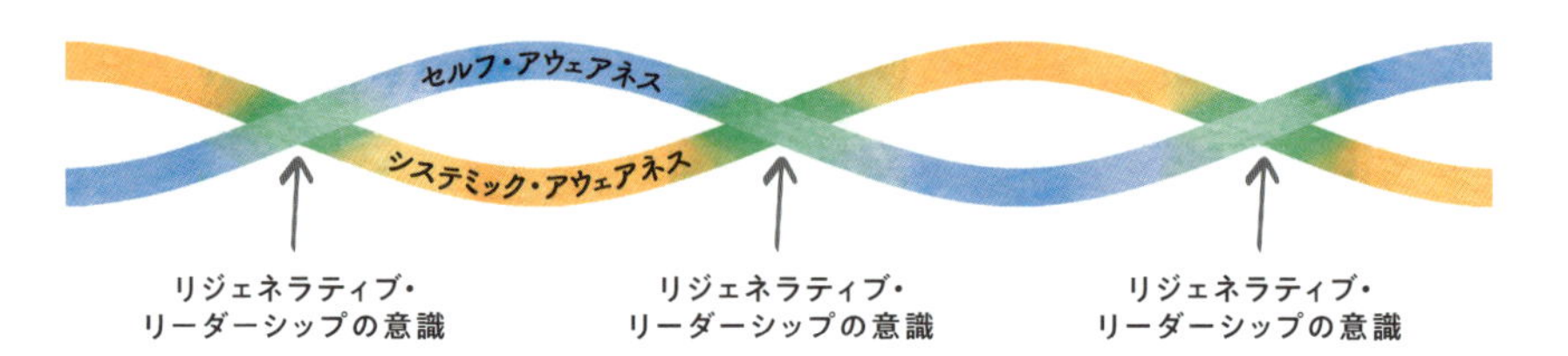

@copyright Hutchins & Storm

リーダーシップ・ダイナミクス——意識の力学

セルフ・アウェアネス（内面への自覚性）

自分の考えや習慣、振る舞い、無自覚な領域について新たな視点を得ることで養われるリーダーシップ。自己（セルフ）マスタリー*を通じて、自己の限界を超え、より生命へとひらかれた在り方で生きていくことができる。

システミック・アウェアネス（取り巻くシステムへの自覚性）

システムにおけるつながりや流れ、関係の理解を通じて育まれるリーダーシップ。システミック・アウェアネスが高まることで、組織のシステムにどのように働きかければ、生命の躍動に溢れる豊かな未来に向かっていけるのかを感受できる。

リジェネラティブ・リーダーシップの意識

セルフ・アウェアネスとシステミック・アウェアネスの両方を育むことで活性化する意識。自然の叡智と調和した生命の営みに寄与する。

＊自己マスタリー：『学習する組織』（英治出版）の著者ピーター・M・センゲが提示した5つの訓練法（ディシプリン）の1つ。自身の望むビジョンの実現にエネルギーを集中し、そのために自身を絶えず変容させ続ける過程のこと。

生命(リビング)システムデザイン

@copyright Hutchins & Storm

続いて、DNAを構成する3つの領域です。「生命(リビング)システムデザイン」「生命(リビング)システムカルチャー」「生命(リビング)システムビーイング」があります。

生命(リビング)システムデザイン

生命(リビング)システムデザインでは、バイオミミクリーやサーキュラーエコノミー（循環経済）、ゆりかごからゆりかごまで、パーマカルチャー、バイオフィリック・デザインなど、自然界から着想を得たデザインの方法を掘り下げます。エンジニアであれ、建築家であれ、デザイナーであれ、あらゆる先駆的なリーダーが新しい製品やサービス、事業のプロセスや構成、物理的空間をデザインする際に、どのように自然の知恵を活用していくかに焦点を当てます。

生命（リビング）システムカルチャー

@copyright Hutchins & Storm

生命（リビング）システムカルチャー

生命（リビング）システムカルチャーでは、生命システムの考え方を組織やコミュニティへと応用します。システム思考、ホーリズム（全体論）、複雑性理論、複雑適応系、成人発達心理学、インテグラル心理学、発達指向型組織、進化型のティール組織、U理論、システムリーダーシップ、コンシャス・キャピタリズム、コンシャス・リーダーシップなどの理論を取り入れています。

生命（リビング）システムビーイング

生命（リビング）システムビーイング

生命（リビング）システムビーイングでは、身体や感情、心理に関わる生命システムについて深めます。内面と外界の自然を調和させながら、目まぐるしく変化するビジネス環境に適応し、繁栄していくために必要な資質と在り方の実践を掘り下げていきます。心理学、バイオフィリア、神経学、量子物理学、古代の伝統的叡智、および他の学問分野の研究成果に基づいています。

ここまでDNAモデルにおける2つのダイナミクスと3つの領域の概観を説明してきました。ここで、このモデルの全体を楽器に例えて見てみましょう。

DNAモデルを、たとえばギターやサックス、ピアノなどお好きな楽器に見立ててください。「生命システムデザイン」「生命システムカルチャー」「生命システムビーイング」の3つの領域は、楽器に備わっている弦や鍵盤のようなもので、生命の音楽を奏でるために必要不可欠な構成要素です。そしてライフ・ダイナミクスとリーダーシップ・ダイナミクスという2つのダイナミクスは、楽譜のようなものです。リジェネラティブ・リーダーがこれらの音の流れを読み解き、リズムを奏でることで、周囲の人たちも生命の音楽に合わせて踊ることができます。

このリジェネラティブ・リーダーシップのDNAモデルをつくるにあたって、次の2つの問いが私たちを導いてくれました。

- どうすれば私たちは、生命の繁栄を指向するビジネスを集合的(コレクティブ)に営んでいくことができるだろうか?
- どうすれば文明化された現代の暮らしのなかで、内なる自然や取り巻く環境とのつながりを取り戻すことができるだろうか?

本書のPART2を通じて、これらの問いと向き合っていきます。そのために、まずはロジック・オブ・ライフについて学び、考察を深めることからはじめましょう。これは、生命を育み続けるビジネスと未来を築くために、人類を含めたあらゆる存在にとって礎となるものだからです。

人と地球の癒やしと再生のプロセス

間奏の「生命進化をたどる瞑想」にもあったように、ホモ・サピエンスは地球の生涯から見れば、わずか数日しか存在していません。そして、この数日のうちの99％の時間を、人は自然との深いつながりのなかで生きてきました。何千年もの間、自然を崇拝し、自然のリズムや季節と調和し、その癒やしの力に感謝しながら暮らしてきました。

しかし、ここわずか数世代の間に、人類は地球の生態系を破壊し、自らが依存している生命維持システムそのものに致命的な傷を与えてきました。「なぜそんな愚かなことをしてしまったんだ」と思う人もいるでしょう。ですが、これはPART1で取り上げた分離に伴う副産物であり、自然と人の分離、女性性と男性性の分離、内面と外面の分離、そして右脳と左脳の不均衡(アンバランス)が生みだした結果なのです。

分離の旅を経て物質的な豊かさが得られた一方で、私たちは今、その大きな代償に直面し、バランスとつながりを取り戻すことが急務となっています。このバランスが崩れてしまった状況を乗り越えるためには、リジェネラティブ・リーダーシップの新たなパラダイムを通じて、自然の叡智に、生命システムに宿る知性に、そしてロジック・オブ・ライフに立ちかえる必要があります。自然界は、相互に作用し合い、自己組織化し、創発する豊かな知性に溢れています。これを有効に活用しない手はありません。

大英帝国勲章や第6回ブループラネット賞などを受賞した著名な科学者ジェームズ・ラヴロックは、1960年代にガイア理論を生みだしました。私たちが生きるこの地球は、複雑に自己調整を行うシステムの網(ウェブ)であり、すべてのシステムが相互作用しながら全体に寄与することで、絶え間ない変化を通じて適応し進化する能力を発揮している、という理論です。

自己調整するシステムとして、あらゆる生命が複雑につながりあい、生命が繁栄するための環境条件（コンディション）を常に育み続けている地球。生命を維持するために、たくさんの魅力的な生き物、システム、デザイン、相互作用を生みだしながら、自ら創発と進化を繰り返してきました。生命システムにおける力学（ダイナミクス）や協働関係（パートナーシップ）など生態系のなかで作用する原理を見れば見るほど、その洗練された知恵や仕組みに驚かされ、畏敬の念を抱かざるを得ません。

自然は人に大きな影響を与えています。自然の中に身を置くだけで、あるいは自然の写真を見るだけで、神経系が再生（リジェネレイト）し、ホルモン分泌が変化し、脳波の周波数が変わり、気分が高揚し、創造性や共感力が高まることがわかってきています（詳しくは6章で解説します）。

人類の次の進化の道筋は、科学革命、産業革命、技術革命で学んできたことを自然の叡智と結びつけることです。文明が発達させてきた機械論に基づく分析や高度な技術革新と、自然界の知恵や生態系から得られる気づきを統合していく必要があります。そして、そのような知恵や気づきを取り入れるためには、私たちが自分自身や他者、そして取り巻く世界との関わり方を新たにし、自分自身の内なる自然（自己感覚）と外なる自然（周囲の自然環境）とのつながりを取り戻さなければなりません。人間性（ヒューマニティ）を取り戻し、ロジック・オブ・ライフに基づいた生き方、社会、組織を再構築していかなければならないのです。

このつながりを取り戻すことは、癒やしのプロセスでもあります。自己や他者、そして世界が抱える内外の痛みを再認識し、個人および集団レベルで抑圧されてきた人間性を解放することです。幸いなことに、この癒やしのプロセスはすでにはじまっています。

極地の氷河が溶け、プラスチックがいたるところに漂い、政治家が争っている今この瞬間にも、次のような癒やしのプロセスを示す出来事が世界中で現れはじめています。

- 気候問題に関して世界の指導者に行動を求め、学校でストライキや行進を行うヨーロッパ中の小中学生たち
- 気候危機を回避し、生物多様性の損失を止め、人類の絶滅と生態系崩壊のリスクを最小限に抑えるために、世界中で数百万人が非暴力での抵抗を行う「エクスティンクション・レベリオン（XR）」*のムーブメント
- ローマ法王フランシスコによる、気候変動対策に即座に取り組み、世界的にクリーンエネルギーに移行することを呼びかける回勅の発布
- オーストラリアとアメリカの先住民族への公式謝罪
- 持続可能な開発目標（SDGs）に対する、世界中の人々の支持と参加
- 気候変動に関するCOP21パリ協定の世界合意
- 投資界の主流になりつつあるダイベストメント（石油、石炭、ガスからの投資撤退）のムーブメント
- 自然とのつながり、生態心理学、シャーマニズム、通過儀礼、森林浴、バイオフィリア、ワイルド・ウィズダム、自然体験などへの関心の高まり
- 内面との深いつながり、バランス、ウェルビーイングを取り戻すための古代から伝わる実践への注目の高まり（ヨガ、瞑想、太極拳など）

＊エクスティンクション・レベリオン（XR）：2018年にイギリスで創設された環境保護団体。地球温暖化および生態系の危機に対して抗議を行う社会・政治的な市民運動で、世界50カ国以上で関連団体が立ちあがっている。

これらは、人が自然や本来の存在へと回帰していこうとする再生成の兆しです。だからこそ、人類が自然と共存していた時代の文化から学ぶことは重要で、古代から受け継がれてきた知恵は、自然界と調和した実践と現代社会との間に橋を架けてくれるのです。

現在まで続いている先住民の文化のほとんどは、住処である地球を汚すことなく、自然を師と仰ぎ、熊や狼、カラスやセコイアの樹々たちに教えを乞う謙虚さを持ち続けてきた。

――ジャニン・ベニュス（生物学者）

古代の叡智の再統合

進化心理学によれば、ヒトの生理現象や心理、神経に関わる生体システムの多くは、数十万年前、人類が自然環境と調和しながら生きていた時代に形成されたことがわかっています。狩猟採集民として150人から250人ほどの小さな部族が集団で大地を移動し、自然界のさまざまな営みや季節の周期を敏感に感受する能力を養っていました。人は、自分たちを周囲から切り離された存在としてではなく、取り巻く世界の一部として暮らしていたのです。

古代の祖先たちは自然界に深く身を浸して生きていた。あらゆる側面において、生まれながらにして、周囲の環境と不可分な親密さ（インティマシー）を持っていた。一瞬一瞬を生き延びていくために、毒のある植物や捕食者の存在、異常気象の兆候を読み取る必要があったのだ。

——レイチェル・コービー（再野生化（リワイルディング）の専門家）

そうした古代の文化では、海、森、火、大地、性、豊穣など、自然のさまざまな側面を象徴する神々が崇拝されていました。研究者のアンドレ・ヴァン・リセベスによれば、神への崇拝はあらゆる古代信仰に共通してみられるものであり、内面と周囲の自然との古く深いつながりを物語っています。[1] その核をなすのは、自然のリズムや周期への絶え間ない順応です。それは物理的なものであると同時に形而上学的なものでもあり、ベイトソンのいう「自然の精神（マインド）」があらゆる物質の根底を支えているという深い理解がありました。[2]

古代の人々は、大地を象徴する女神と宇宙や空を象徴する男神を敬い、つながることで、自分たちのより深い本質、つまり自己（セルフ）や魂（ソウル）の真実に触れ、自分自身が「自然の精神（マインド）」の一部であることを理解していました。人々は内なる自然と外界の自然を分けて考えることをせず、目に見える世界と見えない世界、つまり物質と精神、物性と霊性、身体と心理の両方の世界を調和させながら生きていたのです。

人類は何千年もの間、自然にひらかれた存在として生きていましたが、その在り方は「分離の旅」のなかで失われていきます。人類学者のマイケル・ハーナーは、さまざまな先住民族の文化を研究し、何千年もの間、世界のどの地域においても文化的な思考、信念、行為に顕著な一貫性があったことを発見しました。どの地域や大陸でも、自然と調和した暮らしを営み、その叡智を深く敬うという点は共通していたのです。

ハーナーは、このような世界各地の古代からの実践に共通する考え方を、「コア・シャーマニズム」と表現しました。どの文化においても、コア・シャーマニズムはあらゆる生命とのつながり、共感、敬意を育み、共同体が機能的で持続可能かつ協調的な生活を送るために重要な役割を果たしていました。[3] 私たちはコア・シャーマニズムから、人間と自然を再び結びつけるためのシンプルな原則と、リジェネラティブなパラダイムの基盤となる知恵を学ぶことができるのです。

コア・シャーマニズムの原則は、一言で表すなら「あらゆるものはエネルギーから成り立っており、すべてが相互につながりあっている」というものです。この概念は、科学革命の勃興とともにヨーロッパの人々の世界観から追放されました。自然と相互につながりあうことではなく、自然界から切り離された断片的な情報で

ハーナーによるコア・シャーマニズムの基本原則

1 すべてのものはエネルギー／霊魂（スピリット）からできている
2 エネルギー／霊魂（スピリット）は生きていて、意識を持つ
3 それゆえ、すべてのものは生きており、意識がある
4 すべてのものは、相互につながりあう生きたエネルギーの網目（ウェブ）の一部であり、私たち人間もその一部である
5 この相互につながったエネルギーの網目（ウェブ）に自らをひらくことで、人は森羅万象に深く共感し、畏敬の念を養うことができる
6 これによって、暮らしのなかで他者や環境と調和し、適切な関係を保ち、適切な行動をとることができる
7 人は、万物の網目（ウェブ）との接続から自分を外す（アンプラグ）という（おそらく人類独自の）能力を持つ
8 万物への共感と適切な関係を保つ感覚から切り離されると、適切な行動がとれなくなる
9 このことは、個人や組織、社会に（身体、精神、感情、霊的な）病をもたらし、他者や環境に悪影響を及ぼしてしまう。万物の網目（ウェブ）から切り離されることで、私たちは大切な存在の根源を失ってしまう
10 健全な人間（そして組織や社会）は、自然から切り離されているわけでも、自然の上に立つわけでも、優れているわけでもなく、ただその一部であることを感じ取っている

世界を理解するようになり、還元的な分析や左脳的な情報処理を通じて、生命そのものと、深く関わり自然界の一員として生きる道筋からいつの間にか遠ざかってきてしまったのです。

物質は精神から切り離され、目に見えない世界は現実と切り離されていきました。（ヨーロッパにおいては）17世紀頃までに人と自然は分離したものとして認識されるようになり、機械論的な因果関係によってのみ結びつけられるようになりました。還元的な実験によって科学者たちが測定または定量化できないものは、そもそも世界に存在していないものと扱われました。

20世紀に入ってようやく、アインシュタイン、ボーア、プランク、ネルンスト、シュレーディンガー、ボームといった新たな時代の科学者たちによって、あらゆる領域に広がる、目には見えないフィールド（場）の存在を証明する発見がなされ、この機械論的還元主義の世界観を打ち破る見方が示されるようになりました。今日では「量子場*」や「零点（ゼロポイント）エネルギーフィールド*」の考え方に基づく先進研究も進められています。本書では、こうしたフィールドが生命を含めた宇宙のあらゆる物体と現象の根源となっていると考えられていることから、「生命システムフィールド」と呼んでいます。

生命システムフィールドを認識することは、リジェネレーションの時代における人間性を取り戻す旅路の鍵であり、私たちに生命が本来持つ相互のつながりを再び思いださせてくれます。科学的な発見を通じたフィールド（場）の理解や、内面と外界の調和がもたらす

＊量子場：量子的に記述された場のこと。古典物理学ではなく、量子力学的に場を記述する理論を「場の量子論」といい、超弦理論などとも関連している。

＊零点（ゼロポイント）エネルギーフィールド：「零点（ゼロポイント）エネルギー」は、量子力学における用語で、量子力学の系における最も低い基底状態のエネルギーのことを指す。

「エコシステミック・アウェアネス」――現代的な知性によって、古代のシャーマニズムが残した知（ノウイング）は今、再び発見され、新たに統合されようとしているのです。成人発達理論においては、この統合を第1階層（ティア1）から第2階層（ティア2）への意識の移行として捉え、より高次のレベルにおいては、相互につながりあうあらゆる生命への共感と敬愛を育むことができるとされています。

ここではっきりさせておきたいのは、私たちは「自然との分離が起こる以前の状態に戻ろう」と言っているわけでは決してないということです。むしろ、これまでのすばらしい発明や科学的発見を活用しながら、人と地球の再生（リジェネレーション）に向かう未来への旅路（リターン）を歩んでいくのです。

ゼロから出発しようとか、あらゆる人が森で狩猟採集民として暮らそうなどと言うつもりはありません。リジェネラティブなリーダーたちに求められているのは、古代の知恵や自然の叡智を活かした生き方を取り戻し、現代の科学的知見や技術発展と融合させていくことなのです。

本書では、先人たちの思想や教えを踏まえながら、そうした自然の叡智をビジネスリーダーたちが活かせるように「ロジック・オブ・ライフ（生命の論理）」として7つの原則にまとめています。

組織内外の生態系に、受け取る以上により多くの活力を与えていく文化と実践を育むためには、生命の営みへの理解を深めなければなりません。リジェネラティブな

さらに深める

量子場の科学や、新たな世界観への影響に興味をお持ちなら、ジャイルズの『分離という幻想』（*The Illusion of Separation*）、アーヴィン・ラズロの『現実とは何か』（*What is Reality*）、ジュード・カリヴァンの『宇宙のホログラム』（*The Cosmic Hologram*）の３冊を読んでみることをおすすめします。

リーダーは、生命や自然界におけるデザインや力学（ダイナミクス）、原理を理解し、探求する旅路を歩んでいくことで、ロジック・オブ・ライフを実際の組織の活動に反映させていくことができるようになっていくのです。

ロジック・オブ・ライフ――生命の論理

では、生命の営みを支えるロジック・オブ・ライフとは一体どのようなものなのでしょうか。ここではロジック・オブ・ライフの7つの原則と、それらが自然界とこれからの時代のリーダーシップの両面においてどのように作用しているかを見ていきます。

ロジック・オブ・ライフの7つの原則

❶ **生命指向性（ライフ・アファーミング）**――ロジック・オブ・ライフ全体を包括する第一原則。生命は、生命そのものを育み続ける状態をつくりだす。リジェネラティブ・リーダーは、あらゆる活動や成果（アウトカム）が生命の繁栄を指向しているかどうかを見極め、生命をないがしろにしたり（life-denying）、有毒な影響をもたらしたり（toxic）、生命をむしばんだり（degenerate）しないように注意深くなる必要がある

❷ **絶え間ない変化と応答**――変化はあらゆる生命が持つ性質である。リジェネラティブ・リーダーは変化を機会として受け入れ、学習や適応、回復、発達のために活かす

❸**関係性と協働**――生命は互いに関係しあい、多層的に重なりあう複雑なシステムで構成される。リジェネラティブ・リーダーは、諸事象が相互に作用していることを理解することで、個別の出来事をばらばらに見るサイロ化された思考の囚われから自由になり、つながりあうシステムとして状況を認識する

❹**多様性とシナジー**――多様性の存在は生命にとって不可欠である。多様な差異から生じるテンション（緊張関係）を通じて、部分の総和を超えた相乗効果（シナジー）が生みだされる

❺**周期とリズム**――自然界のリズムや季節の周期、ゆらぎのなかで、生命は創発する。生命の脈打つ律動（リズム）を理解することで、自然の叡智により深く触れることができる

❻**エネルギーと物質の流れ**――生命基盤を支える生態系が備えている、あらゆるものが相互に連関しながら流れ、循環する性質。生命の営みをむしばむことなく、自然界本来の物質循環やエネルギーの流れを理解したうえでビジネスを設計（デザイン）、運用し、リサイクルやリユース、アップサイクルを行っていく必要がある

❼**生命システムフィールド**――シャーマニズムにおいても科学的エビデンスにおいても示されている、すべての存在に形態を与え、存在そのものの基盤となるフィールド（場）。現代社会はこの生命システムフィールドに対する理解が大きく欠落している。リジェネラティブ・リーダーシップの意識レベルへと変容していくことで、このフィールドを認識し、生命のつながりを感受できるようになる

それでは、1つひとつの原則を詳しく見ていきましょう。

ロジック・オブ・ライフの土台となった先駆者たち

生命を包括的に理解するために、本書では多くのフレームワークや理論、科学的研究を参照しました。その数は膨大であり、ここでは紹介しきれないほどですが、なかでも特に重要なものを下記に記載します。

- ジェームズ・ラヴロック、ティム・フラナリー、レイチェル・カーソン、デビッド・アッテンボローなどの科学者、環境保護活動家、パイオニアたちの研究
- システム理論家として知られ、生命の網目、生命システム、エコ・リテラシーに関するいくつかの著作が高い評価を受けベストセラーとなったフリッチョフ・カプラの研究
- サヴォリ研究所の創設者であり、生命の中に見られる4つの生態系プロセスを探求する詳細なホリスティック・マネジメントの方法論を創始したホリスティック・サイエンティスト、アラン・サヴォリの研究
- バイオミミクリー・インスティテュートの共同設立者であり、デザイナーやエンジニアにインスピレーションを与えるための「生命の原則」を提唱した生物学者ジャニン・ベニュスとデイナ・バウマイスターの研究
- ミシェル・ホリデイ、ダニエル・クリスチャン・ヴァール、パメラ・マン、ベン・ハガードなどリジェネラティブな実践者たちの活動
- 複雑系および複雑適応系のさまざまな理論。特に組織論の専門家であるラルフ・ステイシーの研究、また社会学者で都市科学者のジェイン・ジェイコブスの著書『経済の本質』(日本経済新聞出版)における都市のエネルギーフロー仮説に関する研究、さらに補足として、サリー・ゴアナー、ダン・フィスカス、ブライアン・フェイスによるシステム活性化のためのネットワーク科学に関する論文
- 生命システムに関する洞察を、土地や製品、文化のデザインに応用するパーマカルチャーのデザイン原則
- 先駆的で影響力のある教育者、政治家、自然科学者であるヨハン・ヴォルフガング・フォン・ゲーテが発見した、有機的な自然における原理原則に関する研究
- 人類学者マイケル・ハーナーのコア・シャーマニズムの原理
- 数々の賞を受賞した科学者エドワード・O・ウィルソンによる、バイオフィリア、つまり人間が本来的に持つ自然に対する親和性やつながりに関する研究
- シャーマニズム、非二元論的なアドヴァイタ・ヴェーダーンタ(*不二一元論。インド哲学の一派ヴェーダーンタ学派を代表するシャンカラによって著された著作)、仏教、道教、タントラ(*ヒンドゥー教や密教の聖典のこと)、禅など世界最古とされる精神的伝統を学び、教えてきた環境保護主義者であり「ウェイ・オブ・ネイチャー(*自然とのつながりを取り戻し、精神的・生態的・社会的な意識の統合と変容を促すためのグローバルムーブメント)」の創始者でもあるジョン・P・ミルトンの生涯をかけた探究と実践

❶ 生命指向性（ライフ・アファーミング）

生命は、生命そのものを育み続ける状態をつくりだす——そう、38億年ものあいだ絶え間なく受け継がれてきた、地球上のあらゆる生命に通底する包括的な原則は、こんなにもシンプルなのです。少し時間をとって味わってみてください。「生命は、生命そのものを育み続ける状態をつくりだす」。この何気ない一文があなたにとって何を意味するのかを考えてみてください。

これは、国連環境計画（UNEP）やスミソニアン協会などから数々のアワードを受賞した経歴を持つ生物学者ジャニン・ベニュスの言葉で、あらゆる生命は、さらなる生命の繁栄を促進する（ファシリテート）という概念を的確に表現しています。生命は、本来それ自体として生命の繁栄を指向する（ライフ・アファーミング）ものであるというこの原則があったからこそ、生命は何十億年ものあいだ、ときには生命そのものを脅かすような過酷な環境にも耐えながら、多様な種を進化させてきたのです。木から落ちるリンゴは有毒でもなければ、廃棄物でもありません。他の生命体の糧となり、微生物やバクテリア、鳥やミミズの餌となり、そしてその芯には次なる生命の種を宿しています。1つのリンゴが朽ちることが、周囲の環境に多様性と活力を与えます。システムのある部分が死ぬことで、新たな生を育む栄養が生まれていきます。生命は、（死と同時に）自らを養い、生命そのものに奉仕しているのです。現状維持を超えて、あらゆる循環、あらゆる種、あらゆる生き物、あらゆる人が、一瞬一瞬のあいだに変わり続けているのです。

この生命指向性（ライフ・アファーミング）の原則が実際にどのように作用しているのかを、森林の生態系を例に見てみましょう。森は栄養を繰り返し循環させ、さまざまな種の生存、繁栄、進化に必要な状態をつくりだしています。寄生虫やウイルスでさえ、相互に関係しあう創発的なシステムのなかでその役割を担っています。森林は、季節の変化、天候の乱れ、山火事のようなシステムの撹乱に対処しながら、常に古いものを壊し、新しいものを生みだし続けています。これらすべてが、森林の継続的な適応と発達という複雑な力学（ダイナミクス）に寄与しています。

自然界は絶えず不均衡状態にあります。完全な均衡は静止状態をもたらし、生命の流れと進化を止めてしまうからです。均衡の定まらないゆらぎのなかでこそ、あらゆる部分が全体のなかで自らの居場所を見つけ、あらゆる種がニッチ*に適応し、絶え間ない変化による創造的混沌（クリエイティブ・カオス）を通じてシステム全体が動的に一貫性を保ち続けます。ロジック・オブ・ライフに立ちかえることで、そうした全体像、つまり豊かな多様性を育みながらも、調和に向かい続ける自然界の様相が見えてくるのです。

さて、こうした自然界の営みと生命指向性（ライフ・アファーミング）を理解したうえで、現代の農業が及ぼしている影響を見てみましょう。たとえば、数マイルにわたって広がる小麦畑のように、森林を皆伐し、毎年土を耕し、樹木や垣根もなく大規模な単一作物を育てるモノカルチャー農業では、農家は定期的に農薬や除草剤を散布して雑草や昆虫、菌類を駆除し、化学肥料を使って収穫量を増やそうとします。収穫量を最大化させる一方で、多様な生命が繁栄する環境は失われていきます。化学肥料、農薬、除草剤への依存は、土地の再生能力を低下させるだけでなく、広大な生態系を汚染します。さまざまなバランスを崩壊させ、生命進化を支える生態系の力が次第に衰えてしまいます。私たちは、生命の繁栄を支える環境をつくりだすどころか、知らず知らずのうちに

***ニッチ**：生態的地位を意味する生物学用語で、ある生物の種や個体群が占める特有の生息場所やまとまった環境要因のこと。

生命の再生能力をむしばんでしまっているのです。

> 私たちはどうすればここまでの長い旅路を祝福し、この場所（ホシ）で生きていくことができるのか？　どうすれば生命が長い歳月をかけて行い続けてきたこと、すなわち**さらなる生命を育み続ける状態を生みだす**という原則を実践できるのか？　そのために、私たちはこうした叡智の存在を思いだし、どうにかして再び出会うための方法が必要だ。私はこれこそが今世紀のデザインにおける課題だと考えている。〈太字は訳者による〉
>
> ――ジャニン・ベニュス（生物学者）

私たちは、モノカルチャー農業のように生命をむしばむやり方ではなく、生命指向型（ライフ・アファーミング）の社会を作ることができます。周囲の生態系とどのように関わり、社会を構築していくかを自ら選択できるのです。再生可能エネルギー（太陽光、風力、水力）を利用したコミュニティは、化石燃料を利用したコミュニティと比較して、より再生的であるといえます。鉱山の掘削や揚水、ストリップマイニング*などを通じて地中の貯蔵庫のエネルギーを掘り起こし、燃やし続けることは、自然界の炭素と水の循環を破壊し、周囲の空気、大地、水を汚染します。再生不可能なエネルギー資源の利用は、先を見据えておらず、生命の基盤を破壊してしまいます。現在、人類が1年間に使用する化石燃料と同量の地下資源が蓄積されるのに１００万年かかったといわれています。[4]この意味を考えてみてください。１００万年かけて貯蔵されたエネルギー資源を、私たち

＊ストリップマイニング：鉱物採取法の一種。縦に掘り進むのではなく地層を剥いで浅砂鉱床の堆積物に含まれる鉱物を採掘するためより広範なエリアに影響するとされている。

はたった1年で使い果たしてしまうのです。

現代社会が選択する食料と電力の調達・供給方法は、生命の生態系に貢献しているとは到底いえません。むしろ破壊を加速しています。製品の原材料についても同じです。衣服や医薬品、家電製品、家具、洗剤、化粧品、自動車、ノートパソコン、電話、プラスチック製のサンドイッチの包み紙など、私たちが製造するほとんどのものが、持続不可能な方法で採掘・採取された化石燃料や他の資源に由来する化学物質を含み、多くの生命にとって有毒なものです。そして今や、ポリエステルなどのマイクロプラスチックは私たちの飲料水の供給源や食料、最終的には血液の中にまで流れているのです。自然の叡智から切り離された私たち人間は、暴走し、破滅に向かって進んでいるのです。

生命指向性という考え方は、自然や人間、生態系だけでなく、組織にも適用することができます。それについては、後ほどDNAモデルの生命システムカルチャーの領域で掘り下げることにして、次はロジック・オブ・ライフの2つ目の原則にうつりましょう。

❷ 絶え間ない変化と応答

変化は生命が本来的に備えた特性である――いつどんなときでも絶えず変化が生じています。変化を恐れ、コントロールしようと抵抗するか、あるいは、変化を創造性と革新の源泉として受け入れ、波のように乗りこなしていくかは私たち次第です。変化し続ける生命の在り方を受け入れることは、人生における真の喜びを味わうことでもあります。同じ瞬間は二度とありません。今日という日も、今朝の日の出も、舞い降りてくる雪の結晶も再びやってくることはないのです。ギリシャの哲学者ヘラクレイトスが残した「同じ川に二度入ることはできない」という言葉のように、生命は絶えず流れ続ける川であり、変わり続けるメロディーであり、世界と響きあう交響曲なのです。

　このVUCAの時代に、組織の状況はより複雑化し、より不安定になり、急激な変化への対応から目を背けることはもはやできません。コントロールできないものをコントロールしようとして恐れや精神的なストレスをよりいっそう増幅させるのか、それとも変化に寄り添い、**既存の古いシステムの瓦解（ブレイクダウン）を受け入れることで新たなシステムへの突破口（ブレイクスルー）を見出すのか**。私たちは今、その選択を迫られています。

　生き残るのは、最も強い種でもなく最も賢い種でもない。変化に最もよく適応できる種である。

　　　　　　　　　　　　——チャールズ・ダーウィン（生物学者）

　ダーウィンが述べた「適者生存」とは、最も攻撃的で、競争を好み、支配的な種が生き残るという意味ではありません。適者とは、「自らが置かれた環境の変化に機敏に反応し、適応できる種」を指しています。たとえば、1億年以上前から地球に生息しているアリを見てみましょう。アリは人間よりはるかに数の多い生物種で、その繁栄の要因は、周囲に適応し、組織として協働する能力をもっていることです。現在、1万4000種のアリが存在しており、砂漠、熱帯雨林、湿地、そして都市といった異なる気候環境にそれぞれが適応し、同調し続けることで繁栄しています。アリには、捕食者や食料を得る機会が出現すると、フェロモンを使ってコロニーに伝達（フィードバック）し、仲間を動員して迅速に行動し、変化する状況に対処するといったスキルがあります。このような自己組織化の原理によって、女王アリ(ボス)の判断を待つことなく情報が階級を超えて広がり、アリのコロニーは驚くほどのレジリエンス[*]を発揮します。すべての個体が周囲の環境を感受し、状況を精査し、周囲に伝えることで、コロニー全体を守る役割を担っているのです。

> アリたちは個々の能力を結集し、弱さから強さを生みだす。その集合的な意思決定の仕組みは奇妙にも我々の民主主義のプロセスに酷似している。
>
> ――ティム・フラナリー(科学者)

アリたちと同じく、私たち自身のリーダーシップや組織における変化への適応力は、リーダーやチームの感知能力や応答する能力に大きく左右されます。機械的な組織づくりを行うと、官僚主義や階層支配の文化が強化され、組織のアジリティは低下し、個人や集団における新たな可能性を見出す能力や脅威にすばやく効果的に対処する能力が損なわれていきます。

多くの組織では、機械的な支配構造と変化への恐れが結びついた結果、働く人たちの魂が吸い取られ、ストレスに満ちた現代の労働環境が生みだされてきました。そして、まさにこの恐れに基づくマインドセットこそが、組織を真のイノベーションから遠ざけ、進化を阻む文化の中に閉じ込めているのです。

---

*レジリエンス:あるシステムが攪乱を受けても機能し続け、回復する能力。弾力性。

変化は、自然界のあらゆる場所で、常に起こっています。それはあらゆる細胞、あらゆる有機体から生じる自己組織化への要請によって起こっており、中央集権的な統制や指示命令による管理、上層への報告は必要としていません。

——フレデリック・ラルー（『ティール組織』著者）

リジェネラティブ・リーダーたちは、チェンジマネジメント*に関する従来の前提を問いなおし、個人と組織の変化への適応力を高めていく生命システムアプローチに転換していく必要があります。刻々と変化する状況に順応し、把握可能な情報で1人ひとりが迅速な意思決定を行うチームをつくり、フィードバックや学習、感知、適応の文化を醸成していくことが求められています。

変化は、創造性や活力をもたらし、遊び心やオープンさ、好奇心といった健全なマインドセットを思いださせてくれます。リジェネラティブ・リーダーシップは、変化を生命の営みにおける必然として捉え、人々の才能を解き放つ営みなのです。

❸ 関係性と協働

生命は世界との関わりを通じて繁栄する——世界から切り離されて生きている人はいません。しかし、機械的な思考は、個と世界の境界線を強固にすることで、サイロ化された分離の精神をもたらしました。生きる手段を細分化し、コントロールし、守り、個の利益を最大化させることを奨

＊チェンジマネジメント：組織の変革の効率性を向上させ、成功に導くマネジメント手法のこと。

励してきたのです。リジェネラティブ・リーダーシップでは、プライバシーや安全性、地域の慣習、異文化の価値観や所有の概念を尊重しながらも、コラボレーションや価値観の共有、イノベーションの共創を促すために互いの境界線をにじませていくように働きかけます。

> 自然は個々の切り分けられた物質の集積ではなく、むしろ統一された全体とさまざまな部分とのあいだに生じる複雑な諸関係の網として出現している。
>
> ——フリッチョフ・カプラ（システム科学の研究者）

自然界における例として、地中の菌糸体（菌類）を取り上げてみましょう。森の樹木の根と共生し、森中に必要なミネラルや栄養分を運ぶ驚くべき存在です。菌糸体は樹々をつないでコミュニケーションを助け、森に近づいてくる捕食者やウイルスに関する重要なメッセージを伝達します。[5] 菌糸体に支えられているこの相互的なネットワークによって、樹木は森に生きる他の植物と栄養を分かち合っており、森全体と個々の樹木の変化への適応力を高めていることが科学的な研究でわかっています。

変化への適応を研究する多くの生態学者たちが、生態系における共生関係——双方が利益を得る相利共生、片方のみが利益を得る片利共生などがある——にますます関心を寄せています。生命は、豊かな関係と相互のつながりがあるときに、最もよく適応し、進化するといわれています。[6] この点について、6章では私たちが生命システム・パートナーシップと呼ぶ関係を取り上げながら、より深く探究していきます。

地球上の生命は、これまで協働と共進化の複雑な調整によって進んできた。関係を持ち、つながりを確立し、互いに住み着き、協働するパートナーシップという傾向は生命の顕著な特徴の1つである。

——フリッチョフ・カプラ（システム科学の研究者）

これまでのビジネスは「数字がすべて」がスローガンでした。しかし、現在は「関係がすべて」という認識へと変わりつつあります。イノベーションを生みだすために「共創型（コクリエーション）」や「オープンソース型」と呼ばれるアプローチやパートナーシップ（協働関係）が広がっています。これは、2つ以上の組織がさまざまな活動でオープンにコラボレーションしたり、組織の境界を超えてアイデアを交換したり、多様な関係者を巻きこんで協働でプロトタイプしたりする取り組みで、「共創ハブ」の立ち上げや「ステークホルダー・ギャザリング」といった取り組みが主流になりつつあります。自然界と同じように、生命体としての組織もパートナーシップによって繁栄していくのです。

そしてこの関係性に基づく考え方やアプローチは、従来の所有とコントロールの考え方や仕組みを乗り越えようとしています。今日ビジネス現場において広がっているストーリーカフェ、ワールドカフェ、オープンスペーステクノロジー、ハッカソン*、スウォーム*、アジャイル開発におけるスプリントなどは、お互いに傾聴し、アイデアを生み、共に進化していくことを加速させるようなコラボレーション型の手法です。これらは従来の階層型の

＊ハッカソン：エンジニア、プログラマー、デザイナーなどが集まり、ソフトウェア開発を集中的に行う手法。

＊スウォーム：元々は生物の群行動がどのように生まれるかについての用語であったが、アジャイルの文脈においては、チームメンバーが別々のタスクに個別に取り組むのではなく、ある特定のタスクに集中して全員で密接かつ同時に協力して取り組む、あるいは役割を超えて全員で協調しながら問題を解決していく様子を指す。

意思決定プロセスを超えた自己組織的なやり方であり、人々の力を結集して巻きこみ、そしてエンパワーメントを実現する方法です。

リジェネラティブなビジネスを生みだしていくために、周囲との関係は文字通り生命線です。だからこそ、チーム内や組織のサイロ、ステークホルダーとのエコシステムにおける利害を乗り越えて関係を深めていくほど、組織はよりロジック・オブ・ライフの恵みを享受し、生き物として躍動していけるようになります。そして、自然界のように、よりレジリエンスやアジリティを備えた集団になっていくのです。

❹ 多様性とシナジー

多様性は新たな生命の息吹をもたらす——ここまで深めてきたように、あらゆる生命はさまざまな度合いで相互に関係しあっています。この多様なつながりを祝福することで、よりよい関係がひらかれていきます。たとえシステムが衝突することがあったとしても、そのたびにその相互関係から何か新しいものが創発していくのです。

システム科学の研究者のフリッチョフ・カプラは、「1つの有機体、あるいは生命システムの本質的な特性は、部分の相互作用と関係から生じる全体の特性であり、個別の部分からは見出せないものだ」[7]と述べています。

たとえば、マングローブの生態系では、海の生態系と陸の生態系がぶつかりあうことで、（部分の総和ではない）豊かな生物多様性が生まれています。人間が開発や侵食を進めるにつれて、マングローブが非常に重要な役割を果たしていることがわかってきました。陸と海の両方の生態系の再生能力を高め、生命を維持・存続させていたのです。また、社会学的な研究では、人間の社会やコミュニティにおいても多様な視点や文化的観点を取りこむことが、豊かな創造性や活気をもたらすことがわかっています。差異こそが創造性を生むのです。

私たちの組織システムは、差異を通じてテンション（緊張関係）が生まれることによって、新たな視点や創造のエネルギーが解き放たれ、生命システムとしての適応と発達が促されます。社会心理学者のヘンリ・マゼールは、人間の組織システムにおける相乗関係の重要性を表す「ソーシャル・シナジー（社会的相乗効果）」という言葉を生みだしました。シナジーとは、2つ以上のインプットが合わさり、構成要素よりも大きなものを形成する、つまり全体が部分の総和以上のものになることです。ソーシャル・シナジーは、異なるアイデアや視点を持った人が複数集まることで、それぞれのインプットを通じて、個の集まりを超えたより大きなものが生まれていくことを意味します。

多様性とシナジーによって生じる、張りのある関係性は、つながりあう生命システムにおいては組織の原動力となりますが、組織を機械として捉える世界観のなかではその重要性がしばしば見過ごされてしまいます。むしろ、残念ながら多くの組織では、違いや衝突を恐れるあまり、その組織の標準値から外れたチームメンバーや社員を雇うことは避けられています。

> 多様性のなかで私たちが繁栄できるのは、生命の持つ特性、つまり個として互いを区別する特別な能力があるからである。個の差異がもたらす柔軟性や可変性があるからこそ、地球上の美しい生命は生き

延びてくることができたのだ。だが、私たちは人間だけの世界に閉じこもるようになり、その過程で宇宙の最も基礎的で本質的な真理を見失ってしまった。そして生命の特性である個性というものを、他者とのつながりからも、そして自然界のつながりからも切り離されたものとして体験している。（中略）私たちは、お互いに怯える孤独な生き物であり、豊かな多様性や違いを祝うどころか、そのために戦争をしているのだ。

――レイチェル・コービー（再野生化（リワイルディング）の専門家）

すでに述べたように、シナジーとは2つ以上のものが補完的で協力的な関係で結びつき、より大きな全体の力を高めることです。しかし、自然界や人間界には、一見対立しているように見える差異や関係が、衝突したり結合することで、新たな機会や力学、生命を生みだしている事例が数多く存在します。人間社会においても同様に、考え方や人種、性別、背景、生い立ち、立場に関わらず、オープンに、好奇心や思いやりをもって、そうした差異から生じる張り詰めたテンション（緊張構造）の中にとどまり続けることが大切なのです。

人間関係においてテンションは避けられません。ビジネスでの人間関係はときにとても厄介なものです。しかし、リジェネラティブ・ビジネスにおいては、人間関係のなかで生じる緊張構造は、無くそうとする必要もなければ、避けて遠ざけるべき「問題」でもなく、組織システムに豊かな活力と生産性をもたらしてくれる「力学（ダイナミクス）」なのです。こうした緊張構造を活かす態度として、「シナジー」ではなく「ディナジー」という考え方もあります。「ディナジー（dinergy）」は、建築家のギョルジ・ドッチーによる、ギリシャ語の dia

（横切る、貫く、対立する）とenergy（エネルギー）を組みあわせた独自の造語です。シナジーもディナジーも関係性の合流地点ですが、ディナジーは対立関係があることをより強調しています。違いを統合することによって、豊かさや洞察、そして新たな組織運営のやり方が生まれていくのです。

リジェネラティブ・リーダーは、人々が仕事にありのままの全体性を持ち込めるように、つまり、それぞれの相違点や独自性をオープンに持ち込めるように促す必要があります。違いを乗り越え共に遠くまで進んでいくためには、一方が他方を支配しコントロールしたり、当たり障りのない従順な振る舞いでテンションを避けたりしてはいけません。適度な緊張を伴う強度ある関係は、互いに引きあう陰陽のように、生命の営みが抱える矛盾を直接的かつ根源的に示すものです。私たちの人生のあらゆる場面でこうした関係が生じるのは、一見相反する2つの力が創造的に出会うことで、生命システムは全体性を取り戻し、成長し、躍動していくからなのです。

このため、リーダーには、視野を広げて多様な視点を受け入れ、自分とは異なる意見を周囲から浴びることを喜び、祝福する必要があります。テンションは相乗的なエネルギーを生みだし、成長と革新を促すものだと捉えてみてください。システム内に緊張やピンと張り詰めた関係性が存在しないということは、活気や学習、進化がないことと同義なのです。

❺ 周期とリズム

季節のめぐりは自然の知恵の核心である——潮の干満、月や太陽の周期、季節のめぐり、死と新生、休眠と再生など私たちはさまざまな場面で自然の周期と出会います。生命における創発には、周期的なリズムがあります。それは生命の脈打つ躍動のなかで絶えず展開されており、四季の中にもその様相を見ることができるものです。

春――草木が芽吹き、動物たちが冬眠から目覚め、新たな関係（パートナーシップ）を求める時期で、ビジネスにおいては精力的な革新、成長、発展の段階です。

夏――動植物が周囲の環境に順応し、成長速度が安定していきます。ビジネスにおいては効率や効用を高めながら漸進的に発展していく時期です。

秋――春に命を宿し、夏に生長した果実を収穫する季節。市場での立ち位置を活かしつつも、起こりうる変化に気づき、木々が葉を落としていくように現状の成功を手放す必要性を自覚する時期です。その後に訪れる、大きな環境変化に備える必要があります。

冬――手放す時期。古い習慣が瓦解（ブレイクダウン）し、内省と更新のためのスペースが生まれる季節です。ペースを落とし、活動の棚卸しをして、再構築、再発明、再生、更新が起こっていくための冬眠の期間になります。

このような季節の周期（サイクル）は、生命の営みのいたるところにみられます。人の組織では、製品の一生を通じて、継続的に適応し、学び、更新し、再配分していく段階がみられます。新たな製品やサービスを開拓し、市場に投入し、成長を促し、マーケット・ポジションを獲得しますが、まったく新しい技術や新規参入者の

生命のリズム

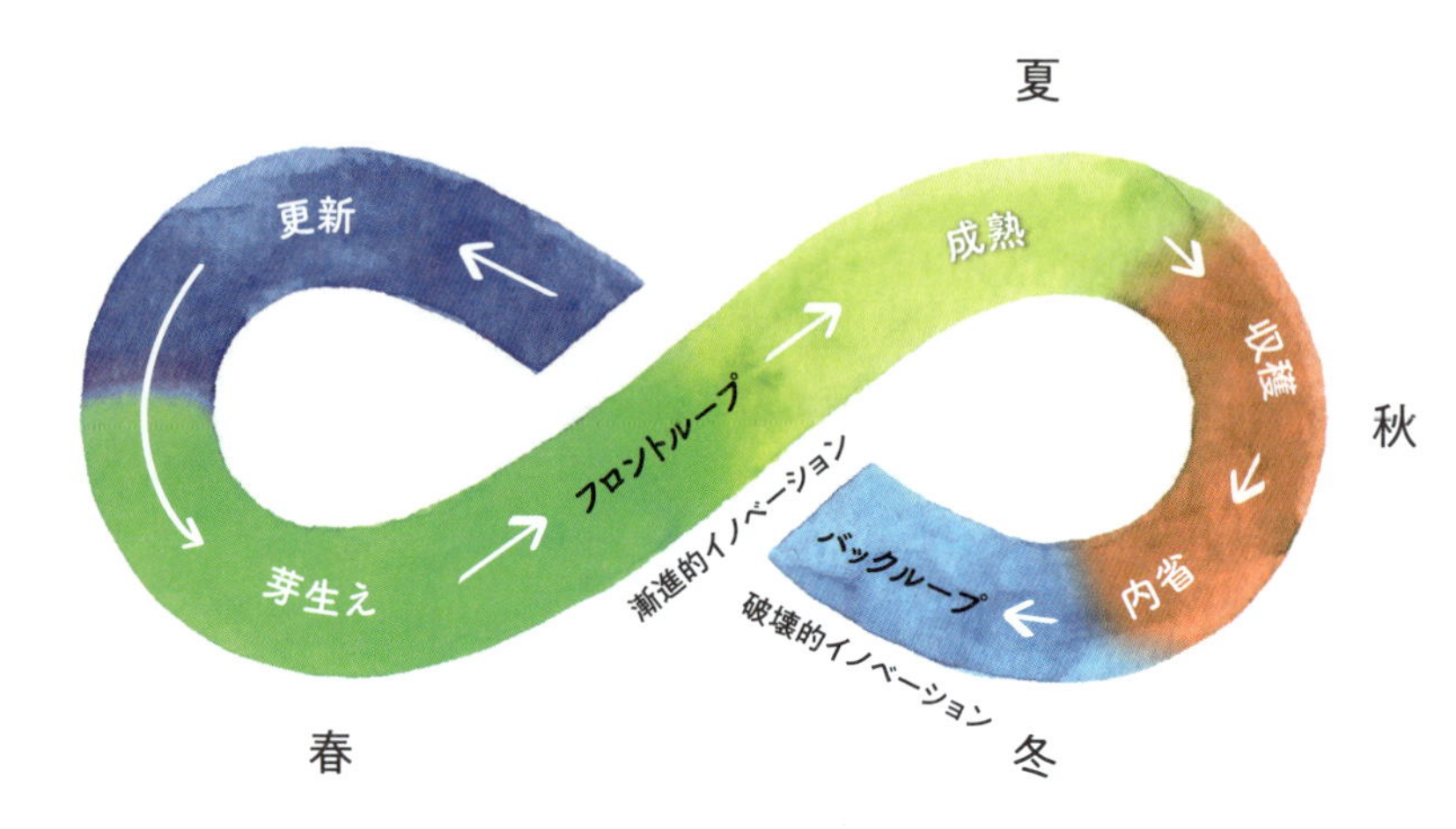

@copyright Hutchins & Storm

出現、市場環境の激変などによって製品の存続に重大な影響が及ぶと、リソースの解放と再配分が行われ、事業の未来を描きなおし、イノベーションと投資の新たな可能性を模索する時期に入ります。

このサイクルは、創造的なアイデアの探求やイノベーション活動にも当てはまります。新たなアイデアの訪れにひとしきり興奮した後、そのアイデアを実現するためにプロトタイプや実験の段階に移行し、事業継続のために高いレベルのエネルギーを投じていきます。その後は、創造のエネルギーを再び蓄えて育むための、回復と次の孵化（インキュベーション）に備える時期が必要になります。

この季節の周期を8の字のリズムで表現したのが、私たちが「生命のリズム」と呼んでいる上のモデルです。

リジェネラティブ・リーダーシップのリトリートやセミナーでは、参加者にいつもこのリズムに深く入りこんでもらいます。自分の人生が春夏秋冬のどの段階にあるかを感じてもらい、仕事や人生におけるさまざまなタイミングでそれぞれのフェーズを祝福する意識を育んでもらいます。

この創造、成長、解放、再生の周期は、1年や7年、あるいは一生涯といった長い時間軸で生じることもあれば、数週間や1日、あるいは数時間という短い期間に起こることもあります。

自然界においても、ビジネスにおいても、私たちはそれぞれ、芽生え、成長し、手放し、内省や再生に向かうという生命のリズムを、瓦解（ブレイクダウン）と打開（ブレイクスルー）が絶え間なく行き来するなかで体験しています。それぞれのサイクルを通じて、私たちは自分自身の内面や周囲とのより深いつながりへとひらかれていくことになります。

離婚や燃え尽き症候群（バーンアウト）、病気、解雇、愛する人の喪失などの経験は、人生における小さな死のように感じるかもしれません。ですが、次の春を急ぐことなく、十分な内省と再生の時間を取り、そうした経験や死を人生の必要な段階としてただ共にいる勇気を持つことができれば、たとえ暗闇の中にあったとしても多くの学びを得ることができます。心の内面における死と再生のサイクルは、真なる自己（オーセンティック・セルフ）と出会うために不可欠なものです。自分自身の心の再生のリズムに自覚的になることで、慈悲深く、より効果的に、内なる真実と深くつながったリーダーに成長していくことができるのです。

さらに深める

システム科学者のランス・H・ガンダーソンとC・S・ホリングは、著書『パナーキー』（*Panarchy*）の中で、生命システムとしての生態系が発達していく際にどのように円環的な8の字形のループを形成しているかを探究しています。そのループを彼らは「適応サイクル」と呼んでいます。また、三菱電機元CEOの木内孝氏とFuture 500の元社長のビル・シャーマン氏は著書『熱帯雨林が教えてくれること』（主婦の友社）の中で、季節性や生態系としてのサイクルをビジネスに応用する方法を詳細に掘り下げています。

❻ エネルギーと物質の流れ

生命は流れの中にある——生物学、心理学、社会経済学、生態学のそれぞれの分野から見えてくる流れがありますが、ここでは総じて「生物‐心理‐社会‐生態的」な流れと呼ぶことにします。

生物学の視点では、生命は水やミネラル、栄養の流れに依存しています。また、ガイアの生命システム、つまり生命圏全体において、エネルギーや物質循環の限界（プラネタリー・バウンダリー）*があることもわかっています。炭素や窒素、酸素、水といった地球システムレベルのマクロな流れもあれば、地域によって異なるミクロな流れや微気候（マイクロクライメイト）（地表面の状態や植物群に影響を受けるその土地固有の気候条件）もあります。

そして、細胞の内部にまで踏みこんでみると、それぞれの細胞は複雑なエネルギーの流れを内包していて、周囲の細胞とのエネルギーや物質の循環を通じて相互に関係しあっていることがわかります。細胞生物学者のブルース・リプトンは、このことを次のように説明しています。

「量子力学の観点からは、宇宙は相互作用の網の目状に絡みあった、相互依存的なエネルギーの場（フィールド）の統合体であることが明らかにされている。私たち生物医学者は、物理的な部分とエネルギーの場（フィールド）の相互のやりとりによって全体が構成されていく壮大な複雑性を認識していないがゆえにしばしば混乱してきた。（中略）細胞は、境界を越えたシグナル伝達とフィードバッ

＊プラネタリー・バウンダリー：人間活動が地球全体のシステムに与える影響を科学的に評価する方法および概念。2009年28カ国の国際的な科学者らによって提唱され、国連の持続可能な開発目標（SDGs）にも影響を与えた。

ク、そしてフィードフォワード*のコミュニケーションループからなる複雑な網目に織り込まれているのだ」[8]

旧来の機械論的な視点では、人間の組織やコミュニティのシステムが同様の流れを持っているということがしばしば見落とされてきました。人間という生き物の集団システムも、生物学的な流れの中にあり、それらが人間社会の情報の流れ、資源の流れ、関係性や心理的なエネルギーの流れ、目的や意味の流れによってもたらされる活力と連動しあっています。

複雑適応系における振る舞いとネットワークフローについての近年の研究では、VUCAの環境において組織がいかに適応し進化していくかを理解するうえで、生物－心理－社会－生態的な流れを包括的に見る視点が重要であることが明らかになっています。生態系全体の流れにおける結節点、経路、部分と全体が相似しているフラクタルな振る舞い、そして創発的な展開を理解することで、より最適な活力とレジリエンスを備えた組織の設計や構造に適用していくことができるのです。

こうした視点から、組織がエネルギーの流れで成り立つネットワークであることを認識し、その性質を理解することで、流れを

さらに深める

経済、都市、コミュニティ、組織レベルにおけるシステムの活性化に寄与する研究に、パターン・ランゲージ（＊クリストファー・アレグザンダーが提唱する「活き活き」とした建築や町を生成的にデザインするための理論）、組織の複雑性（ウォーレン・ウィーバー）、組織における人間関係の複雑な反応プロセス（ラルフ・ステイシー）、創発（スティーブ・ジョンソン）、エネルギーフロー仮説（ジェイン・ジェイコブス、サリー・ゴアナーによる深化）、エネルギーとネットワーク科学（ダン・フィスカスとブライアン・フェイス）などがあります。

＊フィードフォワード：システムのモデルに基づいて動作を予測して制御を行う手法のこと。生命システムにおいてはフィードバックとフィードフォワードの双方の制御が共存しているとされている。

刺激したり、フィードバックを弱めたりと、必要に応じて組織のレジリエンスを最適化するための方法を見出せるようになります。リジェネラティブ・リーダーには、組織を構成する目には見えない無形のパターンと相互関係を感じ取っていくことが求められるのです。

ジェイン・ジェイコブズの『経済の本質』（日本経済新聞出版）では、システム内部でのエネルギー循環や再利用、受け渡しのための回路の多様性を高めることが、組織やコミュニティ、都市のシステムの活性度を向上させることが論じられています。この実践を通じて私たちは、組織システム内のエネルギーがどのように流出しているのか、より効果的な再利用の機会があるかどうかを認識できるようになります。本書のPART3では、組織全体をめぐる生態系の流れを可視化し、その組織のネットワークにおける位相形態（トポロジー）の理解を促すエコシステミック・マッピングというツールを紹介します。

再生型の都市開発やデザインの専門家であるパメラ・マンとベン・ハガードは、生命を育むエネルギーと物資の流れを特定することの重要性について、「ある場所において何が生命を育む源となっているかをデザイナーが理解する枠組みを得るためには、景観や組織、身体のいずれにおいてもパターンの理解が重要になる」と述べています。エネルギーや資源、情報の流れが交差し、集まる結節点を「ノード」といいますが、これについてマンとハガードは齧歯類（げっし）のビーバーがつくるダムを例に挙げながら説明しています。「（ビーバーダムは）ビーバーや他の哺乳類、鳥、両生類、魚、虫、植物の生息地が重なりあう集結点（コンバージェンスポイント）である。これにより交流可能な量、質、そして多様性が高まっている」[9]

キャロル・サンフォードの『リジェネラティブ・ビジネス』（*The Regenerative Business*）においても、こうした組織に流れる力学を感受する重要性が指摘されています。そうすることで、生命システムとしての組織の姿を明らかにし、比較的小さな作用で全体に大きな影響を与えることができるノード、つまり組織のツボを見極め、システム全体の潜在能力を解き放つ方法を見出すことができるからです。[10]

生態学者が生態系における流れやつながりを見るように、人の組織やコミュニティにも、その根底に流れる生物－心理－社会－生態的な流れを感知し、把握できるような人材が必要です。そのためには、直線的な事業計画や機械論的な戦略に過度に依存することなく、自分たちの活動にエコシステミック・マッピングのようなツールやエコシステミック・ファシリテーションのようなスキルを取り入れていくことが必要になります。

❼生命システムフィールド

生命は相互につながりあう全体（インターコネクテッド・ホール）である――とはいえ、分離の旅の産物である現代の私たちは、あらゆるものを支え、満たし、結びつける生命システムのフィールドの存在を理解することからも認識することからも離れた社会で育ってきました。

アボリジニの文化では、岩石、空気、人間といった通常の区別はなく、すべてに霊性（スピリット）、目には見えないエネルギーが宿っていると考えられている。これは量子物理学の世界であり、物質とエネルギーが分け隔てなく絡みあっている。（中略）地球全体が1つの呼吸する生命体と捉えられ、人間の強欲や無知、愚かな計画に侵されていない世界である。

――ブルース・リプトン（細胞生物学者）

このあらゆる事象の根底にある「エネルギーの場（フィールド）」の存在は、アインシュタインからシュレーディンガーに至るまで、20世紀の多くの優れた科学者たちが明らかにしてきました。にもかかわらず、今日においてもこの事実は社会的には一般常識とはなっていません。しかし、多くの人が直感的にはその存在を感じていますし、それを裏付ける科学的なエビデンスが増えるにつれ、このエネルギーの場（フィールド）を公に認めるビジネスリーダーが増えはじめています。そして、こうした生命システムフィールドに対する認識の高まりは、現代社会のさまざまなところで表れている人々の意識変容、つまり第1階層の意識から第2階層のリジェネラティブ・リーダーシップの意識への変容と呼応しています。

これまで哲学者、神秘主義者、シャーマンたちが長い時間をかけて理解してきたこと、そして先駆的な科学者が最新の研究を通じて明らかにしていることを、あらゆる年代の人々が少しずつ、自然に受け入れられるようになってきています。現代の精緻な科学機器によって、私たちは自分の細胞の中にある原子や素粒子を直接覗きこむことができるようになりました。そこにあるのは、ニュートン物理学が扱うような、硬くて質量のある目に見える物体ではありません。そこにあるのは、それぞれが独自の周波数を持つ素粒子の糸や光の振動です。これらの素粒子は、あらゆる原子の、あらゆる細胞の中に存在し、あなた自身やあなたが今座っている部屋、地球のあらゆる存在、太陽系、そして宇宙を構成しているのです。

これを理解するのに、自然界の例が役立つかもしれません。海と波を考えてみましょう。波はそれぞれ独自の形を持っています。同じ波は1つとしてありません。しかし、波は決して海から切り離すことはできません。これは、私たちの細胞の中のエネルギーの振動も同じです。すべてがこの海のようなフィールドの中に浸っていて、決して切り離されることはありません。切り離された分離の感覚をつくりだしているのは、私たち自身の機械論的な思考なのです。宇宙のすべての物質はエネルギーの波動で関係しあっており、生命システムフィールドは、あらゆる存在に形を与えるすべての場（フィールド）の根底に流れるエネルギーです。

現在では多くの科学者が、この根源的なフィールドには意識の次元があり、エネルギーフィールドに物理的な形態を与えていると考えています。科学者のスティーブン・シュワルツは、「物理的エネルギーの次元からなる陽という時空*、意識と情報の次元からなる陰という非局所的な場（フィールド）は相互に関連し合っている」と述べています。[11] 私たちが感じたり触れたりできる物理的な次元には、意識の次元が浸透しています。意識の次元はみたりさわったりすることはできませんが、入りこむことはできます。私たちは常に意識の次元のフィールドにいて、そのことに気づきなおしていくということなのです。

ペーチ大学から名誉学位を受賞した科学者、アーヴィン・ラズロ博士によれば、この根源的な場（フィールド）には宇宙のあらゆる記憶と思考があり、相互に結びつく還元できない全体が生みだされていて、私たちはその一部を構成しているのだといいます。私たちの心は、意識を生みだしているというよりも、周囲と内面から発せられる適切な周波数を取得するための感知と応答の器官なのです。

＊時空：時間と空間を合わせて表現する物理学用語。3次元の空間に時間を加えた4次元の世界のこと。

脳、心臓、腸は、私たちの神経的中枢であり、生命システムフィールドに内在する意識を理解するのに役立っています。

心理学者のカール・ユングは、このフィールドを集合的無意識*と呼びました。彼は、私たち1人ひとりが個性化過程*によって、これまで無意識に抑圧してきた自分自身のシャドウ*や文化生活に影響を及ぼす広範な無意識の領域を意識できるようになることを発見しました。この個性化過程は意識の第1階層からリジェネラティブ・リーダーシップの意識へのシフトを支えるものであり、生命システムフィールドの存在や、相互につながりあう世界における場所の感覚（センス・オブ・プレイス）および存在目的をより自覚するためのものです（ユングの個性化過程については5章で再び扱います）。

私たちのいのち、関係性、思考、感情はすべて、この意識のフィールドの中に浸透しており、その一部として常に発達しています。科学革命以降の考え方のように、私たちはそのことを無視することもできますが、古代の祖先たちがかつてしていたように、また、現代の意識変容を支える多くのリーダーたちがそうであるように、再び認識しなおすこともできます。マイケル・ハーナーの「コア・シャーマニズムの基本原則」は、すべてはエネルギーであり、すべてはつながっているという考えに基づいていますが、現代の先駆的な科学者たちは、よりいっそう洗練された機器と実験によって、まったく同様のことを理解しはじめています。

ここまでリジェネラティブ・リーダーシップのDNAモデルの根幹となるロジッ

＊集合的無意識：心理学者C.G.ユングが提示した概念で、人間の心の深層に存在する共通のパターン（元型）からなる無意識領域のこと。普遍的無意識とも呼ぶ。個人の経験によって獲得される個人的無意識と区別される。

＊個性化過程：ユング心理学における概念で、個々の人間が未分化な無意識を発達させるプロセスのこと。

＊シャドウ：ユング心理学における概念で、その人が生きられなかった半面（影の側面）、容認しがたく否定・抑圧されてきた心的内容のことを指す。

ク・オブ・ライフの原則を見てきました。ロジック・オブ・ライフはとても豊かで奥深いもので、理解を深めていくと、生命システムとしての組織に備わる複雑さやシナジー、変化し続ける関係の満ち引きや流れを感じ取り、応答していくことができるようになります。リーダーの意識が、機械論的な第1階層から、生命システム論に基づく第2階層、すなわちリジェネラティブ・リーダーシップの意識へとシフトしていくことで、思考(マインド)、心(ハート)、意志(ウィル)がひらかれ、生命の繁栄に奉仕するために自らの存在を活かすことができるようになります。組織の健全性と活力を養い、生命の営みをむしばむことなく、再生させていくような働き方、製品、サービスを提供することができるのです。

それでは次に、DNAモデル全体を織りなす2つの力学、リーダーシップ・ダイナミクスとライフ・ダイナミクスを見ていきましょう。

自分の心を見つめるとき、
はじめて視界が澄み渡るだろう。
外を見る者は夢をみ、
内を見る者は目覚めゆく

——カール・ユング（心理学者）

Photo creadit: Abishek Pawar

5 リジェネラティブ・リーダーシップを支える2つのダイナミクス

本章では、リジェネラティブ・リーダーシップのDNAモデルにおける2つのダイナミクス（力学）である**ライフ・ダイナミクス**と**リーダーシップ・ダイナミクス**を取り上げます。これらはロジック・オブ・ライフに包まれながらDNAモデルの全体を形づくり、生命システムのデザイン、カルチャー、ビーイングの3つの領域を織りなすものです。

前章で述べた音楽のたとえで考えると、2つのダイナミクスは、リジェネラティブ・リーダーが次世代型組織の繁栄に向けて生命の音楽を奏でるための楽譜、すなわち音の流れのようなものです。

ライフ・ダイナミクスは、チームや組織を含むあらゆる生命システムにみられる集合的な相互作用についての力学です。それに対して、リーダーシップ・ダイナミクスは、大きな時代の変化のなかで、リーダーが自分自身のリズムを調え、適応し、進化していくために培うべき個人の能力（キャパシティ）に関わるものです。

まずは、ライフ・ダイナミクスから見ていきましょう。

ライフ・ダイナミクス

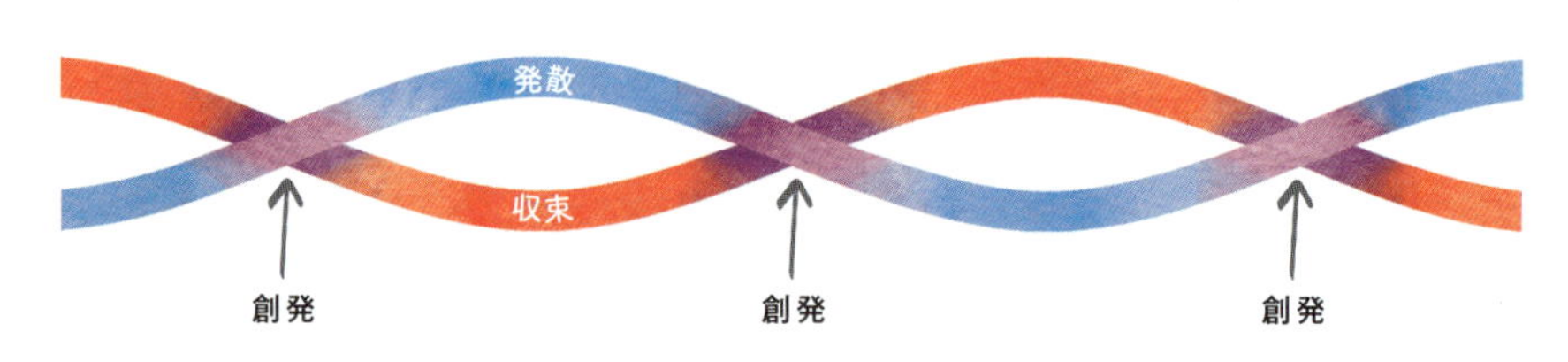

ライフ・ダイナミクス――生命の力学

ライフ・ダイナミクスでは、「発散」と「収束」のリズミカルな緊張構造（テンション）によって「創発（エマージェンス）」が生じます。

「発散」はオープンに探索し、多様化していくことであり、「収束」はまとめ、整理し、統合していくことです。この2つの流れが互いに引っ張りあうことで生じるテンションによって適切なリズムと活力が生まれ、生命の創発が促されていきます。哲学者のアルフレッド・ノース・ホワイトヘッドは、創発を「自然の創造的な前進」と呼びましたが、創発こそが生命の歩む道であり、刻々と変化するこの惑星（ちきゅう）に適応し、進化していく方法なのです。

この発散－収束－創発からなるライフ・ダイナミクスは、生命システムの振る舞いの核心です。上記のモデルでは、収束と発散のダイナミクスが交わり、創発を生みだす様相を示しています。

では、この「発散」「収束」「創発」それぞれが、私たちの生命システムとしての組織に実際に適用されるとはどういうことなのか、さらに掘り下げてみましょう。

発散――ひらき、探索し、実験し、つながる

ロジック・オブ・ライフでも扱ったように、生命システムは多様性を通じて繁栄します。多様化し続けることで、自らを世界にひらき、生みだし、適応し、関係し、絶えず進化していく。生命そのものが、多様性と異種交配（クロスポリネーション）に支えられています。

私たちは、現代の社会や企業のさまざまな領域でみられるモノカルチャー的な考え方ではなく、既成概念に囚われず、型にはまらない考え方を取り入れ、部門を超えて協働し、異なる視点を取り入れていく必要があります。幅広いステークホルダーからのフィードバックやインプットを受け入れず、サイロ化した環境に閉じこもってばかりでは、よいアイデアは生まれません。境界線を飛び越え、自分たちとは異なるアプローチや文化、手法に興味を持つことが必要です。

歴史を見ても、人類は多様性（ダイバーシティ）と多様化（ダイバーシフィケーション）によってイノベーションを生みだしてきました。たとえば、先史時代から続くヨーロッパ、中国、アフリカを結ぶ交易路であるシルクロードは、14世紀になると商人たちにとってますます重要な存在になります。絹、香水、香辛料、宝石、陶器などが取引されましたが、交換されたのは物だけではありませんでした。シルクロードは文化交流の道としても有名で、遠く離れた文化や宗教、芸術様式のアイデアや異なる視点が交配し、多くの画家、デザイナー、芸術家、建築家、料理人、音楽家にインスピレーションを与えました。[1]

アメリカのシアトルでコーヒーショップを経営していたハワード・シュルツが大成功を収めたのも、文化の異種交配によるものといえます。１９８３年にイタリアを訪れた彼は、アメリカのコーヒー文化に

欠けているものに気づきます。それは、場の空気感とコーヒーの質の高さでした。その着想が彼のカフェのコンセプトを変化させ、スターバックスの進化へとつながりました。

ビジネスリーダーにとっての「発散」は、まずは職場環境を年齢や信条、文化、性別など多様性や異なる視点にひらいていくことからはじまります。組織内外の境界を越え、さまざまな立場の人たちや外部のステークホルダーが視点を共有する場をつくることで、発散（ダイバージェンス）の力学を刺激していくことができるのです。

リジェネラティブ・ビジネスにおいては、重要な意思決定を少数の誰かが担うのではなく、その権限を組織全体に分散します。意思決定が脱中心化されることで、階層によるコントロールはもはや必要なくなり、現場レベルでの変化への対応力（レスポンシブネス）を高めます。前時代的な管理手法によって自分たちの役割や立場、意思決定のやり方を縛り付け、流れを停滞させてしまうのではなく、創造的なエネルギーの発散を促すことで、組織を活性化させていくのです。

組織づくりの専門家であるアンリ・リプマノヴィチとキース・マキャンドレスは、アジェンダを決めて管理する会議や議論、定

イケア——世界的な家具量販店

イケアは、製品デザインや製造、販売に関する新しいやり方を再設計するため、「フューチャーサーチ（＊テーマに関わるさまざまなステークホルダーが一堂に会し、望ましい未来への合意とアクションを探求するための手法）」というワークショップをグローバルに実施し、成功を収めました。通常であれば、複雑な仕組みの設計と合意の稟議書を回覧するのに数カ月ほど要するところを、3日間で成し遂げたのです。世界中から58人のステークホルダーや意思決定者、エグゼクティブを集め、和やかでクリエイティブな雰囲気のなかで、組織のサイロや利害関係を超えて視点を共有し、協力しながら新しい仕組みをつくっていきました。ワークショップの参加者はシステムの全体性を体感することで、他のステークホルダーとより深い関係を築き、共感しあうことができるようになったのです。ワークショップの後もよりよい協働関係が続き、新しい戦略の成功に大きく貢献しました。

例報告、週次のプレゼンテーションといった今日のビジネス慣習は、参加者を刺激し、主体性を高めるよりもむしろ、コントロールと指示のために設計されていることが多いと指摘しています。しかし、会議やワークショップの場のつくり方、コミュニケーションの取り方を少し変えることで、組織における意思決定のやり方が大きく変わり、社員の潜在的な創造力を引きだすことができるようになります。その結果、よりよい意思決定やイノベーション、関係性がもたらされ、組織のメンバーはこれまで以上につながりや活力、開放感、主体性を感じられるようになるでしょう。

収束――まとめ、統合し、着地させる

オープンな探索や実験を通じた発散と同様に重要なのは、異なる視点を調整し、意見を集約していくことです。これがなければ、組織はあまりに混沌としてしまい、あちこちに引っ張られて戦略的な意図を実行するのが難しくなります。従来のアプローチでは、権力に基づく統制と官僚主義、そして精緻に定義された3カ年計画や四半期目標などによって、組織の方向性を定めて足並みを揃えようとしてきました。こうした機械論の考え方に根ざしたコントロールと確実性への欲求は、組織の創造的な潜在能力や創意工夫、活力を大きく奪ってしまっています。それではどうすれば、あらゆるインスピレーションとインプットを、一貫性を持って統合的に理解し、

さらに深める

アンリ・リプマノヴィチとキース・マキャンドレスは、組織のあらゆるレベルのステークホルダーのコミュニティが組織運営に参加できるよう、シンプルに構造化された33のメニューを考えだしました。彼らはこの構造を「リベレイティング・ストラクチャー（解放の構造）」と呼び、『リベレイティング・ストラクチャーの驚異的な力』（*The Surprising Power of Liberating Structures*）を著しています。

組織の戦略的な方向性とミッションの実現に向かって活かせるようになるのでしょうか。

その鍵の1つが「パーパス」であり、多様な視点を集約させていく重要な要素です。ここでいうパーパスとは、「ミッション・ステートメント」をつくりなおしたり、見栄えのよい「バリュー」を新しく発表したり、あるいはそれらについて外部のコンサルタントに高額な依頼料を払って作成してもらうことではありません。そうではなく、私たちが「パーパスの共鳴感覚（レゾナンス）」と呼ぶものを組織の内側から育んでいくことです。これは組織の存在目的に多くの社員が共鳴してはじめて生まれるものです。パーパスの共鳴感覚が広がることで、現場のチームが組織内外の境界を越えて機敏（アジャイル）に動けるようになると同時に、生命システム全体に活力ある一貫性をもたらすことができます。

最近の研究では、組織全体に変化を起こすティッピング・ポイント（臨界点）に必要な社員の割合は、わずか10％だと示されています。レンセラー工科大学の社会認知ネットワーク学術研究センター（SCNARC）は、少数派の信念が多数派の意見となるまでのティッピング・ポイントがどこかを分析しました。研究を率いたボレスワフ・シマンスキー所長は「ある意見を持つ人の数が10％を下回っている状態では、そのアイデアが広がっていくようなシステムの振る舞いは起こりません。宇宙の歴史のように途方もない時間が必要になってしまいます。しかし、この数字が10％を超えると、そのアイデアは炎のように瞬く間に広がっていくのです」と述べています。[2]

アラブの春、気候変動に対する学校ストライキ運動、オキュパイ・ムーブメント、*エクスティ

＊オキュパイ・ムーブメント：2011年に米国ではじまった若者を中心とした反格差運動、反グローバリズム運動。またたく間に世界の主要都市に拡がった。

ンクション・レベリオン（XR）などは、ティッピング・ポイントに達し、自己組織化され、野火のように広がっていった社会運動の事例だと考えられます。

同じことが、チームや組織の文化にもみられます。組織の存在目的に共鳴するメンバーの数がティッピング・ポイントに達すると、これまで起こらなかったようなことが起こります。組織のさまざまな人の意識に集合的な変化が起こり、権力の階層構造を手放すことに取り組みやすくなったり、自己組織化による発散がより促され、アジャイルなチーム運営方法によって組織が自ら走りだすことができるようになるのです。

このようなパーパスの求心力は、やがて組織文化として日々の価値観、信念、行動に根付いていきます。パーパスの力と価値観に基づく文化については、7章で「生命システムカルチャー」を探究する際に説明しますが、ここでは、生命システムにおける「収束」とは、怖れに基づく権力や支配ではなく、価値観とパーパスへの心からの共鳴によって生まれる一貫性や結束力であると理解しておきましょう。

パーパスの共鳴感覚と価値観に基づく豊かな組織文化を通じ

ビジネス・インサイト

CWBシステムズ――ITサービス企業

1994年に同社を創業したクリスティアン・ウイラミーは、前年比100％増の成長を続け、数億円規模の企業へと成長させました。この成功の秘訣は、豊かな価値観に基づく文化とリーダーシップのスタイルを長年にわたって培ってきたことにあると彼女は考えています。文化づくりの取り組みとして、階層的立場に関係なく全社員が体験型のワークショップに参加し、企業文化の核となる価値観を探求しました。パフォーマンス評価だけでなく、あらゆる階層の業務と価値観のつながりが示され、組織のあちこちに有志の「カルチャーの支援者（チャンピオン）」が生まれたのです。この支援者（チャンピオン）について、ウイラミーは次のように語っています。「彼らは、クリエイティブなエネルギーを持て余したり、不平不満ばかり言っているような、いわゆるイラっとする面を持っている人たちなんです。そのエネルギーを、企業文化を牽引するリーダーとして発揮してもらいました。そして、こうしたエネルギーの向かう先が変わると、魔法のような効果があるのです[3]」そして、利益は急上昇し、顧客からのフィードバックは改善され、社員の幸福感とモチベーションが高まったのです。

て、「発散」と「収束」がバランスよく引きあうことで、組織に動的な流れが生まれ、不安定な世界のなかでも、効果的な「創発」のリズムを見出していくことができるのです。

「発散」のところで紹介したシルクロードやスターバックスの事例を「収束」の側面から見てみましょう。文化の異種交配に成功した料理人や建築家たちは、香辛料やアイデアを持ち帰ると、自分たちの市場や個別のニーズに合わせて新しい発明やデザインを生みだしました。イギリスでのチキン・ティッカ・マサラ*の大成功は、お肉にグレイビーソースをかけて食べるのが好きなイギリス人たちの市場に合わせてレシピをローカライズした一例です。スターバックスのハワードは、イタリアで得たインスピレーションとアイデアを、シアトルでもシドニーでも、シンガポールでも、どのスターバックスに行っても体験できるような一貫性あるコンセプトとして集約したのです。

創発——発散と収束の化学反応(アルケミー)

生命は創発(エマージェンス)を通じて自らを表現します。創発はあらゆる生

W.L.ゴア&アソシエイツ——グローバルな製造業

ゴアは、アジリティとフラットな組織構造によって、変化の激しい競争環境のなかで、何十年にもわたり優れた業績を上げてきました。組織に階層はなく、役職や専門性にかかわらず全員が公正で平等な共通ルールによって動いています。課題に直面したときには、全員が自律性と自ら応答する力(セルフ・レスポンシビリティ)を持って、適切な解決策を見出すために必要な専門知識にアクセスできるようになっています。その結果、高い収益性と変化の激しい競争環境での適応力を備えた企業になりました。「最優秀ワークプレイス賞」の受賞企業にも何度も選ばれており、目的意識の高い環境で働きたいと願う優秀な人材を惹きつけ、維持することができています。

＊チキン・ティッカ・マサラ：イギリス発祥のインド料理で、カレー料理の一種。

命システムに共通する性質であり、リジェネラティブなリーダーは、組織という生命システムにおいて生じる創発的な力学（ダイナミクス）と調和していく術を身につける必要があります。

創発は自己生成的で、システムにおいて相乗的に生じます。自然界では、生態系における部分の相互作用が媒介となって、次々と事象が連鎖し、生命が生まれ、展開していきます。この創発的なシナジーがあるからこそ、生命システムは活力を持って成長していくことができます。粘菌やアリのコロニー、蜂の群れ、あるいは自己学習型のコンピュータゲームから高度なウェブ解析、そして地域コミュニティの振る舞いや都市計画まで、創発は複雑適応系（CAS）*と呼ばれる複雑なシステムが変容していくうえでの鍵なのです。

組織には、現場でのさまざまな関係が広大な海のように広がっています。廊下や会議室やコーヒーメーカーの脇で、あるいは電子メールやチャットツールで起こる雑多な会話が予測不能な形で相互に影響し合っています。そうした相互作用の力学には、組織の生命力や刻々と変化し続ける状況に適応するための活力を高める可能性が秘められています。

複雑系組織論の研究家であるラルフ・ステイシーは、これを「人間関係の複雑な応答プロセス」[4]と呼んでいます。組織における公式あるいは非公式のコミュニケーション——会議や職場での噂話、仕事後の懇親、仲のよいグループでの交流、上司・部下の付き合いなど——を通じて、さまざまな関係が形成されていきます。そうして個々のメンバーが組織全体の意図や価値観、パーパスと整合性を保ちながら、自分自身とのつながりや周囲との関係性を育んでいくことで、組織に集合的適応（コレクティブ・アダプション）が生じていくのです。

＊複雑適応系（CAS）：Complex Adaptive System。複雑系科学における用語。複数の相互接続された要素から成り、なんらかの（個別の部分からは明らかでない）全体としての性質を有する系のことを複雑系と呼び、そのなかで変化や経験から学習するものを複雑適応系という。

生命の川

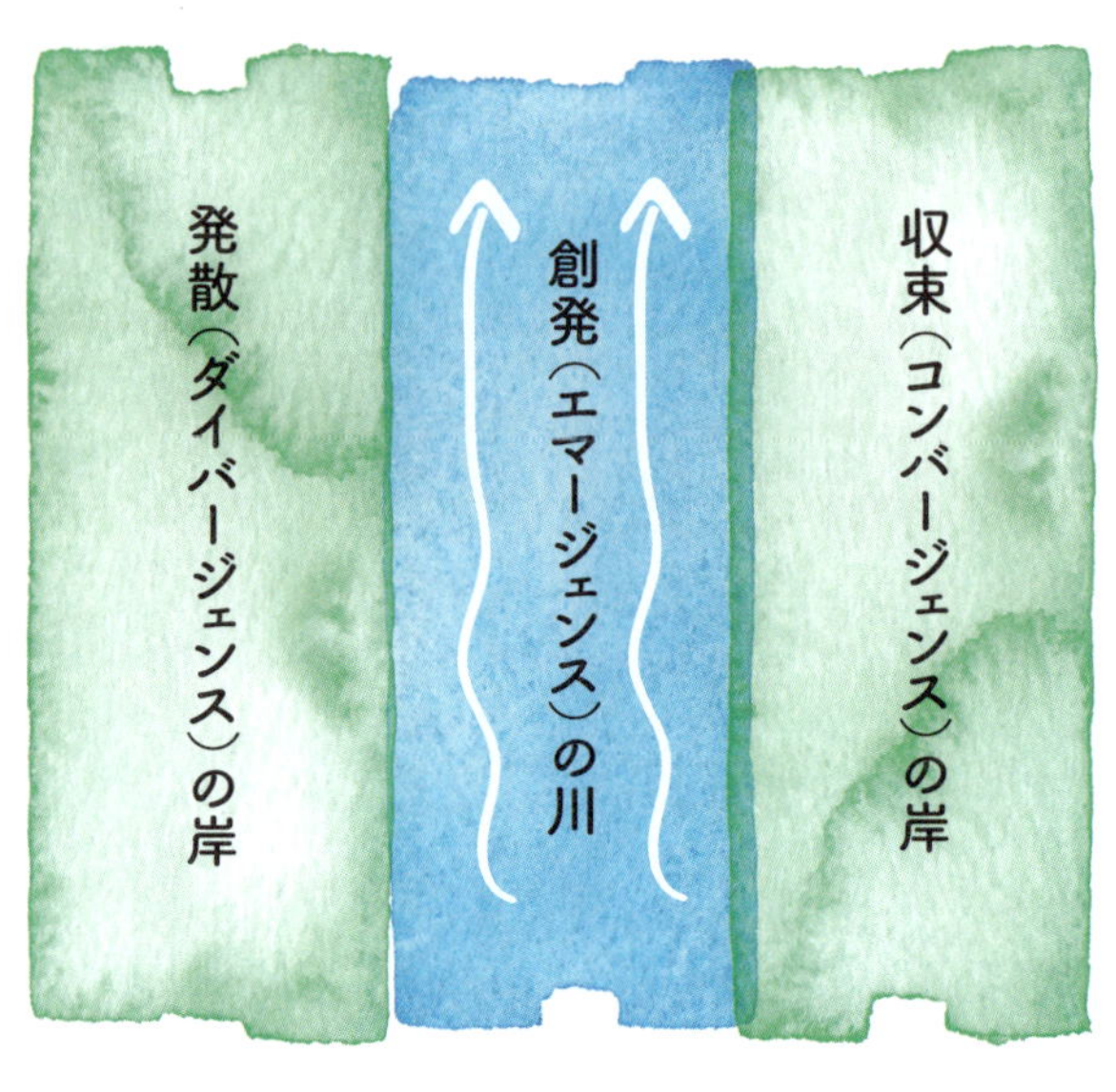

@copyright Hutchins & Storm

リジェネラティブなリーダーは、発散と収束から生まれるテンションを微細にととのえていくことで、現場の自律性と自己組織化を促し、組織が持つ発達可能性を解き放つことができます。生命システムとしての組織においては、こうした発散と収束という川岸にはさまれた創発の流れ――私たちが「生命の川」と呼んでいるもの――が今この瞬間にも絶え間なく現れているのです。

この発散と収束の動的なバランスは非常に重要です。明確な価値観、パーパスの共鳴感覚、日々の行動の指針となるシンプルなグラウンドルールによって一貫性が保たれているからこそ、リーダーはチームや組織を開放し、オープンな探索やステークホルダーとの対話、既成概念に囚われない発想をメンバーに促していくことができます。

発散－収束－創発という化学反応（アルケミー）こそ、変動の激しいVUCAの状況を組織全体として感知し、応答し、発達し続ける鍵なのです。リジェネラティブ・

リーダーの役割は、互いに引っ張りあう発散と収束のテンションのなかで試行錯誤を続けることで、変化し続ける環境への適応につながる創発を促すことです。PART3では、この発散－収束－創発の適切な調合(ブレンド)を可能にするツール類も紹介しています。

リーダーシップ・ダイナミクス――意識の力学

リーダーシップ・ダイナミクスは、ライフ・ダイナミクスと対をなしているもので、組織の日々の営みのなかで、リーダーとして個人がどのように現象するかに関わっています。このダイナミクスでは、セルフ・アウェアネスとシステミック・アウェアネスが錬金術のように交わり、リジェネラティブ・リーダーシップの意識が発現します。

複雑性の高い状況を乗り越えることを支えてくれるセルフ・アウェアネスとシステミック・アウェアネスはリジェネラティブ・リーダーにとって不可欠な能力です。この2つが出会うことで、リーダーの意識は機械論に基づく見方から生命システム論に基づく見方へ、分離を生みだす世界観から相互につながりあう世界観へとシフトしていくことができるようになります。

それでは、それぞれのアウェアネスを順に見ていきましょう。

リーダーシップ・ダイナミクス

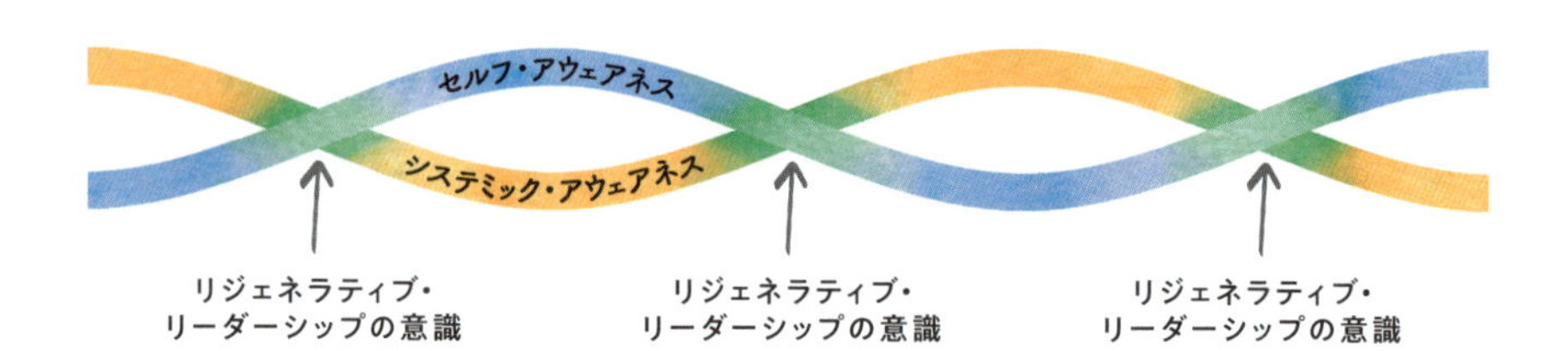

セルフ・アウェアネス

スタンフォード大学ビジネススクールのアドバイザリー・カウンシルのメンバー75人に、リーダーが身につけるべき最も重要な能力を挙げてもらったところ、回答はほぼ全員一致で「セルフ・アウェアネス」だったそうです。[5] セルフ・アウェアネスとは、何よりもまず自分自身を知ることです。それによって自信を育み、不安やシャドウ、心理的な投影*にのみこまれることなく、今ここに存在する豊かな生命の瞬間と深くつながることができます。

セルフ・アウェネスの欠如は、残念ながら今日の多くの経営者やビジネスリーダーにみられ、組織全体に摩擦と負の波及効果を引き起こしています。感情の爆発、妬み、責任追及、陰口、恐れや不安によるエゴの増幅などは、自分の内面と向き合うことを避けているために生じる典型的な行動パターンです。リーダーシップの専門家であるリチャード・バレットは、次のように指摘しています。

「自己マスタリーのためには、どんな人や状況もあなたを動揺させることはできない、ということを理解する必要があります。あなたを動揺さ

＊心理的な投影：自分の中で生じた感情や衝動などを、無意識のうちに外部の対象物（他者など）に帰属させる心の働きのこと。

せるのは、いつだってあなた自身なのです。あらゆる焦りや不満、怒りの発生はあなたの内面で引き起こされたものです。相手の状況や行動、言葉は、心理的な誘因（トリガー）でしかなく、あなたの意識的または潜在的なエゴや恐れが、いまだ癒やされていない感情の傷跡を相手に投影し、イライラを増幅させて自分の不機嫌さや分断を生みだしているのです。

こうした振る舞いを止めたければ、自分の内面で起こる反応を把握し、あらゆる感情や感覚、思考を自覚的に扱う必要があります。繰り返します。誰もあなたを動揺させていません。あなたを動揺させているのは、あなた自身なのです[6]」

あなたは自分の頭の中で止めどなく続くおしゃべりに気づいたことはあるでしょうか。その内なる自分の声は一時的に消えたり、少し静かになることもあるにせよ、会議中や通勤中、あるいは週末にリラックスしているときでさえ、雑音のように常に背後で流れています。そしてそれは、多くの場合、不安や恐れ、悲しみで埋め尽くされたり、日々のありとあらゆる些細なことへの評価が延々と続いたりします。「なぜ私は夕食に招待されなかったのだろう？」「なぜ彼は会議であんな言い方をしたのだろう？」「どうして私はあのとき何も言わなかったのだろう？」「でもなんて言えばよかったのかしら？」といった具合です。

思い当たる節はあるでしょうか。もしそうだとしても大丈夫です。この内なる対話を訓練し、手なずけ、質を高める方法を学べば、大きな力に変えることができるからです。内なる対話によって気力が吸い取られて（ディジェネレイト）いくのではなく、活力が再び生成されて（リジェネレイト）いくような関わり方を育むことで、常に湧きあがってくるこれらの思考をより生命指向型の生き方やリーダーシップに活かしていくことができるのです。

過去や未来に関する考えや意見、推測、心配事は、私たちの中にある感情をかき回し、不安やストレスを生み、気を散らします。こうした頭の中の雑念は、いつの間にか、現実とは異なるバージョンの世界――今この瞬間に目の前で起こっていることとは別の世界――をつくりだしています。もしもこのような頭の中のおしゃべりから自分を解放することができたら、私たちは気を紛らわすことなく今この瞬間に集中し、喜びを感じ、より意識的に人生を経験することができるでしょう。頭の中のおしゃべりが起こっているそのときに、自分自身の思考を観察できるようになると、第2階層の意識レベル（リジェネラティブ・リーダーシップの意識レベル）へと入っていくことができます。エゴが支配する反応的な意識から抜けだし、とりとめのない話や思考の癖、困難や予測を俯瞰することができれば、私たちはより冷静かつ賢明に状況を判断できるようになります。

生涯続くかもしれない無意識の鈍い痛みではなく、自己発見の鋭い痛みに耐えることを選ぶには、多大なる勇気が必要だ。

――マリアンヌ・ウィリアムソン（活動家・作家）

このように同じ思考パターンがグルグル回り、自分の中の感情や感覚を呼び起こす状態を「ダンスフロアにいる」という比喩で表現することがあります。セルフ・アウェアネスを養うと、ダンスフロアを上から眺めるバルコニー席に自分自身を連れて行くことができるようになります。ダンスフロアにいる自分自身を観察し、自分の思考に気づき、反応、習慣や判断、恐れや感情を眺めるのです。自分の中で繰り広げられているおしゃべりと思考パターンを見渡し、自分の中に湧きあがる感情を感じ取り、反応する前に自覚できるようになります。このように思考と感情に冷静に気づくことができるようになると、私たちを支配していた力はふっと弱まっていくのです。

自己を穏やかに手なずける

この微細な意識のシフトを妨げている要因は、自分たち自身にあります。恐れや思考パターン、心理的な誘因（トリガー）、抱える課題、慌ただしい社会への（無自覚的な）同調などです。

99回思考しても、何もわからない。考えるのをやめ、沈黙の中を漂っていると、ふと真実が私の前にやってくる。

——アルベルト・アインシュタイン（物理学者）

ここで少し立ち止まって、深呼吸をしてみましょう。意識を本書に向けながら、同時に周囲の環境を感じ、呼吸をする自分の身体や姿勢を感じましょう。数回深呼吸をしてみてください。今この瞬間に意識を向け、自分の身体がどう感じているかに自覚的になってみましょう。

今この瞬間を感じ、身体感覚をひらいてくと、リラックスした受容的な知覚状態でいることができます。浮かんでは消えていく感情や態度、気分、思考を認識し、自分の中で次々と生じる心理的な誘因（トリガー）や投影をありのままに観察できるようになれば、それらの上映（ショー）に巻きこまれることなく、そこから学び、成長し続けることができるのです。

今この瞬間を生きるための最も直接的な実践法に、瞑想があります。瞑想の習慣が記憶力を高め、集中力、思いやり、幸福感、創造性、そしてパフォーマンスの向上をもたらすことはすでに科学的に明らかにされています。[7] 西洋でも広がっており、働き方を重視する組織では、オフィスに瞑想ルームを設置し、仕事中に瞑想に取り組む事例も増えてきています。

瞑想は、脳波の周波数を変化させ、右脳と左脳のバランスを回復させることがわかっています。PART1で紹介したように、現代社会においては私たちの多くが闘争か逃走かの二者択一を迫られるサバイバルモードにあり、ベータ波の周波数が高まっています。そうすると、先を見通せなくなったり、過度に支配的で防衛的な行動をとったり、システム全体を見渡した思考が難しくなってしまっています。瞑想はこうしたベータ波の脳を落ち着かせ、回復と再生作用のあるアルファ波やシータ波を促すことで、私たちに明晰さや新たなアイデア、エネルギーを与えてくれます。

頭の中で繰り広げられる自我（エゴ）のおしゃべりに気づけるようになる

さらに深める

心理学者のジグムント・フロイトは、自分を世界から区別しながら、生命の相互のつながりあいのなかで活動することを可能にする自我（エゴ）を私たちの精神の重要な部分と捉え、その働きを研究しました。その後、心理学者のカール・ユングは、彼が自己（セルフ）と呼ぶものと自我（エゴ）との関係を探りました。自己（セルフ）は私たちの精神のより深い部分を指し、魂（ソウル）とも呼ばれます。ユングは、私たちが心理的発達における個性化の過程を通じて、この深い自己（セルフ）をどのように日々の意識に取りこんでいくのかを詳しく研究しました。

セルフ・アウェアネスが育まれるにつれて、私たちの知覚の様式は、合理的・分析的で自我（エゴ）の強い左脳意識への偏重から、右脳の意識へとバランスよく移行します。内なる自然（インナーネイチャー）に触れ、より本来の自分の姿に近づきながら、必要に応じて、集中して仕事を成し遂げるために自我-機械論的（エゴ・メカニスティック）な左脳の論理を呼び起こすこともできるのです。

と、自分の本質と内なる活力のためのスペースが生まれます。そして、分離を超えて、相互のつながりあいを感じることができるようになり、根底を流れる生命システムフィールドへと波長を合わせることができるようになるのです。

ジャン・クリスチャン・スマッツは、『ホーリズムと進化』（玉川大学出版部）という画期的な著作を約100年前に発表し大きな影響を与えましたが、著書の中で「外見上個人主義に見える心は、実際には宇宙の心に深く、かつ非常に強く影響を受け（中略）大いなる全体性に根ざし、依存している」と見事に指摘しています。[8]

システミック・アウェアネス
――相互につながりあうシステムの広がりを感受する

リーダーシップ・ダイナミクスにおいては、セルフ・アウェアネスとシステミック・アウェアネスの化学反応（アルケミー）によってリジェネラティブ・リーダーシップの意識が発現します。

システミック・アウェアネスは、私たちの誰もが人として備えている自然な能力です。科学革命によって合理的・分析的な機械論の世界観が優先されるようになって以来、私たちは本来持っているシステムの全体性を感受する能力を抑圧してきましたが、その能力が今こそ必要とされています。システムの中にシステムが宿っていく入れ子の構造は、まさに生命の本質です。システミック・アウェアネスとは、組織の内部はもちろん、家族や友人、地域社会、他の生き物たちを含めたより広いステークホルダーの生態系に広がるさまざまな生命システムを感受する能力のことです。

世界の見方を学びなさい。すべてのことが他のすべてのことと結びついていることを悟りなさい。

——レオナルド・ダ・ヴィンチ（芸術家・博学者）

リーダーの役目は、ビジネスの現場から離れた場所で、よくできた経営ダッシュボード*の数字をみながらマウスをクリックして、まるで機械のように組織を支配したり、アメとムチを使い分けて階層を統制することではありません。そうではなく、リーダーは生命システムとしての組織の活力を意識的に感受できるようにならなければなりません。もちろんダッシュボードにはダッシュボードの役目がありますから、決してこれらが不要だという意味ではありません。しかし、リジェネラティブなリーダーには、システミック・アウェアネスを高めること、すなわちエクセルやビッグデータなどの定量的な情報に埋もれてしまうことなく、システムがもたらす定性的な情報への知覚の回路をひらいていくことが求められるのです。

システミック・アウェアネスを活かすことで、リーダーは組織の停滞したエネルギーの流れを活性化するための最適なツボを感受できるようになり、システムに活力を与え、健全な状態に保ち、システム自らの適応や進化を促していく**エコシステミック・ファシリテーター**としての役割を担えるようになります。エコシステミック・ファシリテーターであるためには、シス

*経営ダッシュボード：売上や営業、人事情報など企業の経営に必要なデータを1つの場所で可視化できるようにしたもの。

テムの流れを感受しながら、場をホールドする力、つまり、心理的な安全性の高い場をつくりだし、異なる視点を持つ多様な人々の間での生成的な対話を促すことが大切になります。そうすることで、権力と支配による官僚主義に阻害されることなく、1人ひとりの能力や創造性を解放できるようになるのです。

システムの力学（ダイナミクス）を深く感じ取ることで、その組織特有のエネルギーの流れや滞り、結節点を理解し、システムのツボに適切に介入する術を見出すことができます。複雑系理論には、予測不可能な挙動を伴う「ストレンジ・アトラクター」*という概念があります。システムは、ある閾値（いきち）、つまり許容量の限界に達すると、崩壊して次の進化段階へと移行します。そのシステムが作動する領域そのものが移行し、システムの振る舞いや、組織において影響が生じる要素も予測不可能な形で変化します。人の組織においては、領域の移行に伴い、これまでの振る舞いのパターンを脱学習（アンラーン）し、新たに生成されていく振る舞いを観察し、学びなおしていくことが必要です。

パッカ・ハーブス——ハーブティーとサプリメントのグローバル企業

パッカ・ハーブスは、サプライチェーンが複雑なオーガニック・ハーブティーの市場において、急成長を遂げているミッション主導型企業です。共著者のジャイルズがパッカのアドバイザーとして立ち上げた「ハート・オブ・パッカ」という場では、全社の主要関係者（キーマン）が集まり、心をひらいた生成的な対話を行っています。心理的安全が保たれた場において、参加者はステークホルダーの状況について独自の視点から感じ取った真実を語ります。輪になって互いの視点を共有し、深い傾聴（PART3で紹介する技術）を通じてシステムの声に耳を傾けることで、生命システムとしての組織の包括的な状況を集団全体で感じ取ることができるようにします。そうすることで、自分たちが変化にどのように反応し、潜在的な可能性を最大限発揮するためにどのように組織を育んでいけばよいのか、システム的な洞察を得られるのです。

＊ストレンジ・アトラクター：アトラクターは力学系における用語。運動の複雑さや種類によってさまざまな形をとるが、カオス理論における非周期的軌道から成り、予測不可能な挙動を伴うアトラクターのことをストレンジ・アトラクターと呼ぶ。

リジェネラティブ・リーダーシップの意識
——セルフ・アウェアネスとシステミック・アウェアネスの化学反応（アルケミー）

セルフ・アウェアネスとシステミック・アウェアネスが錬金術のように混ざりあうとき、私たちはリジェネラティブ・リーダーシップの意識領域に足を踏み入れることになります。

この意識の階層（レベル）では、自分自身の心理的な誘因（トリガー）や習慣、シャドウを自覚し、地に足がついた穏やかな状態であると同時に、生命システムの相互関係を直観的に捉える感覚がひらかれていることが求められます。複雑さやテンションに向き合いながら、常に自分にとっての真実を探求し、システミックに思考し、生命の連続性に寄与する未来を生みだします。それは、ロジック・オブ・ライフを本当の意味で理解するということでもあります。

セルフ・アウェアネスとシステミック・アウェアネスの統合を通じて、以下のようなリジェネラティブ・リーダーシップの能力を育むことができます。

- 自我（エゴ）との向き合い方、扱い方を学ぶ
- 自身の心理的な誘因（トリガー）や習慣、シャドウの視点を獲得する
- 内なる知（インナー・ノウイング）を感受する
- 人生を学びの旅（ラーニングジャーニー）として受け入れる
- 逆境と丁寧に向き合う

・合理性を超えた叡知を求め、現実とは直観的で非線形的な性質を持った、複雑で曖昧なものとして受け入れる
・居心地の悪さを受け入れる
・わかりやすい質問と答えを求めるのではなく、今この瞬間に立ちあがる生きた問いと向き合い、それに応答する共時性（シンクロニシティ）*を感じ取る
・自分の中にある男性性と女性性の両面を育み、全体性に向かう
・生命や自然との関係を深め、生命システムフィールドに入りこみ、そこから得られる洞察を活用する

リジェネラティブ・リーダーは、組織における豊かな対話を支え、周囲の人々がセルフ・アウェアネスとシステミック・アウェアネスをひらき、深めていくことを促します。それによって世界とつながる経路を常にケアし、調え、媒介し、余分なものを取り除き、傷を癒やし、養い、育み続けていくのです。定期的な現地視察や深い没入体験の場づくり、セクター横断での共創、ステークホルダー・ダイアローグなどを通じて、自分が関わる生態系における相互のつながりに身を浸し、システム全体が変容していくためのエネルギーを活性化させていきます。

こうした生きた組織システムへの絶え間ない感受（センシング）こそ、リーダーシップの専門家であるオットー・シャーマーが指摘している「出現する未来を感じ取る」[9]ことなのです。未来は今ここで展開されており、この瞬間に私たちが世界にどう関わるかにかかっています。セルフ・アウェア

＊共時性（シンクロニシティ）：因果律によらない「意味のある偶然の一致」のこと。共時性。心理学者C.G.ユングが提唱した。

ネスとシステミック・アウェアネスを通じて生命の営みにひらかれていけばいくほど、生命そのものが私たちを通じて花ひらいていく。それが、内なる自然と取り巻く世界が調和した生命の連続性を生きるリーダーの姿なのです。

自然と調和する者は、努力なくとも的を射て、考えずして真理を感得する。
——孔子（中国の春秋時代の賢人）

私たちは、生命から切り離された存在ではないので、慌てて生命とつながろうとする必要はありません。穏やかに流れ続ける生命の躍動に私たちはすでに包まれているのです。フロー*の瞬間やシンクロニシティ、創造性、直観、喜び、絶頂といった体験は、そうした感覚を呼び覚ましてくれます。それは、私たち人間を含めたあらゆる存在に宿る叡智であり、大地に根ざして生きていた私たちの祖先もまた感じていたものなのかもしれません。

リジェネラティブ・リーダーシップを通じて、私たちはその知恵を活かす手法を身につけることができます。生命システムとしての組織においては、それぞれが個の感覚や自己と向き合い、高度な技術や道具、分析的思考を駆使する能力を維持しながらも、分離の旅の途中で失ってきてしまったつながりやバランスを取り戻し、生命の全体性と再び結びつくことができるのです。

リジェネラティブ・リーダーシップは、古代に戻るものではなく、あらゆる生命との調和を指

＊フロー：心理学者のM.チクセントミハイによって提唱された概念で、特定の対象に完全に集中して没入している創造的な精神状態のこと。

向する人類の未来（ネクストステージ）へと向かうものなのです。

人生における真の旅とは、新たな風景を探すことではなく、新たな目で世界を見ることだ。

——マルセル・プルースト（哲学者）

オットー・シャーマーはU理論のモデルを使って、**アブセンシング**から**プレゼンシング**への移行、すなわち「無視（思考を閉ざす）・憎しみ（心を閉ざす）・恐れ（意志を閉ざす）」から「好奇心（思考をひらく）・慈悲（心をひらく）・勇気（意志をひらく）」へのシフトがどう起こるのかを描いています。

私たちはどんなときでも、日々アブセンシングとプレゼンシングの状態の間を揺れ動いていますが、セルフ・アウェアネスを育むことでプレゼンシングの状態に入りやすくなります。8章では「生命システムビーイング」の核となる要素として「プレゼンス」を扱います。

あらゆる重大なイノベーションは、内面に向かう旅からはじまる。深く潜っていくことで、知が浮かびあがってくる。

——W・ブライアン・アーサー（経済学者）

超自然性の活性化

セルフ・アウェアネスとシステミック・アウェアネスを統合するためには、私たちが備えている「超自然性」を活性化（アクティベート）させていく必要があります。それは、これまで身につけてきた合理的、分析的、機械的な左脳の知恵だけでなく、全身の知性を引きだし、人の潜在能力を解放することを意味します。

心理学者のカール・ユングは、全身の知性を活用していく考えに強く関心を持ち、人が本来持つ4つの知（ノウイング）の在り方、つまり直観、理性、感情、身体性について幅広く研究しました。本書では、古代哲学で用いられた4大元素（火・水・土・風）とのつながりに関する研究も参考にしながらこれらの知性を紹介します。機械論に基づく分離の世界から生命システム論に基づく相互につながりあう世界へと踏みだしていくためには、これらを統合し、超自然性を活性化（アクティベート）させていくことが必要になります。

4つの知（ノウイング）

直観による知――内なる洞察や直観のことで、**火**の元素や**SQ（精神的知性）**とのつながりがあるとされています。静寂に身をおき、思考を静止させることで、内面の微細な直観に耳を澄ますことができます。より深い自己（セルフ）とつながり、内なる真実にゆだねていくためには、内面への信頼が必要になりますが、そうした自分の内側にある柔らかな声に耳を傾けることで、せわしない理性の声に支配されやすい状況においても何が正しいのかを即座に知ることができるのです。

感情による知――気持ちや感情の満ち引きや流れであり、**水**の元素や**EQ（感情的知性）**とつながりがあるとされています。この知性を育むには、感情をすぐに判断（ジャッジ）しない心理的な余白の確保が必要で、そうすることで何がその感情を生み、どのように反応すればよいかについて俯瞰できるようになります。これは、後先を考えない感情爆発によって感情の奴隷になってしまうのではなく、自らの感情を知性として活かしていく、微細な、しかし重要な変化なのです。

身体による知――身体感覚のことで、たとえば内臓の痛みや背筋がぞっとするような感覚、胃のすくみや心臓の動悸（どうき）などです。**土**の元素や**PQ（身体的知性）**とつながりがあるとされています。心や身体の感覚は、私たちが日々の出来事とどのように関わっているかを教えてくれます。多くの人はストレスがあれば、身体が強張ったり不快感を覚えたりします。それは、身体が私たちに「ほどほどにしなさい」「深呼吸しなさい」「休息してリラックスしなさい」と教えてくれているのです。多くの科学的研究によって、こうした身体の知性が感性や直観と連動していることが明らかになりはじめています。[10]

理性による知――物事に集中して分析する思考能力であり、**風**の元素や**IQ（合理的知性）**につながりがあるとされています。これは、現代のビジネス環境において私たちが最も活用している知性であり、複雑な物事を切り分け、理解し、焦点を当て、分類・分析するための強力で役立つツールです。この知性が、今日の社会できわめて優勢になり、会議や戦略、経営ダッシュボード、意思決定を支配していることについてはPART1でお伝えしてきました。しかし、これは私たちの持つ知性の中の1つでしかなく、あまりにこの知が支配的になりすぎると、他の知性を抑圧し、私たちの意識は複雑性の高い状況に適応できなくなってしまうのです。

これらの直観、感情、身体、理性という4つの知が統合されるとき、内なる自然性の4元素（火、水、土、風）が適切に統合され、私たちは第5の要素にひらかれていきます。アーカーシャ、スピリット、ソース、ユニバーサル・マインドなど、この第5の要素には古今東西さまざまな呼び名がありますが、私たちが「生命システムフィールド」と呼んでいるものがこれにあたります。

左記の図には、現代に蔓延する不均衡（アンバランス）から4つの知の統合へと向かう移行が記されています。超自然性を活性化させていくことで、私たちは分離を超えて生命システムフィールドへと感覚をひらき、生命の営みと調和していくことができるのです。

私たち1人ひとりの心が、より広範な深層意識に共鳴しているという考え方は、この分野の科学的研究が広く認知されるにつれて、次第に受け入れられるようになってきています。たとえば、国際的に有名な神経科学者であり薬学者であるキャンディス・パートは、「ボディ・マインド」という言葉を生みだしました。[11] ボディ・マインドというのは、私たちの心の動きは頭の中で閉じられたものではなく、むしろ思考（マインド）は全身に浸透しており、理性だけでなく、身体性、直感、感情も活かしながら、私たちの内部や周りの変化を常に感じ取り、応答しているという考え方です。

超自然性の回復

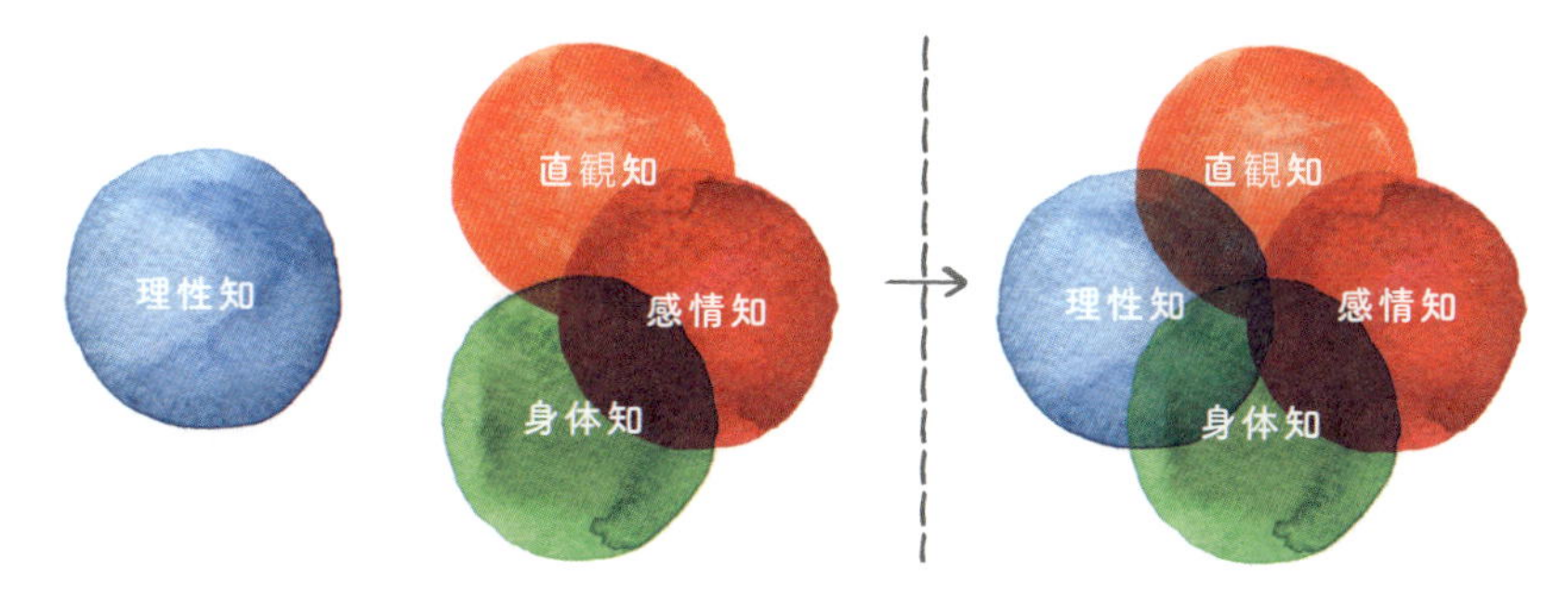

識閾を越え、統合される

@copyright Hutchins & Storm

オットー・シャーマーは、私たちが内面や周囲を取り巻くフィールド（彼が源（ソース）と呼ぶもの）にひらかれていくために、支配的な自我（エゴ）を手放せるようになることの重要性を研究しています。それによって、私たちは自己（セルフ）（または魂（ソウル））とより深くつながり、フィールドに内在する叡智ともつながることができます。そして、この叡智を迎え入れることで、私たち自身を通じて出現しようとしているものについて知ることができます。[12] より大きな叡智にスペースを明け渡すことで、リジェネラティブ・リーダーシップの意識が発現し、私たちの内面や周囲との関係を通じて世界に展開していくのです。

こうした研究は、リーダー自身や意識ある（コンシャスな）人々が集まる組織にとって重要な示唆を与えてくれます。本来私たちが備えている知性（インテリジェンス）（感情、身体、直観、理性）と自然の叡智（ウィズダム）にひらかれていけばいくほど、変化し続けるビジネス環境においても組織の繁栄を支えることができるのです。そして、そこでは機械論と生命システム論の双方の視点を活用することができます。

つながりを取り戻す旅

分断・分離　　　　再統合

現代　　　　リジェネレーションの時代

@copyright Hutchins & Storm

機械論と生命システム論の統合

・要素還元的な思考と相互のつながりを扱うシステム思考
・合理的な分析と直観
・左脳の働きと右脳の働き
・頭の思考と身体の知性
・男性性と女性性
・外なる客体化と内なる主観
・人間と自然
・物質と精神

分離の旅を経てバランスが崩れてしまった4つの領域を統合することで、リーダーシップの意識は識閾*を越えて、次のステージへと進んでいくことができます。

このシフトは左脳と右脳の統合のツボであり、私たちの持つ強力な3つの知覚器官、頭

＊識閾：刺激を通じて感覚や反応が起こる境界を意味する心理学用語。意識と無意識の境目を指すこともある。

と心と肚（はら）の統合でもあります。こうした生き物としての神経生理学的な一貫性が保たれると、私たちは心理的にも身体的にも変化が起こります。そして、恐怖や支配に囚われた世界（リアリティ）で空虚に争うのではなく、VUCAがもたらす変化を受け入れながら、より人間らしく、より深く生命とつながった世界（リアリティ）で生きていくことができるようになるのです。

このように、自身の内と外の一貫性をととのえていく生き方のシフトは、ある意味ではとてもシンプルなものです。クレジットカードも、博士号も、複雑な科学も必要ありません。ですが、これは必ずしも容易なことではありません。このシフトに伴って、キャリアやライフスタイルの急激な変化、ミッドライフ・クライシス*、あるいはダークナイト・オブ・ザ・ソウル*と呼ばれるような苦しい時期がやってくるかもしれません。そうした時期を何カ月も何年もくぐり抜けるなかで、私たちは心にまとう分厚い鎧を脱ぎ捨て、心理的な誘因（トリガー）に向き合い、内側から変化していくのです。

こうした時期を経ることで、人生の受け入れ方や他者との関わり方が変容し、人は大きなメタモルフォーゼ（変態）を遂げていきます。以前の知り合いからはまったくの別人として認識されてしまうかもしれません。それでも、変態を引き留めようとする現在の人間関係を手放して、さなぎのように次のステージの在り方を育んでいかなくてはならないのです。

＊ミッドライフ・クライシス：中年期特有の心理的危機、または中年期に陥る鬱（うつ）病や不安障害のこと。

＊ダークナイト・オブ・ザ・ソウル：16世紀のスペインの詩人であり神秘思想家、聖ヨハネが詩の解説書で用いた表現で、精神の受動的な浄化の段階とされる。現代では、精神の枯渇、実存の懐疑と孤独という広い意味を持つ慣用句として使われる。

「死んじゃうってこと？」プーさんはききました。
「そうでもあるし、そうでもないよ」と
ピグレットはいいました。

「死ぬようにみえるけど、でも、
ほんとうは生き続けるんだよ」

「どうしたらチョウになれるの？」
プーさんは、しんみりとたずねました。

「自分がイモムシであることをやめて、
とびたいと強くねがうのさ」と
ピグレットが答えました。

Photo creadit: Yoal Desurmont

私たち2人も人生のなかでこのような変態の時期を体験しています。
ローラは軽い脳外傷を負い、2年間静寂と自然の中に閉じこもる時期を経験し、そこから別人のように生まれ変わりました。それまでは25人の従業員を抱える組織を率いて非常に多忙な日々を送っていましたが、ある日突然、あらゆることが——業務の遂行や計画、行動、執筆、チームをリードするといったことも——できなくなってしまったのです。静寂と自然の中で今を生きているだけで精一杯で、世界が止まってしまったかのような回復のプロセスに何もかもを明け渡すほかどうしようもありませんでした。まったく未知の世界です。容易なことではありませんでした。しかし、後になってそれは不幸中の幸いともいえる、大いなる祝福だったのだとわかりました。

ジャイルズの変態は、40歳の誕生日に会社を辞めたときからはじまりました。世界中を飛び回り、1日に何百通ものメールを受信し、常に超業務遂行モードで四六時中オンになっていた自分自身に別れを告げ、英国デヴォン州にあるブナの森に何カ月もこもり、そして静けさと内なる知恵に立ち返る自らの道を見つけたのです。

私たちの物語はそれぞれ異なりますが、共通点があります。分離の旅において、興奮や不安、恐れを経験し、内なる悪魔と向き合い、新たな勇気を得て、もう必要ではなくなった着ぐるみをゆっくりと脱ぎ捨てていったのです。自分自身の存在に力強く根をはり、内なる知（インナー・ノウイング）との深いつながりを起点に自分自身をナビゲートしはじめたのです（私たちの旅路についてもっと知りたい方は、ウェブサイト www.regenerativeleadership.co に掲載している物語をご覧ください）。

私たちが主催するリーダーシップのワークショップでは、人生の変容期を迎えているリーダーたちによく出会います。現在の役割と責任を果たしながら変容していくリーダーもいれば、一度そこから降りて変容のプロセスを歩むリーダーもいます。それぞれの状況や生命のリズムがあるので、正しいやり方というものはありませんが、自分が体験し、迎え入れようとしている何かの正体（リジェネラティブ・リーダーシップの意識）を理解することは、人生の困難や孤独、試練の多い時期に役に立つものです。PART3で、この変容を支えるためのシンプルかつパワフルなテクニックを紹介します。

本章で見てきたライフ・ダイナミクスとリーダーシップ・ダイナミクスは、今この瞬間を絶えず流れながらリジェネラティブ・リーダーシップのDNAを織りなしています。ここからは、その流れのなかで立ちあがる3つの領域——生命システムデザイン、カルチャー、ビーイングについて見ていきましょう。

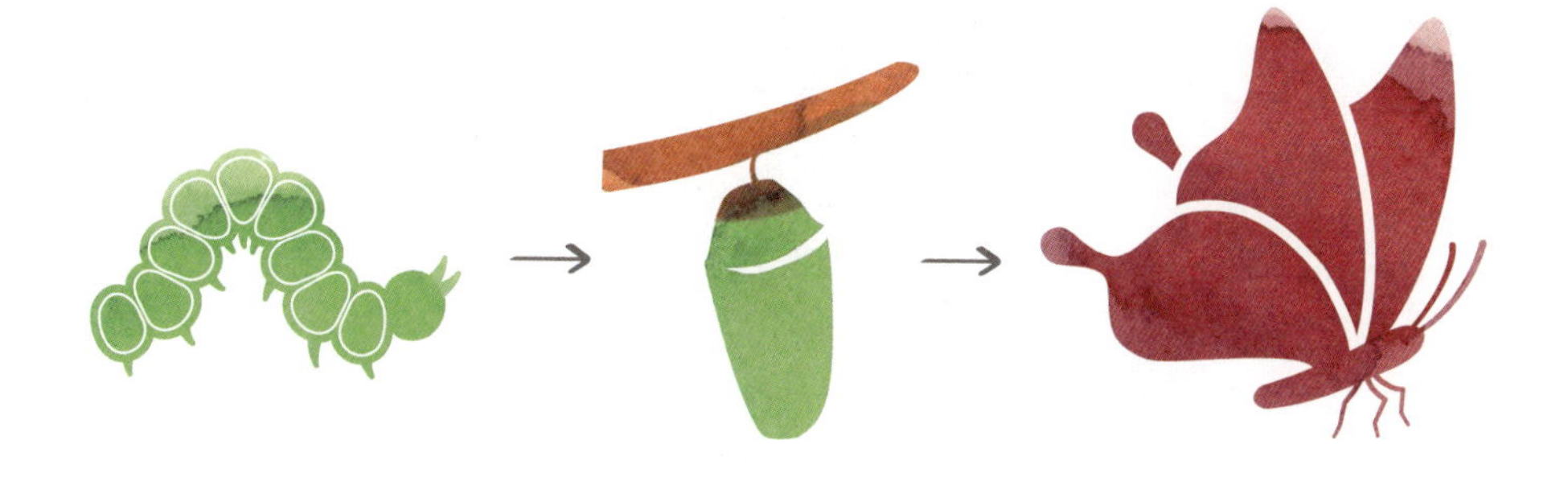

@copyright Hutchins & Storm

自然は最もすぐれたデザイナーだ
——アレキサンダー・マックイーン
（アーティスト・デザイナー）

Photo creadit: Asdrubal Jose Medrano

6 生命（リビング）システムデザイン

自然界はインスピレーションに溢れています。注意深く目を向けていくと、自然の営みはありとあらゆる課題に対応するさまざまな知恵と工夫を宿していることが見えてきます。

自然界は38億年にわたる試行錯誤の知恵にアクセスできる図書館のようなもので、そのインスピレーションや情報、応用例を学ぶことで、より広範な生態系の繁栄に寄与する社会や組織、製品・サービスをデザインするためのヒントを得ることができます。これは「自然界に着想を得たデザイン」と呼ばれるアプローチで、「バイオミメティクス」*「バイオミミクリー」*「サーキュラーエコノミー（循環経済）」「ゆりかごからゆりかごまで」*「バイオフィリック・デザイン」「パーマカルチャー」といった分野が該当します。

リジェネラティブなリーダーは、これらの考え方を理解し、関わる製品やサービス、事業プロセス、土地との関係性に活かしていく必要があります。この章では、DNAモデルの1つ目の領域である「生命（リビング）システムデザイン」の世界に飛びこみます。

＊**バイオミメティクス**：生物の構造や機能、生産プロセスなどから着想を得て、新しい技術の開発やものづくりに活かそうとする科学技術のこと。

＊**バイオミミクリー**：より持続可能なデザインと自然との共生社会を生みだすために、自然界の形態や機能、プロセス、エコシステムを模倣し、人類が直面するデザイン上の課題を解決していくこと。

＊ゆりかごからゆりかごまで：イギリスにおける社会福祉政策のスローガン「Cradle to Grave（ゆりかごから墓場まで）」をもじって提唱されたコンセプト。地球（ゆりかご）から得た資源を廃棄場（墓場）へと捨てるのではなく、再び地球（ゆりかご）に戻し、循環させる考え方。

生命(リビング)システムデザイン

@copyright Hutchins & Storm

自然界の摂理に基づくフレームワークや方法論を理解し、自分ごととして受け取り、自組織に応用してもらうことが目的です。

> サステナビリティの第一のルールは、自然の力と調和することである。
>
> ——ポール・ホーケン
> (環境保護主義者、起業家)

先述した諸分野については、すでにすばらしい書籍が多く出版されていますので、本書では関連書籍や方法論から抽出した洞察を、自然界から着想を得てビジネスを実践するための5つの要素として統合しています。

❶ 廃棄物は次の栄養へ——あらゆる資源は、リサイクル、アップサイクル、リユースされ、バリュー・チェーンへと再び循環させることが可能な次の栄養であると捉える

❷ 理にかなった形状や構造——自然が長い年月をかけて

生みだし、検証された姿、形、構造から着想を得る

❸ **リジェネラティブ・マテリアル**――あらゆる設計と資源の調達において、再生的な材料と製品を使用する

❹ **バイオフィリック・デザイン**――人々が内なる自然や周囲の自然とのつながりを取り戻す

❺ **エコシステミック・デザイン**――ステークホルダーのネットワークに潜在している活力を引きだし、生命繁栄へと向かう

1つひとつ順に見ていきましょう。

❶ 廃棄物は次の栄養へ

あらゆる資源は、リサイクル、アップサイクル、リユースされ、バリュー・チェーンへと再び循環させることが可能な次の栄養であると捉える

自然界では、ある種の生物にとって不要になったものや排泄したものが、別の生命の栄養となりめぐっていきます。物質とエネルギーは、生命の営みと生態系のつながりのなかで形を変え、変容し、循環しています。不要なものはありません。

木を例にとってみましょう。木は、さまざまな生き物が生みだした排泄物や養分が別の生き物の栄養となってめぐっていくシステムが多層的に重なる、相互につながりあう生態系の

＊**炭素隔離**：二酸化炭素の大気中への排出を防ぐ炭素隔離のうち「生物学的隔離」と呼ばれるものの1つ。植物は呼吸もしているため、二酸化炭素を放出しているが、出ていく量よりも光合成により取りこむ量が多いため、差し引きすると炭素の貯蔵量のほうが多くなる。

一部です。1本の木が何百万もの微生物やバクテリア、菌類、昆虫の住みかとなり、無数の生命の連鎖によって活力溢れる生態系を支えているのです。木は大気中の炭素を隔離*し、酸素を生みだし、土壌を豊かにしています。春になれば美しい芽を出し、夏には降り注ぐ太陽の光をたっぷりと浴びて成長し、秋には地面に葉を落とし、冬の間に生態系の中に再循環（リサイクル）していきます。生分解されないビニール袋とは異なり、落ち葉は微生物によって分解され、豊かな養分として土壌を肥沃にし、次の生命が芽吹くための備えになります。そして水やミネラル、窒素などの栄養素を蓄えている樹幹と枝は、枯れた後も、次世代の樹木や他の生命体のための栄養分となっていきます。

　樹木だけでなく、土壌や季節の変化、寄生虫に至るまであらゆる自然界のものが与え、受け取り、生命が織りなす生態系のなかでそれぞれの役割を担っています。それは自然界のなかで複雑に絡まりあう営みであって、左脳による理路整然とした分類だけで定義できるようなものではありません。もしこうした循環の力学（ダイナミズム）に根ざした工場や生産プロセス、製品開発ができたらどうでしょうか。人や生態系に害を与える有毒な廃棄物を生みだすのではなく、あらゆるものが再利用あるいは生分解され、他の生命の養分としてめぐっていくようなデザインの仕方を自然界から学ぶことができないでしょうか。

　現代社会が抱える環境汚染や温室効果ガス排出の増加に向き合いながら、増え続ける人口への資源不足に賢明に対応していくための唯一の手段は、自然界に着想を得たデザインの原則を製品やサービス、社会システム、都市づくりに適用していくことです。しかし、これまで私たちは搾取－生産－廃棄という線形の生産モデルに基づいてビジネスを設計し、広告やマーケティングを通じて事業成長を促し、過剰消費を刺激して、非生分解性の有毒な廃棄物を大量に生みだしてきました。そして、社会に蔓延する恐れや欠乏感、不幸感がさらなる消費文化を加速させ、人の営みをロジック・オブ・ライフから遠ざけ、悲惨なシステム課題を引き起こしてきたのです。

食品や衣類、電子機器、交通手段、商品包装など多くのものが、地球上の生命をむしばむ生産方法によってつくられています。環境負荷の高い原材料が使われているだけでなく、買い替えを促すための計画的陳腐化（製品寿命の人為的短縮）によって、一定期間が経つと旧式のものを捨て、新たなモデルを買わざるを得ない状況になっています。携帯電話、コンピュータ、プリンター、冷蔵庫などが典型例です。

「ゆりかごからゆりかごまで（Cradle to Cradle）」として知られるムーブメントの提唱者であるウィリアム・マクダナーとマイケル・ブラウンガートは、製品の開発や生産プロセスにあらゆる資源の循環と再利用の仕組みが組み込まれるようなデザインを開拓しています。彼らの著書『サステイナブルなものづくり』（人間と歴史社）は、生物に着想を得たイノベーションの分野に大きく貢献しました。

「ゆりかごからゆりかごへとめぐり続ける生物学的なシステムは、何百万年ものあいだ地球に多様な豊かさと繁栄をもたらしてきました。地球の歴史のごく最近まで、あらゆる生き物がそのシステムと一体となっていました。成長とは、環境を壊すことではなく、多くの木が育ち、種の多様性が増え、より複雑でしなやかな生態系を育むことだったのです[1]」

サーキュラーエコノミーもこうした潮流の一部といえます。

エレン・マッカーサー財団によると、サーキュラーエコノミーとは、経済活動と有限な枯渇性資源の消費を徐々に切り離し（デカップリング）、廃棄物そのものが生まれない経済システムを構築することであり、3つの原則が定義されています。

ゆりかごからゆりかごまで

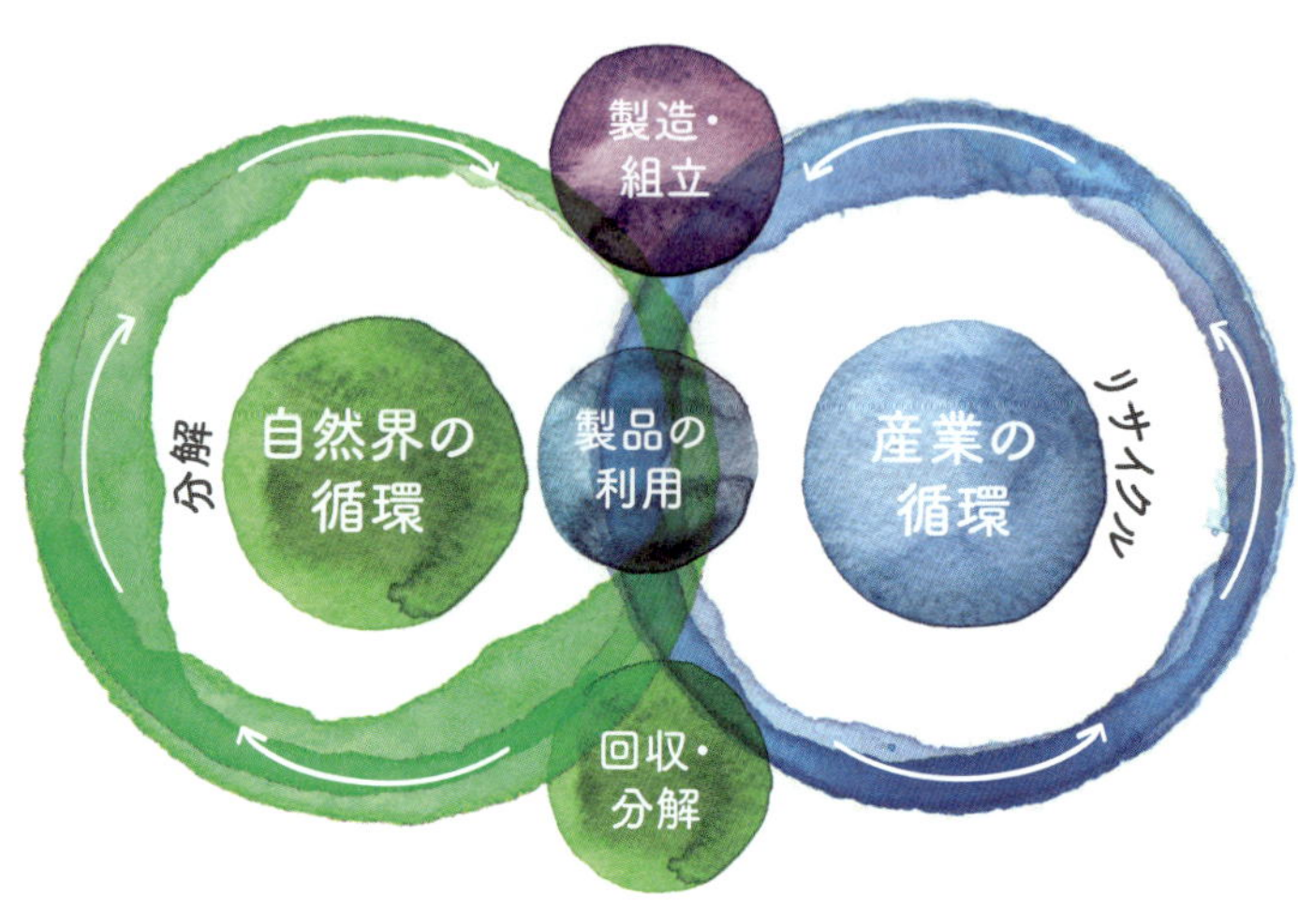

@copyright Hutchins & Storm

・廃棄物や汚染を生まない設計
・製品・材料を使い続ける
・自然界のシステムの再生（リジェネレイト）

こうした循環型のモデルでは、自然界に戻すことができる「生物資源」の循環（バイオスフィア）と、人工的に生みだされ、そのまま自然界に戻すと環境に悪影響を与える「技術資源」の循環（テクノスフィア）が区別されています。「ゆりかごからゆりかごまで」が提示するリジェネラティブな社会においては生物資源は自然界に再び還元され、技術資源は産業プロセスのなかでリサイクル、リユース、アップサイクルされ、絶え間なく循環しています*（上図）。

これからの時代を組織が生き抜くためには、線形のモデルから循環型のデザインや生産様式へと移行することが不可欠でしょう。

＊サーキュラーエコノミーにおける2つの循環：ウィリアム・マクダナーとマイケル・ブラウンガートは著書の中で、自然界の循環と産業の循環を混ぜないことの重要性を指摘し、「ゆりかごから墓場まで」における最も深刻な問題は、廃棄物の量や場所不足よりも、自然と産業双方にとってそれぞれに大切な栄養が循環せず、汚染され、無駄にされてしまっていることであると指摘している。

ビジネス・インサイト

インターフェイス――世界的なカーペットメーカー

1970年代にレイ・アンダーソンによって設立された同社は、20世紀型のマインドセットから21世紀型のマインドセットへの変革を自ら体現してきました。1990年代半ば、同社は搾取・生産・廃棄というこれまでの工業生産方式から脱却し、循環型のビジネスモデルに向けて生産体制を整えました。そのきっかけは、1994年、創業者でありCEOのレイ・アンダーソンのひらめきにありました。当時、同社は99％の原材料が石油由来で、アンダーソンは自分の会社が環境に与える悪影響についてほとんど気にすることはありませんでした。しかし1994年、環境保護活動家ポール・ホーケンの『サステナビリティ革命』（ジャパンタイムズ出版）を読み、「胸に槍が刺さったような衝撃」を受けたといいます。「環境について、あるいは産業システムが環境に与える影響について、自分がいかに無知かということに唖然としたのです。私のなかで『成功』の定義ががらりと変わり、今まで眠っていた『次世代への遺産』という感覚が産声をあげはじめました。それは『私は地球の略奪者であり、それは次世代に残したいと思う遺産ではない』ということでした[2]」。こうしてインターフェイスは、ビジネスを大きく転換する旅路を歩みだし、グローバルな大企業として循環型ビジネスを切り拓いていくロールモデルとなりました。他社を凌駕する成果をあげながらも事業をリジェネラティブな方向へと変容させていったのです。

インターフェイスでは、あらゆる事業を自然の生態系のように運営することが重要な指針となっています。現在でも、バイオミミクリー研究所と共同で、工場が炭素を隔離し、水を浄化し、太陽光をエネルギーに変え、廃棄物をシステムの他の部分のために有用な栄養に変えることができる「森のような工場（factory as a forest）」というコンセプトで研究を行っています。毒を生みだす工場ではなく、生命を育む工場です。彼らは、厳しい競争にさらされた市場環境のなかで収益性の高いビジネスを営みながら、生物資源および技術資源の循環ループを閉じることが可能であると社会に示したのです。

ビジネス・インサイト

フェッツァー ――国際的なワイン生産者

10万エーカー（約4万ヘクタール）のブドウ畑はすべてオーガニック認証を受けており、その半分は自然のリズムに従うバイオダイナミック農法（＊ルドルフ・シュタイナーによって提唱された循環型農法）が行われています。米国で初めてカーボンニュートラル認定を受けたワイナリーで、自然の在り方と呼応した再生的（リジェネラティブ）な生産様式に細心の注意を払い、「自然の力で再生していく」デザインを考案しています。たとえば、ワイン醸造の過程で発生する廃水処理に徹底的にこだわっています。ミミズや微生物が水を浄化する力を活かして汚染物質が取り除かれ、廃水は灌漑用水やブドウ畑の肥料へと生まれ変わります。しかも、化学薬品を一切使わないこのリサイクルシステムは、消費するエネルギーが非常に少ないだけでなく、「廃水（ごみ）がミミズの栄養（えさ）になり土壌を肥沃にする」という有用な副産物（バイプロダクト）の循環を生みだしているのです。栄養循環のループを閉じることで、三方よしの仕組みを実現し、毎年1500万トンの廃水が毒性のない状態で自然に還り、土壌を肥沃にしています。

❷ 理にかなった形状や構造

自然が長い年月をかけて生みだし、検証された姿、形、構造から着想を得る

自然界は何十億年という時間をかけて、素材を効率的に活用し、再生させていくための姿や形状を生みだし、進化させてきました。中世の時代からダ・ヴィンチ、ガウディ、ミケランジェロなどのデザイナーや芸術家が自然に魅了されてきたように、特に建築やデザインの分野では、何世紀にもわたって自然の造形が模倣されてきました。たとえば、ビオモーフィズム*と呼ばれるデザインコンセプトは、必ずしも自然界の循環に沿った素材やプロセスを活用するわけではありませんが、デザインの形状や構造について自然界からインスピレーションを得るというものです。

自然はあらゆる真の知の源泉である。

——レオナルド・ダ・ヴィンチ（芸術家・博学者）

現在私たちが目にする自然界の優れた姿や形状の多くは、数十億年にわたる適応の産物であり、材料を最小限に抑え、効率的に設計し、再生成（リジェネレイト）を行うという生命を育むシンプルな原則に基づいています。直径3メートルに及ぶ巨大な葉を持つアマゾンのウォーターリリー（スイレンの一種）は、葉の裏側に肋骨のような強固なネットワークの形状をつくることで、質量の少ない最小限の材料で強度を高めています。

＊ビオモーフィズム：自然界で見られる規則的な模様を取りこんだ芸術作品。有機的形態造形。

地球最古の植物の1つであり、恐竜がいた時代から存在しているスギナは、中空の茎を持ち最小限の材料しか使われていませんが、2枚の薄い膜が別々に補強されることで驚くほどの強靭さを実現しています。竹も同様で、形状によって優れた耐久性を保ちながら、他の樹木よりもはるかに早く生長します。人間の骨や植物の茎、竹、羽毛など中空の構造を効率的に利用した例は自然界に多くみられ、製品デザインのヒントが詰まっています。

ミツバチが作る巣の六角形の構造は、最小限の蜜蝋で最大限の蜜を蓄えることができます。この美しい構造を、人は古くからデザインに取りこんできました。建築家でシステム理論家のバックミンスター・フラーは、こうした自然界の形状パターンを応用して有名なフラードーム*を生みだし、イギリスのエデン・プロジェクトでは、六角形や五角形を利用して、美しくも丈夫なドームを建設しています。

自然界に学ぶ

効率のよい空調システム——シロアリの巣

シロアリは家の空調技術に長けています。炎天下で熱風が吹くアフリカに住んでいながら、高さ3メートルにもおよぶ巣は、涼しくて安全な住処を数千匹のシロアリに提供しています。こんなにも魅力的な建造物はありません。空気は冷たい泥のトンネルを通っていき、熱い空気は上部から流れ出ることで内部の温度が比較的安定するように設計されており、外気温が20℃ほど変化しても内部の温度は8℃までしか変化していないことが科学者たちの研究でわかっています。この構造を真似ることで、建築家やエンジニアは建物のエネルギー効率を劇的に向上させることができます。たとえば建築家のミック・ピアースは、ジンバブエのハラレにあるイーストゲート・センターを設計したことで建築分野の賞を受賞しましたが、この建物の壁はシロアリの巣と同じように多孔質になっています。暑い日に風がトンネルを通り抜けると、壁が熱を吸い上げ、ショッピングセンター内に入る前に冷却するのです。この構造によりエネルギー使用量を大幅に削減することができました（＊シロアリの塚の内部構造については、温度調節だけでなく、肺の吸入と吐出のサイクルのように内部の通路を通じて酸素と二酸化炭素の交換が行われているとする生物学者スコット・ターナーの研究結果もある）。

＊フラードーム：三角形の枠を組みあわせた支柱のないドーム。

カエデの種子はプロペラ状になっていますが、風に乗って飛んでいくことで母樹から遠ざかり、お互いに日光を奪いあわないようにしています。NASAはこの構造を模倣して、データを収集しながら空中に放出し、再び地球に戻ってくることができる惑星探査機をつくりだしました。

世界最速の列車である新幹線は東京‐博多間を時速300kmという驚くべき速さで走りますが、当初は騒音があまりにひどかったため、技術者たちは空気中や水中を速くなめらかに移動する自然界の形状を研究しはじめました。カワセミは、長く尖ったくちばしによって、高速で水に飛びこんでも最小限の波紋で魚を捕らえることができます。これが現在の新幹線のデザインにつながり、静かでエネルギー消費の少ない流線形の形状が誕生したのです。

デザイナーは自然界の形状、形態、機能から多くのインスピレーションを得ることができます。しかし、この生物模倣の考え方がもし真に生命の繁栄を指向しておらず、単に短期的収益のために模倣されているのだとすれば、システム全体に便益を還元することなく生命をむしばんでしまいます。それはリジェネラティブなデザインとはいえず、人間のことだけを考えた搾取的なバイオハッキング（自然盗用）となってしまいます。

バイオミミクリーは、生命の営みを模倣するデザインアプローチで、サー

自然界に学ぶ

抵抗を抑え、抗菌性のある表面——サメの皮膚

サメの皮膚は多くの製品に模倣されています。サメの皮膚には小さな溝状の鱗があり、体型に沿って溝を形成しています。そのため、表面が水の乱流や抵抗を生むことなく、驚くべきスピードで泳ぐことができ、この形状は水中の乱流を抑えたいプロスイマーの水着などに模倣されています。また、ガラパゴス諸島に生息するサメの皮膚には抗菌性があり、シャークレット・テクノロジーズはこれを病院で使用される表層フィルムに応用しました。このフィルムをドアノブやベッドなど人が多く接触する場所に貼ることで、抗生物質の散布量を抑制できたのです。

キュラーエコノミーや「ゆりかごからゆりかごまで」の考え方にも通じる、システム全体へのデザインアプローチです。コンセプトとしてのバイオミミクリーは何世紀も前から存在していましたが、特に脚光を浴びてきたのはここ20年ほどのことで、現在ではデザイナーのみならず、自然界に着想を得たイノベーションを求める企業にも広く知られ、注目を集めています。

リジェネラティブなリーダーには、自然の中にあるパターンや形状、形態、質感に好奇心をもって目を向け、自然がいかにあらゆるデザインの課題を解決してきたかを探るとともに、数十億年にわたり試行錯誤を繰り返してきた自然界の知恵に沿った、生命の繁栄を指向したやり方で、より効率的に製品や発明を生みだしていくことが求められます。

❸ リジェネラティブ・マテリアル

あらゆる設計と資源の調達において、再生的な材料と製品を使用する

いかにして素材との関わり方を再生的（リジェネラティブ）なものに変えることができるでしょうか。自然界はすでに、無害な接着成分、汚れをはじく構造、抗菌性の表面、自己修復機能（セルフ・ヒーリング）、軽量で耐久性のある素材などを生みだしてきています。高い熱や圧力、過剰なエネルギーを使わずに、水力を利用した無害な方法で精製された多くのソリューションがすでに存在しています。しかし現在、人がつくりだす素材のほとんどは真逆の生産様式によってつくられ、過度な熱や大量のエネルギー、分解や再利用が困難な化合物を必要とし、周囲の環境に大きな害を与えています。

生物に着想を得ることは、素材工学に革命をもたらすかもしれません。クモの糸やアワビの貝殻に学ぶことで、有害な影響の少ないよりよい素材を低コストで生産する新たな方法を探ることができるのです。

——ジャニン・ベニュス（生物学者）

「ゆりかごからゆりかごまで」のアプローチを提唱するブラウンガートとマクダナーは、化学物質や成分が混ざっているためリサイクルが困難になってしまう「ハイブリッド・モンスター」を生みださない重要性を指摘しています。残念ながら、このようなモンスターは、プラスチック、ダンボール箱、ボトル、衣類、建設資材などいたるところに存在しています。

リジェネラティブなリーダーは、従来の材料調達には常に代替の選択肢——生分解やリサイクルが可能な素材、あるいはあらかじめ解体可能に設計された素材など——があると知っておくことが大切です。幸い、自然界から着想した素材開発やグリーンケミストリーと呼ばれる化学工学（有害物質の使用や発生を最小限に抑えた製品やプロセスの設計が重視されたアプローチ）への関心は急速に高まっています。

自然界に学ぶ

自ら修復する素材——アワビの貝殻

多くのデザイナーたちは貝殻の形状に着目しています。血小板のように核の存在しない構造と高分子有機化合物の柔軟性によって負荷をより広い面積に分散させ、ヒビ割れに対する驚異的な抵抗力を持っているからです。たとえばアワビは、化学薬品や高熱、複雑な装置を使わずに、驚くほど丈夫な貝殻を組み立てています。アワビの貝殻の構造を模倣することで、建築家たちは伸張強度や材料効率に妥協することなく、複雑な形状を持続的に構築するユニークな方法を生みだすことができました。

そして、アワビの貝殻は内側から自己修復することができます。外側にひび割れが生じると、細胞が自動的に増殖して内側から亀裂を埋めるのです。科学者たちは、この機能をパイプや梁で模倣しようとしており、空気漏れを内側から防ぐために発泡材が使用されています。[3]

前述したように、自然界に着想を得たイノベーションやバイオミミクリーは、生命の繁栄を指向するデザインを促し、資源の調達や素材の再利用の在り方を変えるシステム設計のアプローチとして急速に注目を集めている分野です。シリコンバレーやその他の地域でも多くの関心を集めており、シンギュラリティ大学、スタンフォード大学、カリフォルニア大学バークレー校をはじめ、世界中の多くの大学が、自然界に着想を得たマテリアル・イノベーションとバイオミミクリーの研究を進めています。

たとえば、サンフランシスコに拠点を持つインディ・バイオでは、材料科学の博士号を持つ科学者と起業家、ビジネスのストラテジスト、投資家をマッチングする新たなインキュベーションプログラムを通じて、優れたバイオ・イノベーションを事業化し、市場へ投入していくための橋渡しをしています。

このような新たなバイオ・イノベーションの潮流に乗らない手はありません。リジェネラティブなリーダーには、こうした機会にいち早く着目し、取りこんでいくことが求められているのです。

私たちは、鉄の発明や産業革命に匹敵するような素材革命が起こる間際にいるのです。素材をめぐる新時代へと飛躍しようとしているのです。

——メフメト・サリカヤ（材料工学の研究者）

汚れをはじくデザイン——ハスの花びら

ハスは、小さな疎水性の凸凹が葉や花びらを覆っており、いつでも汚れのない状態を保っています。雨が降ると、ろうのようにコーティングされた凸凹の表面を水滴が転がり落ち、花びらや葉の汚れを拾っていくのです。科学者たちは、塗料や表面構造に疎水性（＊水に対する親和性が低く水に溶けにくい、あるいは水と混じりにくい性質）の小さな凸凹を加えることでこの特徴を模倣し、建物や表面が汚れをはじくような設計を実現しています。

新たなバイオ・イノベーションの文化が
生まれつつあります。
リジェネラティブなリーダーには、
こうした機会にいち早く着目し、
取りこんでいくことが求められています。

Photo creadit: Unsplash

ビジネス・インサイト

ヴァイアクス――素材科学のスタートアップ企業

カリフォルニア大学バークレー校で素材科学や素材工学を学ぶビビアン・クーが設立したヴァイアクスでは、天然由来の廃棄物から再利用可能なナノマテリアルを生みだし、浄水、化学工業における分離プロセス、スキンケア、食品・飲料の濾過、傷の治癒などに活用しています。最近では、天然由来の廃棄物であるキトサンを利用した材料ポートフォリオを開発しています。キトサンは世界中の大学の研究者によって広範な汎用性を持つ素材であることが示されており、抗菌作用や重金属との親和性があるため、ヴァイアクスではその特性を活かしてエネルギー効率の高い濾過膜に加工しています。この膜はバクテリアを捕捉し、増殖を防ぐため、フィルター寿命を大幅に延ばすことができます。ヴァイアクスは、天然由来の廃棄物を原料とした効率的かつ経済的なソリューションを提供することで、メーカーの製品開発の在り方を変え、天然資源への圧力を軽減しようとしているのです。

ビジネス・インサイト

インターフェイス――カーペットのグローバルメーカー

先にも登場したカーペットのグローバルメーカー、インターフェイスでは、社員の発案により、カーペットの施工に使用される有害な糊（接着剤）を使わない革新的な方法が生みだされました。その着想はヤモリからきています。ヤモリは100万本以上の小さな足毛の分子間力によって、どんな角度でも表面にくっつくことができます。この特性を利用して、カーペットの裏面に備わっている強度を利用し、立体的に安定した「フローティングフロア」をつくりだし、接着剤を使わずにカーペットタイルを安定させることができます。接着剤を使用しないため、汚れた際にはそのカーペットのタイルを1枚交換するだけで、簡単にカーペットを張り替えることができます。この自然界の知恵に着想を得たソリューションにより、カーペットの環境フットプリント（＊二酸化炭素や温室効果ガスだけでなく、それ以外の指標物質・環境影響領域も含めた環境負荷の影響を評価する手法）は90％削減されました。

さらに深める

バイオミミクリーやバイオイノベーションについて学びを深めたい方は、バイオミミクリー研究所のフレームワークとデザイナー向けチェックリストをご覧ください。また、マイケル・ポーリンの著書『建築のためのバイオミミクリー』（*Biomimicry for Architecture*）とジャニン・ベニュスの著書『自然と生体に学ぶバイオミミクリー』（オーム社）もご一読ください。

バイオ・イノベーションに取り組む起業家ジェイ・ハーマンは、各産業が抱える課題に対して自然界からヒントを得た革新的なソリューションを見出すリサーチおよび研究開発企業としてパックスサイエンティフィックを創設しました。ハーマンによれば、バイオ材料への投資額は過去10年間で急増し、そうした製品はすでに多額の売上をあげているといいます。彼はその可能性について「バイオミミクリーは、新たな問題を生みださない解決策を提供することで将来の収益性のための基礎を築き、短期的なコスト削減のための解決策では提供できないものを創造する」[4]と語っています。

❹ バイオフィリック・デザイン
人々が内なる自然や周囲の自然とのつながりを取り戻す

現代の社会システムのひずみから生じているさまざまなストレスを軽減していくためには、製品や職場環境、学校、行政施設、都市システムなどが利用者のウェルビーイングを高めるように設計されていることが必要です。バイオフィリック・デザインのコンセプトは、私たちの内なる自然（インナーネイチャー）や周囲の自然環境とのつながりを取り戻し、調和していくような建築や都市設計を通じて、ストレスを和らげ、創造性や幸福感を高めるという考え方に基づいています。現在では、心理的、身体的な健康効果を測定可能な形で示す十分な科学的証拠があり、定期的に自然環境と触れあうことで多くのポジティブな効果がもたらされることもわかっています。[5]

生物学者のE・O・ウィルソンは、ピューリッツァー賞を2度受賞した画期的な著書『バイオフィリア』（平凡社）の中で、人が本来備えている生命への親和性を「バイオフィリア」と名づけ探求しています。この自然との共感的なつながりこそが、人間性の本質であるとウィルソンは言います。自然とのつながりは私たちを豊かにしてくれます。もしもこの自然との感情的なつながりが阻害され続けてしまうと、私たちは生理的にも心理的にも支障をきたしてしまうのです。[6]

あらゆる種がそうであるように、人もまた生命を宿す生物であり、振る舞いや遺伝、身体生理、生息地などあらゆる状況に巧みに適応しながら生きています。地球は私たちの故郷であり、生命を進化させてきた母胎です。その故郷を破壊するのを止め、天から与えられた本来の役割を果たし、残りの生命を保護しないかぎり、人類は自らの生命をも危険にさらし続けてしまうのです。

——E・O・ウィルソン（生物学者・作家）

自然と健全に関わることで人は心の栄養を得たり、集中力や直感力、創造力を高めたりすることが、多くの研究によって明らかになってきています。1984年、ロジャー・ウルリッヒが行った研究では、ベッド脇に自然を見渡せる窓がある患者は、窓がない患者に比べ、手術後の回復が平均して1日早く、鎮痛剤の必要性や術後の合併症もほとんどなく、看護師にも優しく接することができたという画期的な結果が報告されています。[7]

2001年にシカゴで行われた調査では、植物がほとんどない公共住宅と緑が多い公共住宅を比較した結果、周囲に植物が多い建物は、周囲にやせた土地しかない同様の建物に比べて、窃盗や詐欺などの犯罪が48％、暴力犯罪が56％少なかったという結果が出ています。また、ちょっとしたまちの緑化でさえも犯罪率の低下と相関していたそうで、緑が多いほど犯罪の数は少なかったのです。[8]

日本には「森林浴」と呼ばれる古くからの習慣があります。これは森の中をゆっくり、マインドフルに歩く行為です。現在ではさまざまな研究によって、この自然の中を歩くというシンプルな習慣が、人の健康と幸福に関わる生理的・心理的な恩恵をもたらしているという十分な科学的根拠が示されています。日本の多くの都市では、森林セラピーの拠点が設置されており、市民のコルチゾールレベルの低下、免疫力や心身の健康の向上に寄与しています。[9]

> 屋内では、主に視覚と聴覚の2つの感覚のみが活性する傾向にあります。一方、屋外では、花の香りを嗅ぎ、新鮮な空気を味わい、木々の色の変化を眺め、鳥の鳴き声を聞き、肌に風を感じることで、身体感覚がひらかれ、自然界とつながることができるのです。
>
> ——チン・リー博士（森林セラピーの専門家）

自然が人に与える影響についての科学的な知見[10]

さまざまな科学的研究によって、自然の中に身を置くことや自然と接することによって人の健康やウェルビーイング、生産性、創造性を高める効果があることが明らかになっています。

- 脈拍、血圧、コルチゾールレベルが低下する
- 認知機能が向上し、精神的なウェルビーイングが得られる
- 免疫力を高め、がんへの抵抗力が向上する
- 精神的および心理的な健康状態、癒やし、心拍数、集中力、ストレスレベル、血圧、振る舞い、その他の健康要因によい影響を与える
- 人はより思いやりを持ち、寛大になる
- 情報メディアやデジタルデバイスから離れて、自然の中で過ごすことで創造性が50%向上する
- 自然環境のなかでの屋外運動が、都市環境下での運動よりも気分や自尊心を向上させ、より回復させる
- 自然光を浴びることで生産性が向上し、集中力や短期記憶力が高まる
- 職場に花や植物があることで認知機能が高まり、革新的なアイデアを生みだす力が15%向上し、より創造的で柔軟な問題解決につながる
- 自然とのつながりは、自律性や個人の成長、生きることの目的意識に大きな正の効果をもたらす
- 毎日15分間自然の中で過ごす人は、そうでない人に比べてより前向きな見方を持つようになった
- 職場で陽の光を浴びたり、自然の要素に触れている従業員は、よりよい気分、仕事へのより高い満足度、雇用主へのより高いコミットメントを示した
- 自然環境に没入すると、人は他者や周囲の世界とのつながりをより強く感じる
- 自然の中を歩くことで記憶力が最大20%向上する

Photo creadir: Luis del rio

バイオフィリック・デザインでは、屋外の自然や緑豊かな風景へのアクセスだけでなく、インテリアデザインに取り入れることでも自然とのつながりの感覚を高めることができます。

現代ではほとんどの人は90%の時間を室内で過ごしているといわれていますが[11]、屋外に出るという選択肢を持てない時でも、屋内に自然とのつながりを感じられる場所をつくることはできます。たとえば、風や水などの流れ、天然素材の感触や感覚、自然照明、あるいは職場環境での自然音などを取り入れるのです。近くにある鉢植えをほんの数秒眺めるだけで、心が和み、集中力が回復するといわれています。このため、ＧｏｏｇｌｅやＥｔｓｙ*など多くの企業が、壁の緑化や植物をたくさん取り入れたオフィス空間への見なおしを進めています[12]。バイオフィリック・デザインは、私たちの神経系を落ち着かせ、より内面と深くつながった状態を養い、より幸せを感じさせてくれるのです。

住まいや職場の環境が私たちに与える影響や自然とのつながりの必要性を知ると、現在の環境デザインや構造への疑問、違和感が湧いてくるでしょう。現代社会は、建物や都市のデザインが私たち自身のウェルビーイングに与える影響についてほとんど理解

さらに深める

バイオフィリック・デザインについて深めたい場合は、テラピン・ブライト・グリーンが発表しているオンラインレポート『バイオフィリック・デザインの14パターン』（*14 Patterns of Biophilic Design*）によくまとまっています（＊巻末の訳注一覧を参照）。また、バイオフィリアやバイオフィリック・デザインに関する書籍として、フローレンス・ウィリアムズの『NATURE FIX 自然が最高の脳をつくる』（NHK出版）、クレメンス・アーヴェイの『バイオフィリア効果』（*The Biophilia Effect*）、ティモシー・ビートリーの『バイオフィリックな都市計画・デザイン ハンドブック』（*Handbook of Biophilic City Planning and Design*）、スティーブン・ケラートの『デザインされた自然』（*Nature by Design*）、宮崎良文教授の『Shinrin-Yoku（森林浴）』（創元社）などがあげられます。

＊Etsy：手芸や古物、アート作品などを販売・購入できる米国発のオンラインマーケットプレイス。

しないまま、分離の旅を歩み続け、機械的な論理に基づいて発展してきてしまったのです。

都市は自然へのアクセスが考慮されずに、自動車や居住者の利便性を最大化するために計画されることが多く、人も含めたあらゆる生命に寄り添っているとはいえません。コンクリートや鉄、ガラスでつくられた無機質なビルが立ち並び、多くの学校や職場は内部に自然光や新鮮な空気がほとんど届かない工場のような状態になっています。

オフィスでも学校でも都市でも、私たちは自然界の道理から外れて、自然とのつながりを求める本来の感覚を気づかないうちに抑圧してしまっているのです。幸いなことに、バイオフィリック・デザインが健康に与えるポジティブな影響を裏付ける科学的研究のおかげで、その分野が世界中の都市設計や建築のコミュニティで近年注目され、急成長をとげています。

たとえば「バイオフィリック・シティ・プロジェクト」は、都市空間に他の生き物の生息環境を取り入れる大切さを伝え、関心を喚起することを目的としています。また、世界的な総合エンジニアリング企業アラップが発表した2016年の報告書では、建物を緑で覆うことは、空気中の二酸化炭素を吸収し、大気汚染を緩和し、騒音を減らし、都市を涼しく保つことにつながると述べられています。[13] リジェネラティブなリーダーには、職場や学校、公共

Google——巨大テクノロジー企業

Googleはここ数年、社員の健康やウェルビーイング、生産性を向上させるために、バイオフィリック・デザインの原則をワークスペースのデザインに取り入れてきました。バイオフィリック・デザイナーと積極的に協力して、人間が自然の中にいるときの感覚を模倣して室内の感覚刺激のバリエーションを増やし、自然光を多く取り入れ、多くの植物を加え、壁を緑化し、自然界のパターンを模したカーペットを採用しています。Googleは、それにより社員の創造性、生産性、集中力が高まったと発表しています。[14]

空間、都市におけるバイオフィリック・デザインの可能性を認識し、幸福感や満足度、生産性、つながり、帰属意識、創造性を高める方向へと働きかけることが求められるのです。

⑤ エコシステミック・デザイン
ステークホルダーのネットワークに潜在している活力を引きだし、生命繁栄へと向かう

リジェネラティブ・デザインを真に実践するためには、そのデザインの営みがシステム全体へどのように影響していくのかというリーダー自身のシステミック・アウェアネスが鍵となります。

これは、ここまで紹介してきた自然界に着想を得たイノベーションやサーキュラーエコノミー、ゆりかごからゆりかごまで、バイオフィリック・デザインなどのデザインアプローチでは見過ごされやすい、非常に重要な観点です。

生命システムデザインの担い手は、エコシステミック・ファシリテーターとしての役割を自覚する必要があります。自然界の形状や素材、形態、モデルを科学的に観察するだけでなく、設計や生産プロセス、製品のライフサイクル、その土地に関わるさまざまなステークホルダーとの相互関係的なネットワークシステムを理解し、全体の流れをチューニングしていく役割です。

自然の生態系も含めたより広い文脈から特定の場所や建物、製品を取り巻く力学や状況を捉えるシステミックな視点を持って、そのデザインが機能的であるだけでなく、生命を育む方向に向かっているかどうかを常に問い続けなければなりません。これはリーダーシップ・ダイナミクスにおけるシステミック・ア

ウェアネスをデザイン領域に応用したスキルといえます。

システム思考のパイオニアであるフリッチョフ・カプラは、生態学（エコロジー）とは、相互につながりあうガイアのシステム、つまり地球上に生きる、あらゆる構成員の関係を研究し科学する学問なのだと指摘しています。いのちあるところでは必ず、物質や資源、人も含めた生命の網目が相互につながりあい、入れ子状のエコロジカルなネットワークを形成しています。しかし、昨今のデザイン手法は多くが還元的な機械論的認識に基づいており、システムの「部分」にのみ焦点を当てています。その結果、自社の製品やサービス、運用プロセスについてのより広範な文脈（エコロジカル）については、うわべだけの言葉で弁明するほかない状況になっており、意図せざる結果を生みだしてしまいます。

ガラパゴス諸島のサメの皮膚構造の抗菌性、マジックテープなどの面ファスナーの着想の元となった服についたひっつきむしの鉤（かぎ）構造、新幹線にインスピレーションを与えたカワセミのくちばしなど、自然界はとても魅力的な知恵に溢れていますが、もしもその知恵を模倣しながら有毒性の高い材料開発が行われたり、そうした製品やサービスの利用が人々や他の生き物たち、自然生態系の健全性やウェルビーイングを阻害したりしてしまうようであれば、それはリジェネラティブとはいえません。

私たちは、バイオハッキング（自然盗用）ではなく、自然界が本来備えているつながりの環の中に戻っていくための気づきや学びを深めていく必要があります。エコシステミック・デザインは、製品のライフサイクルを取り巻くさまざまな因果や相互関係をより深く掘り下げていくことではじめて可能になるのです。

面ファスナーや汚れをはじく塗料など自然界のパターンや構造から着想を得たアイデアの中には、有害な化学物質を使用しているものが多くあり、これらは明確に自然界から知恵を盗むバイオハッキングといえます。たとえバイオイノベーションと呼ばれても、生産過程や利用において、生命や自然環境を損なうような製品やサービスであれば、自然界の知恵を盗用しているだけで本末転倒なのは明らかです。

生命システムデザインの営みにおいては、事業を取り巻くあらゆる生態系やステークホルダーとの接点、つまり素材調達、生産、流通、顧客体験、再利用など製品やサービスのライフサイクル全体にロジック・オブ・ライフを適用することが重要になります。エコシステミック・デザイナーとして、自社製品やサービスがどのようなフットプリントを残し、影響を与えているのかを意識する必要があり、そのためには次のようなシフトが求められるのです。

生命をむしばむディジェネラティブ・デザイン ⇩ **生命繁栄に向かうリジェネラティブ・デザイン**

機械論に基づく還元主義的な思考 ⇩ **生命システム論に基づくエコシステミック思考およびアウェアネス**

部分最適・サイロ化 ⇩ **相互のつながり・全体性**

エコシステミック・アウェアネスにおいては、「生命システムパートナーシップ」を育む力が重要になります。ミツバチが花の受粉を媒介し、森が菌糸たちに支えられているように、自然界のいたるところで見られる種を超えた協働関係のことです。

動物や人間によって吐き出された二酸化炭素は植物が取りこみ、生長のために利用する。排泄物に含まれる窒素は、微生物や動植物によってタンパク質に変換される。馬は草を食べ、糞はハエの幼虫の巣と栄養となる。
――ウィリアム・マクダナー、マイケル・ブラウンガート（サーキュラー・デザインの専門家）

本書を読んでいるあなたの身体も、脳からの指令を受けずとも、今この瞬間すでに何兆もの細胞が常に自律的に関係し、協力し、感知し、応答しています。さまざまなパートナーシップやコラボレーションを通じて、それぞれの部分が感受と応答を繰り返し、生命システム全体が育まれています。これこそが生命の営みであり、パートナーシップなしには生命は成り立ちません。

生命は戦いによってではなく、つながりあうことによって世界を包みこんだ。
――リン・マーギュリス（生物学者）

菌類と植物のパートナーシップ

菌類は、他の生命を相互につなぐスペシャリストで、ほとんどの陸上植物がなんらかの形で菌類に依存しています。菌類の歴史は陸上植物よりもはるかに古く、海洋での進化を経て、植物よりも早く陸上に移動してきたともいわれています。植物は菌根菌との共生を通じて土壌や岩石からミネラルや養分を取りこみ、地表で繁栄して大気中に多くの酸素を送り込めるようになりました。菌類と植物の関係は、地球上の生命進化にとっての転換点であり、地球上の生命システムの礎ともいえるかもしれません。

菌類は植物から糖分を得て、植物は生命維持に不可欠な養分とサービスを菌類から受け取っています。また、菌類は地中の菌糸ネットワークを通じて、数百もの植物同士をつなぎ、植物間での養分のやりとりを可能にしています。ナラの木とブナの木といった異なる種間でも過不足のある養分を共有、調整し、その生態系における植生の多様性に貢献していることもわかっています（＊詳しくは巻末の訳注一覧「最古の菌類」「植物の陸上進出と菌根共生」「異なる樹種間のコミュニケーション」を参照）。

同じように、森もそれぞれの樹木がつながり、関係し、さまざまな程度で影響しあう相互依存的なネットワークです。鳥や昆虫、土中の微生物や菌糸に至るまで、森の中のあらゆるものが相互につながり、感受、応答、関与していく知性をシステム全体として宿しているのです。

機械論に基づく還元主義的なデザインの考え方から抜けだして、生命システム論に基づくエコシステミック・アウェアネスへと意識がシフトすると、個別の事象や部分をバラバラに見ていたサイロ的な見方ではなく、つながりやネットワーク、パートナーシップ、フィードバックループ、エネルギーの流れが見えてきます。それによって、競争や支配ではなく、パートナーシップや協働を育むようなやり方で、新たに世界を見ることができるようになるのです。このエコシステミックなアプローチに実際に取り組みはじめている組織も近年増えてきています。

その代表例として近年急成長を遂げているのが、いわゆるシェアリングエコノミーの分野です。シェアリングエコノミーは、暮らしの資源、たとえば車や工具、アパートや自転車などを新規に購入するのではなく、共有しあうことで生まれる新たな産業モデルで、インターネット上で共有するプラットフォームが続々と生まれています。2014年の140億ドルから2025年には3350億ドルに成長すると推定されています。ある調査

アトランティックレザー ——魚の皮をアップサイクルするアイスランドのレザーメーカー

ビジネス・インサイト

漁業が主要産業の1つであるアイスランドでは、大量の魚の皮が廃棄されています。アトランティックレザーは、この魚の皮を埋立地に送るのではなく、次の栄養源とみなし、サーモン、オオカミウオ、パーチ（ヨーロッパやロシアで広く生息している淡水魚の一種）、タラの皮から、エキゾチックで丈夫な美しいレザーを製造、アップサイクルすることで、家具やファッションの高級ブランドへと卸しています。自社を取り巻く独自のパートナーシップ体制を築くことで、廃棄物を新たな製品へと変え、雇用を創出し、島の持続的な経済に貢献しています。

によれば自家用車は製品寿命の95%が使われておらず、[15]生涯で13分しか使われないまま眠っている電動ドリルが米国だけで8000万台にも及びます。[16]現在の社会は、機械論的で分断された思考や振る舞い、製品の使い方、所有の意識によって、莫大な規模で資源を無駄づかいしています。つながりどころか、分離を自らつくりだしてしまっているのです。

菌糸のネットワークが土中で栄養を運び、森でのコミュニケーションを促しているように、インターネットは資源を共有する手段を提供し、それなしでは出会うことのなかった人と人のコミュニケーションを可能にしています。シェアリングのようなサービスモデルは、より広範なビジネス・エコシステムにおけるパートナーシップの可能性、つまり、現在は活用されていない資源を共有化し、システムにおける隠れた潜在能力を活かすことを可能にします。このような共同所有(コモンズ)への意識の高まりによって、多くの企業がビジネスモデルを製品販売からサービス提供へと転換しはじめています。

また、生命システムパートナーシップは、人や組織が互い

トーストエール──国際的なクラフトビール会社

トーストエールは、パンの大量廃棄問題に取り組む活動家たちによって設立されました。食糧生産は、大量の農地や燃料、エネルギー、農薬を消費するため、人類が地球環境に最も大きな影響を与えている要因となっています。さらに現代社会では、地球全体の人口を養える量の食べ物が毎年廃棄されているといわれています。アメリカでは、パンは家庭で最も廃棄される食品の1つです。イギリスでは生産されたパンの44%が廃棄されていますが、そのほぼ半分近くはそもそも家庭の食卓に届いていません。サンドイッチ工場では、製造量の約17%を占める1切れ目とパンの耳がすべて廃棄されています。耳のついたサンドイッチは消費者に購入されないからです。そうした状況の改善に取り組むために、トーストエールは、パン工場やサプライヤーとパートナーシップを構築し、廃棄されるパンの切れ端からクラフトビールを醸造しています。収益はフードロスに取り組む地域団体や国際的なNGOの支援に当てられ、原材料やお金のフィードバックサイクルが回っていく生態系をつくりだしています。

に利益のあるウィン・ウィンの関係づくりのために力を合わせることによって、当事者間の相乗効果や創造性を高めるだけでなく、社会や環境のより広範なステークホルダーを含めた潜在能力を解放し、ウィン・ウィン・ウィン（三方よし）の関係を生みだします。

パーマカルチャー*の原則に「エッジ効果」と呼ばれるものがあります。これは、2つのシステムや文化が重なりあう領域に豊かな創造性や生物多様性が生じることです。自然界では、マングローブの生態（陸と海のあいだ）やサンゴの生態（サンゴ礁と海のあいだ）などにおいて、海と陸が重なりあう現象が見られますが、こうした2つのシステムが出会う「あいだ」の場所は、生物多様性が豊かで創造的な生態系を生みだしています。組織においては、異なるチームやステークホルダーが集う場があることで、組織の分断やサイロを超えた新たな創造や革新が生まれやすくなります。

生命システムデザインに取り組む際は、その事業を取り巻く生態系においてあらゆるステークホルダーが活き活きと生命活動を営めるようになることを目指します。短期的に目に見えるものだけでなく、1つひとつの行為が生みだす波及効果について考え、その事業設計によって影響を受けるさまざまな入れ子状のシステム全体へと働きかける必要があります。もしその営みが生命を育む方向に進んでいないのなら、あるいは、その行為が部分にとっては有益でもシステム全体を考慮したときに悪影響を及ぼすのであれば、事業の軌道修正や再設計が必要になるでしょう。

たとえば、最先端といわれるグリーン・ネットゼロ・カンファレンスの会場となる建物に

＊パーマカルチャー：デビッド・ホルムグレンの著書『パーマカルチャー（上・下）』（コモンズ）と共に、パーマカルチャーを創設したビル・モリソンの著書に『パーマカルチャー』（農山漁村文化協会）がある。興味がある方は、両書を見比べてみるとよいだろう。

は、適切なあらゆるエネルギーソリューションや技術が導入されており、GHG（グリーンハウスガス）の排出量がいかに削減されたかを伝えることで、国際的な信頼を得ています。しかし、よく見てみると会場内の設備には環境に配慮されていない家具が使用され、カフェテリアではリサイクルのできないプラスチック製のカトラリーが使われ、食材はオーガニックやフェアトレードではない事業者から調達されています。建物は最先端の再生可能エネルギー技術を駆使したものとして賞賛されるかもしれませんが、このグリーンでネットゼロなカンファレンスを取り巻く生態系を1つの生命システム全体としてみると、リジェネラティブとはいえません。

生命システムデザインが目指すのは、進化のためのデザインです。あらゆる生き物、あらゆる生命システムは進化への参与者です。他のシステムと相互関係を持ち、創造的かつ創発的に進化の道筋をひらいていく生命の大きなプロセスの一部に、すでに組み込まれているのです。身体であれ、組織であれ、地域社会であれ、都市であれ、人間社会のシステムも同じようにその一部を成しています。

生命システムデザインに取り組むときにまず必要となるのは、このつながりあい、関係しあう生命システムの全体性に、好奇心を持ち、その不思議さに自らをひらき、今この瞬間を生きることです。リーダーシップの専門家で

さらに深める

パーマカルチャーは、生物多様性を減少させる画一的な単一耕作（モノカルチャー）のアプローチの代替案を提供する、大地の再生に焦点を当てた概念としてはじまりました。活き活きとした生態系をデザインするためのパーマカルチャーの原則は、組織デザインにおいてもヒントになります。デビッド・ホルムグレンの著書『パーマカルチャー（上・下）』（コモンズ）では、パーマカルチャーにおける12のデザイン原則が探求されており、生命システムデザインに取り組むうえでも有益な視点を与えてくれます。

あるオットー・シャーマーの言葉を借りれば「ひらかれた思考、ひらかれた心、ひらかれた意志」[17]という、今ここに立ち現れる世界に自らをひらいていくプロセスを通じて、リーダー自身が内なる自然（インナーネイチャー）や周囲の自然とつながることです。

取り巻く生命システム全体と波長を合わせ、その場や状況から立ち現れてくるものを感受するエコシステミック・アウェアネスの能力は生命システムデザインに取り組むために不可欠な能力になります。従来のデザインや建築の領域ではあまり扱われていません。

エコシステミック・アウェアネスが育まれることで、創発的で常に変化し、相互に関係し続ける生命の真実（リアリティ）に自分自身をひらいていけるようになります。生命が絶えず変化し続けているように、生命システムデザイナーの役割も動的に変化し続けます。刻々と変化するシステムを常に感受し、今この瞬間に必要なことを常に問いかけ、地域や世界の状況によりよい形で応答していくことが必要なのです。確実性や予測可能性という概念を手放し、世界が絶えず進化し続け、周囲の環境と呼応し続けていることに自覚的になったとき、生命システムデザインの営みは、より壮大で、遊び心に溢れ、創造的なものとなっていくのです。

進化のためのデザインは、変化を創造性の源泉として扱うことを要求する（中略）（それは）複雑で多層的に重なりあう動的な関係を扱うことを必要とする（中略）コントロールという幻想を手放すことで、デザイナーはより深い実践に入り、システムが本来備えている創造性を育むことができる。

――パメラ・マン、ベン・ハガード（リジェネラティブな都市開発・デザインの専門家）

その意味で、私たちは誰もがデザイナーであり、生命システムに参与しています。1人ひとりが意志を持って選択すれば、自分自身が活動するシステムに本来備わっている創造性や関係性への認識を深め、共創の担い手となることができます。自分自身を消費者としてみなし、無意識の思いこみや潜在意識の気まぐれ、エゴの衝動、機械的な管理基準、時代遅れの社会的影響などに振り回されるのではなく、今この瞬間にも絶えず展開し、発達し続けるこの豊かな生命システムの担い手として自分自身と出会いなおすことができるのです。そして、このようなリーダー自身の在り方の変化は、個人や集団に謙虚な応答能力（レスポンシビリティ）——生命の営みを阻害し、搾取し、衰弱させるのではなく、生命の流れと呼応するようにダンスし、より豊かに世界を育んでいく方向に参与していく能力——をもたらします。

「進化のためのデザインは、進化をデザインすることではありません。進化は創発的なプロセスであり、生物とその環境の複数の相互作用から生じるものであり（中略）私たちにできることは進化を迎え入れるための状態をつくりだすことです」[18]

大切なことは、設計から利用、そして新たな生まれ変わりへと連なるあらゆる場面において、**生命の全体性（インテグリティ）をたたえ、絶えず変化する流れを感受し、呼応していく能力（キャパシティ）を高めていくこと**。これがロジック・オブ・ライフを礎にしたエコシステミック・デザイン思考の核心です。

次章ではDNAの2つ目の領域である「生命システムカルチャー」を見ていきましょう。なお、生命システムデザインを取り入れ、日々実践するためのツールはPART3にて紹介します。

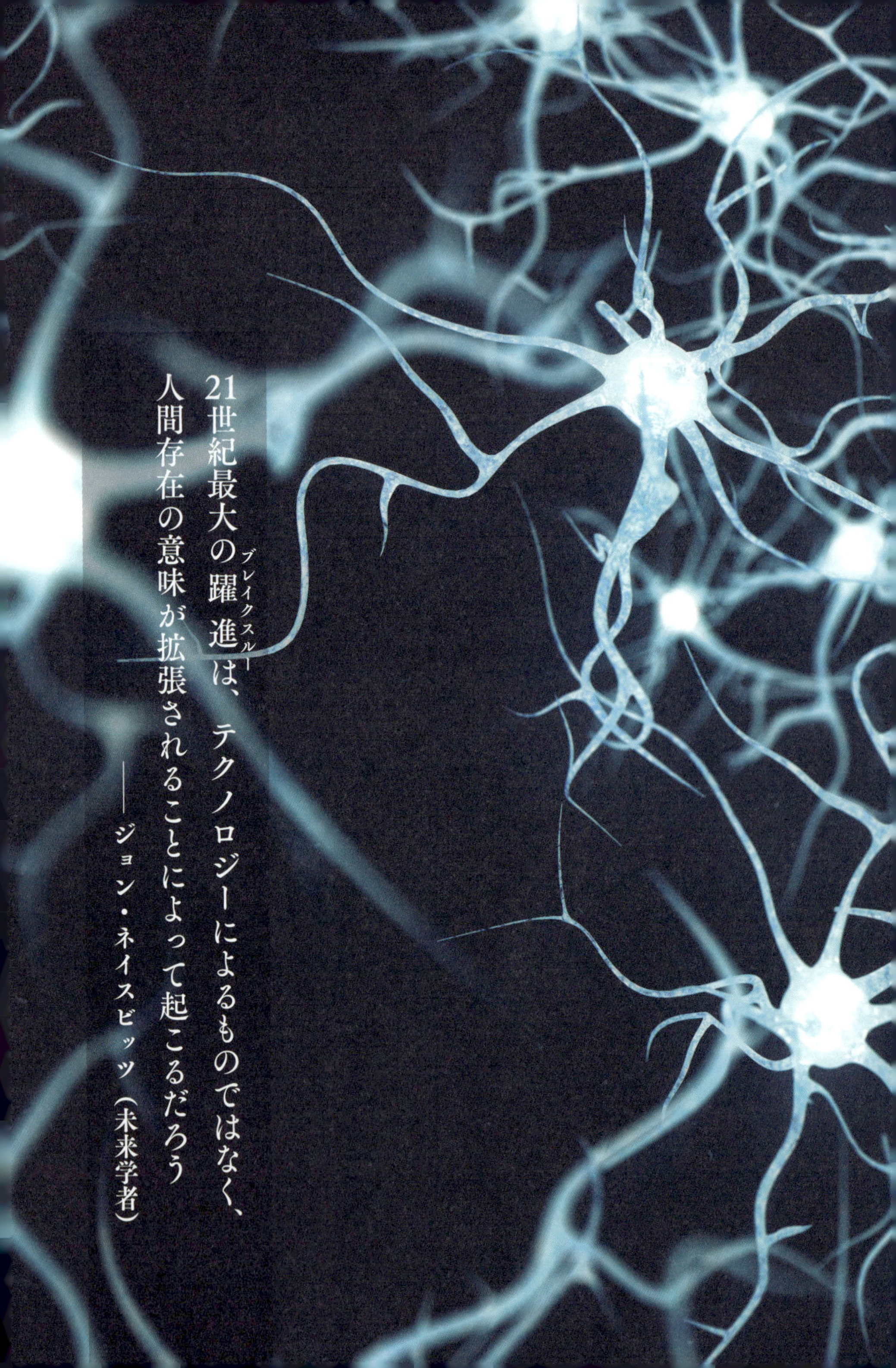
21世紀最大の躍進（ブレイクスルー）は、テクノロジーによるものではなく、
人間存在の意味が拡張されることによって起こるだろう
――ジョン・ネイスビッツ（未来学者）

生命（リビング）システムカルチャー

多くのビジネススクールや経営論において、組織は、まるで時計の部品（パーツ）で組み立てられているかのように扱われてきました。相互につながりあう複雑なシステムとしてではなく、機械的に管理され、ユニットや部門などの部分的要素に分解できるもの、という前提に基づいているのです。

この機械論のパラダイムにおいては、組織の変化や変革は、直線的な手順に則ってトップダウンで管理されるべきものであり、新たな取り組みは独立したイノベーションチームや経営陣が考案し、階層構造を通じて下位に伝達していくものであると認識されます。

しかしこうした見方に囚われてしまうと、組織は萎縮し、急激に変化し続ける経営環境に対応するための柔軟性が失われていきます。ほとんどの組織では既存の考え方によるメリットよりも多くの弊害が生じており、機械的で硬直化した階層構造や、そのなかで心身を削ってギリギリの状態で働く管理職からの圧力のもと、恐れや競争意識、欠乏感が蔓延する組織は枚挙にいとまがありません。こうした状況では、組織やステークホルダーが躍動していく可能性はますます閉ざされてしまいます。

本書の目的は、旧来の機械論的パラダイムを乗り越え、時代に適応した健全な組織づくりの新たなアプローチを共に創っていくことです。ありがたいことに、さまざまな方法や文化、リーダーシップスタイルを

生命システムの論理

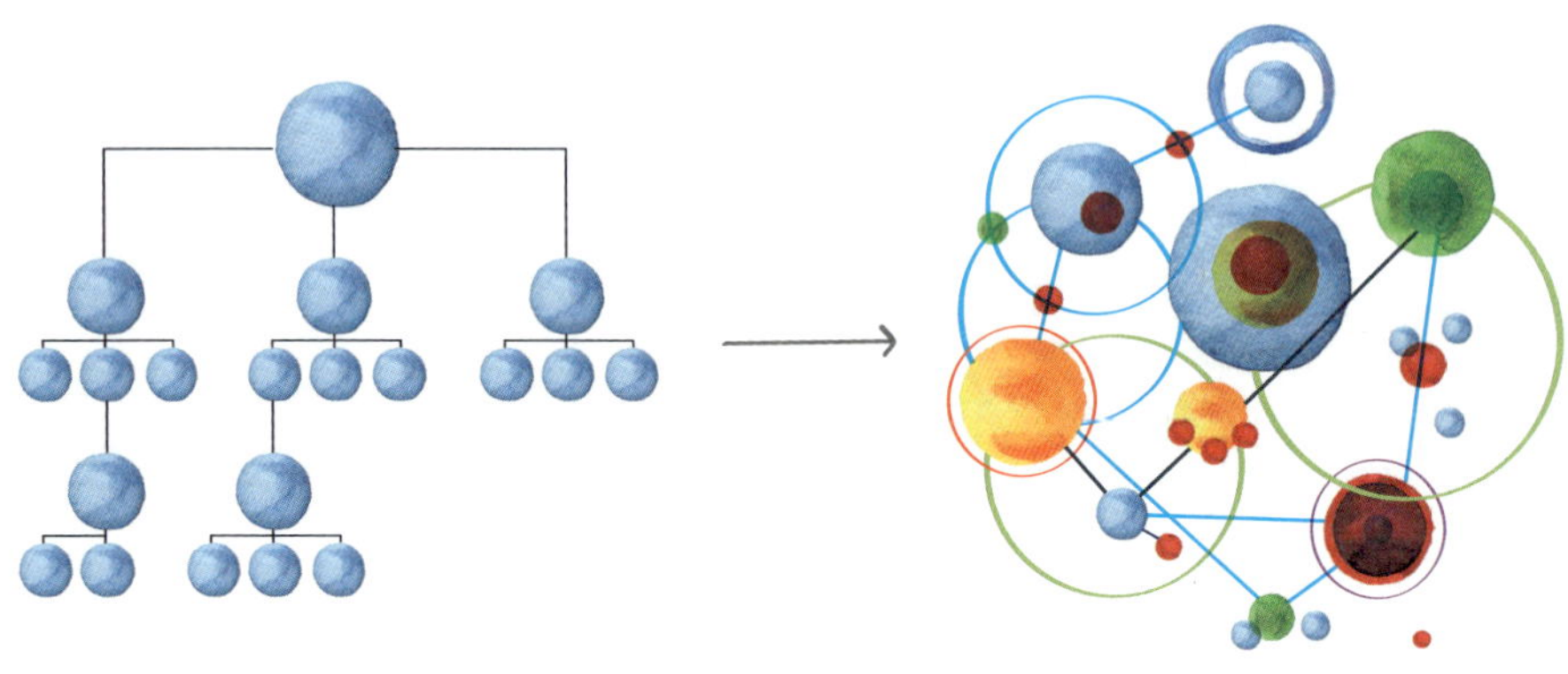

@copyright Hutchins & Storm

研究するなかで、新たなパラダイムを切り拓いている多くの実践者たちに私たちは出会ってきました。先駆的なリーダーたちは、すでに旧来のやり方がもはや現在の世界には適さないことに気づいているのです。

リジェネラティブ・リーダーは、生命が躍動する動的なシステムとして組織を捉え、網目のように広がるその全体性に自らを絶えず共振させながら、組織の繁栄のための適切な状態(コンディション)を調えていくエコシステミック・ファシリテーターとしての役割を果たしていくことが必要になります。

機械から生命体へ――これこそがリジェネラティブ・リーダーシップが促すパラダイムシフトであり、個人および組織レベルでの意識の変容でもあります。未来学者のジョン・ネイスビッツが指摘するように、これからの時代の変容は、人として生きることそのものの意味が問われ、拡張されることによって起こるのです。

では、生命(リビング)システムカルチャーの特性や生命体としての組織の文化的土壌とは、具体的にはどのようなものなのでしょうか。

生命(リビング)システムカルチャー

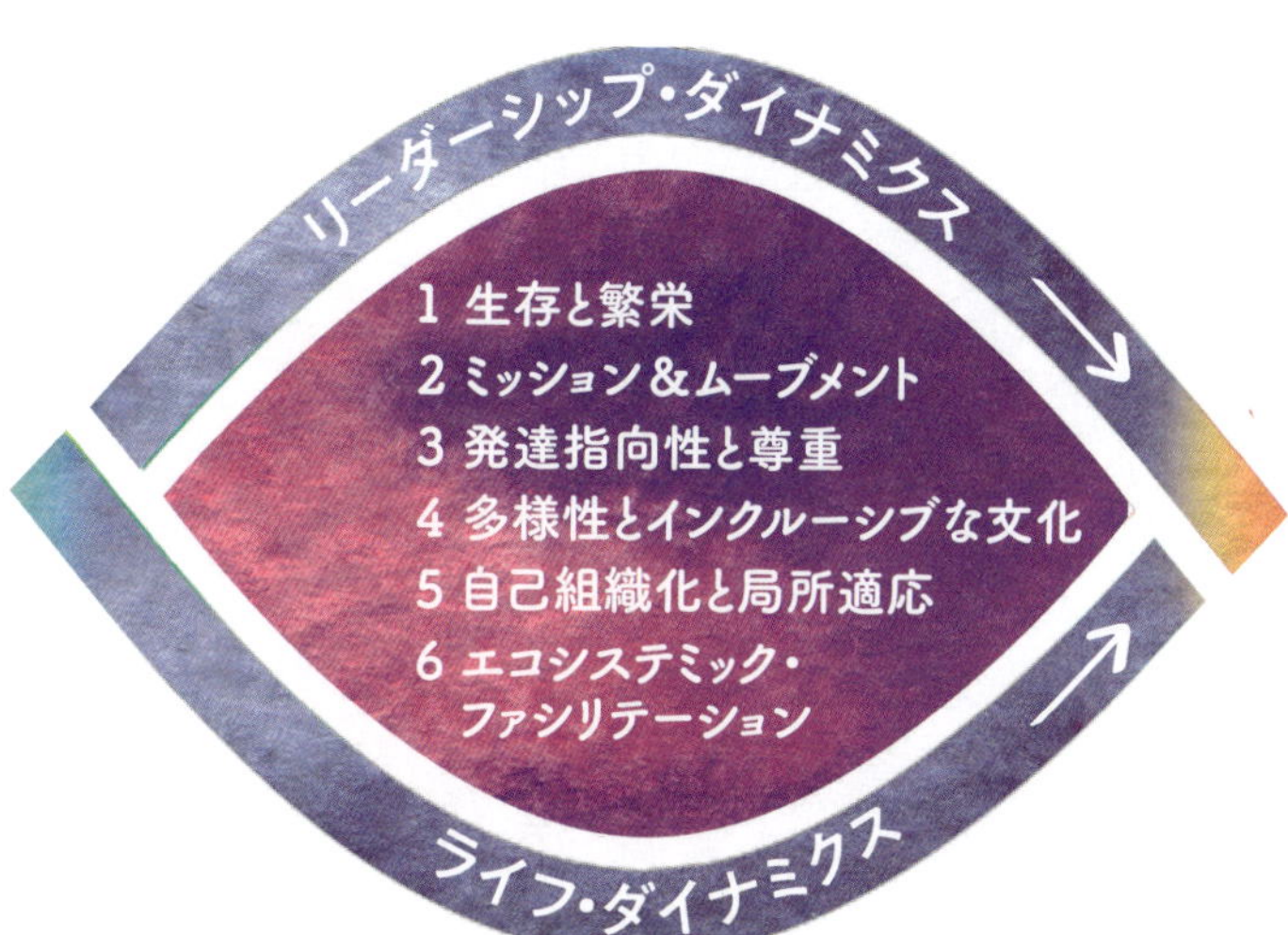

これから、21世紀型のビジネスに求められるリーダーシップスキルや組織の器(キャパシティ)を育んでいくためのエッセンスを見ていきましょう。

生命システムカルチャーの領域は、6つの要素から構成されます。

❶ **生存と繁栄**——ビジネスが繁栄していくための健全な資金循環

❷ **ミッション&ムーブメント**——組織を超えた、大いなる何かへの貢献

❸ **発達指向性と尊重**——お互いを尊重しながら、自分自身や他者が学び、成長し、発達していくためのスペースの確保

❹ **多様性とインクルーシブな文化**——背景や視点の違いを尊重し、多様な価値観を受容する企業文化の実現

❺ **自己組織化と局所適応**——自己組織化を通じた、組織のレジリエンスとアジリティの解放

❻ **エコシステミック・ファシリテーション**——組織を取り巻くシステム全体への配慮(ケア)と理解

❶ 生存と繁栄
ビジネスが繁栄していくための健全な資金循環

リジェネラティブ・ビジネスの本質は、人間も人間以外の存在も含めたステークホルダーの生態系に、受け取るよりも多くの価値を与えていくことです。ここでいう価値とは、金銭的な利益だけでなく、相互につながりあうシステムのなかで生命を育むあらゆる営みのことを指します。

そのためにも組織はまず財務的な持続可能性を確保し、繁栄する必要があります。リジェネラティブ・ビジネスは、寄付や助成金に依存するものではありません。もちろん助成金や補助金の活用が効果的な状況もありますが、中核となる基幹事業においては、提供する製品やサービスを通じて収益を生みだす必要があります。そして、収益の使い道にこそ組織の在り方が問われます。ミッションを支え、組織に新たな活力を与えるために再投資するのか、あるいはミッションにほとんど関心を示さないような株主や投資家に支払うのか、ということです。2008年の金融危機以降、より多くの組織が、投資家が組織に寄生するような関係性、つまり組織の長期的な活力のためにならない関係を絶とうとしています。たとえば、世界的な伝統企業ユニリーバの元CEOポール・ポールマンは、現役時代に同社の株主構成を再編成し、長期的な視座を持つ良心的な投資家と関係を構築しました。彼は次のように述べています。

「私たちはじっくりと時間をかけて、当社の戦略によい影響をもたらさない株主との関係は解消し、活動に賛同してくれる株主との関係を深めていこうとしています。短期主義的で貪欲に利己主義に走る人たちは常に存在するかもしれませんが、私たちはむしろそうした人たちとは関わらないようにしたいのです」[1]

また、ヴァージン・グループの創業者であるリチャード・ブランソンも「ビジネスの第一目的は株主のために価値を最大化することでありどんなことをしてでもそれを達成すべき、という1970年代の理論は、世界に悲劇をもたらしてきた」と指摘し、「(株主資本主義は)企業が従業員をぞんざいに扱い、大気や水を汚染し、持続不可能な短期的利益を生みだすなど、現代社会が抱えるさまざまな病を生みだした。従業員を大切にし、環境のよき守護者として行動し、長期的に考える企業こそ、長期的な株主価値を生みだしていく可能性が高いということを、ビジネスに携わる多くの人々が認識するべき」と述べています。[2]

リジェネラティブ・ビジネスのアプローチは、ビジネスを実践するためのよりよい方法であり、組織全体(人材や原材料の調達、プロセス、文化、バリューチェーンにおけるパートナーシップ)の有形・無形の価値を活かし、健全な利益を生みだしながら、組織内外の生態系を活性化させていくためのよりよい方法を提示しています。

ビジネス・インサイト

イベルドローラ——世界有数の電力会社

イベルドローラ・グループは、3万5000人以上の従業員を擁する大規模なエネルギー企業です。2001年から、CO^2排出量の削減、石油・石炭燃料の取り扱い停止、再生可能エネルギーの採用などの抜本的な戦略転換に着手しましたが、当時の多くの投資家たちは同社の戦略的決断を「ビジネスにとって悪手だ」と嘲笑し、眉をひそめていました。しかし、その後数年間、イベルドローラは収益と市場価値を向上させながら、事業の脱炭素化を実現するという野心的な約束を一貫して守り続けてきました。かつて世界20位だった同社は、今では世界第5位の電力会社にまで成長し、世界中で1億人以上の顧客にエネルギーを供給しています。同社の事業戦略は「気候変動との戦い」にフォーカスしており、CO^2排出量を2020年までに30%削減することを宣言し、期限より早く達成しました。2030年までに50%、2050年までに排出量ゼロを目指しています。今後4年間で、同社は再生可能エネルギーのネットワークに340億ドルを投資する予定で、使命感に溢れた企業カルチャーは優秀な才能を惹きつけ、発電に伴う大気汚染量の大幅な削減は他社へのプレッシャーとなり、エネルギー市場全体に好循環を生みだしています。短期・中期的なコミットメントを一貫して達成していることから、投資家は脱炭素化がビジネスの数字に悪い影響を与えるのではなく、むしろよきビジネス感覚の証であることを認識しつつあります。

ボトムライン（最終利益）だけでなくシステム全体の価値創造に目を向けることで、結果としてビジネスのレジリエンスを高め、機敏に変化に対応していけるようになります。

グローバルLAMPインデックス*が20年以上にわたって60社を追跡した調査によれば、リジェネラティブ・ビジネスを実践している企業は、他社との競争から抜けだし、より効率的に市場シェアを拡大し、並はずれた利益をステークホルダーに還元していることがわかっています。リジェネラティブな組織は、コミュニティとの豊かな関係を育み、従業員や顧客、サプライヤーなどのステークホルダーから高い評価を得ているだけでなく、競合他社を凌駕するような製品やサービスを提供しています。

そうした企業の1つが、北米の鉄鋼会社ニューコア・コーポレーションです。鉄鋼業界は激しい競争にさらされ、収益率が低く、周期的に大きな変化に直面し、解雇（レイオフ）が常態化しています。しかし、ニューコアは、リジェネラティブなアプローチを採用することで、健全な利益を上げながら、従業員と良好な関係を築いて業界の常識を覆しています。詳細は下記のビジネス・インサイトをご覧ください。

リジェネラティブ・ビジネスの鍵は、健全な収益性を大事にしながらも、事業を取り巻く生態系全体が活き活きとした状態であるかどうかを常に企業哲学の中核に据えることです。生態系全体に貢献するのは、できた方がいいこと（ナイス・トゥー・ハブ）ではなく、組織が存在目的を果たし、財務的な持続可能性を担保するためになくてはならないものなのです。この考え方こそが生命システム全体のステークホルダーを巻きこみ、想像を超える成果へ導く力となるのです。

＊グローバルLAMPインデックス：Global Living Asset Management Performance（LAMP）Index。生きている資産への配慮（Living Asset Stewardship）を中核に据えた経営理論（LAS）に基づき、企業のパフォーマンスを測るために構築された。

ビジネス・インサイト

ニューコア・コーポレーション――北米最大の鉄鋼メーカー

ニューコア・コーポレーションの組織文化の特徴は、共通の価値観、会社への深い帰属意識、献身的なチームワーク、高い革新性、アジリティなどです。自己組織化されたチームが網の目のようにネットワークをつくり、新たなアイデアや革新が活発に生まれ続けています。同社は、ボトムアップかつ分散型の生命システムアプローチにより、厳しい市場環境の変化にも機敏に対応してきました。他社の一般的な工場では大型の高炉を備えますが、ニューコアでは「ミニミル」と呼ばれる小規模で環境負荷の少ない電炉に特化し、地域社会と協働しながら鉄スクラップをリサイクルしています。人材投資も積極的に行い、より高い利益率を実現しています。工場長の役割は、従業員を機械のようにコントロールすることではなく、自己組織化したチームが活き活きと活動できる環境を整え、社員とのつながりを深め、耳を傾け、導き、励ますこととされています。同社の業績を長年にわたってモニターしているジョゼフ・H・ブラグドンは「ニューコアは、鉄鋼業界で最も高給与の労働者を抱えているにもかかわらず、社員1人当たりの純利益が最も高い」と指摘しています。[3]

ビジネス・インサイト

ビュートゾルフ――オランダの地域包括ケアの先駆者

ビュートゾルフは、ソーシャルワーカーの劣悪な労働環境にうんざりしていたオランダの看護師たちによって立ち上げられました。10～12人ほどの自己組織化されたチームを組み、高品質のケアを必要な人に届けることに専念したいというシンプルな想いのもとに集い、活動がはじまりました。2006年の設立当時は、誰も彼らのことを相手にしていませんでしたが、クライアント（高齢者）にふさわしいケアを提供するというビジョンに共感し、機械的で支配的な官僚主義にストレスを感じていたオランダ中の看護師たちが続々と集まり、現在では理学療法やケータリングなどのスピンオフ会社も含めて1万4000人もの従業員を抱える企業に成長しました。同社の革新的な新規事業は各市場に精通する社員たちによって生みだされたものです。ビュートゾルフは、優れたサービスとコスト効率の高い組織運営によって、従来の同業他社よりもはるかに優れたパフォーマンスを出しています。同様の介護業務にかかる時間は標準の50%に短縮され、間接費は業界平均の25%に対して8%に留まっています。権限が分散され、1人ひとりが内発的動機に溢れ、主体的にその事業に関与していると感じるとき、大きな力が生まれるのです。[4]

さらに深める

従来の機械的パラダイムの組織と、生命システム論的パラダイムの組織の株主資本利益率を比較した研究結果を詳しく知りたい場合は、「グローバルLAMPインデックス（The Global Lamp Index）」と検索するか、ジョゼフ・H・ブラグドンの著書『生命を模倣する企業』（*Companies That Mimic Life*）を参照してください。

生態系全体の繁栄に貢献するという在り方は、生命システムカルチャーの2つ目の要素であるミッションとムーブメントにつながっていきます。

❷ ミッション&ムーブメント
組織を超えた、大いなる何かへの貢献

利益だけを目指す組織は、現代の変化の激しい環境のなかで長く生き残ることは難しいでしょう。社員が日々の仕事に対して前向きに時間と労力を注げるようになるためには、心から共感でき、感情に訴えかけるような組織のミッションが必要です。それがあるからこそ、1人ひとりのエンゲージメントを引きだし、輝きを解き放つことができるのです。PwCが2018年に発表した調査レポート「未来の働き方(Workforce of the Future)」によると、ミレニアル世代(1980~2000年頃に生まれた人々)の88%が、自分たちの価値観とあう企業で働きたいと考えていることがわかっています。[5] 2025年には労働人口の75%をミレニアル世代が占めることを考えれば、これからのビジネスが繁栄していくためには、組織の存在目的や価値観とのつながりを社員が感じられるようなミッション主導型の組織づくりが不可欠であることは明らかです。

リジェネラティブな組織のミッションというのは、壁やスライドに掲げられるような固定化された言葉のことではありません。もっと生き物のように躍動していて、自ら発達していく動的なものです。組織を取り巻く状況が変われば、組織が最大限の効果を発揮できるようミッションそのものも進化していきます。

社員は、「従業員」というよりも、組織の第一線でミッションに活力を吹きこんでいく大切な同志となります。

ここで、昨今ビジネスでも混同されやすい「ミッション」「パーパス」「バリュー」について、本書における意味の違いを整理してみましょう。

ミッションは、組織の方向性を示すものです。集団にとっての北極星のようなもので、戦略の核となります。リジェネラティブ・ビジネスにおけるミッションとは、社会システムが大量消費や分断、環境悪化を加速させていくような従来のビジネス慣行から脱却し、生命を育み、つながりを取り戻し、環境への影響を配慮する暮らしへの変容を促すものです。それを私たちは「変容型ミッション」と呼んでいます。

パーパスは、個人や組織の営みの根底で体現されていくものです。自身の存在目的に触れ、導かれていく感覚は自分自身のいのちを生きることそのものであり、私たちはそれを「パワー・オブ・パーパス」と呼んでいます。これは、リジェネラティブ・ビジネスにおける重要な側面の1つであり、のちほど詳しく説明します。

バリューは、ミッションを果たすために組織で共有されている行動様式です。これはCEOが替わるたびに変更するものでも、経営陣や外部のコンサルタントが定めて外から与えられるものでもなく、自社のDNAに刻み込まれ、日々の業務や意思決定のなかですでに形づくられているものです。組織がミッションを果たし、発達し続けていくことを導いてくれます。

そして、リジェネラティブな企業にとってミッションと密接な関係にあるのが、**ムーブメント**です。ムーブメントは、生命繁栄型の未来に向けて社会を変容させていこうとする願いの表現です。自社の生き残りや繁栄を超えて、社会の変容を生みだしていくミッションを体現していくための駆動形態であり、ミッションを持つだけに留まらず、運動体（ムーブメント）であり続けることが重要です。いくつかの事例をビジネス・インサイトにまとめました。

パーパスは最近流行り言葉になってしまい、ときに本質が薄まって広がってしまっています。ここでは「パワー・オブ・パーパス」について理解し、パーパスの体現がなぜ生命システムカルチャーの鍵となるのかをお伝えします。

心理療法家のヴィクトール・フランクルは、名著『夜と霧』（みすず書房）の中で「幸せは追求するものではなく、目的を持って生きることの結果として生じる」と書いています。[6] これは、組織のミッションについても当てはまります。ミッションは外側から意味付けし、追求することはできません。バリュー（価値観）に根ざして現実の課題（チャレンジ）に向き合い、目的に導かれて日々を生きるなかで、結果として生じていくものです。

組織のパーパスの文脈を理解するためには、個人のパーパスについて深く理解する必要があります。世界有数のパーパスの専門家であり、世界的ベストセラー『ときどき思い出したい大事なこと』（サンマーク出版）の著者であるリチャード・ライダーは、次の重なりあう3つの領域を通してパーパスを捉えるシンプルなモデルを定義しています。[7]

実践としてのパーパス――日々の実践や意識の向け方。内なる声に耳を傾け、自分にとっての真実を深く感受し、足かせになっているかもしれない古い習慣や制約に囚われずに現実を見ていく術（すべ）を身につけることを指しています。セルフ・アウェアネスやシステミック・アウェアネスともつながっています。実践としてのパーパスは、「何を（WHAT）」するかよりも、日常のさまざまなつながりや相互作用に対して「どのように（HOW）」意識を向けて実践するかを大切にします。

ビジネス・インサイト

ミッションやムーブメントの重要性を体現する企業の事例

生理用品メーカーのシンクス：女性の身体と生理周期に対する考え方に革命を起こそうとしています。同社は、1人ひとりが自分の生理周期を把握し、絶え間なく変化する身体のリズムに委ねていくことがいかに活力をもたらすかを啓発することをミッションの中核に据えています。製品だけでなく、意識の革命に寄与しているのです。

アウトドアブランドのフーディニ：環境再生を促すバリューチェーンと素材調達に関する画期的な指標を開発しました。さらに、顧客とのコミュニケーションを通じて、アウトドア活動における責任ある行動を促し、持続可能な社会への変容の担い手として1人ひとりに力を与えていくことをミッションとしています。

ウォーターポンプのメーカーであるグルンドフォス：貧困層の人々が清潔な飲料水を得られるように莫大な投資を続けています。その行動原理は「ビジネスになるかどうか」ではありません。「活動する地域のあらゆる人にきれいな水を提供することが自分たちの責任である」という、同社の使命感から生まれたムーブメントなのです。

トニーズ・チョコロンリー：チョコレート業界における児童労働のひどい実態を知った創業者が設立したチョコレートブランドです。多くの子どもたちがカカオ農園で長時間かつ無給で働かされているにもかかわらず、多くの企業が――サステナブル・ブランドと呼ばれ、アワードを受賞しているような企業であっても――利益を優先するがゆえに、そうした課題に対処できていません。フェアトレードなどの認証のないチョコレートは、非人道的な取引がされていることはほぼ間違いないでしょう。そうした状況のなかで、トニーズ・チョコロンリーは児童労働の撲滅のためにバリューチェーン全体に大規模な投資をしており、製品の包装をひらくと「私たちはチョコレート業界における児童労働を終わらせるために存在しています。皆さんと一緒に、児童労働が100%行われていない状態を業界水準にすることが私たちのミッションです。このムーブメントにあなたは参加しますか?」という言葉が飛びこんできます。

カーセル：服役中の女性たちを雇用し、正当な賃金を与え、家族のケアをし、服役後の人生の新たな道を自ら切り拓くことを支援するアパレル企業です。カーセルは、受刑者、刑務所関係者、地方自治体、あるいはペルーのアルパカ毛生産者やタイの絹生産者といったサステナビリティに配慮した地域資源の提供者など、多様なステークホルダーと親密なパートナーシップを築いています。

道筋としてのパーパス——未来に向けた道筋だけでなく、過去に歩んできた軌跡も含め、どのように人生を歩むかを指しています。リチャード・ライダーは、道筋としてのパーパスが生みだす成長と、与えることの力について書いています。私たちは日々どのように自身を成長させ、世界にどのようなギフトを贈るのかを自ら選ぶことができます。人生を歩むということは、そうした日々の選択の内省と探求を繰り返していくことなのです。

内なる羅針盤としてのパーパス——混乱や矛盾に満ちた人生の大海原を航海するためには、「内なる羅針盤」を育むことが大切です。地に足をつけ、より深い自己につながり、自身の存在の一貫性を保つための日々の鍛錬（ディシプリン）を繰り返すことで、日々のストレスや不協和の波にのみ込まれることなく、内なる羅針盤、すなわち自身の方向感覚につながり続けることができるようになります。

1人ひとりがリーダーとして個人のパーパスを養っていくことで、それが組織のパーパスやミッションとどのように共鳴しているかがより明瞭に感受できるようになります。そうすると、個人のパーパスを通じて組織のパーパスにつながれるようになり、生命システムとして躍動しようとする組織の本当の姿をありありと実感できるようになるのです。

個人のパーパスによる導きが組織のそれと一致するとき、自分やチーム、組織を取り巻くさまざまなつながりに秘められた可能性を解き放つことができます。個人は仕事に真の意味を見出し、試練や苦難を乗

パワー・オブ・パーパス

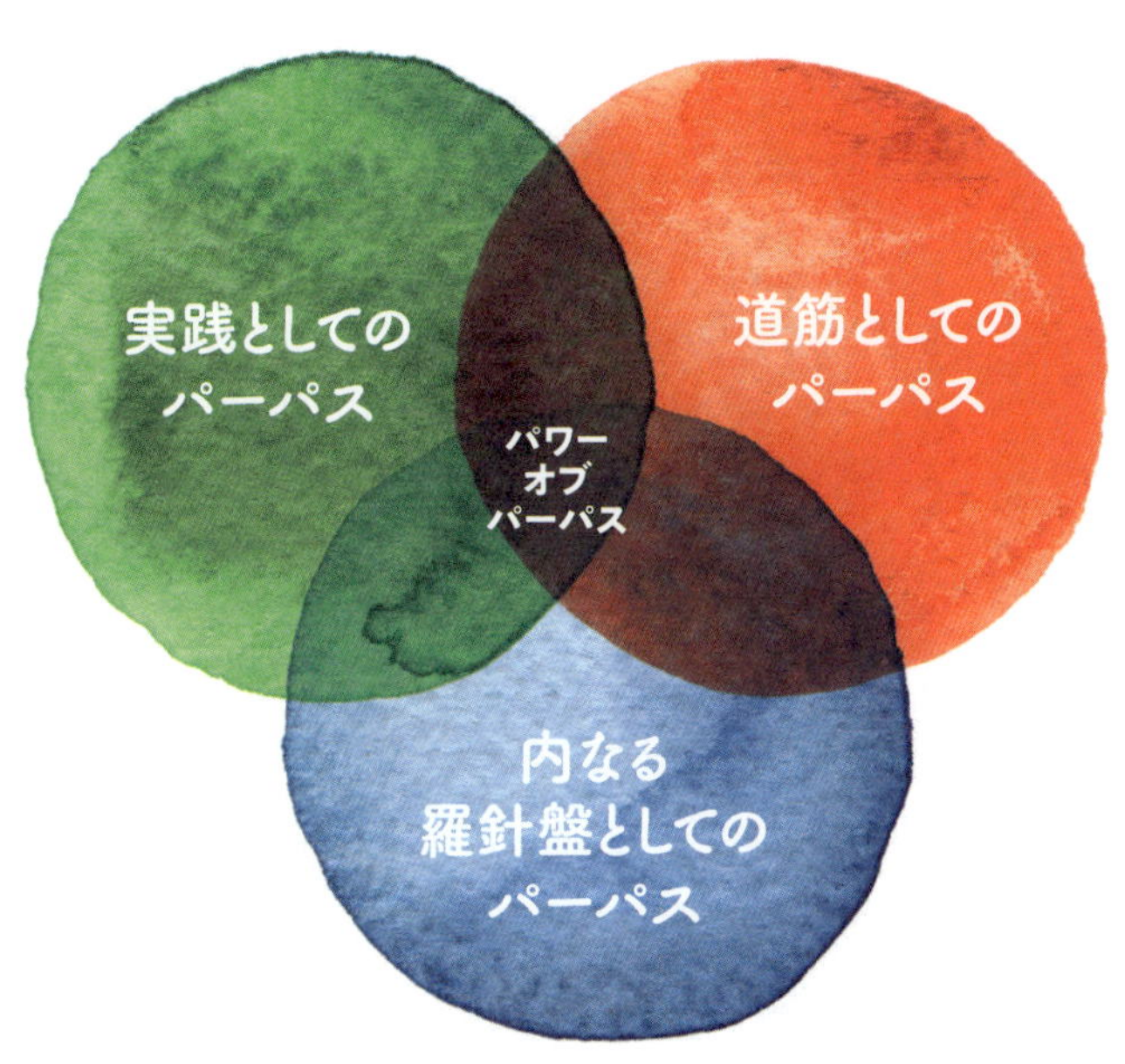

@copyright Hutchins & Storm

り越え、活力や感情的な結びつきを感じることができるようになります。そのとき、組織は私たちがこの世界で存在目的とつながりながら生きることを表現するための乗り物（手段）となり、組織という生命システム全体にパーパスの共鳴感覚を育むことができるようになります。組織のメンバーはそれぞれのセルフ・アウェアネスやシステミック・アウェアネスを通じて、その共鳴が起きているかどうかを常に感受しているので、もし組織の存在目的が個人に押し付けられていたり、本物（オーセンティック）ではないと感じていたりしたら、活力や創造性に満ちたエネルギーは流れていかないでしょう。

　リーダーたちは、ミッションとムーブメントによって組織をいざなうことはできても、発達の仕方をコントロールすることはできません。逆に言えば、ミッションとムーブメントには、絶えず変化する環境に適応し、進化し続けていく可能性が常に秘められています。

リジェネラティブ・リーダーは、生命システムの躍動を感受するエコシステミック・アウェアネスを高めることで、ローカルな現場のチーム、組織全体、グローバル（より広範な生態系や社会経済システム）のあらゆるレベルにおいて、自身を取り巻くシステムから立ち現れようとしている何かに波長を共振させていくことができます。組織は独自の存在目的（エボリューショナリー・パーパス）を持った1つの生命システムであり、その声に耳を傾け、仕えていくのです。

ここは肝となるところです。ミッションとムーブメントは、生命システムとしての組織が自ら向かおうとする方向に耳を澄ますことで導かれていくものでなければなりません。これと連動して、リジェネラティブ・リーダーたちには、定期的なダイアローグやチェックインを通じて個人のパーパスと組織のパーパスの響き合いを促していく役割を果たすことが求められます。これは、社員1人ひとりが組織に合わせることを強要されるのではなく、個人の生きる目的が組織のパーパスの何かしらの側面と共鳴しあっている状態を保つことを意味します。

さまざまな個人の原動力が絡まりあって、生命システム全体の活力に貢献していきます。ホールフーズ・マーケットの場合、有機野菜や

ビジネス・インサイト

ホールフーズ・マーケット――オーガニックでエシカルなスーパーマーケット

ホールフーズ・マーケットは、数千店舗を展開するグローバル企業です。「お客様に良質な食品を届けること」をミッションとしていますが、存在の核となっているのは健康的な食とウェルビーイングに関わるより広範なムーブメントに貢献することです。共同CEOのウォルター・ロブは「私たちは、使命（ミッション）を持った小売業者というよりも、たまたま小売業を行っている伝道師（ミショナリー）であり、店舗は、食の全体性やよりよい健康を世界に届けるという私たちの深い存在目的を表現していくためのキャンバスなのです」と語っています。3年に一度、800人の店舗のリーダーたちは「トライブ・ギャザリング」と呼ばれる場に集い、組織を導く深いパーパスやミッション、ムーブメントを新たに紡ぐための長く刺激に満ちた週末を過ごします。

健康食品をもっと身近なものにすることに情熱を燃やす社員もいれば、ユニークな顧客体験を提供することにやりがいを感じる社員もいるでしょうし、1人ひとりの社員が大切にされて活き活きと働けることに心血を注ぐ社員もいるかもしれません。こうした個々の原動力が、生命システムとしてのホールフーズ・マーケットに活力を与え、社員やリーダーたちを結びつけ、卓越した成果を生みだしていくのです。パーパスは、追求したり達成したりするものではなく、個人や組織を通じて世界へと流れだし響き合っていくもの。生きることそのものによって体現されていくものなのです。

トリオドス銀行――お金が社会善に使われることを目指す国際銀行

トリオドス銀行のミッションは、「社会や環境への貢献を通じ人々の生活の質を向上させる企業に資金を提供すること」です。トリオドス銀行には透明性、起業家精神、サステナビリティ、卓越性という全社に共有されている4つのコア・バリューがあり、グローバル事業からローカルな活動に至るまで、日々の行動に組み込まれています。年に3回開催される「グローバル・バリュー・ワークショップ」では、世界中の社員が森の中に招待され、3日間かけてコア・バリュー、個人と組織のパーパス感覚、会社のミッションと深く結びつくための時間が用意されています。これによって、個人のパーパスと組織のパーパスの共鳴を深めていくのです。各国の事業責任者たちは存在目的の深い響き合いに導かれながら、各地域の事業の在り方を問いなおしていきます。たとえば、英国の事業部では、自分たちでバリュー・ワークショップが開催されており、日々の業務のプレッシャーのなかでコア・バリューを体現するための実践的な方法についての話し合いが行われています。

❸ 発達指向性と尊重

お互いを尊重しながら、自分自身や他者が学び、成長し、発達していくためのスペースの確保

生命システムカルチャーを養っていくためには、生命を育む文化的条件を現場で日々生みだしていくことが必要になります。恐れや支配(コントロール)に基づく文化から抜けだして、互いを尊重しあう文化を育み、社員が心理的安全性を感じながら、勇気を持って探索し、学び、成長していける環境づくりです。従来の組織では、規範を守ること、リスクの回避、官僚的な手続きといったことに膨大なエネルギーが吸い取られています。そして、多くの人が周囲と違う行動をとったり失敗したりすることを恐れるあまり、自分にとって大切な本質を見失ってしまっています。

ハーバード大学の心理学者であるロバート・キーガンとリサ・ラスコウ・レイヒーは、発達指向型組織*の分野で、膨大な研究を重ね、何がうまくいき、何がうまくいかないのか、そしてなぜ発達指向型文化がこれからの組織にとって重要なのかを明らかにしました。彼らの重要な主張の1つは、人々が自分を偽り、ごまかし、真実を隠すことに費やすエネルギーの量を根本的に減らす必要があるということです。

「実は、組織に属しているほとんどの人が、本来の仕事とは別の『もう一つの仕事』に精を出している。お金ももらえないのに、その仕事はいたるところで発生している。大企業でも中小企業でも、役所でも学校でも病院でも、営利企業でも非営利団体でも、そして世界中のどの国で

＊発達指向型組織：Deliberately Developmental Organization（略してDDO）。ロバート・キーガンとリサ・ラスコウ・レイヒーが提唱する、成人発達理論に基づく組織の運営形態。

も、大半の人が『自分の弱さを隠す』ことに時間とエネルギーを費やしている。まわりの人から見える自分の印象を操作し、なるべく優秀に見せようとする。駆け引きをし、欠点を隠し、不安を隠し、限界を隠す。自分を隠すことにいそしんでいるのだ。思うに、組織でこれほど無駄を生んでいる要素はほかにない。もっと価値あることにエネルギーを費やすべきではないのか？」[8]

思い当たることはあるでしょうか？　すばらしいミッションを掲げる社会性の高い企業であっても、内実を掘り下げてみると、ストレスや燃え尽き症候群、派閥争い、社内ゴシップ、権力への中毒性、あるいはコアバリューと日々の実際の振る舞いとの一貫性の欠如などが混在して、組織が少しずつむしばまれていることがあります。社会的なミッションという外側の達成に集中しすぎてしまうあまり、価値観や組織文化といった内側へのケアや内なる真実（インナー・オーセンティシティ）を犠牲にしてしまっているのかもしれません。

情熱的なミッションを掲げる企業でよくある光景は、自信とカリスマ性に溢れた創業者やCEOが社会を変えようと呼びかける裏側で、誰にも気づかれないまま影が広がっていく様子です。リーダーシップの専門家であるサイモン・ウェスタンが「救世主型リーダーシップ」と呼ぶように、CEOや創業者の熱い信念や行動力に感銘を受け、周囲の人たちがいつの間にか従者となってしまうのです。こうしたフォロワーは、意義ある目標に従順に身を捧げますが、救世主型リーダーに過度に依存してしまいます。そのため、個々人の精神面の自律的な発達がなおざりになり、組織内にさまざまな問題を引き起こす

さらに深める

救世主型リーダーシップやエコ・リーダーシップに関するサイモン・ウェスタンの研究についてより深く知りたい方は『リーダーシップ』（*Leadership : A Critical Text*）をご一読ください。

ことがあります。外側に焦点が向くあまり、内側で文化が涵養されず、その組織が本来持っていたはずの輝きやミッションに向かうエネルギーを生みだせない、といったことです。

組織のベクトル(方向性)が「社会のサステナビリティ」「PR」「ブランド」など外側に偏りすぎると、このような内と外の一貫性の欠如は、生じやすくなり、注意深く対処しなければ、ゆくゆくは組織に大きなダメージを与えていく可能性があります。だからこそ、組織内外の全体性とつながり、生命を育んでいくリジェネラティブなアプローチが必要なのです。

リジェネラティブ・リーダーシップは、内と外の両方に意識を向け、相互につながりあうシステム全体の健全な流れを促していくという点で、救世主型リーダーシップとは明確に異なるものです。むしろサイモン・ウェスタンが「エコ・リーダーシップ」と呼ぶものとより近い考え方になります。リーダーには、情熱と機動力を持ってミッションやムーブメントを推し進めながら、組織が活き活きと繁栄し、存在目的に導かれながら、健全に進化していくための文化的条件を調えていくことが問われています。互いに尊重し合い、発達し続ける文化を育むことで、個や集団の持つ可能性が自然とひらかれ、組織そのものが自ら繁栄していく状態をつくりだすことができます。普段のちょっとした会話やチームでの振り返り、会議での話し合い、相互レビュー、意思決定や合意形成のプロセス、あるいはインフォーマルな社内外の活動など、日々のあらゆる場面や関係性において、刺激的な学びや発達を促がされているかどうかが問われているのです。

では、具体的にはどのような実践が必要になるのでしょうか。

キーガンとレイヒーはさまざまな業界や組織でも通じうる方法を研究しましたが、ここでは私たちが特に重要だと考える5つのアプローチとテクニックの要点を紹介したいと思います。

①フィードバックと共有のための安心安全な場

学びの文化の一環として、互いを尊重しながら、フィードバックや気づき、健全な批判を安心して伝えあうプロセスが設計され、1人ひとりが自身やチームの学習を支えあう責任を持っていることが大切です。効果を最大化するために、迅速なフィードバックの仕組みとじっくり深く対話する場を組みあわせている組織もあります。たとえば感謝や改善点を伝えるアプリを活用して、プレゼンテーションや会議のファシリテーションなどを改善していくのです。アプリなどを使った即時の定量的なフィードバック・システムは、標準的なパフォーマンスの度合いを評価するのには役立ちますが、真の学びと成長のためには十分とはいえません。より深い、質的なフィードバックを得るために、定性的なアプローチと組みあわせていくのがいいでしょう。

定性的な手法としては、たとえば「ディープリスニング」「ピアコーチング」「グループ対話」などが挙げられます。いずれも、社員が自分の声を聞いてもらえている、見てもらえている、改善や成長に向けてフィードバックをくれていると実感できることが大切です。グループ対話の手法の1つ、「フィッシュボウル」では、グループのうち何人かのメンバーが場の中央に輪になって座り、学びや意見を共有し合います。残りのメンバーはその外側を囲んで、内側のメンバーの対話の内容を評価や判断をせずにありのままに傾聴し、最後に内側のメンバーにフィードバックをします。本書のPART3で、こうしたフィードバックを共有するための具体的な手法を詳しく紹介していますが、ここではキーガンとレイヒーが行ったアークライト・ハリウッドという映画館の事例を紹介します。

「ある映画館のキーパーソンである3人の社員が、最近はじめた顧客ロイヤルティ・プログラムがなぜうまくいっていないのかを話しあう場が設けられた。アークライト・ハリウッドのCOOは、IT部門、マーケティング部門、オペレーション部門に属するこの3名が効果的なコミュニケーションをとれていないのではないかと考えていた。

まず彼女（COO）は、フィッシュボウルの手法を用いて、3人それぞれが現状をどのように捉えているかを話してもらった。他のマネジャーたちは外側を囲むように座り、3人の話し合いに耳を傾け、そこから学び、ときには対話に参加した。彼女の丁寧で安全な場づくりのおかげもあり、3人の誰もが『他の2人だけで意思決定や情報共有を行い、自分は蚊帳の外に置かれていた』と感じていることを打ち明けることができた。さらに、それぞれが相手を締めだすような振る舞いをした理由や把握できていなかった影響を明らかにすることができ、これからは異なる方法で進めることに合意した。このような対話が日常的に行われることで、社員はこうした自己開示の場は恐ろしいものではなく、弱さをオープンに分かち合って乗り越えていくための健全な練習なのだと考えるようになっていく[9]」

② 透明性の徹底的な追求

キーガンとレイヒーが調査したある企業では、「あらゆる会議を録画する」というルールを設けていました。もしどこかの会議で自分のことが話題に挙がっていたら、その場で何が話しあわれたかを後からでもすぐに調べ、録音を聞き、より詳しい情報を求めることができます。また、先述したように、日々のやりとりやフィードバックをアプリで可視化し、誰もがアクセスできるようにしている会社もあります。これは他者と比べるためではなく、立場や年齢や経歴にかかわらず、互いに学びあい、失敗や不完全さを許容する文化を促進するためです。

私たちは誰もが皆、どんな役職や立場にあったとしても、常に発達の途上にあります。そのため、初めのうちは情報の透明性やフィードバックの仕組みが自分を脅かすものだと感じることもあるかもしれません。しかし、安心安全な場がひらかれ、その仕組みの本来の目的は非難したり貶めたりすることではなく、互いの成長と精神発達を支えあうためのものであることが理解されると、他者へのフィードバックに対して過剰に自己防衛的になることなく、感謝とともに受け入れることができるようになるのです。

③誰もが弱さを開示できる

自分の弱みや失敗、疑問や不安を共有することを新入社員だけに求めても、発達指向型の文化を醸成することは難しいでしょう。あらゆる立場の人が、悩みや心配事、ありのままの考えをさらけ出せる環境になることが大切なのです。ときには、離婚や愛する人の死、子どものこと、結婚式の準備といったプライベートな出来事を共有することが必要な場合もあるかもしれません。従来の「プライベートを仕事に持ちこむな」といった考え方とは真逆ですが、発達指向型組織では、1人ひとりがプライベートも含めて自身の成長や精神発達のために多くの時間を注ぐことが奨励され、そのための研修や育成プロセスが用意されています。弱さや悩みを分かち合えるようになると、自分を偽ったりごまかしたりすることに膨大なエネルギーを費やす必要がなくなり、そのエネルギーを学びに振り向けられるようになります。自ら発達し続ける展開性を持った文化醸成の鍵は、今はまだ見えていないこと（ブラインド・スポット）や成長の余白をそれぞれが受け止め、学び続けようとする自発性なのです。

④ 絶え間ないゆらぎ

発達指向型の文化を育む組織の事例では、スキルアップのために部門を超えた役割やポジションを定期的に入れ替えられる仕組みが設けられています。こうすることで、個人や組織が硬直化せず、新たな視点やアイデアを得て、継続的な成長と学びを促していくことができるのです。eコマース企業のネクスト・ジャンプでは、組織運営を担うリーダー陣が全社投票によって定期的に任命されますが、あるとき、とある意欲的なリーダーが次の任期に選ばれませんでした。その女性はとても悔しい思いをしましたが、同僚たちからフィードバックを受けるなかで、彼女がチームの成長よりも自身の成果を優先していると周囲のメンバーが感じていたことを知ります。発達指向型の文化を育むという観点からリーダーとしての役割を果たせなかったと気づいた彼女は、この出来事から学び、自身の無自覚の領域（ブラインド・スポット）に向き合い、改善に努めました。そして、数カ月にわたる献身的な努力と内面の成長を経て、再びリーダーに任命されたのです。ときにはピンと張り詰めるようなテンション（緊張）が生じる動的なゆらぎや不均衡（アンバランス）のなかでこそ、コンフォートゾーンを抜けだし、学

さらに深める

発達指向型の組織文化については、ハーバード大学におけるキーガンとレイヒーの研究および彼らの著書『なぜ弱さを見せあえる組織が強いのか』（英治出版）を参照してください。

び続ける文化を育んでいくことができるのです。

⑤ 失敗の奨励

発達指向型組織では、失敗が推奨されます。失敗を恐れていては、成長も進化も望めないからです。投資会社のブリッジウォーターは、失敗を成長の機会として受け入れるためにさまざまな仕組みを取り入れています。たとえば、「失敗への貢献度」を可視化するため、あらゆる社員が問題や失敗を詳細に記録する「イシュー・ログ」というものがあります。失敗を記録することは組織的な学習の重要な一部とみなされ、賞賛され、報酬が与えられています。逆に、失敗を記録しないことは業務の不履行とみなされています。失敗が奨励され、それを素直に認める文化があれば、新しいことに挑戦する、常に学びにひらかれた

ネクストジャンプ――10億ドル規模のeコマースプロバイダー

ネクストジャンプは、キーガンとレイヒーが詳細に分析した組織のうちの1つです。同社の1日は「トーキング・パートナー」と呼ばれる2人組のワークからはじまります。これは「ミート（＝会う）」「ベント（＝吐きだす）」「ワーク（＝仕事）」という3つの側面からなる仕組みです。ペアは毎朝顔を合わせて（ミート）、それぞれが内に抱えているもの――仕事のことでも、家庭のことでも、心の中にあるあらゆるもの――を吐きだします（ベント）。心配事や不満を安心して外に出す場があることで、自分の全体性を職場に持ちこみやすくなります。ベントのあとは、現在の仕事（ワーク）の話にうつり、直面している課題やアイデア、進め方などについてペアからよりよい道筋やアイデアのコーチングを受けます。そして、毎週1時間、2つの異なるペアと1人のコーチが集まり、「シチュエーション・ワーク」を行います。その週にそれぞれが向き合っている課題をシェアし、コーチングをし合いながら、セルフ・アウェアネスを高め、課題に対して衝動的に反応するのではなく、新しい対応策を模索していきます。他にも、「10Xファクター」と呼ばれる月次で行われる全社の取り組みがあり、10人が1人5分ずつ会社への個人的な貢献を全社員に発表します。毎回さまざまな貢献が発表され、他の社員はアプリを使ってリアルタイムでフィードバックをコメントすることができます。他には、新入社員のエンゲージメント向上やベテラン社員のリーダーシップ開発を目的とした「パーソナル・リーダーシップ・ブートキャンプ」などの仕組みがあります。これらの実践はすべて、絶え間ない学習や発達への意識を組織文化の根幹に据えていくための施策なのです。

状態をつくりだせるからです。組織が適応し、確信し、進化していくための文化的条件をボトムアップで整えていくことにもつながります。

ここまで見てきたような発達指向型の文化は、システム全体の関係性やフィードバックの流れ、現場での自律的な適応、組織内外の共創活動を豊かにしていくために不可欠なものです。生命システムとしての組織は、こうした文化的土壌が培われることではじめて、栄養が循環し、活力が吹きこまれていきます。社員が機械的な仕組みに埋め込まれ、標準化された役職や職務に囚われてしまわないよう、心理的安全性が高く刺激に溢れた場を生みだしながら、1人ひとりが自分らしさと潜在能力を解き放ち、進化し続けていく環境を整えていくことこそがリジェネラティブ・リーダーの核心的な役割なのです。

もしもあらゆる人が本来の自分でいられるような文化を職場で育むことができたらどうでしょうか。自分の弱さを隠したり、偽ったり、評価や判断に囚われたり、よくみせようとしたり、内面を他者に投影したりすることにエネルギーを使うのではなく、1人ひとりが全体性とつながり、真実の姿で関わりあうことができたら――。そうしたときに生まれていく活力こそ、リジェネラティブ・リーダーシップの根底に流れるエネルギーなのです。

そのためには、リーダー自身が内面と向き合い、シャドウを統合し、心理的トリガーや無自覚の領域に意識的になる必要があります。そして、自分だけでなく、周囲の人たちがそれぞれの内面と向き合えるような安全で信頼に満ちた場を生みだしていくことが必要です。リジェネラティブ・リーダーシップは、全体性とつながりなおしていく旅路そのものなのです。

私たち1人ひとりがよりオープンに、お互いを尊重し、この世界と呼応しながらより活き活きと人間らしく生きていくことができてはじめて、生命体としての組織は躍動しはじめるのです。

❹ 多様性とインクルーシブな文化
背景や視点の違いを尊重し、多様な価値観を受容する企業文化の実現

20世紀の機械的な企業文化のもとでは、均一性や画一化が重視され、みんなが同じように社会的に標準化された「成功」を達成することがよしとされてきました。そして、その標準から外れた人は社会に適合しづらく、疎外感を抱きやすいのが現状です。人間関係が複雑に絡みあう組織において、多様性やインクルーシブな文化を育むために、生命システムの論理、つまりライフ・ダイナミクスにおける発散と収束の考え方を活かすことができます。

たとえば、**発散**においては、チーム、ステークホルダーに対して常に自分をひらいていくことで、さまざまな差異や境界を超えて協働し、組織の多様性を刺激することができます。スウォームなどの共創型の手法やステークホルダーとの対話セッション、未来探索ワークショップなどを活用すれば、民族や生い立ち、ジェンダー、年齢、ものの見方、ビジネスの考え方など、多様性を意図的に混ぜあわせていくことができます。

さらに深める

興味がある方は、多様性とインクルーシブな文化の専門家であるニールセンとケピンスキーの『インクルージョン・ナッジ』（*Inclusion Nudges*）をぜひご覧ください。誰もが包摂される職場環境を作るためのガイドとなるでしょう。

グッチ――グローバルなファッションブランド

2019年2月、グッチはメディアを騒がせました。あるセーターのデザインが黒人の風刺画に似ているとして、多くの人々の怒りを買ったのです。グッチと仕事をしていたインフルエンサーの1人、ダッパー・ダンは次の声明を発表しました。「いかなる言い訳や謝罪もこのような過ちを払拭することはできません。グッチのCEOは、今週イタリアからニューヨークのハーレム地区にやってきて、私やコミュニティのメンバー、業界のリーダーたちと話をすることを約束してくれました。説明責任なくしてインクルーシブの実践はありえません。私は説明を待ちたいと思います」。その後、グッチはすぐに該当のセーターを全店舗から撤去し、「多様性は、いかなるときでも支持、尊重されるべき根本的な価値観であり、グッチが行うあらゆる意思決定の土台として尊重されるべきものだと考えています」という声明を発表しました。数週間後、グッチは、多様性とインクルージョンがブランドの鍵であると感じながらも、それを適切に有言実行できていなかったことに気づき、新たな多様性とインクルージョン（D&I）戦略を打ちだしました。この戦略には「① 多様性とインクルージョンを推進するグローバルディレクターと地域ディレクターの採用」「② 多文化デザインに関する奨学金プログラムの設置」「③ 多様性とインクルージョンの啓発のためのグローバルプログラムの開始」「④ 主要社員が幅広い文化体験をするためのグローバル交流プログラムの開始」などが含まれています。

この事例のように個人や組織のバイアスや無自覚がしばしば他人を傷つけてしまうことがあります。企業の価値観を言葉として掲げるだけでなく、活きたものとして実践するためには、セルフ・アウェアネスとシステミック・アウェアネスが統合されたリーダーシップ・ダイナミクスに深く向き合い、組織全体として取り組んでいく必要があるのです。この問題に対してグッチは迅速かつ責任ある対応をしましたが、今後この新たな戦略が組織やバリューチェーンにどのような変化をもたらしていくのかに注目です。

自然界は多様性に支えられている

ミツバチであってもアリであっても、多様性のあるコロニー（＊群生している集団）は生き残り、繁栄していく傾向があります。逆に、多様性を失ったコロニーは崩壊していくことがわかっています。また、多様性の高いミツバチのコロニーは、それぞれが異なる生態学的ニッチを獲得し、メンバー間の競争が減り、よりストレスレベルが下がるといわれています。

生物学者のタムシン・ウーリー・バーカーは次のように述べています。「遺伝的多様性の高いアリの群れは、遺伝的多様性の低いアリの群れよりも早く成長し、より長く生存し、より旺盛に繁殖する。その理由は、採餌のスタイルが多様だからである。早朝から活動するアリもいれば遅い時間から動くアリもいる。活発で勇敢なアリもいればゆっくり慎重に行動するアリもいる。これが群れ全体として、より効果的で、より持続的な採餌の実現に寄与しているのだ[10]」

そのうえで今度は、**収束**を通じて、組織で大切にしているコアバリューや振る舞い、それらが育んできた文化的土壌をよりどころとしながら、発散によって生まれた豊かで多様な視点や方向性をまとめていきます。多様な視点による発散と共通の価値観による収束の両方を尊重することで、多様性を祝福しながら、受容や帰属の感覚を育み、組織の生命システムに活力が生まれていきます。

他者へのステレオタイプがあるような文化のなかで働いていれば、無意識のうちにバイアスがかかりやすくなります。知らず知らずのうちに、他者を分類という名の箱に入れ、一目見て、その人が「仲間」なのか「それ以外」なのかを判断してしまうのです。心理学的には他者化（othering）と呼ばれるこの現象によって、ある人や集団を自分の所属集団とは異質なものとみなして排除してしまうのです。これは、意識的にせよ無意識的にせよ、自ら分離をつくりだしているともいえます。

ビジネス・インサイト

ソーシャル・キャピタル・ファンド
――インクルーシブな企業に特化したデンマークの投資ファンド

ソーシャル・キャピタル・ファンドは、一般的な労働市場に馴染まない人を積極的に受け入れる社会性の高い企業に投資し、支援しています。たとえば、身体障がいや精神疾患、社会課題などの事情で定職に就くことが困難な人たちです。ファンドは、投資先が経済的にも成功していることを示し、多様性とインクルーシブな文化が、社会福祉や非雇用者のためだけの話ではなく、財務的な健全性にもつながることを実証しています。

人は常にバイアスを持っており、現実を自分だけの単一的な環境世界から見ているため、不平等さが見えなくなってしまう。研究によると、特権階級にある人々は不平等に対処しようとしていないのではなく、不平等な現実そのものが見えていないということがわかっている。この知見を職場に当てはめてみると、権力の強い立場にある人々は、組織の雇用・貢献・昇進などにおいて、そもそも機会の不平等さを認識しづらいということである。また、そうした不平等さは、組織の構造やプロセス、暗黙の合意によって隠され、見えなくなってしまうこともあるのだ。

——ティナ・ニールセン（人類学者）

ここ10年ほどのあいだで、無意識のバイアスを乗り越え、職場の多様性を尊重し、評価する方法への関心が高まっています。それだけでなく、あらゆる考え方や出自、経歴の人が包摂されることは、異文化交配を促し、多様な視点やアイデアを生みだすという観点からも注目されており、多様性が企業の利益、成長、そして創造性に寄与するという研究も発表されています。[11]

多様性とインクルーシブな文化への高まる関心とまなざしは、ジェンダーや民族、出生地、年齢、性的指向、障がい、学歴、生い立ち、政治的指向、心理的指向（内向的-外向的など）、日々の課題に取り組む際のものの見方など、あらゆる分野における差異に向けられています。

組織において多様性とインクルーシブな文化を実現するための第一歩は、自分自身の無意識のバイアスに自覚的になることです。そうすることで、他者の無意識の偏見や行動に対しても理解を深め、共感することができます。こうした視点から組織を眺めると、ステークホルダーのエコシステム全体における文化的な前提や偏りも意識できるようになっていきます。これは、自分自身の土台になっている常識や刷りこみを問いなおす取り組みでもあります。自分とは異なる他者の在り方を尊重できるようになるために、自らの知覚の裾野を広げていくことが求められているのです。さまざまな人と関わり、その多様性を尊重すれば、サイロや分離は少しずつ解消されていくでしょう。徒党を組んだり他者化を加速させるのではなく、差異のある相互関係を育み、イノベーション、創造性、思いやりを生みだせるかが問われているのです。

心理学者のダニエル・カーネマンは、人間の心を大きく2つに分けて捉えています。システム1（＝無意識）とシステム2（＝意識）です。私たちの行動や意思決定の約90％がシステム1の無意識によって決められていますが、このシステムは直感的、非合理的、感情的で、連想処理を行い、偏っているとされています。心理学者のジョナサン・ハイトは、このカーネマンのモデルにおけるシステム1を象（＝無意識）、システム2を象使い（＝意識）に見立てています。象使いは平等と多様性の重要性を理解し、合理的な議論によって象を導こうとしますが、6トンもの象を力で無理やり動かすことはできないため、適切な動機付けが必要になります。

現代社会が多様性とインクルージョン分野で十分な進展を遂げられない理由の1つは、このシステム1（象）の周りに多くの障壁が潜んでいるからです。無意識の領域は、依然として自分と似た人がいると安心する「仲間」重視のモードで機能しており、自分とは異なる「それ以外（アザーズ）」に対しては懐疑的になるのです。[12]

2015年にマッキンゼーが発表した調査レポート「多様性の力」（Diversity Matters）[*]では、上場

*「多様性の力」（Diversity Matters）：レポート（英語）はこちらから読むことができる。https://www.mckinsey.com/~/media/mckinsey/business%20functions/people%20and%20organizational%20performance/our%20insights/why%20diversity%20matters/diversity%20matters.pdf

企業366社を分析し、シニアリーダーの多様性が高い組織はより高い成果をあげているという調査結果を示しています。多様性とインクルーシブな文化形成は、倫理的・道徳的な要請であると同時に、あらゆる組織にとって戦略的に不可欠なものとなっているのです。

多様性とインクルージョンは、リーダー自身がセルフ・アウェアネスを高め、自分が見えていない視点や心理的な投影、無意識の偏見に気づくと同時に、組織を取り巻くシステムにおけるさまざまな差異を解き放ち、価値を再認識することからはじまります。自然界は、生命システムが多様性によって成り立っていることを教えてくれます。遺伝学者のロナルド・フィッシャー卿は、集団が適切に進化する能力は多様性の度合いによって決まることを研究によって明らかにしました。[13] 多様性の低いモノカルチャーでは、生命が持続的に繁栄することはできません。どのような組織であっても、異なる視点が吹きこまれていくことではじめて革新が起こり、新たな景色にたどり着くことができるのです。

❺ 自己組織化と局所適応

自己組織化を通じた、組織のレジリエンスとアジリティの解放

自然界にも階層的な組織は存在しますが、それは個の自由な振る舞いを抑圧するような権力支配の階層ではありません。生物のコロニーや群れ、ハチの巣などのコミュニティでは、個体は全体の制約のなかで活動しながらも、常に環境の変化に自ら適応しています。このような組織は、ボトムアップでは自己組織化を行いながらも、全体の集合知を活用することができるため、高い適応性とレジリエンスを発揮します。

自己組織化した働き方は、近年さまざまな業界や規模の企業で受け入れられはじめ、ホラクラシー＊やアジャイル、ソシオクラシー＊などの方法論や、独自で開発されたアプローチが活用されています。フレデリック・ラルーが提唱するティール組織の3つの柱の1つにも「自主経営（セルフマネジメント）」があげられています（なお、残りの2つは「全体性（ホールネス）」と「存在目的（エボリューショナリー・パーパス）」です）。

> 自主経営（セルフ・マネジメント）組織では、変化はそれを必要と感じている人が起点となって起こる。こうした現象は、まさに自然が過去数百万年にわたって機能してきた方法と同じである。イノベーションは、組織の中心から計画に従って起こるのではなく、常に組織の周縁で起こる。しかも、組織内の有機体が環境変化を感じ取り、適切な反応を見つける実験をしたときにはじまる。うまく行かない試みもあるだろうが、うまくいけば生態系の隅々にまで急速に波紋を広げるのだ。
>
> ——フレデリック・ラルー（組織開発の専門家・『ティール組織』著者）

自己組織化されたチームづくりにおいて重要なのは、権力に基づいたトップダウンのヒエラルキー（階層）構造から、ヘテラルキー（多重・分散）構造へと移行し、役割および責任範囲を分散していくことです。

ヘテラルキー型の組織では、ヒエラルキーの度合いが大幅に低下し、よりネットワーク化された構造になります。揺れ動く人間関係に絶えず耳を澄まし、それぞれが自身の行動

＊ホラクラシー： 米国ホラクラシー・ワンが2007年に開発した組織運営手法。権限と役割（ロール）を組織全体に広く再分配することを特徴とする。

＊ソシオクラシー： 個人や組織の平等な関係に基づくガバナンス形態のこと。いくつかの発展段階があるが、1970年にエンジニアのジェラール・エンデンブルクによりソシオクラシーサークル組織法として開発された。

に責任を持って自律的に動いていくためのコラボレーションやファシリテーションのスキルが求められるため、発達指向型の文化とセットで考えるのがよいでしょう。発達指向型の文化を通じて、信頼や相互フィードバック、責任意識が育まれなければ、自己組織化による組織運営は成り立たないからです。

1人ひとりの社員が、社内の権力争いに巻きこまれたり支配されているという感覚を持ったりすることなく、自分が本当に感じていることを率直に共有し、フィードバックから学びあい、透明性の高い環境で仕事ができていると実感している必要があります。言い換えれば、物事がうまくいかないとき、あらゆる責任を負って最終的な判断を下す管理者がいないなかで、1人ひとりが自律的に環境へと応答(レスポンス)し、自らの行動が引き起こす影響や波紋を引き受けていかなければなりません。

従来型の方法を変えようとする場合は、時間をかけて慣れていく必要があります。同様に、管理職の意識にも変化が求められます。コントロールを手放し、チームを信頼し、失敗を通して学んでいく環境を支えるのは決して容易なことではありません。まずは、自己組織化されたシステムにおけるリーダーの主な役割が、場づくりやファシリテーション、コーチングなどへと変わっていくのだと理解することが必要です。

自己組織化された組織に移行する初期の段階では、経験豊かなコーチの存在が不可欠です。チームは自分たちのやり方を学び、模索していくことになりますが、権力によるコントロールから解放され、中央集権型のヒエラルキー構造が緩んでいくと、従来の安定していた均衡が崩れ、新たなテンション(緊張関係や衝突)が生じたり、これまで蓋をしていた課題が顕在化したりします。そのため、チームが現場で必要なコミュニケーションを促し、公平なアドバイスを提供するコーチの役割を、社員あるいは外部のコンサルタントが担っていく必要があるのです。

従来の組織では、少人数のイノベーションチームが会議室にこもって狭い視野でアイデアを捻りだし、管理職の承認フィルターを通過して、数カ月後に役員会で発表される、といったアプローチが多くとられていますが、自己組織化された組織においては、ビジネスエコシステムにおけるさまざまなニッチや特定の顧客ニーズを最もよく知る現場から、変化に適応するための行動が起こっていきます。そして、生命システムとしての組織の集合知へとアクセスし、より迅速に、自律的に局所適応（ローカリー・アチューニング）していくことが可能になるのです。

リジェネラティブ・リーダーは、周囲の人たちが自律的に動き、それぞれの決断が生みだす結果に自ら応答していくためのスペースを確保することで自己組織化を促しながら、自らもさまざまな試行錯誤を楽しみ、焦らずに待つ態度を養っていくことが重要です。そのプロセスを乗り越える、また周囲のメンバーを支えるために、人間関係の

ビジネス・インサイト

ビュートゾルフ――オランダのヘルスケア・プロバイダー

ビュートゾルフでは、第三者からのアドバイスや支援が必要なときのために、コーチに特化したチームが待機しています。健全な組織変容のために、衝突やテンションは避けられないものであり、それをいかに建設的に乗り越えていくかを学ぶことこそが重要なのです。ビュートゾルフでは、アプリを通じて、新たな取り組みや戦略についてのアドバイスやフィードバックを社内に求めることができ、CEOが上層からコントロールするのではなく、組織全体の集合知を活用していくシステムが採用されています。

このシステムがあることで、社員は新しい取り組みへの賛否を投票したり、現場で感じられた定性的な情報や事業の改善点、新たなビジネスチャンスを共有したりすることができるようになっています。たとえば、体調を崩した人向けのケータリングサービスなど新たなビジネスチャンスやスピンオフ事業がすばやく生まれ事業化されています。

さらに深める

ビュートゾルフなど自己組織化のアプローチについての理解を深めたい方は、フレデリック・ラルー著『ティール組織』（英治出版）をおすすめします。

力学やコミュニケーションを扱うスキル、ファシリテーション、深い傾聴、ピア・コーチング、オープンクエスチョン、対立移行*などの方法論や実践が役立ちます。

自己組織化は、世界にまったく新しい手法ではない。何十億年もの間、世界が自らを創造し続けてきた営みである。人類のあらゆる活動の出発点であり、私たちの誰もがすでに知っていることなのだ。相手を支配し、そのプロセスに介入しはじめてしまう前までは。

——マーガレット・ウィートリー、ケラー＝ロジャース（リーダーシップの専門家）

こうした自己組織化への動的な移行プロセスにおいては、上からの指示がなくとも自律的に活動していくために自分たちにどのようなグラウンドルールが必要かを、それぞれの事業部門やチーム、メンバーが自ら模索する機会が与えられていることが重要です。どのような振る舞いがあなたのチームを自己組織化へと導く指針となるのかについて、考えてみるとよいでしょう。

自己組織化においては、上司に指示や判断を仰ぐのではなく、社内でその分野に詳しい人に助言を求めながら、1人ひとりが適切な意思決定を行うためのガバナンスや助言プロセスが必要になります。

助言プロセスとは、エネルギー分野のグローバル企業AESのCEOデニス・バーキが生みだした手法で、意思決定の影響を受ける関係者やその課題に関連する専門家にアドバイスを求めた

＊対立移行：主に紛争解決の分野で用いられ、対立や衝突が発生・終結・再発する過程の変化を捉える考え方。

うえであれば、組織の誰もが自ら意思決定できるという考え方です。これは、複雑に変化し続ける環境のなかで、少人数の対話型チームが自ら適切な判断を下していく環境を整えたことがはじまりでした。このプロセスでは、受け取った情報や意見に継続的に耳を傾けたうえで、1人ひとりが自らの力で意思決定できるようになります。あらゆる情報が最終的な意思決定に反映されるわけではありませんが、少なくともすべてが考慮される必要があります。

助言プロセスは合意形成（コンセンサス）の手法ではなく、取り巻くシステムの声に耳を澄ませ、意思決定を行う前に多様な意見やフィードバックを得るための手法です。フレデリック・ラルーは「コンセンサスが組織から情熱を徐々に奪っていくのに対し、助言プロセスはモチベーションと実践力を大いに

AES――エネルギー分野のグローバル企業

デニス・バーキがAESのCEOを務めていた当時、同社は31カ国で4万人の従業員を抱え、86億ドルの売上高を誇る巨大なエネルギー企業でした。彼は、ビジネスの常識を塗り替え、規模も大きく複雑な大企業でも、スキルを持った自主経営チームが主体となって、楽しく充実し、新たに挑戦し続ける発達指向型の組織環境をつくりだすことができることを証明しました。バーキは「助言プロセスは、個人の権利やニーズを尊重しながら、同時にチームやコミュニティ、会社組織が健全に機能していくにはどうしたらよいか、という旧来型の伝統企業のジレンマに対する私なりの答えだ（中略）助言プロセスを最大限活用するために、社員が互いに情報を共有しあうようになった[14]」と語っています。AESでは助言プロセスによって、非階層型のネットワークのなかでチームの1人ひとりが考え、判断しながら活動しており、日々の業務や品質管理、予算と実績、健康と安全面、ステークホルダーとの関係など、多くの複雑なタスクについて上層部の承認なしに現場で意思決定を行うことができるようになりました。

AESでの助言プロセスについては、デニス・バーキの著書『職場の喜び』（*Joy at Work*）をご覧ください。また、オンラインで公開されている「Reinventing Organizations Wiki」（https://reinventingorganizationswiki.com/en/）では、自主経営のプロセスやベストプラクティスに関する知見やヒントが掲載されています。

刺激する」[15]と指摘しています。

生命の躍動を促す健全な組織は、そこに関わる人たちの「現在の状態」を大切にします。したがって、誰もが自己組織化された運営方法を望んだり、その準備が整ったりしているわけではないことを心に留めておく必要があります。ヒエラルキー構造が必要な場合や、特定のメンバーが権威を求めている場合もあります。また、自己組織化のハードルが高く、明確な指示や指導があったほうが活き活きと仕事ができるという人もいるでしょう。心理的な安全性を担保することと、発達指向型組織に向かうよう社員を刺激していくことの繊細なバランスが求められます。

リジェネラティブ・リーダーは、ヒエラルキーとヘテラルキー（フラットな自己組織化されたチーム）を組みあわせたアプローチを採用しながら、現在の状況のなかで何が最も効果的であるかを模索していく必要があります。

ハーバード・ビジネススクール教授のジョン・コッターは、彼が「デュアル・システム」と名付けたアプローチを何年も研究しています。デュアル・システムとは、従来の権力に基づくトップダウン型のヒエラルキー構造を維持したまま、同時に、組織全体から有志社員が集い、非公式に自己組織化されたフラットなネットワーク構造を共存させるというものです。「効果的な変化を生みだすことへの熱量が高い人は、ほとんどの場合その変化を望み、従事したいと感じている」[16]とコッターも書いているとおり、階層や役職に関係なく自発的に集う社員は、フラットで柔軟な働き方を望んでいることも多く、自己組織化が促されることで活き活きと仕事ができるのです。

自社が自己組織化アプローチを全面的に採用すべきか、それとも、階層構造とネットワーク構造を2本立てにするデュアル・システムを採用すべきかについては、参考になる事例が数多く存在します。ヒエラルキー型の組織であっても官僚主義を乗り越えてアジャイルの文化を養い、環境変化に適応している事例もあれば、表面上は組織がフラット化されていても、実態としてはトップに権力が集中し続け、社員が自律的に働けないと感じている事例もあります。自己組織化は、階層構造そのものよりも、組織全体で育まれ、実践されている文化や考え方に大きく影響を受けているのです。元世界銀行幹部で、有名なアジャイル・ビジネスの提唱者であるステファン・デニングは、著書の『アジャイルの時代』(*The Age of Agile*)で次のように述べています。

「私がワークショップを行うとき、参加者に尋ねる質問が1つある。『組織がアジャイルであるためには、階層をいくつまで持つことができますか?』。これは少し意地悪な質問で、もちろん『階層の数は重要ではない』というのが答えである。重要なのはマインドセットであり、

ビジネス・インサイト

ノーススター・ハウジング・グループ——英国のハウスメーカー

ノーススターには、ヒエラルキー型組織と自主経営型組織の両方をサポートする文化があり、大きな効果をあげています。CEOのアンジェラ・ロックウッドは、どのような場合に自己組織化あるいはヒエラルキーのアプローチが必要なのかを社員が自ら判断できるようになるための人材育成とトレーニングが鍵になることを理解していました。彼女は意識的に階層型のアプローチを選択することを「自覚的な指示系統マネジメント」と呼んでおり、指示型と協働型のリーダーシップを使い分ける方法を学ぶトレーニングを数多く用意しています。1人ひとりの発達が重要視されており、社員は全社的な研修プログラムのサポートを受けながら、自分自身の学びや自主経営型アプローチの能力開発に責任を持って取り組みます。また、明確なビジョンと価値観、そして「行動のガイド」があることで、どのような振る舞いが大切にされているのかが具体的に共有されています。ピア・コーチングもその一環で、あらゆるリーダークラスの社員がコーチとしての必要な傾聴スキルを学んでいます。組織内外のあらゆるステークホルダーが文化的な差異を超えて、互いに尊重し合い、成熟した付き合い方ができるような関係性を育んでいれば、ヒエラルキー型と自主経営型の実践を共存させることはできるのです。その効果もあり、ノーススター社は業界でも抜群の業績をあげ、顧客サービスや組織文化に関する賞を受賞しています。

考え方なのだ。たとえば、マイクロソフトの開発部門には複数の階層があるが、官僚主義的なピラミッドのような組織にはなっていない。縦横無尽に会話が行き来し、誰にでも話しかけられるオープンな雰囲気がある。適切な考え方が、適切な精神を生みだし、好奇心に満ちた会話や情報、人の行き来を育むのだ。一方で、小さくフラットな組織であっても、官僚主義的で息苦しくなっている組織もある。組織の硬直化を生みだすのは、階層構造ではなく、文化的マインドセットなのだ[17]」

リジェネラティブな組織にとって最も重要なのは、あらゆる立場の社員が官僚主義的なコントロールから解放され、自ら現場の変化を感じ取り、効果的に応答（レスポンス）する能力が養われていくことです。リジェネラティブ・リーダーには、そうした社員の自律的な局所適応（ローカリー・アチューニング）を促すための信頼関係や助言プロセスのような仕組みを構築することで、チームや個人の内に秘められた能力（キャパシティ）や知性、イノベーションの可能性を解き放っていく役割を果たすことが求められています。

⑥ エコシステミック・ファシリテーション

組織を取り巻くシステム全体への配慮（ケア）と理解

ここまで見てきたように、リジェネラティブな組織をつくる鍵は、部分最適を重視する機械論への偏重から抜けだすことです。そのためには、組織や取り巻く生態系の、生命システムとしての力学（ダイナミクス）に自覚的になり、相互につながりあうものとして１つひとつの事象に向き合う能力、つまり私たちがシステミック・アウェアネスやエコシステミック・アウェアネスと呼ぶ能力を育むことが不可欠です。これはリジェネラティブ・リーダーシップのＤＮＡモデルの根底を流れる主題でもあります。

エコシステミック・アウェアネスとは、人間だけでなくさまざまな生命の営みを取り巻く生態系（エコシステム）に対するアウェアネスのことを指します。ＰＡＲＴ１でも、ひらかれた思考（オープン・マインド）としてのシステム思考、ひらかれた心（オープン・ハート）としてのシステミック・アウェアネス、ひらかれた意志（オープン・ウィル）としてのエコシステミック・アウェアネスを紹介しました。より広範な社会システムや生態系の相互連関を感受していくエコシステミック・アウェアネスを養っていくことで、生命システムデザインの章でも触れたエコシステミック・ファシリテーターとしての役割を果たしていけるようになります。

リジェネラティブ・リーダーには、組織文化に活力を吹きこみ、あらゆる社員が現場で機会を見つけ、自ら自律的に判断をし、システム全体に利益をもたらしていくような関わり方を促していくことが求められます。自部門の最適化ばかりに囚われていると、サイロ化した組織のＫＰＩのように、組織の全体性に好ましくない影響を及ぼす可能性があります。

デニス・シャーウッドは著書『木を見て森を見る』(*Seeing the Forest for the Trees*)*の中で次のように書いています。

「あなたが担当する部署は、非常に複雑に結びついたシステムの一部であり、組織内部だけでなく、多くの部分は組織の境界を越えてつながっている。そのため、自分の部署のことをよく理解し、意思決定に相当の自信を持っていたとしても、部署内部だけに閉じた合理的な判断や行動は部分最適なもので、組織全体にとっては非生産的な場合もあるのだ[18]」

エコシステミック・アウェアネスが欠落した組織では、さまざまなところでこうした事態が起こりやすく、局所的にはよさそうであっても全体にとっては好ましくない影響を与えるような行動が事前に認識されづらくなります。

> 世界は複雑で、相互に関連しており、有限の、生態学的・社会的・心理学的・経済的なシステムである。しかし私たちはそうではないかのように扱う。分割し切り離すことができて、単純なもので、無限であると捉えている。現代社会が抱える、難解で根強く残るグローバルな課題は、このミスマッチから生じている。
>
> ――ドネラ・メドウズ(システム思想家)

私たちは、トップダウンの指示系統を使えば未来の予測やコントロール、あるいは変化のマネジメントが理論的には可能だと都合よく考えてしまいがちですが、実際には幻想にすぎません。

＊『**木を見て森を見る**』(*Seeing the Forest for the Trees*):管理職のためのシステム思考応用ガイドとして書かれた本。

現実はもっと複雑でとっ散らかっているのです（だからといって混沌ばかりではありません）。

だからこそ、大局を見て、取り巻くシステムにおけるエネルギーの滞りを感受し、流れを解き放つためにどこに意識とエネルギーを向けるべきか、つまりシステムの「ツボ」を見極める力を持つエコシステミック・ファシリテーターが必要なのです。そうすることで、人の組織の複雑なプロセスをよりよい方向に育むことができるのです。エコシステミック・ファシリテーターのツールについてはPART3でも詳しく掘り下げます。

こうした考え方をまちづくりに応用したのが、ブラジルのクリチバ元市長であるジャイメ・レルネルでした。鍼（はり）やツボの考え方からヒントを得た介入によってまちを癒やす「都市の鍼治療（Urban acupuncture）」と呼ばれる手法で、トップダウンによる一方通行の都市計画ではなく、現場で市民の声に耳を傾けながら、慎重にアイデアを実行し、地域全体によい波紋を広げていきました。レルネルはこのアプローチにより、それまでバラバラに分断され、つながりが失われていたクリチバの地域（多くのスラムを抱え犯罪率の高かった地域）を再生し、商店や市場、緑地などを生みだし、住みやすさを向上させることに成功したのです。

鍼灸師が経絡（けいらく）*に針を刺すことで身体のエネルギーの流れや滞りを解消していくように、レルネルのアプローチは、地元の人々との対話に基づいて地域特有のニーズや可能性を感じ取りながら、思いやりに溢れた創造的な方法を模索し、1つずつツボを押していくことでまちの潜在能力を引きだしていくものでした。それによって、「衛生環境の改善」「ベンチや遊び場、屋台、公園の設置」「丘の上の貧民街（ファヴェーラ）を通る急勾配の階段の手すりに電線と水道管を通し、最低限の

＊経絡：中医学における考え方の1つ、人体の中の気や血の流れる通路のこと。経絡が気血の出入り口に相当する外界と接している要所を経穴（ツボ）という。

コストで電力と水を供給する計画」などが実現しました。当初は過激すぎると批判を浴びることもありましたが、彼の都市再生戦略は大きな成果を上げ、クリチバは今やブラジルで最も豊かな都市の1つであり、多くの住民や投資家を惹きつけています。レルネルは数十年にわたり官僚主義と戦い、こうした取り組みは必ずしも効果を数値化して評価し、トップダウンによって管理しなくともよく、まちの健康状態と活力に対して市民が自ら責任を持つようになることで、最終的に恩恵をもたらすものだと主張し続けました。

レルネルは測定可能な結果への執着が多くのすばらしいアイデアを殺してきたと考え、著書『都市の鍼治療』（丸善出版）で次のように語っています。

「強欲な行商人たちがまちに溢れるのではなく、考える人たち（フィロソファーズ）が増えてくれたら！（中略）行商人だけでなく、産業の歯車となり、そろばん勘定ばかりしている人や終わりなき調査に励む人たちがまちで幅を利かせています。しかし、ときとして、一本の鍼（クリエイティビティ）が、物事を前にすすめるほど強力な効果をもたらすこともあるのです」[19]

レルネルは、あらゆるものが都市にとっての鍼治療になりうるといいます。ニューヨークのハイライン*やソウルの清渓川（チョンゲチョン）*、あるいは都市の街

さらに深める

ジャイメ・レルネルの著書『都市の鍼治療』（丸善出版）を読んでみてください（＊公益財団法人ハイライフ研究所による「都市の鍼治療データーベース」にも詳しい。https://www.hilife.or.jp/cities/）。

＊ハイライン：1960年頃からハドソン川沿いにて放置され、撤去予定だった元高架貨物鉄道の跡地を、2人の青年の働きかけをきっかけに歩行者回廊型の公園として再生させた事例。

＊清渓川（チョンゲチョン）：ソウル市内を横断し、漢江に注ぎこむ都市河川である清渓川の再生事例。

角に流れる音楽などもその一例です。生命システムにおける自然な流れを促すことで幸福感や持続可能性、つながりを育み、エネルギーが停滞している地域に生命を吹きこんでいくということなのです。

都市の鍼治療の考え方を組織の文脈で活かすために必要なことは、まず「どこにエネルギーの停滞を感じるか？　どこのツボを押すことでエネルギーの流れを解き放ち、自分たちを取り巻く生態系を活性化できるか？」という問いに定期的に向き合ってみることです。たとえば、社員がリラックスして交流できるようなラウンジ、職場内の緑化、主要なステークホルダーや他部署を巻きこんだパートナーシップを深める活動、あらゆる社員の産休・育休を確保する施策、業務時間の20％を創造的な活動に使うことなど、さまざまなものがあるで

ウェイスト・マネジメント――北米の大手廃棄物処理会社

同社は1968年の創業以来、数十年にわたって廃棄物処理業を営み、着実にその規模を拡大してきました。しかし、近年はウォルマートのような顧客からの要望や社会的・環境的な要請の高まりもあり、事業エコシステムのサステナビリティの向上が喫緊の課題となっていました。そこで、21世紀の時代にふさわしい企業へと変容するために、サステナビリティ戦略とオペレーション改革に着手します。サプライヤーやパートナー、顧客企業のみならず、先住民のコミュニティリーダーや環境保護団体、地域の圧力団体（プレッシャーグループ）（＊共通の目標をもち、公共政策に影響を与えようとする諸個人の組織体のこと。利益団体ともいう）など、事業を取り巻く多様なステークホルダーとの対話型セッションを展開し、自社が生き残るためだけでなく、取り巻く生態系全体が将来も繁栄していくために、どのようにやり方を変え、自分たちが変容していくのが最適であるかを検討しました。そして、廃棄物を土中に埋めるべき厄介者（プロブレム）ではなく貴重な資源として扱い、より循環的で有益な方法で活用するやり方を見出したのです。

数年前、財務アナリストの報告によれば、同社の最も価値のある資産は271カ所の埋立地でした。[20] しかし、ジョン・マッキーとラジェンドラ・シソーディアが著書『世界でいちばん大切にしたい会社』（翔泳社）でも書いているように、実はウェイスト・マネジメントは「年間約130億ドルの収益をあげているが、扱っている廃棄物には約100億ドルもの資産価値があり、そのほとんどはまだ活かされていない」状態だったのです。エコシステミックなアプローチを経て、それに気が付いた同社は、未来に投資をするようになりました。埋立地への投資をやめ、資源の回収設備や数百の廃棄物発電プロジェクトに多額の資金を投じ、すでに110万世帯に供給できるほどの電力を生みだしています。[21]

しょう。どんなことからでもはじめることができます。リジェネラティブ・リーダーにとって大切なのは、**自らのエコシステミック・ファシリテーターとしての役割を自覚し、生命システムとしての組織のあらゆる方面によりよい波紋を広げていくために何が必要なのかを感受し、見出す力を養うこと**です。

エコシステミック・ファシリテーションはリジェネラティブ・リーダーシップの核心をなす営みで、実践と忍耐強さを必要とする熟練された技法です。次章で説明する「生命システムビーイング」は、この営みを支え、リジェネラティブ・リーダーが取り巻く世界をより深く感受し、効果的に応答し、慈悲（コンパッション）を持って、聡明に学び続けるために必要な領域となります。

事業を取り巻く多様な立場の人たちが定期的に集い、さまざまな未来の可能性に感覚をひらいていくことで、システムが抱えている課題を機会へと変えていくことができます。エコシステミック・ファシリテーターによる場やワークショップは、継続的なプロトタイピングと生命システムを取り巻く共鳴を促し、変化し続けるビジネス環境における課題や機会への理解を深めてくれます。

組織のミッション＆ムーブメントが市場やコミュニティの変容を指向するのと同じように、エコシステミック・ファシリテーションは、ステークホルダーが関係しあう生態系の変容を指向しているといえます。生命を育んでいく未来に向けて、サプライヤーやパートナー、投資家、顧客、その他の多様なステークホルダーの積極的な関与を促していくのです。

エコシステミック・ファシリテーションのアプローチは、政府レベルでも活用することができます。２０１８年5月、デンマーク政府は、国家的なグリーン成長戦略を推進するため、セクターを超えた11人の専門家を任命しました。この活動は２０１９年1月に本格的に開始し、その数週間後には、企業経営者や政府の閣僚が参加する会合がひらかれ、提言された戦略をいかに実行に移していくかを議論するパネルディスカッションが開催されました（共著者のローラがモデレーターを務めました）。対話を通じて、市の職員、公益団体、スタートアップ、データ活用の専門家、民間企業などあらゆる立場の委員が、主要なステークホルダーが互いに保守的になっていて、十分にオープンな関係性をもてていないことが提言実行における主な障壁になると感じていることがわかってきました。そして、互いに古い保守的な考え方を手放し、協働パートナーとして共に進んでいこうという認識が共有されました。さらに参加者からも「自分たちのためにどれだけ大きなパイを確保できるかにエネルギーを注ぐのではなく、皆でより広く、よりよいパイを作り上げるべきだ」といった声があがり、資産や情報を守るために貴重なリソースを浪費するのではなく、共に前進したいという強い意志が表明されていったのです。こうしたファシリテーションと定期的な対話こそ、多様なステークホルダーの協働を支援し、デンマークの新たなグリーン成長戦略を成功させるために必要なのだとその場の全員が実感していました。

リジェネラティブ・リーダーにとってシンプルかつ重要な問いかけは、「それはリジェネラティブか？それともディジェネラティブか？」です。言い換えれば「その意思決定は生命を育むのか？それともむしばむか？　長い目でみたときに、取り巻く生態系にどのような影響を及ぼすだろうか？」というものです。これを、日々直面するあらゆる状況や意思決定、解決策について問うのです。多様なステークホルダーの声に耳を傾け、自分たちがその一部として活動する広範な生態系についてできるかぎりの知見や情報を集めながら、同時にひらかれた思考、ひらかれた心、ひらかれた意志をもって自らの内なる声に耳を澄ませていきます。そうした声により自己を深くひらいていくほど、物事が生命の繁栄に向かっていくのかそうではないかを判断するための力を養うことができるのです。

最後に、本章で扱ってきた生命システムカルチャーの内容を振り返っておきましょう。

リジェネラティブ・リーダーが、生命システムカルチャーを健全に育んでいくためには、5章で扱ったDNAモデルにおける2つの力学、リーダーシップ・ダイナミクスとライフ・ダイナミクスについて継続的に実践を深めていく必要があります。それは、多様なインプットや異文化交配による発散、自分たちの存在目的としての錨（いかり）を下ろしていく統合的な収束を行き来する動的な営みです。

PART2の冒頭で紹介した音楽のたとえを思いだしてみましょう。ロジック・オブ・ライフは楽器のようなもので、リーダーシップ・ダイナミクスとライフ・ダイナミクスは生命のリズムを生みだす楽譜、そして「生命システムデザイン」「生命システムカルチャー」「生命システムビーイング」の3つの領域は楽器に備わっている弦や鍵盤のようなものでした。

今この瞬間に、リジェネラティブ・リーダーが生命の音楽をどのように奏で、的確な音色を響かせていくのかがとても重要で、これこそがエコシステミック・ファシリテーターとして、場を支える技術の肝なのです。

対話やテンション（緊張関係）、エコシステムを扱うワークショップの場を適切にひらき、支えるためには、それぞれのステークホルダーとの話し合いに向けて十分な準備を行う必要があります。そのうえで、執着を手放し（レット・ゴー）、その場に立ち現れようとするものを迎え入れる（レット・イン）のです（これについてオットー・シャーマーはプレゼンシングという考え方を示しました）。そうすることで、自分の視点やアジェンダ、立場の境界線を超えて、共感的なつながりを深めることができます。すでに決められた既知の議題（アジェンダ）に従うのではなく、互いを尊重した豊かな対話から立ち現れていく、生命の繁栄に向かうような成果を共に創造（コ・クリエイト）することができるのです。

このことは在り方（ビーイング）の質の重要性を示唆しています。つまり、私たち1人ひとりがこの世界にどのように参加し、内なる自然性との関係を育み、周囲と関わっているのかということです。これが、DNAモデルの3つ目の領域「生命システムビーイング」の焦点です。

内なる矛盾を抱え、
乗り越えようとする人たちこそが
世界を救うのだ。
それは変容や和解、
新たな未来の真の担い手であることの
証なのだ

——リチャード・ロア（作家）

Photo creadit: Kiwihug

8 生命（リビング）システムビーイング

本章で扱う生命（リビング）システムビーイングは、ビジネス界では賛否両論あるテーマかもしれません。しかし、生命の営みと調和した在り方（ビーイング）こそ、真のリーダーシップの核心であると私たちは考えています。

一般的なリーダーシップ論やビジネススクールでは、リーダーの内面の要素が十分に扱われなかったり、表面的に取り上げるだけで曖昧に通り過ぎてしまったりすることも多いのですが、真のリーダーシップは、自身の内面への深い内省や、他者や世界と関わる瞬間にこそ立ちあがるものです。

生命システムビーイングで問われるのは、**「リジェネレーションの時代に私たち1人ひとりがいかに世界に参与していくのか」**です。それは、これまで人類が分離の旅路のなかで失ってきたものをいかに取り戻していくことができるか、ということでもあります。

生命システムビーイングは、リジェネラティブ・リーダーシップのDNAモデルにおける第3の領域であり、6つの要素から構成されています。

❶**プレゼンス**——内なる自己（インナーセルフ）（内なる自然）および他者や世界（外界の自然）との深い関係を育む

❷**一貫性**（コヒーレンス）——自分にとっての真実と調和した在り方および内なる導き（インナーガイダンス）に従って行動する

❸**待つ**（ペイシェンス）——生命の本質が立ち現れていくことを心穏やかに待つ態度。物事に対して衝動的に反応・判断したり、自己防衛をしたり、何かを無理やり為そうとすることを手放す

❹**静けさ**（サイレンス）——静寂の中に身を委ね、自身や周囲との内なるつながり（インタラクション）を養う

❺**豊かさ**（アバンダンス）——満ち溢れる世界の可能性に自らをひらき、好奇心や創造性、慈愛（コンパッション）を持って生命の豊かさの中に生きる心の器を育む

❻**ダンス**——変化を楽しむ遊び心や季節のめぐり、創発、深淵さに溢れた生命世界のリズムと呼応する

これら6つの要素は、神経科学、生物学、バイオフィリア、瞑想、古くからから受け継がれてきた教え、成人発達心理学、そしてストレスやウェルビーイング、創造性、イノベーションなどに関するさまざまな研究にヒントを得ています。

総じていうならば、生命システムビーイングはリジェネラティブ・リーダーの芯（しん）の強さを支える土台となるものです。日々の忙しさのなかであなたがどんな在り方を示すかが問われているのです。PART3でもこれらを実践し養っていくためのワークを紹介していますが、まずはそれぞれの要素について詳しく見ていきましょう。

生命システムビーイング

@copyright Hutchins & Storm

❶プレゼンス
内なる自己(内なる自然)および他者や世界(外界の自然)との深い関係を育む

プレゼンスとは、内面の穏やかさと外側の世界への注意深さを同時に維持している状態を指します。現実から私たちを引き離そうとするさまざまな思考に内面を乱されることなく、同時に、外側の世界で起こることを注意深く感受し、応答できる状態を指します。プレゼンスの状態を育んでいくと、衝動的に反応したり、機嫌を損ねたり、不安を感じたりすることがなくなり、よりリラックスし、世界にひらかれ、つながっていることができます。そして、この内面の穏やかさは周囲に波紋のように広がり、周りの人たちの在り方の質をも高めてくれます。リーダー自身の在り方によって、周囲の人たちが肩の力を抜いて、重い鎧を脱ぎ、真実の声に耳を澄ましていくための生成的なスペースが生まれていくのです。これはリジェネラティブ・リーダーにとって不可欠な資質です。

PART1で述べたように、現代社会では過度なストレスや燃え尽き症候群（バーンアウト）が世界的に蔓延しています。強いストレスにさらされた脳は高ベータ波の状態になり、闘争か逃走かの二者択一を迫るサバイバルモードが作動します。身体は緊張で強ばり、どんなときでもぬぐいきれない不安が付きまとい、怒りが突然爆発したり、過去や未来の心配事が絶えず押し寄せてきたりするような状態です。

そして、本来は誰もが宿している深い知恵から切り離され、直観や内なる声による導きが聞こえなくなってしまうと、内面の穏やかさを保ち、今ここの状態で生きることは難しくなります。生命世界へと感覚をひらき、新たな可能性を見出したり、進むべき方向性を感受したりすることができなくなってしまうのです。だからこそ、私たち1人ひとりが深くプレゼンスに溢れた状態でいること自体が、世界に提供できる最もかけがえのない贈り物なのです。

プレゼンスは、世界とリジェネラティブな関わり方をひらいていくうえでの核心であり、新たなアイデアやビジョンの出現を促す鍵です。プレゼンスの状態が保たれず、闘争-逃走モードが続くと、慈愛の気持ちや適切な判断力、創造性、生命システムを感受する能力が損なわれてしまいます。内なるつながりを持って今この瞬間を生きることで、リーダー自身の中に深い真実（ディープ・ノウイング）が立ちあがり、何をすべきかが明らかになります。[1]プレゼンスはまた、私たちをリジェネラティブな生き方やリーダーシップへと導いてくれるのです。

6章の生命システムデザインでも扱ったように、自然の中で時間を過ごしたり、あるいは職場にある自然の写真を見たりするだけでも、気持ちが落ち着き、プレゼンスの質を高める効果があります。瞑想の師であり、ウェイ・オブ・ネイチャーの創始者であるジョン・P・ミルトンは、自然の中に深く身を委ね、生命世界に自らを明け渡したとき、内なる自然と外界の自然が自ずと重なりあう、プレゼンスの状態がやってくるといいます。また、5章で触れたオットー・シャーマーのU理論では、つながりの構造を「プレゼンシング」、分離の構造を「アブセンシング」と呼んでいます。

プレゼンスの感覚を研ぎ澄ましていくためには、セルフ・アウェアネスを高めることが必要です。そうすることで、今この瞬間に偽りなく真実を生きるという内なる意図と、外側の世界への意識の向け方を重ねあわせていくことができます。分断されたアブセンスの状態では、頭の中をさまざまな思考がめぐり、身体は衝動的な反応や行動に駆り立てられ、感情は批判や判断、非難をあおります。一方、つながりを感じているプレゼンスの状態では、その場その瞬間に何がひらかれようとしているのかを感受し、理解し、抱きしめることができます。

プレゼンスは、自身を絶えまない生命の連続性（ライフ・アファーミング）へとひらいていく実践であり、高度なセルフ・アウェアネスを必要とします。これはリジェネラティブ・リーダーシップの根底を流れるテーマでもあり、自分の内面で起こっていることにより自覚的になると、私たちが普段どれだけ恐れに基づく予測や思案に囚われ、本来実現できたはずの成果（アウトカム）よりも、議論において自分の正しさを証明するためにエネルギーを注いでいるのかに気づくことができるはずです。

たとえば、リーダーが会議で存在感を示そうとして、議論を無理に誘導したり自分の意見を押し通したりするような行動は、自分の影響力や地位、信頼を失うことへの恐れからきている場合が多くあります。『オープン・シークレット』（ナチュラルスピリット）の著者であるトニー・パーソンズの詩的な表現を借りれば「よりよい状況を求め、急ぐあまり、瞬間瞬間に立ちあがる存在（ビーイングネス）という名の花を踏みにじってしまう（中略）本来私たちにとって自然な状態であったはずのプレゼンスは、ほとんどの場合、期待や動機、判断によって邪魔されてしまう」[2]のです。

ビジネスにおいても、プレゼンスの質を高めることは大きなメリットがあります。自分や周囲の人たちと、互いに尊重して思いやりのある関係性を築き、パフォーマンスを高めることができます。リジェネラティブ・リーダーとしてプレゼンスの質を高めようと実践するとき、私たちは自分自身の言葉や振る舞い、場にもたらす振動が、いかに世界をつくっているかに気づきます。日々のなかで立ち現れる1つひとつの瞬間にどのように関わっているかが自覚され、周囲とのつながり方そのものを深めていくことができます。自分が今、「肩の力が抜けて、世界にひらかれた生成的（ジェネラティブ）な状態でいるのか」、それとも、「凝り固まった習慣や不安、自己投影（プロジェクション）、分離（セパレーション）に囚われているのか」を自覚できるようになれば、自分の状態とロジック・オブ・ライフが一致して響きあう状態（コヒーレンス）を取り戻しやすくなります。自分が衝動的（リアクティブ）な闘争－逃走モードに傾きそうだなと感じたら、散歩に出かけたり深呼吸をしたりするといった、その状況を抜けだす選択肢を取ることで、プレゼンスの状態に自分を戻していくことができます。

真の成功は、外の世界を評価したり非難したり、外側の何かで自分を安心させることではなく、内なるつながりを深め、自分のありのままの存在を受け入れることによってもたらされます。内なるつながりを育むことができれば、ビジネスにおいても人生においても、より充足感を持って生きられるようになるでしょう。それは、リーダーとして必要な在り方というだけでなく、PART1で扱った内と外の分断の深い傷を癒やしていく営みでもあるのです。

私たちの多くは、外側の成功や評価を追い求めるあまり、心から満たされたり、幸せを感じたりすることができなくなってしまっています。そのぽっかりと空いた心の穴を埋めるために、他者を評価して批判し、社会的な成功を追い求め、ひたすら浪費を繰り返しているのです。内面とのつながりが無視され、分断され、外側の結果ばかりが重視されることで、ますます肩書きや権力、お金への依存度が高まっていったのでしょう。

深いプレゼンスの状態は、個人の資質や存在の本質を明らかにしてくれます。世界の根源である生命システムフィールドから絶えず湧きあがる真実に触れ、雑念に囚われることなく瞬時に物事を把握できるようになります。そして、内に宿る超自然性が活性化することで、私たちのセルフ・アウェアネスやシステミック・アウェアネスはより深く、豊かで叡智に溢れたものになるのです。

> 偉大なリーダーは、覚醒し、気づき、自分自身や他者、周囲の世界へと同調する（中略）彼らは、自己－他者－社会－自然を包みこむ意識状態のなかで生きようとする。
>
> ――リチャード・ボヤツィス（リーダーシップの専門家）

内に宿る超自然性にひらかれることで、私たちが本当は何者であるかについての感覚を深め、自我による投影を乗り越え、この世界における居場所の感覚（センス・オブ・プレイス）やパーパスのより深い理解を得ることができます。それは、分離からつながりへの不可逆的な意識変容であり、大いなる自己に新たに出会いなおすことでもあります。

近年はパーパス探しがさまざまなところで求められていますが、パーパスは必ずしも外側で達成すべき目標やゴールではないと私たちは考えています。あなたが真実を生き、あなたという存在を通じてこの世界に現れようとしている何かに自分自身（スペース）を明け渡すということなのです。ですから、大いなるパーパス探しはやめて、日々、プレゼンスの質を高め、自分にとっての真実を生きることをおすすめします。

それはとても楽しい旅になるでしょう。「リーダーシップを実践しなくては」と肩肘を張るのではなく、一瞬一瞬に立ちあがっていく自分にとっての真実を発見することを楽しんでいくのです。自分を偽ったり、役割を演じたり、べき論や成功に囚われて疲弊したりしてしまうのではなく、自分自身への信頼と安心を取り戻すことができたとき、人はあらゆる瞬間をかけがえのない学びの体験として受け取り、勇気や慈愛、賢明さを育みながら生きていくことができます。こうした人生の航海のなかで、組織は1人ひとりが勇気をもって自分の真実を宣言し、表現していくための船となるのです。

思いだしてみてください。私たちは誰もが生きることを通じて絶えず世界を創造しています。1人ひとりの在り方や振る舞いは、想像をはるかに超えて世界に波紋を広げていくのです。だからこそ、大地とつながり、今この瞬間を生きる、真に聡明なリーダーを世界は必要としています。生命との深いつながりを抱きしめ、実践し、周囲の人たちにもそうした在り方を広げていくようなリーダーです。

さらに深める

自然の中でのプレゼンスの実践についてもっと知りたい方は、ジョン・P・ミルトンの著書『天の空、地の大地』（*Sky Above Earth Below*）を読んでみてください。プレゼンスとリーダーシップの関わりを掘り下げたい方は、ピーター・センゲらの『出現する未来』（講談社）、ジョセフ・ジャウォースキーの『シンクロニシティ［増補改訂版］』（英治出版）、オットー・シャーマーの『U理論［第二版］』（英治出版）などを参照してください。

❷ 一貫性（コヒーレンス）
自分にとっての真実と調和した在り方および内なる導き（インナーガイダンス）に従って行動する

一貫性（コヒーレンス）とは、偽りのない真実に基づいて行動することであり、内なる声に自分自身を導いてもらうことです。この内と外の一貫性が保たれているとき、より深い自己の感覚に触れながら、自身の存在の本質に根ざして生きることができます。

自分の発言や行動が、真の自己（オーセンティックセルフ）から生じているかどうかは、自分自身がすでに知っているはずです。内と外の一貫性が保たれているときは、周囲から見ても「地に足がついている」「芯がある」「信頼できる」「聡明だ」と感じられます。しかし、周囲の評価を気にしたり、体裁を取り繕うために会社の枠組みに自分を合わせようとしたり、政治的な駆け引きを気にしはじめたりすると、心の奥に下ろしていたはずの錨（いかり）がはずれ、内と外がちぐはぐな状態で必死に航海をしていかなければならなくなるのです。そうなるとよりどころがなくなり、さらなる不安や恐れが生じ、ますます一貫性が失われていくという負のスパイラルに陥ってしまいます。

誰もが皆、一貫性の欠如した振る舞いを経験したことがあるのではないでしょうか。自分の真意ではないうわべの言葉を口にする、自分を少しでもよくみせようとする、場に流されて内なるつながりの感じられないプロジェクトに賛同する、他者への忖度（そんたく）から物事を進めたり判断したりする、といったことです。こうした振る舞いは、社会的関係のなかで無意識に行われているかもしれません。しかし、一貫性（コヒーレンス）という観点から自分に起こっていることに自覚的になることで、こうしたエゴに基づく習慣を乗り越え、自己マスタリーを身につけていくことができます。内面との一貫性が欠如した行動は、自分の中に不安や悲しみ、ストレスを生じさせて、周囲の人たちもそれを無意識に感じ取ります。この人は「不安だ」「緊張している」「いらいらしている」「地に足がついていない」と感じさせ、真実味に欠けて信頼できない人だ、という印象を与えるかもしれません。

現代社会では、自らの深い存在目的を探究することがあまり優先されてきませんでした。私たちの多くは、日々をやり過ごすための役割を演じ、自分ではない何者かにならなければならないと思いこんでいます。それは生きるために必要なサバイバルモードのように見えますが、実際には私たちの生きる活力をむしばんでしまっているのです。

一貫性(コヒーレンス)は、エコシステミック・ファシリテーターにとって不可欠な資質です。誰もが抱える存在の矛盾や両極性を包みこみ、ひしめきあう生命の力(テンション)が立ちあがる場を支えてくれるからです。嵐の吹き荒れる大海原の航海であったとしても、自分にとっての真実を強く生きること。リーダー自身が内なるつながりを深めていけば、創発的な生命システムにおける複雑さの渦中でも、明晰さを持って、舵取りを進めていくことができるのです。

細胞や身体、組織、そして地球という惑星に至るまで、あらゆる生命システムは常に一貫性を指向しています。システムにおける構成要素が相互につながりあい、他の部分と共振し、統合し、一貫性を持った全体として振る舞います。それは個においても組織においても同様で、部分の発散的な振る舞いと呼応しながら、全体性へと収束していく作用であり、生命そのものに内在している働きです。

さらに生命システムは、自己と自己を超えた世界とのつながりを継続的に感受し、内外の一貫性を獲得しながら、大いなる生命の全体性との調和を指向します。システム理論の研究者アーヴィン・ラズロが超一貫性(スーパー・コヒーレンス)と呼ぶこの状態は、セルフ・アウェアネスとシステミック・アウェアネスが高度に統合されたある種のフロー状態であり、人が生命の流れのなかで生きているという実感を伴う至高の体験といえます。

超一貫性を取り戻すためには、自らの分断によって生みだされた問題に応急処置をするような技術的な解決策を超えて(中略)相互に依存しあう深い一体感とつながりなおすこと、つまり愛の力の再発見が今こそ必要なのだ。それは単なるファンタジーではなく、非局所的につながりあうホログラフィック*な宇宙の全体性にその根源がある。

——アーヴィン・ラズロ (システム哲学者・量子理論家)

ハートマス研究所などで行われている科学研究では、電極を用いて全身の状態を計測し、ちょっとした行動によって生理的・心理的な一貫性が変化することがわかっています。たとえば、脳波を心臓の波動に同調させることで、全身の神経系の一貫性が回復するといわれています(PART3でも紹介します)。生理的には、細胞の修復率が向上し、幹細胞の再生成が進み、脳のシナプスの結合が強化され、感覚が研ぎ澄まされ、左脳と右脳がよりスムーズに連携できるようになります。心理的には、心がひらかれ、受容性と反応性が高まり、リラックスしながらも油断のない、今この瞬間に集中した穏やかなフロー感覚が養われます。また、共感力や深い傾聴、

＊ホログラフィック：ホログラフィック原理はブラックホール熱力学から着想された、量子重力および超弦理論の性質。

生成的な共有、判断を保留する力、変容を促すテンションの受容力などの能力が向上します。
端的にいえば、一貫性はリーダーとしてのよりよい状態をもたらしてくれるのです。

❸ 待つ（ペイシェンス）

生命の本質が立ち現れていくことを心穏やかに待つ態度。物事に対して衝動的に反応・判断したり、自己防衛をしたり、何かを無理やり為そうとすることを手放す

物事を急いで早く進めることがよしとされる現代社会では、いたるところに焦りが蔓延しています。多くの企業では、何事もすぐにやるべきというプレッシャーが常につきまとい、焦りが加速され、スケジュールやＴＯＤＯリストが埋め尽くされていきます。

1人ひとりが自分自身とつながり、創造的で活き活きと働いていく職場環境を生みだすためには、こうした焦りに急かされるのではなく、能動的に待つことが必要になります。待つ態度（ペイシェンス）はフロー状態やプレゼンス、一貫性（コヒーレンス）の質を高めます。逆に、待つことができず、しびれを切らして急いでしまうと、物事の自然なリズムを阻むだけでなく、微細に宿る共時性（シンクロニシティ）の経路が閉ざされ、適切な判断やアイデアを生みだす機会を失ってしまうのです。

自然は急がない。しかし、すべてがうまくいく。

——老子（古代中国の思想家）

肩肘を張らず、急がずに待つ態度(ペイシェンス)を養うことで、心の中に柔らかな空間(スペース)を育み、物事の自然なリズムが展開していく様子に穏やかに向き合うことができます。待つ態度(ペイシェンス)とは、受動的で注意力を欠いた無気力な状態ではありません。どのようなことが起ころうともありのままに受け入れる柔らかくオープンな態度であり、普段は血眼になってにらめっこしている進行管理表(ガントチャート)や、計画的に固定化された結果への執着を手放すということです。もちろんプロジェクトの期間や時間軸が定められていることもあるので、待つ態度には「タイミングを見極める力」も同時に求められます。

心の中に待つための空間(スペース)が育まれると、日々のさまざまな相互作用のなかで、物事の自然な流れを感受し、波に乗り、泳いでいくことができるようになります。いつ行動し、立ち止まり、スペースを与え、複雑に絡まりあう状況に介入していくかを見極め、そのタイミングに意識的になることができます。花が咲くべきときに自(おの)ずからひらいていくように、個人やプロジェクトも必要に応じて適切なプロセスと結果が立ちあがっていきます。機が熟していないのに無理に進めることはできないのです。そして、大地に種を蒔いてから実りをもたらしてくれるまでには時間がかかります。組織において待つ文化が醸成されていないと、リーダーが物事を早急に進めようとするあまり、流れが不自然に抑圧されたり、関係性が損なわれたり、かえって好ましくない結果が生じたりすることがあります。

どんなに立派な大義や意図を持っていたとしても、周囲を無理に急かすことは、分離やいらだち、悲しみ、失望、不満を増幅させます。多くの管理職やマネージャーは、自分の経験に基づくやり方やペースで周囲をコントロールしようとする結果、創造性やイノベーション、1人ひとりの好奇心や自律性に基づいた新たな挑戦が生まれる余地やプロセスを奪ってしまいます。その結果、出現しようとしている未来や組織の可能性を損なってしまうのです。

何か思い当たることがあるでしょうか。周囲を急かしてコントロールするのではなく、チームの可能性が最大限に解放され、1人ひとりが自らのフロー状態を見出すことを信じて待つために、あなたはどこを緩め、柔らかなスペースを育んでいけるでしょうか。

> 柔らかさとは、物事の流れに身を委ねながら、同時に前に進んでいくこと。諦めることなく、身を明け渡すこと。手放すべきことを、手放すこと。
>
> ――キャリー・アン・モス（ストーリーテラー）

待つ態度（ペイシエンス）を養うためには、コンフォートゾーンの外側で起こる居心地の悪さを受け入れ、何が起こるかはわからなくとも、物事は起こるべくして必要なことが起こるのだという世界への信頼が必要です。それは不注意や放任主義でもなく、マイクロマネジメントという名の手綱に執着することをやめ、コントロールを手放していくことです。

リジェネラティブ・リーダーは、エコシステミック・ファシリテーターとして、生命システム全体のエネルギーの流れを感受しながら、テンション（緊張関係）が変容に向かうタイミングや、変化の起点となるツボを刺激するような、小さな介入（異なる意見を聞く、アドバイスを届ける、少し立ち止まるなど）をすべき最適なタイミングを見極める能力が求められます。

能動的に待つことは、たとえて言うなら、赤子の助産のようなものです。出産というエネルギーが張り詰めるテンションと流れの中に身を委ね、適切な準備をし、然るべきタイミングで生命の誕生を促していく。これほどまでに自然のリズムや生命の論理（ロジック・オブ・ライフ）と調和し、祝福を受ける営みはありません。

「人に教えることは自らが学ぶべきことである」という慣用句がありますが、著者である私たちも、どちらかというと意志が強く、周囲を急かしてしまう気質を持っています。それは、あらゆる事態に先回りして対処する計画的なリーダーがロールモデルとして賞賛されるような環境でビジネスを学び、仕事をしてきたことも影響しているかもしれません。

ローラにとってこの待つ態度（ペイシェンス）が問われたのは、2015年夏、事故で脳に外傷性損傷を負ったときでした。命に別状はありませんでしたが、数カ月のあいだ彼女はとめどない吐き気におそわれ、視界が二重になる複視状態になり、光や音を適切に処理できなくなり、夜も眠れず、常に疲弊していました。それは終わりの見えない悪夢のような日々でした。

最初は、わずかなエネルギーを振り絞って、プロジェクトマネジメントのように状況をコントロールし、回復を図ろうとしましたが、それは不可能でした。数カ月のあいだ、ゆっくりと抵抗することをやめ、ひれ伏し、これまでとは異なる在り方で流れを受け入れ、身を委ね、ありのままの状況とともにいるようになります。そして、次第に恐れやわからなさ（ノット・ノウイング）、せめぎ合い（テンション）を受け入れ、新たな見方で自分の生と出会い、信じることができるようになりました。ローラの生命の奥深くに眠っていた叡智があらわになり、輝きを持って立ち現れたのです。

誰もが宿している内なる叡智は、執着を手放し、待つことができたとき、自ずと明らかになっていくのです。

4 静け（サイレンス）さ 静寂の中に身を委ね、自身や周囲との内なるつながり（インタラクション）を養う

世界はいつの間にこんなにも騒がしくなったのでしょうか。多くの人が1日中、人混みにさらされながら、まちの広告や車の騒音を集中砲火のように浴び、家に帰ればテレビやラジオが流れ、暇があればスマートフォンを手に取る生活をしています。

カリフォルニア大学の研究者たちが行った調査によると、現代人がさらされている情報量は毎日34ギガバイトに及び、これは1週間でノートパソコンの処理能力を超えてしまう量です。携帯電話、インターネット、メール、テレビ、ラジオ、新聞、書籍、ソーシャルメディア、そして都市空間を通じて、就寝時間を除き、1秒あたり23もの単語を毎日受け取っています。[3]

２０１４年から２０１８年にかけて行われた調査では、平均的な労働者は1日に40通のメールを送信し、90通のメールを受信していました。[4] これは世界の平均値ですから、はるかに多くのメールを受信している人もいるでしょう。実際ジャイルズが会社を辞める前、延々と続く会議やウェビナー、オンライン会議の最中に、忙しいときには1日２００通ほどのメールが届いていました。狂気の沙汰としか言いようがありませんが、多くのビジネス・リーダーが同じような状況にあります。

現代哲学者であるマシュー・クロフォードは、こうした情報洪水による注意散漫の状態を「ディストラクションの時代」と呼んでいます。ＰＡＲＴ１でも扱ったように、脳や神経系の処理の許容量を超えたインプットや刺激は、肉体的にも精神的にも過剰負荷となり、ときに病気や燃え尽き症候群、うつ状態などを引

き起こします。そして騒音（ノイズ）が増えれば、内なる導き（インナーガイダンス）への傾聴や、慈愛と明晰さを持った振る舞いも阻害されます。

こうした社会環境のなかで、私たちの身体や脳が明晰さをもって課題に対応する知恵と能力を再生（リジェネレイト）していくためには、自分の内に、しんと静まりかえった水面のような静の空間（スティルネス）を育み、アクセスする時間を確保することが必要です。多くの人にとって、沈黙は恐怖であり、静寂の世界に踏みこんでいくには勇気が必要です。もしSNSのタイムラインをスクロールしたり、メールをチェックしたり、ネットショッピングをするのをやめてしまったら、自分の心や頭の中には何が湧き起こるかがわからない、と不安に感じているのです。それでも、現代人がどれだけ静けさ（サイレンス）を切望し、必要としているかは明らかです。静かな瞑想を実践するリトリートに対する関心の高まりがそれを物語っています。

私たちが開催するセミナーやリトリートでも、必ず静けさ（サイレンス）の要素を取り入れるようにしていますし、この本のことを話しあう際にも、はじめと終わりに沈黙の時間を設けることがよくあります。やるべきことや議論すべきことにすぐに取り掛かるのではなく、本書の執筆や私たち2人のパートナーシップを通じて、現れようとしている何かを迎え入れるスペースを共に生みだし、その本質的な意味に耳を澄ますのです。今ではお互いに暮らしのなかでも静けさを取り入れ、1日のなかで聖なる静寂の時間をなるべく保つようにしています（もちろんそういう日だけではありませんが）。

古代ギリシャの数学者・哲学者であるピタゴラスは、新しく門下生となる弟子たちに最低2年間の沈黙を求めました。彼は、エゴに囚われていない高次の真理を受け取るためには、自分自身に染み付いたそれまでの常識や前提条件を一掃する必要があり、沈黙のなかで継続的に思考を浄化することで、生命の深い叡智に対する包括的な理解がひらかれていくのだと考えていました。突然のひらめきや天才的な発想は「生命システムフィールド」を通じて生まれ、その深淵に触れるには静寂が必要だと知っていたのでしょう。同じように、アインシュタインやフンボルト、ダ・ヴィンチ、ボームなど多くの科学者が静寂や1人きりの時間を大切にしていました。

多くの思想家たちが、休息中のふとしたときに偉大なアイデアが浮かんだと述べています。シャワーを浴びているとき、自然の中を散歩しているとき、電車から窓の外をぼうっと眺めているときなどに思いがけない思考やアイデアがふとやってくる瞬間を経験したことがある人も多いのではないでしょうか。無理やり生みだそうと肩に力が入っているときほど、アイデアは生まれてこないものです。

ここでいう静けさとは、物理的に静かな状態だけを指すのではありません。待つ態度（ペイシェンス）と同じように、内面に広がる感覚として体験されるものです。内なる静けさが広がっていくことで、思考を鎮め、生命に内在する静けさを感受できるようになります。どんなときでも静けさは私たちを待っていて、創造性も自発性もそこから生まれていくのです。

多くの組織で、日々の会議や業務の中に静けさが取り入れられています。アメリカのメディア企業サウンズ・トゥルーでは会議の冒頭に必ず1分間の沈黙を設けていますし、デンマークのエネルギー会社SEAS-NVEでもあらゆる会議で沈黙の時間が取り入れられています。

いかに自分のことを良くみせられるかという脳内の雑念やエゴを手放し、今ここに意識を向け、プレゼンスの状態やシステミック・アウェアネスを迎え入れるためには訓練が必要ですが、実践を重ねることで会議の場は、エゴに支配されることなく、より高次の目的に奉仕する場になっていきます。

職場や話し合いの場における静けさの文化は、日々の仕事に活力を吹きこむ効果があります。私たちが一緒に仕事をしてきた企業では、会議における沈黙をルーティンとして取り入れることで、1日の疲労度がはるかに少なくなり、脳や神経系の回復が早まったという報告もありました。

2018年の夏、私たち2人は、世界中のシステム思考家が集うサイレント・リトリートに参加しました。ニューヨーク州北部のキャッツキル山地で行われたそのリトリートには、学習する組織*の提唱者ピーター・センゲ、コンシャス・キャピタリズム*の提唱者ラジ・シソディア、アプリシエイティブ・インクワイアリー*の開発者デビッド・クーパーライダーらをはじめ、世界中から30名ほどのリーダーたちが集まりました。

初日はディスカッションや瞑想を行い、夕食中も話が尽きませんでしたが、その後の2日目、3日目、4日目は、ずっと静寂の時間で、決められた時間に集団瞑想を行いました。私たち2人は長い沈黙にも慣れていましたが、多くの参加者にとってそれは不安を伴うものでした。

そして迎えた最終日。沈黙から明けて、参加者全員が輪になり、それぞれの内にあるものを分かち合った場には、多くの不安と興奮が混ざり合っていましたが、ほとんどの人が深い明晰さに触れ、驚くべき啓示を受けるような体験をし、涙を流していました。「この静けさ（サイレンス）というシンプルで深淵な要素を、私たちの生きる営みから失ってはならない」という確かな感覚を、その場にいた全員が共有していました。

＊**学習する組織**：心から望む共通の目標に向かって、集団としての「意識」と「能力」を継続的に高め、絶えず学び続ける組織のこと。

＊**コンシャス・キャピタリズム**：「意識的であること」を意味するコンシャス（conscious）と資本主義を意味するキャピタリズム（capitalism）を合わせた言葉。

＊**アプリシエイティブ・インクワイアリー**：問いや探求（インクワイアリー）により、個人の価値や強み、組織全体の真価を発見し、可能性を拡張させるためのプロセス。

こうした明晰性や直感的な真実、内面に深く根を下ろしたつながりの感覚は、プレゼンスや静けさ（サイレンス）を通じて培うことができます。誰もが抱えている影（シャドウ）や邪悪さを統合し、心の中に抱えているものやペルソナ*を隠したり抑圧したりすることにエネルギーを費やす必要もなくなっていきます。

こうした静けさがもたらす知恵に定期的にアクセスし、ひらかれる深淵さに潜っていく内なるスペースを保つことはリーダーにとって不可欠な資質です。そして、自分だけでなく他者とともに静寂のスペースに身を委ね、その場に現れようとするものを勇気と思いやりを持って冷静に迎え入れることができるリーダーの存在を、世界は切望しているのです。

❺ 豊かさ（アバンダンス）

満ち溢れる世界の可能性に自らをひらき、好奇心や創造性、慈愛（コンパッション）を持って生命の豊かさの中に生きる心の器を育む

なぜ多くの人がこんなにも心身を削って働き、社会的地位のために競争し、政治的な争いに明け暮れ、人にアイデアを盗まれることを心配し、膨大なエネルギーをかけて自分を取り繕うのでしょうか。その理由を突き詰めていくと、たどり着くのは「恐れ」です。何かを失う、仲間はずれにされる、

さらに深める

ローラは2017年にTEDxで「静かさがいざなうサステナブルな世界」という講演を行い、2年間の静寂の時間が彼女に教えてくれたサステナビリティに関するムーブメントとリーダーシップとについて語りました。外側の持続可能性の実現に、静けさを培う内面の次元がいかに大切かを共有しています。興味のある方は「TEDx Hamburg Laura Storm」で調べてみてください。

＊ペルソナ：ユング心理学における概念で、自己の外的側面のこと。

自分の存在を無視される、悪い評価をされる、社会的に成功していないとみなされる、といったことへの恐れです。ここまでも本書で述べてきたように、私たちは内面との結びつきが希薄になったために、外部からの評価に過度に依存してしまっています。

だからこそ、リジェネラティブ・リーダーは、これが足りない、あれが足りないといった不安や恐れを駆り立てる欠如の思考ではなく、**世界はすでに豊かさ（アバンダンス）に満ち溢れている**という充足に根ざした思考を促していく必要があります。豊かさ（アバンダンス）に根ざした生き方や導き方（リーダーシップ）を人間関係や組織文化に持ちこむことで、リジェネラティブな在り方を広げ、信頼を育み、「八方よし」となる変化を促し、集合的な潜在能力を解き放つことができます。

利益と損失の二律背反（トレードオフ）からなるゼロサムの考え方は、欠乏感や不信感、懐疑心、不安、焦燥感などを蔓延させ、プレゼンスや一貫性（コヒーレンス）、待つ態度（ペイシェンス）や静けさなどの要素に必要となる、共創的な力学を組織から奪ってしまいます。

豊かさ（アバンダンス）は、そうした思考様式をシフトさせ、欠如とコントロールのパターンから抜けだしていくことを意味します。部署やチームで互いに蹴落とそうとしたり、自分以外の誰かが成功することを怖れて情報を隠したりしている場合ではないのです。皆がコミュニティの一員として、境界を超えて多様な視点を受け入れ、耳を澄まし、分かち合い、祝福し、共につくり、成長し、探索し、学び、リジェネラティブな文化への変容を促していくことができるはずなのです。

「知は力なり」という旧来の価値観は、知識の支配に基づく考え方や尽きない欠乏感に私たちを縛り付け、コラボレーションや共創の営みを妨げてきました。獲得した資産は盗まれないように内部の人だけで守るべきだという考えが常識となったため、システム全体にアイデアが広がりづらくなり、多くの知は他の知と出会うことなく厳重に管理されるようになりました。アイデアが盗まれたり、自分たちが批判されたり、誰かが自分たちより多くの利益や評価を得たりすることへの不安や怖れが、オープンな文化から自分たちを遠ざけてきてしまったのです。

常に何かが「足りない」という不安や恐れのエネルギーは、憧れや嫉妬の感情として表れることもあります。たとえば、誰かの成功や幸せを耳にすると機嫌が悪くなったり、憧れのカンファレンスに他の人が招待されているのを知って羨んだりすることもあるかもしれません。同僚の賞賛や昇進を素直に喜べず、その話を聞いたときに自身が内面に抱える痛みや嫉妬心が表れることもあるでしょう。

これらは人間としてごく自然な反応であり、感情や自我を拒絶したり抑圧したりするべきではありません。あなた自身の影（シャドウ）を強化し、より大きな痛みを引き起こしてしまうからです。影（シャドウ）を他者に投影し、分離を強化するのではなく、深いセルフ・アウェアネスや自己マスタリーを通じて、そうした感情や痛みを抱きしめ、あなたの内なる願いに気づくヒントとして受け入れるのです。

豊かさ（アバンダンス）が保たれた状態では、ネガティブな感情（ここでは嫉妬）への抵抗や抑圧を手放し、自分の内面の状態（たとえば、自己肯定感や自信のなさ）を教えてくれる手がかりとして受け入れることができます。むしろその際に生じる摩擦にどのように応答していくかが問われているのです。欠乏感からくる痛みや感情にのみこまれた行動によって、自身を取り巻く生態系のエネルギーを停滞（ディジェネレイト）させていくのか、それとも満ち溢れる世界の可能性に意識を向け、共創的な関係や流れを再生成（リジェネレイト）していくのか。

誰かの夏と自分の冬とを比べてはいけません。プレゼンスの状態を失い、さまざまな感情の沼から抜けだせなくなってしまうからです。そうではなく、満ち溢れている世界の可能性に意識を向けてみましょう。誰かの成功はあなたの願いが実現可能であることの証明であり、あなたの可能性や夢が奪われてしまうことではないのです。

私たちの社会は長い間、食うか食われるかの超競争的なゼロサム文化を前提としてきましたが、それは必ずしも生命の真実ではありません。誰かの勝利があなたに損失をもたらすわけではないからです。豊かさ（アバンダンス）のマインドセットを育むことは、誰かに成功や成果を横取りされるかもしれないといった、自分の中にある恐れを手放す訓練でもあるのです。

> 欠乏感は不足の習慣を生む。時間の不足は忙しない習慣を生み、お金の不足は貪欲な習慣を生む。気配りの不足は見栄の習慣を生み、意義深い労働の不足は怠惰の習慣を生む。無条件に受け入れる心が不足すれば、他者を支配する癖がつく。
>
> ——チャールズ・アイゼンシュタイン（作家・活動家）

一貫性（コヒーレンス）が十分でないと、何かが足りていないという感覚があちらこちらで顔を出します。自分のバランスが崩れ、ストレスや疲れ、不安を抱えていると、恐れがさまざまなところに投影されていくのです。ここでもセルフ・アウェアネスや自己マスタリーが鍵になります。日々の歩みのなかで困難は必ずやってきますが、それは自身の内側にある微細な違和感（テンション）を感じ取るための試練であり、その教えに耳を澄ますことができれば、その違和感（テンション）は人生の豊かな糧となっていくからです。

豊かさ（アバンダンス）の視点を持つことで、トラウマによって繰り返し苦しむのではなく、癒やしを必要としている心の古傷のありかに気づくことができます。急かされることなく立ち止まり、自分が何を感じているのかへの解像度を高めることで、妬みなどのネガティブな感情がどこからきているのかを探ることができます。欠乏感を乗り越え、新たな状況の展開を感じながら、プレゼンスや自己への慈愛（セルフ・コンパッション）を育むことができます。自己防衛のために衝動的に判断や反応するのではなく、より思いやりをもって、地に足のついた状態で、状況に応答していく術を身につけることができるのです。

> ある出来事と私たちの反応のあいだにはスペースがある。そのスペースで反応を選択する力が試されている。そこに成長と自由がある。
>
> ——ヴィクトール・フランクル（精神科医）

もしかしたらこの豊かさ（アバンダンス）の概念がリーダーシップやビジネスに関する本書で取り上げられることに驚く読者もいるかもしれません。ですが、不足や恐れに基づく文化が私たちのウェルビーイングや創造性、イノベーション、チームの精神状態、組織のパフォーマンスにどれほど負の影響を与えているかを考えてみてください。

リジェネラティブな組織のリーダーや社員は、この不足の価値観がもたらすエネルギーの浪費に対して見て見ぬふりをしてはいけません。豊かさ（アバンダンス）の要素は、受け取る以上に価値を生みだしていくというリジェネラティブ・リーダーシップや生命システムビーイングの鍵なのです。

❻ダンス
変化を楽しむ遊び心や季節のめぐり、創発、深淵さに溢れた生命世界のリズムと呼応する

生命システムビーイングの最後の要素となりました。ダンスは、ここまで取り上げてきたさまざまな在り方や振る舞いを通じて、あらゆる生命のリズム——冬と夏のリズム、高揚と停滞のリズム、興奮と悲しみのリズムなど——と響き合いながら踊る力です。

自然界には季節や循環性があり、私たちはそうした季節のめぐりを必要とする円環的な存在なのです。北半球においては、穏やかな春の陽気は強烈な夏の暑さへと移行し、秋には木々の葉が枯れ落ち、深い再生の冬を迎えます。絶えず繰り広げられるこうした季節の移り変わりのなかで、力を抜いて、自然のリズムや流れに自分を委ね、ゆらぎ、踊ること。ピンと張り詰めたテンションや浮き沈みのなかで、生まれ、死に、再生し、いのちの可能性がひらかれていくこと。

月の満ち欠けを眺め、潮汐のリズムに耳を澄まし、季節のめぐりとともに移り変わる樹々の微細な色合いを見てみてください。人類は地球に誕生してからそのほとんどの時間を、こうしたリズムと調和しながら生きてきました。生き物として、天体運行と同調した自然な周期を本来的に携えており、そこに私たち自身がよく生きるために不可欠な知恵が内包されているのです。しかし、現代を生きる私たちの多くはこの円環から切り離されてしまっています。

現代社会は、春から夏にかけての成長ばかり追いかける文化を築いてきました。薄暗い冬の時期における

回復と再生の必要性は忘れ去られ、とめどなくアイデアを生みだし、遂行し、評価し、安定的なパフォーマンスを発揮し続けることがよしとされてきました。冬の深い闇を恐れ、来るべき春に向けて静寂のなかでゆっくりと準備を整えたり、肥沃な土壌を回復させ、再生していくために立ち止まったりすることから遠ざかってきました。大地のリズムとつながり、存在の根っこに深く栄養を循環させる術を忘れてしまったのです。

回復の時期である冬を無視してしまえば、発想力やパフォーマンスは低下し、身体や精神、感情の回復力が弱まっていきます。ここでいう冬というのは、年に一度やってくる文字通りの季節というだけではありません。日々の営みの中に、さまざまなスケールでこの春夏秋冬のリズムが宿っており、リジェネラティブ・リーダーは、春と夏の成長だけでなく、あらゆる季節が祝福されるような組織文化を育んでいく必要があります。

忙しないビジネス環境のなかでは、多くの場合、計画や集中、コントロール、競争、進歩といった男性的な資質が好まれ、休息、養生、内観、内省、システムの感受といった女性的な資質はないがしろにされています。PART1でもたどったように、何世紀にもわたる家父長制のなかで合理的な分析や要素還元的な分離の思考など男性的な要素が優先され、直観や思いやり、協働や関係性といった女性的な要素が抑圧されてきた歴史があり、それが未だに尾を引いているのです。

今こそ、人類が分離の旅のなかで失ってきた人と自然、男性性と女性性、内面と外界、左脳と右脳のバランスを取り戻し、統合し、編みなおしていくときなのではないでしょうか。**生命のリズムとのダンスを通じて、分断を乗り越え、新たな未来への道筋を織りなしていく。それこそがリジェネラティブ・リーダーの役**

割なのです。

より多くの仕事がロボットや人工知能に代替されていく時代のなかで、私たち人間には、創造性とイノベーションを起こす力がこれまで以上に求められています。創造性が企業の重要な成功要因であるという認識は広まっていますが、実際には、多くの企業が創造的な文化の育み方がわからずに困っています。

2012年にアドビが実施した創造性ギャップに関する調査は、米国、英国、ドイツ、フランス、日本など世界規模で計5000人に対して実施したインタビューを分析したものです。その結果、80％の人が創造性の回復が社会経済にとって重要だと感じているにもかかわらず、実際には75％の人は創造性よりも生産性を優先するようなプレッシャーを感じながら仕事をしており、自分自身の創造性を発揮できていると考える人はごくわずかであることが明らかになりました。

どうすれば組織は、眠っている創造性を解き放つことができるのでしょうか。そのためには、生命システムが持つ周期性や季節性を取り入れながら、個人の創造的な表現を職場で受け入れる文化を醸成する必要があります。遊びや瞑想、統合のための余白を持ち、陰陽のように揺れ動くリズムや引き合い（テンション）を楽しみ、内と外、女性性と男性性などの両極を尊重するような文化です。しかし多くの場合、たとえば遊びや瞑想は、創造性を織りなす要素であるにもかかわらず、仕事と結びつくとは考えられていません。思う存分に遊ぶことや、立ち止まって業務に囚われずに心をリセットしようとすることに対して、罪悪感や羞恥心を抱いたり、真剣さが足りないと感じたりする人もいるでしょう。

これまでの社会では、労働時間や忙しさによって成功や達成が測られ、家族との時間や休日を犠牲にしてでも「何があろうと仕事をやり遂げること」がよしとされてきました。しかし、最新の科学的研究でも

「遊び」は生物学的にも重要な意味を持ち、脳の可塑性を高め、個人やチームのレジリエンス、機敏さ、知性をもたらしてくれることが明らかになってきました。[5] 楽しむことはエンドルフィンの分泌を促し、心や身体に活力を与え、豊かで楽観的な視点をもたらしてくれますし、遊ぶことで私たちは日々の責務から解放され、異なる視点を取りこみ、新たな発見への道をひらいていくことができるのです。

状況がよくない方向に向かっているとき、想像力豊かな遊びこそが、
苦境を打開するための視野をひらく唯一の方法となる。
——スチュアート・ブラウン（ナショナル・インスティテュート・フォー・プレイ創設者）

生命のリズムとのダンスを楽しみ、あらゆる局面や季節のめぐりに恩恵を見出せるようになると、潜在的な創造性がひらかれ、自分の中にある光と闇を受け入れていけるようになります。四季のリズムを祝福することで、継続的な適応、学習、更新、再構築が促され、全体性へとつながりなおすことができます。だからこそ、リジェネラティブ・リーダーには、それぞれの内から表れようとしているものを感受し、探り、内省する余白や、議題に囚われずに新たな可能性を探索する生成的(リジェネラティブ)な場を生みだし、周囲の人たちをそうした生命システムとのダンスへといざなっていくことが求められているのです。

全体性や自分たちらしさを内包し、活き活きとした創造的な文化を築くには、生命を育み続ける条件を整えていく力が必要です。それは、あらゆることを起こるべき必然として受け入れ、生命システムと呼応しながら軽やかに踊っていく力です。私たちは、川岸にしがみ付くことをやめ、流れに身を任せ、うねりを感

じながら波に乗り、ロジック・オブ・ライフと響き合いながら、自分たちの独自のリズムを奏でていく術を学ぼうとしているのです。

1つの音それ自体には意味はない。音と音の間、相互に依存しあう音と沈黙の間にこそすべてが宿っている。メロディ、ハーモニー、リズムといったものは音の連なりや間に現れていくが、音があるからこそ音のない間が生まれるのだ。実際、音楽は音自体にも、音と音の間にもない。音と沈黙の響きが共に織りなす全体の中にある。それぞれの音は、置かれている状況全体によって変容するのである。

——イアン・マクギリスト（神経科学者）

生命システムビーイングは、これからの時代のリーダーシップや組織にとって不可欠な領域です。現在起こっている内と外の分断や混乱、痛みは、本章で扱ってきた生命システムビーイングの要素がないがしろにされてきた帰結ともいえます。真のリーダーシップは生命システムビーイングにはじまり、生命システムビーイングに終わるといっても過言ではありません。

6章で扱った生命システムデザインは、現代社会やビジネスにおける生産や消費の仕方をいかに再設計するかという、人間が種として生き残るための土台です。しかし、外側の社会やビジネスのデザインだけに焦点を当てていては、真にリジェネラティブな社会は実現できません。生命を育み続けるリジェネレーションの時代へシフトしていくためには、1人ひとりの内面の変容が必要です。

地球のうえで生きるヒトという種の未来は、知恵を合わせて、人が他の生命とともに繁栄していく新たな文明を共創していくことができるかにかかっています。ホモ・サピエンスに与えられた賢さとは一体何だったのかを問いなおす必要があります。リジェネラティブな文明を育んでいくためには、私たちの在り方(ビーイング)そのものを見つめなおし、内なる自然性と深い叡智とつながりなおしていく旅路に、勇気を持って踏みだしていかなければならないのです。

上なるものは下の如く、下なるものは上の如く。
内なるものは外の如く、外なるものは内の如く。
宇宙は魂の如く、魂は宇宙の如く。

——ヘルメス・トリスメギストス(古代ギリシャ時代のエジプトの神)

INTERLUDE

川はとても大きく、流れもはやい。
流れを恐れ、川岸にしがみつく人たちもいるでしょう。
彼らは身を引き裂かれるような思いをして、ひどく苦しむことになるだろう。

川には流れ着く先があるのだと知りなさい。

長老たちはいいます。
岸から手を離し、流れの中を進まなければならない。
そして、水面から顔を出し、目をひらきなさい、と。

私はいいます。
よく見るのです。そこに誰がいて、あなたと共に祝福をしているか。
歴史におけるこの瞬間を、個人のこととして引き受けるべきではありません。
とりわけ、自分たちだけのこととしては。
そうしてしまうと、私たちの精神の成長と旅路は終わりを迎えてしまうのです。

一匹狼の時代は終わりました。さぁ、集いなさい。
「苦闘」という言葉をあなたの態度や辞書から追い払いなさい。
今から為されるすべてのことは、聖なる方法で、
祝福と共に行われなければなりません。

私たちこそ、私たちが待ちわびた存在なのです。

——ホピ長老の言葉（アリゾナ州オライビ）

間奏
今こそ、その時だ——ホピ長老の言葉

人類は瀬戸際にいる。
偉大なる精霊よ、あなたはそう言い続けてきました。
人々のところへ戻り、時が来たことを告げなくてはなりません。
そして、向き合わなければならないと。

どこで暮らしているのか。
何をしているのか。

この大地とつながり、
人や生き物たちと適切な関係を育んでいるか。
水はどこから湧いているのか。

生命を育む大地を知りなさい。
今こそ、真実を語る時です。

コミュニティをつくりなさい。
お互いに親切にしなさい。

自分の外に導き（リーダー）を求めてはなりません。

彼は両手を握りしめ、微笑み、いいました。
今はきっといい時だ。
川がとてもはやく流れている。

実践編——真価が問われるとき

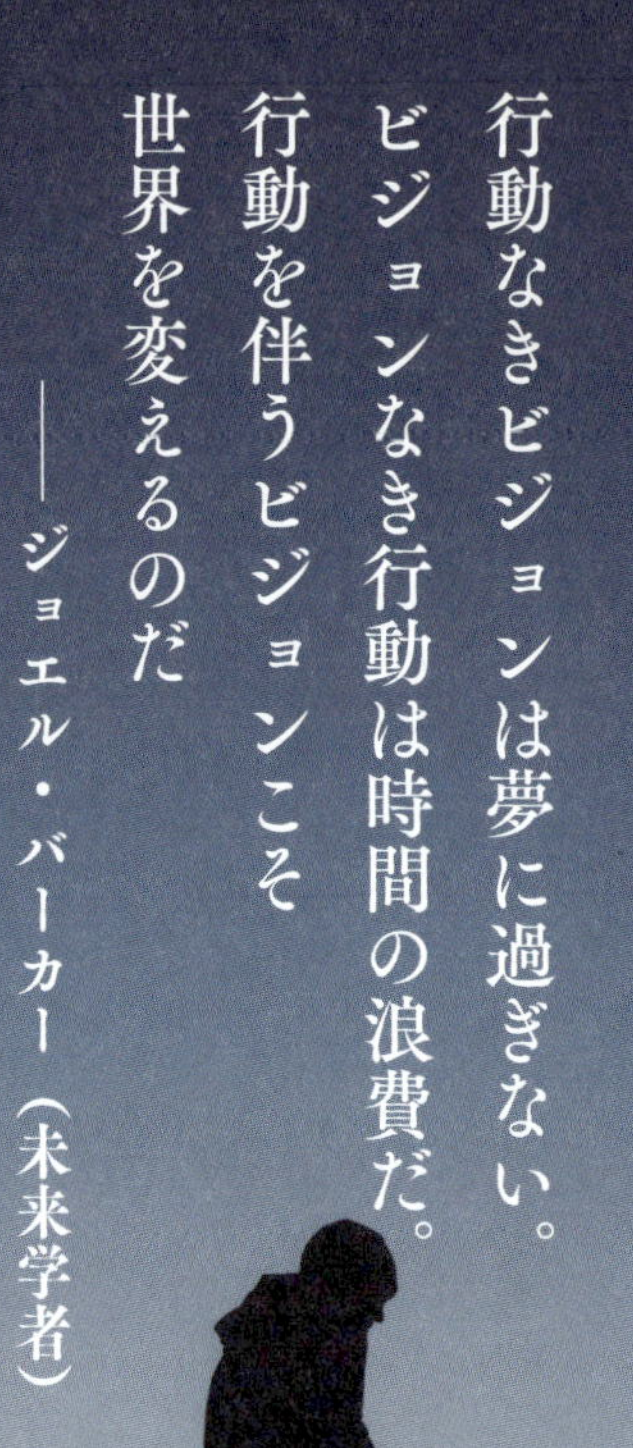

Photo creadit: Tobias Mrzyk

9 リジェネラティブ・リーダーシップの実践

さて、ここまで本書を読み進めてくださった方は、おそらく次のステップが気になっていることでしょう。内容には共感するけれど、あまりに壮大でどこからはじめればいいのだろう……そんな声が聞こえてきそうです。

本書ではここまで、自然科学や心理学、経済学、歴史学、生物学、バイオミミクリー、サーキュラーエコノミー、バイオフィリック・デザイン、成人発達理論、神経心理学、システミック・アウェアネス、さらには魔女狩り、アリのコロニーの動態、待つ態度（ペイシェンス）、パーパスなど、めまぐるしいほどにたくさんの分野を見てきました。それは、私たちが現在直面している危機の根本原因を探り、時代を先導するリーダーたちが見ている景色を感じ、多種多様な領域を横断するリジェネラティブ・リーダーシップのDNAモデルの全体を網羅するためでした。

こうした壮大なテーマを前にすると、少し圧倒された気持ちを抱いたり、「私の組織ではできそうもない。あまりに程遠い理想で、現実的ではない」と不安な気持ちになったりしているかもしれません。

PART3では、そんな声に耳を傾けたいと思っています。

ここまで取り上げてきた内容の応用・統合・実践に焦点をあてます。あなたの組織が現在どのように機能しているかをDNAモデルに基づいて診断するツールや、あなた自身がエコシステミック・ファシリテーターのスキルを養っていく方法をお伝えします。そして、ここまでにあなたが抱いているであろう疑問や不安に応え、あなたのリーダーシップを次の段階に進めるためのエクササイズや実践方法を紹介します。

旧来の、機械的で生命をむしばんでいくようなビジネス慣習を捨て去るのは、簡単ではありません。多くの人にとっては、新たにリジェネラティブなやり方を開拓していくよりも、現状を維持していくことの方がはるかに容易で安全で快適でしょう。しかし、従来のビジネスのやり方は、あなた自身を疲弊させていくだけでなく、組織の活力や私たちがよって立つ生態系そのものの生命力を弱めてしまっています。そのことについては本書でも繰り返し述べてきました。

> 私たちは自分たちの資産や孫の世代だけでなく、自分たちを含めた生物種を守るためにバトンをつないでいるんだ。さぁ、はじめよう。
>
> ——ジェレミー・グランサム（投資家）

本書の目的は、生命再生型（リジェネラティブ）のビジネス手法を切り拓いていくことです。現在多くの組織で支配的な従来の生命搾取型（ディジェネラティブ）のビジネスに対する代替案を、より確度の高い形で提案することで、リーダーたちの力になりたいと思っています。もしあなたが現状を変えたいと心のどこかで感じ、リジェネラティブ・リーダーシップが提示する新たなやり方を学ぶことを望んでいるなら、このPART3はその一歩を踏みだす助けとなるでしょう。

5章で紹介したように、集団の10％が振る舞いを変えるだけで、システム全体が変容しはじめることがティッピング・ポイントの研究で証明されています。これなら、少し実現できそうな気がしてきませんか？私たちは、多くの組織でできるはずだと考えています。

実践編に入っていく前に、大切なことを2点お伝えしておきます。

❶万能レシピはない

リジェネラティブ・リーダーシップには、特別な方程式も特効薬も、あらゆる組織に当てはまる魔法のようなレシピもありません。そうした考え方自体が、私たちをロジック・オブ・ライフの核心から遠ざけていってしまいます。組織を生命力に溢れ、絶えず変化し続ける生きたシステムとして捉えるようになると、たとえば「マトリクスで理路整然と分類する」「わかりやすい10段階のプロセスを実践する」「硬直的な組織構造を設計する」といった型にはまったアプローチは適用できないことが見えてきます。

❷ローマは一日にして成らず

自分自身やチーム、そして世界と辛抱強く、粘り強く向き合ってください。そして、楽しむことを忘れないこと！　生きるとは、喜びや愛や感動を見出し、人生の旅を楽しんでいくことです。「これを成し遂げさえすれば万事がうまくいく！」というような、到達すべき最終目的地（デスティネーション）はありません。あなたやチームの意欲を引きだすのにマイルストーンを設定することは役に立つかもしれませんが、学び続け、生命が花ひらいていく旅路（プロセス）そのものが目的（デスティネーション）なのです。

それでは、はじめていきましょう。ここからはペンと紙を手元に用意してください。心の準備を整えて、自分や周囲の状況を振り返りながら、実践の糸口を創造的に模索していく時間です。

DNA診断ホイール

あなたの組織は、リジェネラティブ・リーダーシップの要素（エッセンス）をどの程度体現しているでしょうか。ここで紹介する「DNA診断ホイール」は、個人または組織がリジェネラティブ・リーダーシップのDNAの3つの領域を振り返り、17の要素ごとの現在地を可視化するためのアセスメント・ツールです。各要素に関する設問にポイントをつけていくことで、あなたの組織の営みがどのような状態で、今後どこに意識を向けていくとよいかを俯瞰することができます。

このようなツールはどのような業態・業種の組織でも——製造業でもサービス業でも、地域密着型の企業でも多国籍企業でも、Bコープやスタートアップ、家族経営の零細企業でも、活用できます。このツールを用いて組織の健康状態を診断することで、活き活きとした文化を築き、未来への影響力を高め、リジェネレーションの時代に備えるために、何に優先的に取り組むべきかを判断することができます。

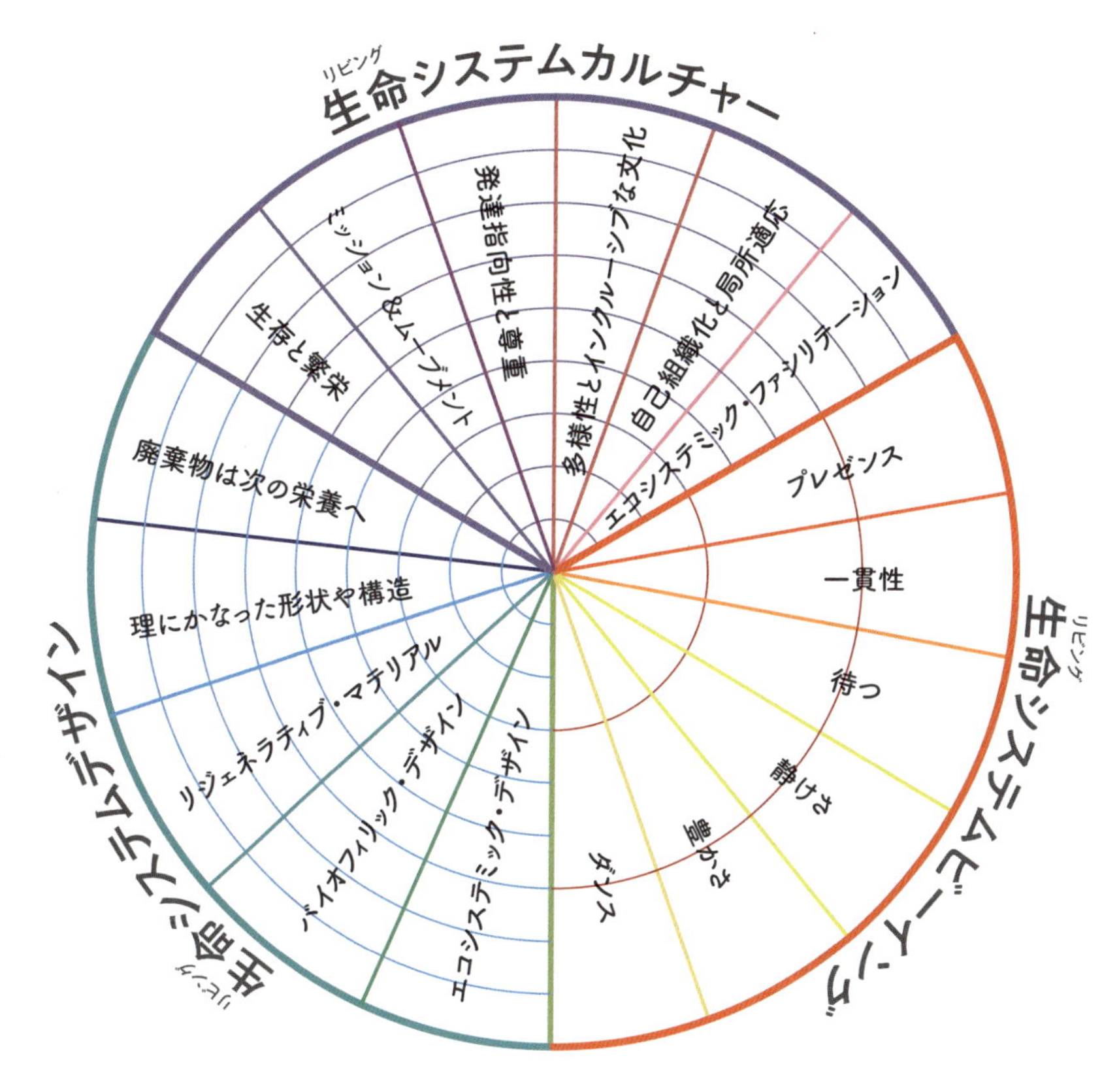

使い方

DNAの17項目に対応したそれぞれの設問について、以下の基準に則って0点〜3点のポイントをつけて、組織の現状を評価します。

- **3点 よく当てはまる**——記述内容が真実である。この要素については生命の繁栄(ライフ・アファーミング)を指向した、再生的(リジェネラティブ)な実践が十分にできている。
- **2点 やや当てはまる**——ある程度は実践できているが、まだ改善の余地が多くある。
- **1点 当てはまらない**——適切に取り組めていない領域である。
- **0点 記述内容とは逆の実践をしている**——生命に対して搾取的な活動(ディジェネラティブ)をしている。

信頼できる結果を得るために、すべての設問に正直に、**主観的**に回答してください。それぞれの設問内容について組織がどのように対応していると**あなたが感じているのか**を、じっくりと時間をかけて振り返り、考えてみてください。もしいくつかの要素について、「自分にはわからない」「十分な情報を持っていない」「自分ごととして回答できない」と感じたら、組織の他の誰かに聞いてみてください。そうすれば、組織が現在どんなふうに運営されているか、今後どのような変容の可能性があるかについて、理解を深められるでしょう。

また、自分の組織に適用できない項目があった場合は、その設問はスキップしても構いません。たとえばバイオミミクリーの項目は、製品やサービスの設計をしていない組織では適用しづらいかもしれないからです。

すべてに回答したら、項目ごとに点数を合計し、DNA診断ホイールで該当する項目を塗りつぶします。たとえば、バイオフィリック・デザインが2点であれば、マス2つ分を塗りつぶします。次ページに掲載されているのが診断後の記入例です。本書のワークシートを活用しても構いませんし、本書の特設ページ(www.regenerativeleadership.co/our-models)からもダウンロードできます。

左記の診断例を見ると、この組織は「廃棄物は次の栄養へ」や「リジェネラティブ・マテリアル」についてはある程度実践できていますが、「理にかなった形状や構造」や「バイオフィリック・デザイン」の領域は不十分であることがわかります。つまり、バイオミミクリーや生命に着想を得たイノベーションの可能性を探り、自然界というソリューションの宝庫から学んでいく機会を活用できていないのです。また、ホイール

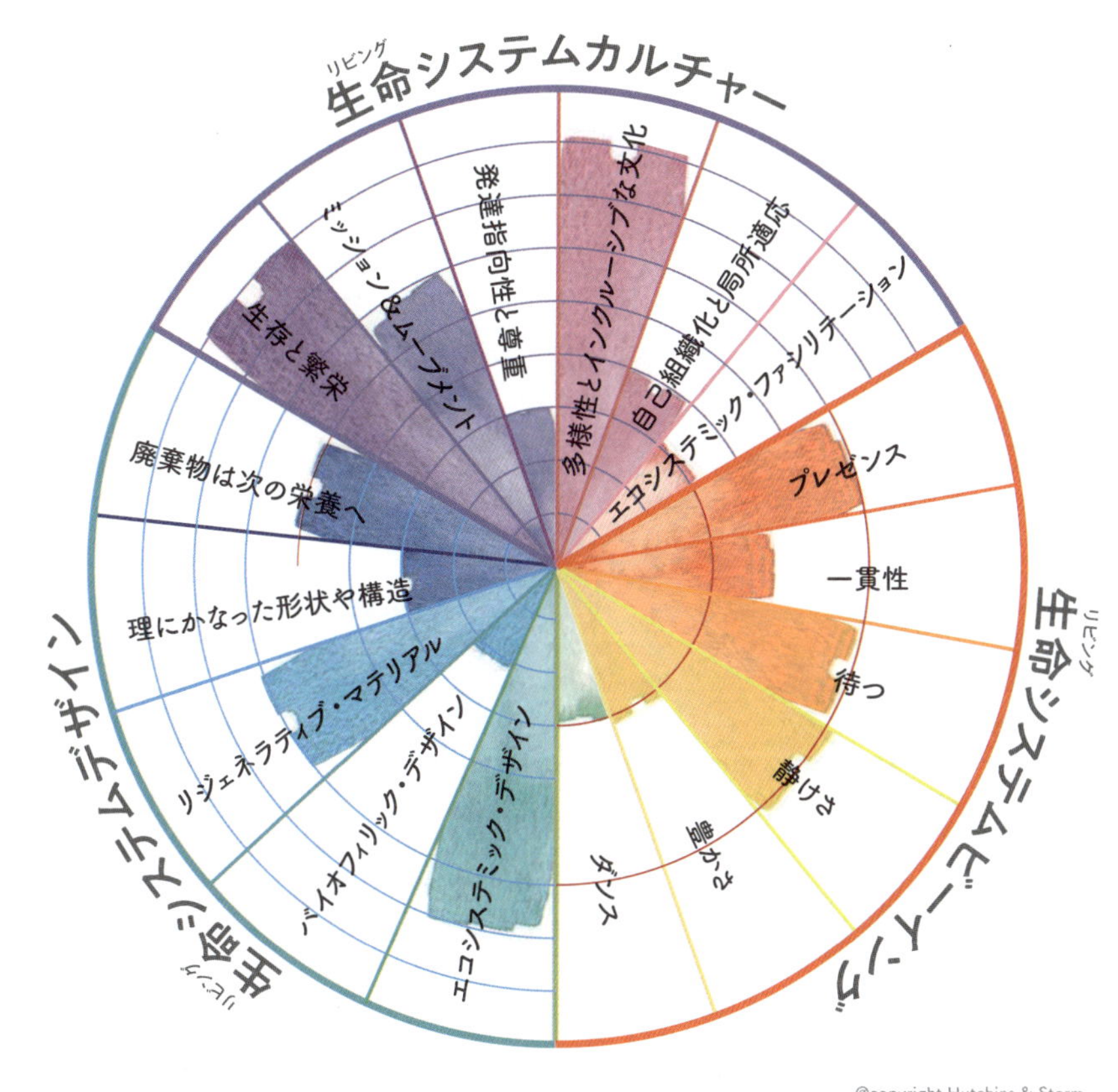

@copyright Hutchins & Storm

の右側を見てみると、この組織はリジェネラティブ・リーダーシップの内的側面を十分に育めていないことがわかります。こうした場合は、「生命システムビーイング」の要素を探究し、活き活きとした組織文化を育む方法に意識を向ける必要があります。具体的な実践については、11章の道具箱も活用できます。

　このDNA診断ホイールは、定期的に実施することをおすすめしています。私たちはこれまでいくつかの組織で活用してきましたが、3カ月に1回の頻度で診断すると、生き物としての組織の体温を計測し、進捗を適切に確認できることがわかってきました。

診断ホイールの設問項目

生命（リビング）システムデザイン

1 廃棄物は次の栄養へ

あらゆる資源を、使用後のリサイクル、アップサイクル、リユースあるいはバリュー・チェーンへと再び循環させることが可能な次の栄養であると捉える

a **循環型モデル**――サーキュラーエコノミーや「ゆりかごからゆりかごまで」の原則、あるいは、リサイクルやリユース、分解可能な設計（易分離分解性設計*）の考え方を採用している。 点

b **ライフサイクル・アセスメント（LCA）***――バリューチェーン全体における社会面・環境面での影響が調査・共有されている（対象が個別の製品・サービスの場合もあれば、全製品・サービスの場合もある）。 点

*易分離分解性設計：Design for Disassembly（DfD）。リサイクルや修復のために、容易に分解が可能な設計をする手法のこと。

*ライフサイクル・アセスメント（LCA）：製品を製造する過程だけでなく、資源採取から原材料の調達、製造、加工、組立、流通、製品使用、さらに廃棄やリサイクルに至るまでの全過程（ライフサイクル）における環境負荷を総合して、科学的・定量的に評価する手法。サービスやシステムなど目に見えないものでも対象にすることができる。

c　**ネット・ポジティブ・インパクト**＊——あらゆる自社製品・サービス・事業について、生物多様性への負の影響を回避あるいは最小化し、全体として正の影響を考えるための明確な事業計画を策定している。

点

合計：　　点

❷理にかなった形状や構造

自然界が長い年月をかけて実証してきた姿、形状、構造から着想を得る

a　**製品・サービスのデザインと調達**——自社のデザイナーや協業パートナーは、バイオミミクリーや自然界に着想を得たイノベーションなどの手法を積極的に製品やサービスのデザインに活用したり、それらが活用された製品やサービスを調達したりしている。

点

＊**ネット・ポジティブ・インパクト**：Net Positive Impact（NPI）。生物多様性に差引で正の影響をもたらすこと。

b　**アイデア発想**――ワークショップやアイデア発想を行う際に、自然界からのインスピレーションを活用することが奨励されている。　点

c　**組織運営・文化**――あらゆる業務プロセスにおいて自然界に助言を求め、持続可能なデザインのパターンや構造、形状、ソリューションを取り入れる習慣・文化がある。　点

合計：　点

3 リジェネラティブ・マテリアル

あらゆる設計と調達において再生可能な材料と製品を使用する

a　**製品・サービスの設計**――製品・サービスの生産および開発工程に関わるデザイナーは、再生的な材料に関する専門知識を持っており、毒性のない生分解性の材料や資源が使用されている。　点

b　**資源の利活用**——環境再生に貢献するような、資源の利活用を促す社内手続きやノウハウを蓄積・共有する仕組みがある。

点

c　**資源の調達**——再生的かつ持続可能な資源を調達するための方針や手順を厳格に定めている（資源とは、製品やサービスの原材料だけでなく、オフィスの清掃用具や印刷用紙、食堂に置く食器類、工場のユニフォームや事務用品などあらゆる資源の調達を含む）。

点

合計：　点

4 バイオフィリック・デザイン

内なる自然や周囲の自然とのつながりを取り戻し、ウェルビーイングを高めるデザイン

a　**自然への直接的または間接的なアクセス**——オフィス、工場、その他の建物が、自然とのつながりが感じられるように設計されている。たとえば、屋外にひらかれた会議室、屋内の植栽エリアや水の流れ、デスク上に鉢植えの植物を置くといった

直接的なものや、窓からの眺めや壁に飾られた写真、自然音のＢＧＭなど間接的なものがある。　点

b　**自然界に着想を得た空間**——職場空間に、自然光、空気の流れ、自然の質感や色、模様など自然界に着想を得たアイデアがふんだんに取り入れられている。　点

c　**バイオフィリアに関する認識**——主要製品・サービスや職場のデザインにおいて、意思決定者、建築家、デザイナーは、バイオフィリアの心理的・身体的影響とバイオフィリック・デザインの考え方を認識・理解している。　点

合計：　点

5 エコシステミック・デザイン

動的なシステムの全体性を感じ取りながら、ステークホルダーのネットワークにおける生命の流れを促進し、あらゆるデザインプロセスにおいて統合的に思考する

a　**エコシステミック・デザインの影響の認識**――製品やサービスを設計する際に、短期的な有用性だけでなく、大きな生態系への影響を念頭に置くことが組織の文化として根付いている。

点

b　**生命システムにおけるパートナーシップ**――組織が直面している生態系課題の解決に向けた新しい事業や活動を推進するために、あらゆるバリューチェーンにおいて他者とのパートナーシップを積極的に築こうとしている。

点

c　**エコシステミックな視点での組織的統合**――デザイナーやリーダーは、日々の多忙な業務の合間でも、定期的に、エコシステミックな視点で組織内外のつながりと向き合う時間を持ち、自社の製品設計やサービスの影響を受けうるステークホルダーに働きかけている。

点

合計：　点

生命（リビング）システムカルチャー

1 生存と繁栄

ビジネスを繁栄させるために、健全な資金循環を実現する

a　**収益**――財務面の現状と見通しが健全であり、組織文化と事業価値向上に向けた投資を行うことができている。

点

b　**長期的視座の投資家・株主との関係**――サステナビリティと事業繁栄の両立を望む長期的な視座を持った投資家・株主との関係を重視し、短期的な視座の投資家を段階的に減らそうとしている（株主がいない場合は、組織が短期的な利益だけでなく、どの程度長期的な視座を優先しているか）。

点

c　**未来への適応**――消費行動に意識的な顧客向けの商品開発、（過度に安価でない）適正な価格帯での取引、労働条件の厳格化、持続可能で倫理的な調達などに取り組み、未来志向の市場に向けて製品・サービスを提供しようとしている。

点

合計：　　点

2 ミッション&ムーブメント
自分たちを超えた大いなる何かへの貢献

a　**パーパス駆動型の組織**——私たちの組織は、経済的な成功を超えた、強い目的意識を原動力としている。　**点**

b　**価値観の体現**——組織のミッションは、自分たちが大切にする価値観や行動様式によって支えられ、かつ積極的にそれらを体現しようとしている。　**点**

c　**社員の熱量**——大半の社員が、組織のミッションや組織が推進するより大きな社会的ムーブメントに、情熱を持ってコミットしている。　**点**

合計：　点

3 発達指向性と尊重

互いに尊重し合いながら、自分自身や他者が学び、成長し、発達していくためのスペースを生みだす

a **オープンに分かち合う文化**——健全な弱さ（ヴァルナビリティ）を祝福し、学んだ教訓を分かち合い、互いの学びと成長を助けあう文化を育んでいる。　点

b **発達指向型の文化**——1人ひとりの継続的な発達を支援するようなフィードバックやアドバイスの仕組みがある（たとえば、360度フィードバックやピア・ツー・ピア学習*、コーチング、チェックインなど）。これらを年に一度ではなく、定期的に日々の業務やパートナーシップに取り入れている。　点

c **全体性（ホールネス）の文化**——あらゆる人が自分らしくあることが受容されている。強さを装ったり、仮面をかぶったり、無理に役割を演じたりする必要がなく、穏やかな気

＊**ピア・ツー・ピア学習**：講師や上司から一方的に教わる受動型の学習ではなく、学習者同士が対話等を通じて互いに学びあう学習形態のこと。P2P学習、ピア・ラーニングともいわれる。

持ちで安心して働くことができる。　点

合計：　点

4 多様性とインクルーシブな文化

異なる背景や視点を尊重し、多様な価値観を受容する

a　**多様性の重視**――多様性は経営戦略における優先事項であり、社員の採用やチーム構成、経営陣・パートナー・外部の専門家の選定など組織におけるあらゆる意思決定で考慮されている。　点

b　**差異の祝福**――私たちの組織は、スキルや才能、バックグラウンド、視点、文化、国籍、年齢、ジェンダーの差異を祝福し、尊重している。　点

c　**インクルーシブな文化**――あらゆる立場の人があらゆるところで歓迎され、安心

して組織に所属している。特定の人が歓迎されたり排除されたりするような排他的な集団、男性中心の人間関係（オールド・ボーイズ・ネットワーク）、ガラスの天井*といったものは存在しない。

点

合計：　　点

5 自己組織化と局所適応

自己組織化を通じた、組織のレジリエンスとアジリティの解放

a **分散型リーダーシップ**――組織全体に権限が健全に分散されており、どのような立場の人であっても、トップの承認を必要とすることなく適切な意思決定をすることができる。

点

b **自己組織化されたチーム**――組織のあちこちで、部門横断型かつ非階層型のチームが存在し、自分たちでオーナーシップを持って課題解決やプロジェクトに取り組んでいる。社員は、特定のチームや所属部署に囚われることなく、横断的に働くことができる。

＊**ガラスの天井**：キャリアにおける見えない天井。性別や人種などを理由に低い地位を強いられている不当な状態を表す表現。

c　**全員参加型の経営**——ワークショップや対話、オフサイトミーティングなどを通じて、定期的にあらゆる階層の人が主要な意思決定に参加している。閉ざされた会議室の中で少数の人たちが戦略的な意思決定を行い、トップダウンで下の階層に通達するようなことはほとんどない。

点

点

合計：　点

❻エコシステミック・ファシリテーション
組織を取り巻くシステム全体への配慮(ケア)と理解

a　**意思決定プロセスにおけるステークホルダーへの配慮**——組織横断型のワークショップやプロジェクトを通じて、事業に関わる組織内外のあらゆるステークホルダーがつながりを深め、意思決定に参加する機会を定期的に設けている。ステークホルダーへの配慮(ケア)がないまま、一部の人だけで意思決定がされることはない。

点

b　**より広範な生態系からの探索**——サプライヤーや顧客、専門家、圧力団体（プレッシャーグループ）、地域コミュニティの代表者といった、組織外のステークホルダーを頻繁に巻きこみ、コラボレーション型のワークショップやフューチャーサーチなどを実施することで、より広範な生態系の観点から未来の可能性を集合的に探索している。

点

c　**ステークホルダーとのパートナーシップ**——バリューチェーン全体を通じて、経済的、社会的、環境的に三方よしとなるようなさまざまなパートナーシップを結んでいる。その影響と内容は透明性を持って開示され、各ステークホルダーに伝達されている。

点

合計：　　点

生命(リビング)システムビーイング

1 プレゼンス

自分にとっての真実（内なる自然）および他者や世界（外界の自然）との深い関係を育む

内面の在り方を振り返ったり、立ち止まったり、瞑想したり、散歩したり、業務や会議の合間に心身の状態を調えることが推奨されている。

合計：　点

2 一貫性(コヒーレンス)

真の自己(オーセンティック・セルフ)と調和した状態を保ち、内なる導き(インナーガイダンス)に従って行動する

行動や態度、振る舞い、意思決定が自分自身の真実と一貫しているかどうかについて、それぞれのメンバーが感じる時間を確保している。セルフ・アウェアネスを高め、自分の真ん中からずれているときには、常に調律(チューニング)を行っている。

合計：　点

❸ 待つ（ペイシェンス）

生命の本質が立ち現れていくことを心穏やかに待つ態度。物事に対して衝動的に反応・判断したり、自己防衛をしたり、何かを無理やり為そうとすることを手放す

待つ態度が尊重され、ときに立ち止まることや、いつ行動していつ待つべきなのかを意識的に感じ取ることが大切にされている。必要に応じて意思決定を前向きに保留したり、アイデアを寝かせることが推奨される。

合計：　　点

❹ 静けさ（サイレンス）

静寂の中に身を委ね、自身との内なるつながり（インタラクション）を養う

静けさに身を委ねることが日常的に実践されている。1日に数回程度、静かな部屋で、あるいはそれぞれのミーティングのはじめと終わりの時間などに、沈黙の時間が取られている。

合計：　　点

5 豊かさ（アバンダンス）

好奇心や創造性、慈愛（コンパッション）を持って、溢れる生命の豊かさの中に生きる心の器を育む

ゼロサムゲームや競争、欠如のマインドに支配されることなく、**満ち溢れる世界の可能性に自らをひらき、**経済・社会・環境が共に繁栄していく三方よしの可能性や道筋を信じている。

合計：　　点

6 ダンス

変化を楽しむ遊び心や季節のめぐり、創発、深淵さに溢れた生命世界のリズムとの呼応

あらゆるものには浮き沈みやゆらぎ、自然なリズムがあることを十分に受け入れ、呼応している。慌ただしいスケジュールに物事を詰めこんで進めるのではなく、生命力を蓄え、再生する冬の時期のためのスペースも集団として確保している。

合計：　　点

すべての診断が終わったら、要素ごとに合計ポイントをまとめ、診断ホイールの該当項目に色を付けてください。合計が2ポイントであれば2マス分塗りつぶします。これで生命システムデザイン、生命システムカルチャー、生命システムビーイングの3領域の概況を分析することができます。

DNA診断ホイール分析のヒント

DNA診断ホイールを行うことで、従来の組織評価ツールよりも広範な視点から組織の全体像を把握することができます。もちろん既存のツールも役立ちますが、多くの場合、たとえば資源消費量や電力使用量、従業員の離職率などの機械的なパラメータ、つまり定量化できる測定・検証可能な指標を超えるものはほとんどありませんでした。こうした要素を評価することは重要ではありますが、真に生命力溢れるリジェネラティブな組織を生みだしていくには、組織全体の文化や雰囲気、行動様式といった定性的な側面も分析対象に含める必要があります。

私たちはこのツールをワークショップやセミナーで頻繁に活用していますが、リーダー、デザイナー、チームが組織の内外の全体像、つまりあらゆるものがどのように相互連関しているかを理解するのに役立つと実感しています。そして、チームとしてこれからどのように物事を進め、どこをどのように改善していくのかについてより深い議論をはじめていくうえでも、大きな価値を発揮します。

一例として、リジェネラティブなイントラプレナー（大組織の内部から変革に取り組む人）の取り組みをご紹介します。大手グローバル企業に勤めていた彼女は、会社に対して大きな不満を抱いていました。その企業は対外的にはサステナビリティに関するすばらしい物語を語り、他社に対してサステナビリティ関連サービスを提供していましたが、ＤＮＡ診断ホイールを実施することで、対外向けの活動と組織内部の文化や実践に大きな乖離があることがわかりました。具体的には、リサイクルや紙の消費方法、事務用品の調達、内面の健全性（インナー・ウェルビーイング）や発達指向型の組織文化の面で、大きな改善の余地があったのです。

組織の内的な要素がなおざりにされることが、どれだけイノベーションを生みだす能力やパフォーマンス、仕事の文化に負の影響を与えているか――このことを、多くのリーダーは見落としてしまっています。だからこそ、組織を診断するうえで、内的な要素を含めることはとても重要なのです。

次に、エコシステミック・マッピングを紹介します。診断ホイールと組みあわせて行っても、単独で活用しても構いません。リジェネラティブ・リーダーシップのＤＮＡモデルで掘り下げたように、活き活きとした組織文化を育むためには、エコシステミック・ファシリテーターとして生態系の考え方を組織に応用していく必要がありますが、このエコシステミック・マッピングは、組織内外のつながりに関する洞察を深めることを助けてくれます。

エコシステミック・マッピング

あなたを取り巻く組織内外のステークホルダーの生態系は、どのような状態でしょうか？

エコシステミック・マッピングは、あなたを取り巻く生命システム全体を俯瞰し、そこで作用する力学（ダイナミクス）を把握するのに役立ちます。エコシステミック・ファシリテーターになる準備として、個人と組織の両方の観点からこのワークを実施してみることをおすすめします。別々にマップを描いてもいいですし、1つのマップの中に両方の観点を統合しても構いません。このワークを通じて、個人と組織を取り巻くエコシステムを概観し、エネルギーが停滞したり流れがどこかでせき止められていないか、あるいは成長と機会の伸びしろがどこにあるのかを特定していくことができます。

ステークホルダー同士の関係性が相互の繁栄に貢献するものになっているかどうかを振り返ってみると、誰のどの行動がどんな場所でポジティブにもネガティブにも影響し合っているのか、よりよい文化を育んでいく機会がどこに潜んでいるのか、といったことが見えてきます。エコシステムを紙の上に可視化することは、頭の中で考えるのとはまったく異なる体験で、実際にワークショップを実施すると参加者は想像以上の気づきに驚きます。

活き活きとしたエコシステムを育んでいる組織や個人のマップでは、エネルギーの滞りがみられず、三方よしの相乗的（シナジェティック）な関係やあらゆるステークホルダーの学びと発達につながる豊かな循環が描かれます。もちろんときには緊張関係や衝突などのテンションも生じますが、だからといって他者や自分の学びと成長を損なうような振る舞いではなく、その状況に1人ひとりが相手を尊重して向き合うように促すことができれば、より豊かな成果(アウトカム)を共につくりだすことができるのです。

一方で、エコシステムの健全な関係性が評価、予測、恐怖、支配、抑圧などによって阻害されている場合は、搾取的(ディジェネラティブ)な組織になっていきます。また、もし誰もが過度に畏(かしこ)まり、本音を語らない、うわべだけの関係であれば、組織におけるさまざまな物事が同期(シンクロ)しなくなり、硬直化し、望まない方向に進んでいくでしょう。人は、無意識的にであっても、相手が仮面をかぶっていることを感じ取ることができます。どんな関係性においてもテンションや互いの差異が生じることは避けられないので、むしろお互いが自分に正直になり、心をひらき、率直に意見を言いあい、耳を傾け、心から真実を分かち合えることこそが健全な関係だといえます。

リジェネラティブな組織における関係性や力学(ダイナミクス)というのは、過剰に成長を求めたり、逆に感情的側面や感受性のみを重視したりすることではありません。**テンションのない、甘い蜜に集まる**ことでもありません。むしろ、それぞれが日々の業務に邁進するなかで、ときに異なる方向に張りあうテンションを伴いながらも、相手との差異や境界を尊重し、互いに敬意をもって真実を語り、他者の成長や学びを支え合っていくということなのです。

それでは、これから組織や個人の関係をマッピングし、どのようなつながりが再生的(リジェネラティブ)で、どのようなつながりが搾取的(ディジェネラティブ)なのかを感受(センシング)していきましょう。その感覚は主観的であり、状況に応じて変化し続けているものですが、つながりを可視化し、取り巻く関係やシステムへの感度を高める取り組み自体がとてもパワフルで、これまで見えていなかった気づきを促してくれます。

まずは組織用のマップと個人用のマップを別々に作成することをおすすめします。2つのマップは当然相互に関連しますが、最初はそれぞれ作成し、慣れてきたら1つのマップにまとめてもいいかもしれません。ここでは、別々に行う手順と事例を紹介します。

組織編

組織のエコシステミック・マッピングは、組織の内と外の両方の関係を感じ取って可視化するためのものです。エコシステミック・ファシリテーターとして働きかける際に、いまだ発揮されていない潜在的な組織の能力や停滞しているエネルギー、流れのツボを特定するためのガイドになるでしょう（7章で紹介したブラジルのクリチバ元市長ジャイメ・レルネルが、鍼治療におけるツボの考え方をアーバンデザインの分野で積極的に応用し、まちを活性化させた事例を思いだしてください）。

STEP 1

白い紙を1枚用意し、真ん中に自分の組織を表す小さな円を描きます。円の右側には、組織の現状に影響を与えているあらゆる組織内のステークホルダーをマッピングします。円の左側には、組織が関係したり影響を及ぼしている組織外のステークホルダーをマッピングします。

組織内ステークホルダーとの関係（円右側の項目例）

・執行役員、経営幹部、大きな影響力を持っているリーダー

・チームのメンバー
・部門やビジネスユニット——財務、調達、マーケティング、人事、研究開発など
・役職や立場に関係なくリーダー的な存在や影響力を持っている人
・ミッション——パーパス志向、帰属感、ミッションの明確さ
・組織文化——チームの活力、職場の雰囲気、人間関係の質（負の影響の度合いも含む）、嘘や偽りのなさ、フィードバック、情報や気づきの共有の度合いなど
・社員の仕事に対する満足度（定量的な調査結果がある場合は参考にしても構いませんし、ご自身の主観で判断してもいいでしょう）
・瞑想ルームなど静けさを確保する物理的なスペースや、緑豊かな屋外エリアへのアクセス
・ストレスレベル——組織における忙しさ、不安感、恐れの度合い
・家庭生活と働き方の尊重——在宅勤務、病欠（子どもや自分）、母親および父親の育休方針など

マップを描いていくうちに、部署名や機能別組織、文化、人名などの個別具体の名称と「職場の雰囲気」「ストレスレベル」「ワークライフバランス」といった一般的な概念が混在していきますが、問題ありません。マップにどの項目を入れるかは人それぞれです。繰り返しになりますが、厳密なルールに縛られるのではなく、あなたの中に湧きあがってくる領域、人、場所をありのままに書きこんで、あなただけのマップを表現してみてください。

外部ステークホルダーとの関係（円左側の項目例）

- 顧客（可能であれば主要な顧客の具体名を）
- サプライヤー（主要なサプライヤーは具体名を記入し、その他のサプライヤーはカテゴリごとにまとめるとよいでしょう）
- 自然環境や生態系との関係（自社が大量に利用している天然資源――たとえば水や綿、鉄鋼などといった存在も記入します）
- 投資家や株主
- NGOやNPOなどの非営利組織
- パートナーや協働者
- 競合他社
- 専門家やアドバイザー、コンサルタント、コーチなど
- 政府機関、法的規制、政治的影響力を持つ主要人物や政治家など
- メディア
- 地域コミュニティ

STEP 2

次に、組織内外のステークホルダーを真ん中の円と線で結びます。現時点であなたがそのつながりを再生的（リジェネラティブ）だと感じているのか、あるいは搾取的（ディジェネラティブ）だと感じているかに意識を向けて、色や太さ、質感を描き分けてください。さらに、今度は各ステークホルダーや領域同士が互いにどのようにつながり、影響しあっているかを考え、線で描いていきます。つながりを描く際は、それぞれの領域・組織・人について、次の問いと向き合ってみてください。

その関係性は活力に溢れ、健全なエネルギーが流れ、再生的（リジェネラティブ）ですか？
その度合い（良好・普通・悪い）を教えてください。

回答の目安

良好——活力に溢れ、持続可能な価値が繰り返し生成されている
普通——妥当で許容範囲ではあるが、ストレスがある程度生じており、改善の余地がある
悪い——まったく健全とはいえず、活力が奪われている

描き方に厳密なルールはありませんので、自分の感覚に委ねて、ジグザグ線や点線、波線などを自由に描きだしてみてください。私たちがこのワークのファシリテーションを行うときは、健全で活き活きとした再生的（リジェネラティブ）な関係には明色を使い、その度合いが大きいほど線が太くなるようにガイドしています。逆に、エネルギーが奪われていく搾取的（ディジェネラティブ）な関係の場合は、灰色などの暗色を用い、度合いが大きい

ほど太い線を描きます。

すべての項目をマッピングし、その相互関係を描くことで、自組織を取り巻くエコシステムにどこから優先的に取り組み、どこのテンションや滞りをほぐし、どのように組織の潜在能力を解き放っていくことができるのかを知る手がかりを得ることができます。具体例を通じて、エコシステミック・マップの活用方法を見ていきましょう。

組織におけるエコシステミック・マップの活用事例

あるグローバル企業の事例を紹介します。ヨーロッパに本社があり、北米と東アジアに展開する会社で、サステナビリティに関する専門コンサルティング事業で数百人規模に急成長した組織です。彼らとこのワークを行った際、マップの左側、つまり組織の外的なつながりが非常に良好なことは一目瞭然でした。パートナー企業とも活き活きとしたよい関係を築いています。エネルギーに溢れ、活動は拡大し、多くの健全なスピンオフ事業が生まれ、新たな事業領域が発展、成長しています。彼らの仕事は、クライアントだけでなく、より広い社会や環境に対して価値を生みだし、ＮＧＯやメディアとも良好な相乗関係を築いています。サステナビリティ・ビジネスのコンサルティングという急成長分野のリーディングカンパニーという評価もあいまって、目を見張るスピードで拡大しています。

一方で、マップの右側、組織の内部の力学（ダイナミクス）を見てみると、緊張関係やストレスを示す黒くて太い線が多くみられ、彼らのビジネスは、活力が繰り返し生成されていくリジェネラティブなビジネスとは呼べないことがわかります。活動の焦点が外側に偏っている、つまり組織内部でのリーダーシップの意

組織におけるエコシステミック・マップの例

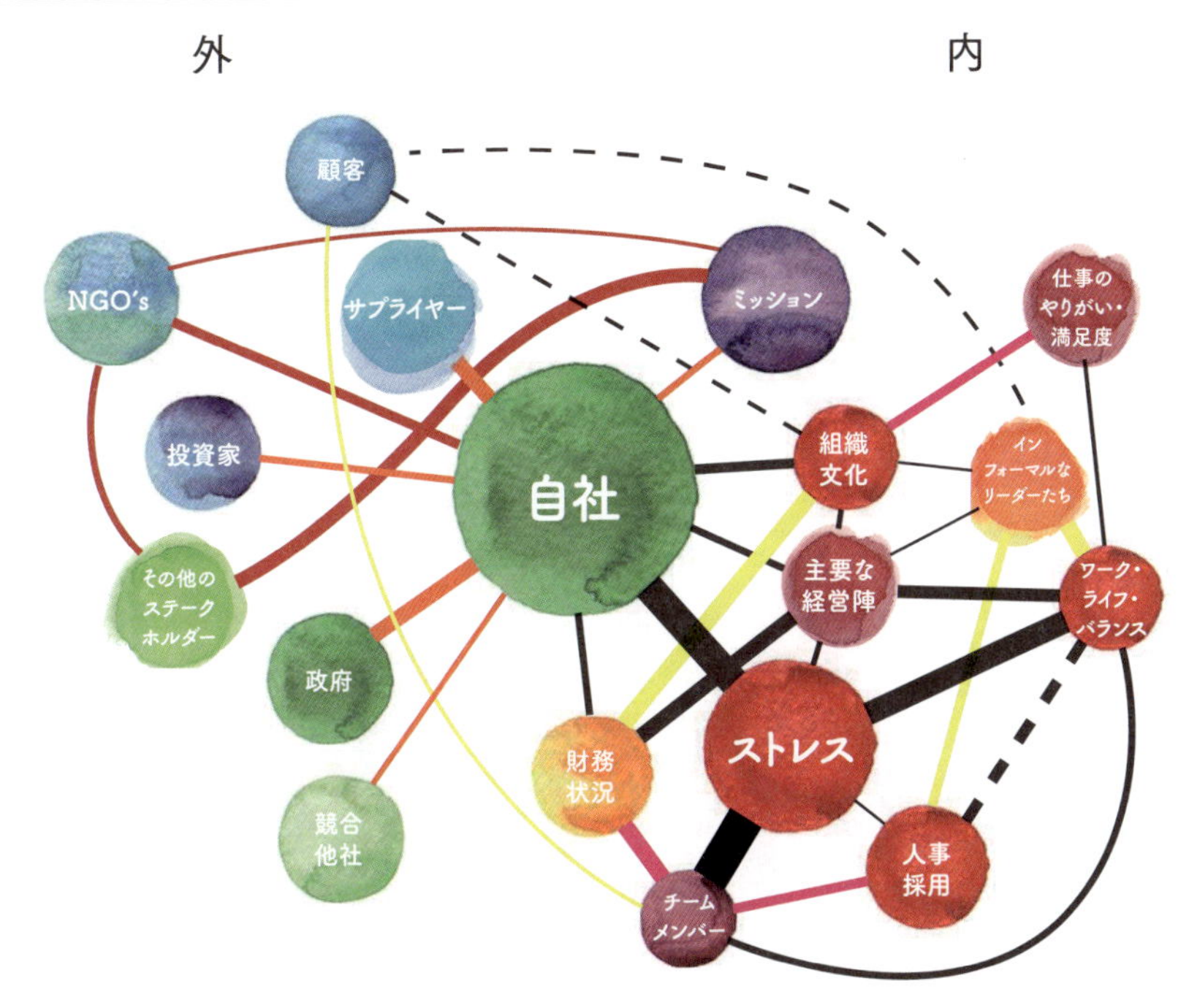

識レベルは従来の機械論的な状態のままであることが示唆されているからです。状況を深掘りしていくと、この半年間で離職率は高まり、年次を問わず10人以上が燃え尽き症候群になるなど多くの社員がギリギリの状態にあることがわかりました。社内競争のプレッシャーが高く、失敗を恐れる文化が支配的になり、ビジネスの潜在的な可能性が損なわれてしまっていたのです。

私たちがこのマッピングを実施したとき、こうした組織内部の摩擦は徐々に外側にも影響を及ぼしはじめていました。クライアントへの納品物の品質が下がり、顧客満足度も初めてマイナスに転じ、社員は会社を辞め、「好ましい職場ではない」という噂が広がりはじめていました。内部の膿（うみ）が外側に広がりはじめていたのです。

組織内の膿の根本原因は、リーダーの意識レベルが機械論的で硬直していたことでした。幹部層は、顧客の獲得と業務の遂行・拡大、そして市場トップマーケットリーダーになることに意識が向くあまり、事業を機械のように推し進めており、組織内部の力学への配慮も、社員が活き活きと学び成長していくための環境づくりもほとんどできていなかったのです。

このまま放置しておくとどうなるか話し合った結果、この組織はいずれ崩壊するか、より大きな競合企業に買収される（創業者はお金を手にする一方で、最終的には社員や幅広いステークホルダー、そして事業のミッションを失う）だろうという結論に至りました。そのうえで、私たちは彼らに、リジェネラティブな企業への変容の旅へ踏みだすかどうかを問いました。

リジェネラティブな企業になるためには、組織内のあらゆるリーダーがセルフ・アウェアネスとシステミック・アウェアネスの向上に取り組み、生命システムカルチャーを育むために尽力することが求められます。発散と収束を通じて組織文化に活力を吹きこみ、内と外の両面において生命力に満ちたビジネスを推し進めていく道を見出していかなければなりません。

つまり、単にサーキュラーエコノミー（資源の循環）やライフ・サイクル・アセスメント（環境負荷）、あるいは財務の話だけではなく、リジェネラティブ・リーダーシップのDNAを組織の経営全体に活かしていくことではじめて実現できるものなのです。この企業の例では、まず「生命システムカルチャー」「生命システムビーイング」を構成するDNA要素の状況を具体的に深堀していくことが必要になるでしょう。

エコシステミック・マッピングをやったことで、普段はきれいごとを言っていても、実際には実践できていないことが明らかになり、正直少し衝撃を受けました。私たちは自分たちをサステナビリティに配慮した企業だと考えていましたが、全体を俯瞰して見てみるとそんなことはありませんでした。現場に戻り、この研修で明らかになった大切な気づきを実践に取り入れていきたいと思います。

——リジェネラティブ・リーダーシップ・セミナー参加者の声

STEP 3

エコシステミック・マップの内容を深めていきましょう。このステップでは、一歩視点を引いて、数日間ゆっくりと時間をかけて組織のエコシステムを内省してください。たとえば、マップに登場するステークホルダーとミーティングを行う際には、マップに色付けしたつながりを感じてみましょう。その他にもさまざまな状況と関わり合いのなかで、新たな気づきが得られるでしょう。時間をかけることで、最初にマップを描いたときよりも、より深い視点から自分たちを取り巻く生命システムの力学を眺められるようになります。

物事の渦中にいるときは、それ自体を客観的に観察することは難しいものです。そのためステップ3では、他者やグループの振る舞いに関する普段の緊張関係(テンション)や個人的な視点、判断から少し離れて、俯瞰してみましょう。たとえば会議に参加するときには、そこで起こる人間関係や権力争い、各自の動機、行動の原動力を観察してみてください。1つひとつの関わり（インタラクション）を単なる取引（トランザクション）として終わらせてしまうのではなく、スピードを落とし、その場の力学を俯瞰するようなつもりで立ち止まり、観察し、感じ取るのです。コーヒーマシーンの横で交わされた雑談が次の会議へと波紋を広げることもあれば、職場の噂話が意思決定に影響を与えることもあるでしょう。自分の判断や予測を少し保留して、あなたの組織で本当は何が起こっているのか、好奇心と探求心を持って観察してみてください。場にはどのような雰囲気が流れていて、何が、誰が、そこに影響を与えているのでしょうか。

ステップ3で時間をかけて内省し、探索し、咀嚼する時間を持つことができたら、エコシステミック・ファシリテーターの役割へと踏みだす準備はもうできているはずです。リジェネラティブ・リーダーシップのDNAモデルから得た知見を用いて、ステークホルダーとの関係性のみならず、組織のあらゆる部分と全体の関係を結びつけるゲシュタルト領域*に踏みこんでいく準備がきっと整っているはずです。そのためにおすすめの実践ツールを11章でもいくつか紹介しています。

あなたを取り巻く生命システムが持つ、溢れだすほどの生命力や可能性や変化を解き放っていくツボはどこにあるでしょうか。どうすれば本当の意味で生命の繁栄を指向していくシステムへと変容していけるでしょうか？

自分自身に問いかけてみてください。そして、そのツボ――鍵となる人物や利害関係者、行

＊ゲシュタルト領域：形態・姿を意味する言葉で、ゲシュタルト心理学の基本概念。部分の総和として捉えられない、1つのまとまった、有機的・具体的な全体性のある構造をいう。

動を特定してください。それらはエコシステム全体に散らばっているかもしれません。組織内にいるかもしれないし、少し離れたところで影響を受けたり与えたりしているかもしれません。彼ら彼女らは、組織のシステミックな変容の航海において、最初に立ち寄るべき港です。会いにいき、話をしにいってください。もしかしたらエコシステミック・ファシリテーターとして組織を変える仲間や味方になってくれるかもしれません。

個人編

個人用のエコシステミック・マップは、あなたの人生における重要な人間関係や領域をよりつぶさに眺めるためのもので、家族や友人、パートナー、同僚、メンター、その他の側面におけるつながりを概観することができます。

個人のマップを描くときは、「私たちは1人ひとりみんな違う存在である」ということを心に留めておいてください。ここでの目標は、たくさんの友人を持つことや、ネットワーキングイベントにどんどん参加することではありません。内向的な人は、自然とのつながりや静けさ、1人の時間をより大切にするエコシステミック・マップが必要になるでしょう。逆に、活き活きと生きていくために多数の友人や社会的な活動が欠かせない人もいるでしょう。

個人のエコシステミック・マップは、自分を取り巻く生態系のつながりを把握し、何が自分の心を満たし、何が自分を消耗させているのか、より豊かな人生を送るためにどのような人間関係の変化が必要なのかを感じ取るためのツールです（後述しますが、あなたが活き活きと生きていくことができれば、リーダーシップの在り方や仕事のパフォーマンスにも当然つながっていくはずです）。

STEP 1

白紙の真ん中にあなた自身を表す小さな円を描きます。円の右側には、あなたの人生に影響を与えているより内的な領域や関係をマッピングします。円の左側には、社会との関わりなどより外的な領域や関係をマッピングしてください（項目例は下記リストを参照してください）。

より内的なつながり（円右側の項目例）

- 一緒に暮らしている家族
- 離れて暮らす家族や親戚
- 親しい友人
- より遠くの友人・知人、または友達のような仕事上の人間関係
- 愛情、恋愛関係
- ストレス
- 感情・幸福感
- 健康——食事、運動、ボディワーク
- リトリート、静けさ、内省、沈黙

・自然の中で過ごす時間、精神的・瞑想的な修行
・休日、旅行、趣味に没頭する時間

より外的なつながり（円左側の項目例）

・上司
・同僚、職場の仲間
・社員
・仕事のネットワーク
・メンターやコーチ
・教育――新しいスキルや知識を学ぶための講座や夜間学校
・日常的な消費行動（衣料品や食料品などのあらゆる消費）――こうした消費行動を通じて外側の世界とどのようにつながっているでしょうか。それらは持続可能で責任あるものでしょうか？　それとも生産や消費されることで社会や環境に有害な影響を与えているものでしょうか？

STEP 2

組織用のマップと同様に、上記の各領域と自分との関係を線でつなぎます。関係が豊かで、活力に溢れ、エネルギーが生成され続けているようなところは線を太く暖色で描きます。逆に、関係があまり良好でなく、ウェルビーイングを低下させ、あなたが本来備えている、物事をよりよい方向に

再生させていく力（リジェネラティブ・フォース）を奪っているような場合には、黒や灰色の線を描きます。線の太さは、どのくらい活力を生みだしている、あるいは奪っているかを示します。たとえば、活力が奪われる度合いが非常に大きければ、黒く太い線で表します（あわせて、「このエコシステムにおいて、自分がどのような波紋を広げているか」についても、ぜひ考えてみてください）。

とある女性役員のエコシステミック・マップ（45歳、匿名）

次頁のマップは45歳の女性経営者（仮名：ロッタ）のものです。彼女には2人の子どもとパートナーがおり、運動が大好きで、常にとても活動的です。周囲から注目を浴びることや、新しい人と出会うことを好みます。しかし、ここ1年ほどはなんだかとても疲れていて、周囲とのつながりを育んでいくエネルギーが湧かないことに気づいています。パートナーや子どもとの時間を優先したいわけでもありません。瞑想は嫌いで、アドレナリンの出るようなハイテンポな運動を好み、ヨガのような退屈なことやヒッピー的なことは一切やりません。

自然の中で1人の時間を過ごすことは、彼女にとって楽しいことではありません。むしろ、考えるだけで不安や緊張を感じます。子どもたちは学校でうまくやっていますが、パートナーとの結婚生活のエネルギーは停滞していて少なくとも活き活きとした状態とはいえません。彼女はとても外向的で、さまざまな業種のネットワークに顔を出し、SNS上でも積極的に発信しています。

仲間からは尊敬されている一方で、自分のことばかり考えているという噂も聞こえてきます。他者に厳しい意見を言われると身構えてしまい、以前のように周囲に助けや応援を頼むことができずにス

個人におけるエコシステミック・マップの例

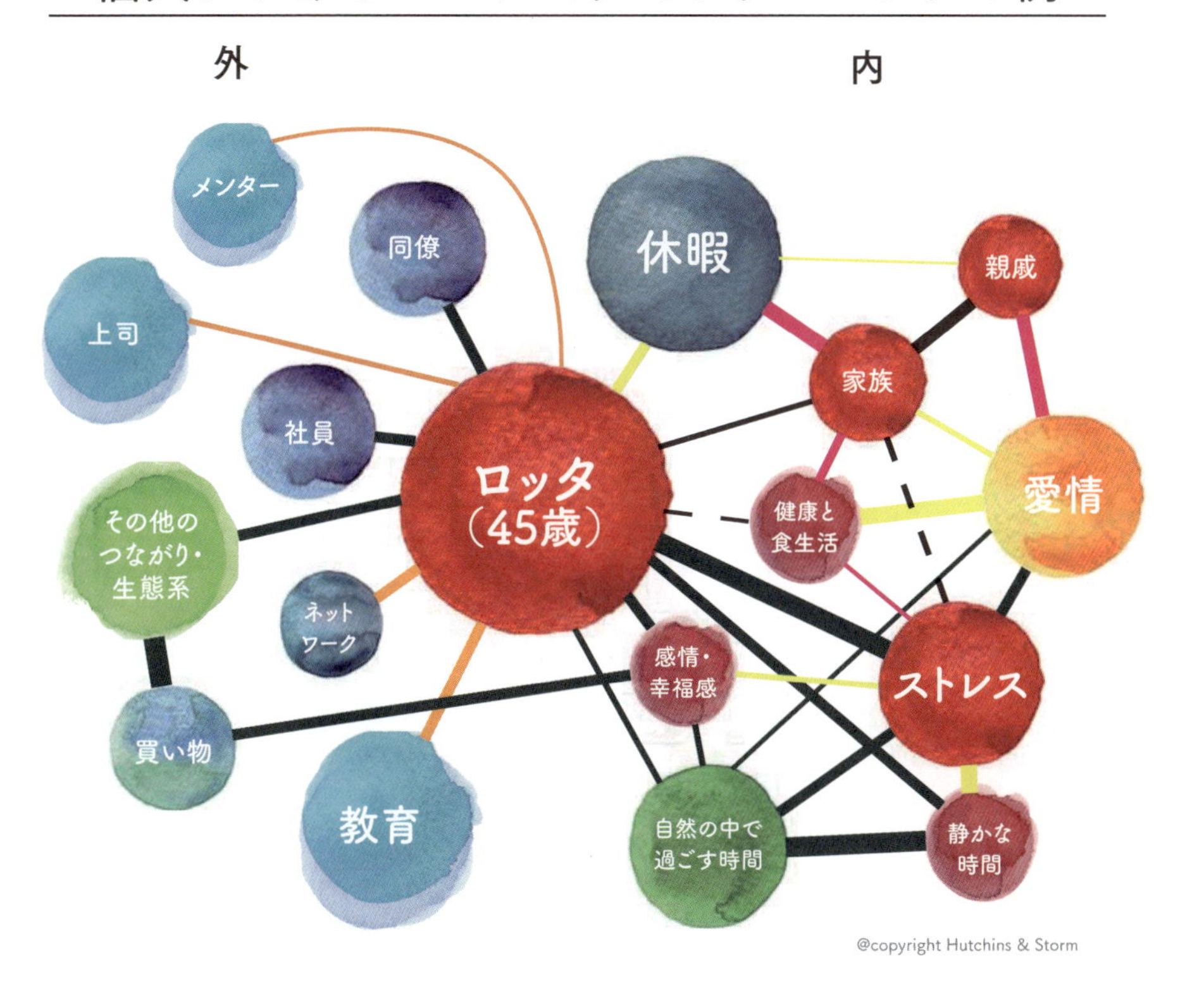

トレスを感じています。社員からは好かれていますが、最近は社員との距離を感じるようになりました。社員からの質問に辛抱強く向き合うことができず、面倒とさえ思うこともあります。特に、彼女の求める高い水準で業務を遂行できない、入社したての若い社員に対していらだつことがますます増えています。

内心は孤独で、不安な気持ちを感じています。自分でも受け入れがたいもろさや弱さを感じはじめています。子どもたちにもすぐに怒るようになり、多くの場面で自分が過剰に反応していることに気がついています。自分の何かがおかしいことは感じていますが、それをコントロールできない自分にまた不安を感じます。何をしたらいいのか、どこからはじめたらいいのかもわかりません。休暇を取ったりもしていますが、それは一時的な逃避にすぎず、状況は何も変わらないまま、また泥沼に戻ってくるしかないこともわかっています。

また、大して必要でないものにお金を使いすぎています。自分が買った製品（モノ）がどこから来て、どのように作られているのかはまったく知りません。衝動買いで一時的にスッキリするだけで、本当の喜びを得られないまま、ただモノが積み重なっていく状況であることもわかっています。

ロッタは、リジェネラティブ・リーダーシップのセミナーで個人のエコシステミック・マッピングを行いました。そして、彼女の人生に必要なのは、「周囲の親しい人たちとの時間をじっくりと味わい、親密な関係を育むことだ」という事実をありありと突きつけられました。そして、それができていなかったために、人生や仕事のあらゆる場面の人間関係に悪影響を及ぼしはじめていることも。エコシステミック・マッピングを通じて、長い間彼女が目を背けて蓋をしていたことに気づくことができたのです。

では、彼女はそこからどんな旅路を歩んだのでしょうか。繰り返しになりますが、ローマは一日にして成らず、です。リジェネラティブ・リーダーシップの旅は、すぐに何かを解決して終わるようなものではなく、人生のあらゆる側面において全体性と生命の声を頼りにしながら歩みを続けていくプロセスなのです。

ロッタは私たちのアドバイスに基づき、毎日少しの時間を割いて、深く呼吸し、ただそこにあろうとすることからはじめました。内側につながり、自然の中を散歩し、1人で静かに座っていることに自分を慣らしていきました。最初のうち、沈黙は恐ろしいものでした。彼女の脳は、次々に表出する終わりのない不安を止めることができず、それが非常に不快だったといいます。

また、日々どんなに忙しくても、パートナーと以前よりもオープンに話をすること、そして若手社員を含めた他の人たちとの会話における1つひとつの瞬間に、自分の内面がどのように現れているかに意識を向けること、などを心がけるようになりました。そうすることで、他者へのイライラやストレス、周囲との関係における不満を助長していたものが、自分の内にある不安や心配であることに気がついたのです。しかもそれは、何かを成し遂げるために頑張り続け、計画と実行ばかりを繰り返すことによって増幅していたのでした。

また、はじめは恐ろしかった自然の中で1人で過ごす時間が、今はとても有意義なものになりはじめていることも感じています。自分の内面が前よりも柔らかくなっているのを感じ、自然の中で内なる不安とともにいられるようになりました。たとえその感情に涙することがあったとしても、ただただそれを受け入れて観察できるようになったのです。

やがて、解放と癒やしが彼女のもとに訪れ、ゆっくりと、しかし絶え間ない変容が起こりはじめました。彼女は自分が何か新たな世界に進みはじめていることを感じ、ライフコーチに支えられながら歩んでいます。

STEP 3

組織編でも前述したように、マップを深めていくための時間を設けましょう。数日、あるいは1週間ほど時間をかけてもよいでしょう。何がテンションを引き起こしているのでしょうか。何があなたに活力を与え、どのようなときに最も満たされていると感じるのでしょうか。さまざまな関係性があなたのエネルギーレベルにどのように影響しているのでしょうか。好奇心や探求心を持って、自分を取り巻く関係の力学を感じ取り、観察してみてください。

内省と観察、咀嚼のための時間を通じ、あなたを取り巻くエコシステムにおけるエネルギーの流れが見えてきているでしょうか。エネルギーが停滞している箇所、活き活きと感じられる箇所、流れが滞り活力を失いかけている箇所、時間やエネルギーが奪われているかもしれない箇所などです。自身のマップを観察することで、根底にある力学(ダイナミクス)の流れやツボ、エコシステムを活性化させるうえで鍵となる人たちがどこにいるかに気づくことができるようになります。自分の人生におけるエコシステミック・ファシリテーターは、自分自身なのです。

あなたが真実を生き、願う在り方と調和した人生を送るためには、どのような変化が必要でしょうか。あなたの豊かな生命の営みに必要でないものを手放し、本当に望むものを迎え入れる勇気を持ってください。

自分の内側と外側のエコシステムを可視化するワークは目から鱗でした。正直なところ、最初は少し不快でしたが、私個人としてのエネルギーが、取り巻くエコシステムに広く、そして遠くまで影響を与えていることに深く気づかされました。会社に戻ったら全社員にこのエコシステミック・マップに取り組んでほしいと伝えたいです。生命力に溢れる組織文化は、社員が実際に何を感じているかと丁寧に向き合い、彼らの人生にとって大切なことを会社でも体現できているか、というところからはじまると思います。

——リジェネラティブ・リーダーシップ・セミナー参加者の声

旅を共に歩む——リジェネレーションの時代に向けて

リジェネラティブな企業への変容の旅路は、1人で歩むものではありません。同僚やサプライヤー、地域コミュニティ、NGOやパートナー、あるいは競合他社も含めた生態系の繁栄を通じて実現されるものだからこそ、リジェネラティブ・リーダーにとって「共に歩む」というマインドセットは重要です。

本書で紹介したDNA診断ホイールとエコシステミック・マッピングは、いつでも好きなときに実施できます。1人でもできますが、組織の変容を促す豊かな議論のためにも、ぜひあなたがファシリテーターとなり、同僚を巻きこんでチームで実施してみてください。

人類が直面し、私たちの誰もが影響を受けている地球システムレベルの課題も同様に、共に取り組むことでしか対応できません。協力し合い、尊重し合っていくことは、満ち溢れる世界の可能性を受け入れていく豊かさ（アバンダンス）の実践でもあります。日々を学びの場として大切に歩み、1つひとつの相互作用を成長や協働の機会と捉えていくこと。きっと、道は曲がりくねっているでしょう。ピンと張り詰めた緊張感（テンション）と向き合わなければならず、落とし穴もたくさんあるかもしれません。人間はとても複雑に他者と絡まりあう感情的な存在ですから、生命システムとしての組織がもたらす豊かで多様な人間関係というのは、いつだって混沌をはらみ、さまざまなステークホルダーとの生態系のなかで刻々と変化していくものです。

前述したように、私たちは決められた手順をこなせば成功するような方程式があるとは思っていません。この複雑な世界においては、それは幻想（イリュージョン）でしかなく、誰もがみな異なり、1つの何かがすべてに当てはまることはないのです。それでも、本章でご紹介したＤＮＡ診断ホイールとエコシステミック・マッピングは、内側と外側、セルフ・アウェアネスとシステミック・アウェアネス、発散と収束の力学（ダイナミクス）を統合する能力を養い、個とシステム全体の両方を感受しながら、組織の潜在的な可能性や成長の領域を見出していくことに役立つと考えています。

ですから、この2つのツールは本書を読んでくださったあなたへの、私たちからのささやかな贈り物です。これらのツールがあれば、リジェネラティブ・リーダーシップの旅路の最初の一歩をきっと踏みだせるでしょう。そして一度踏みだせば、ＤＮＡの各要素を手がかりに、本書だけでは表現しきれないそれぞれの深淵な世界にいつだって深く潜っていくことができます。

次の章では、読者のみなさんが抱いているかもしれないさまざまな不安や疑問に答えていきます。これらは、リジェネラティブ・リーダーシップの旅に踏みだしたいと思っているリーダーたちから挙げられた課題と応答であり、コーチングセッションのようなものだと思ってください。そして、最後の章では、リジェネラティブ・リーダーになるために、あなたの人生や組織で試し、実践するための幅広いツールや実践方法を紹介していきます。

夢見ていることがあるなら、
それが何であれはじめてみなさい。
大胆さは、想像を超えた才能や力や
魔法を宿しているのだから
――ヨハン・ゲーテ（政治家、作家）

Photo creadit: Tom Vining

10 よくある質問集

リジェネラティブ・リーダーシップの旅路を歩みだすうえでよくある質問を一覧にまとめました。あらゆる分野のリーダーたちに、リジェネラティブ・リーダーシップのDNAモデルやこれからのリーダーシップについてお伝えするなかで、数年かけて集約してきたものです。本章ではそうした質問に対する回答やアドバイスを載せているので、これまで紹介してきたツールやテクニックを現場で実践する際のヒントや、リジェネラティブ・リーダーシップの新たなやり方に慣れ親しんでいくためのサポートとしてください。

リジェネラティブ・リーダーシップの旅路は、組織やリーダーシップに精通した専門家やコーチとともに歩んでいくことをおすすめしますが、まずは本章を読んで、思い切って最初の一歩を踏みだしてみてください。

Q1 機械論を土台とする保守的な大企業の変革

私が所属する企業は保守的で、リジェネラティブ・リーダーシップのアプローチは理解されないと思います。世界中に25のオフィスを持ち、本社だけでも500名ほどの社員を抱えています。工場も多くあり、欧州の本社とはまったく異なる考え方や文化を持っています。創業以来、組織は機械のように運営管理され、厳格なKPIや権力に基づくヒエラルキー構造、男性優位で失敗が許容されないリスク回避型の文化を持っています。

リジェネラティブ・リーダーシップは確かに魅力的ではありますが、このような組織でも取り入れることができるでしょうか？

A1

求められる変化の大きさに圧倒され、組織がリジェネラティブな企業へと変容する可能性を諦めたくなってしまうのはよくわかります。「どこからはじめたらいいのだろう？」「経営陣をどう説得したらいいのだろう？」「ふわっとした、耳触りのいい考え方だと受け取られて、ビジネスの話として理解しようともしてくれないのではないだろうか？」。そんなことが頭に浮かび、到底登れそうもない山に感じるかもしれません。

そうした状況では、あなたの立場や社内での影響力に応じて、2つのアプローチが考えられます。

1つは、あなた自身が経営陣や取締役会に所属している、あるいは1名以上の幹部と強固なつながりを持っている場合です。まずは変革への寛容度が高い経営メンバーが誰なのかを感受（センシング）し、プッシュ要因（VUCAの世界でレジリエンスを高め、競争力あるビジネスを展開していく必要性）とプル要因（よりよい世界に貢献する企業の本来的な役目）をまとめた企画書を作成します。その際、すでにリジェネラティブな企業への舵取りをしはじめた主要企業の事例を盛りこんでください。各社にその旅路（プロジェクト）によってどのようなメリットがもたらされているのかについて、内的要因と外的要因の両面からリサーチし、記載するとよいでしょう。たとえば、新たなイノベーション、組織のアジリティ、ストレス軽減（それに伴う社員の病欠に関する費用削減）*、組織文化の改善、社員のモチベーション、創造性、効率性の向上、ブランド強化、ステークホルダーからの評価向上、優秀な人材の求心力向上などです。

本書の事例を参考にしながら、先行企業の変革アプローチや成功要因、課題などを詳しく調べてみてください。下記のリストは、先駆的な組織の事例です。どれも複数の工場やオフィスを持った大企業ですから、学ぶところは大いにあるでしょう。ぜひ、参考にしてみてください。

- イベルドローラ（大手エネルギー会社）
- W・L・ゴア&アソシエイツ（多国籍メーカー）
- ニューコア・コーポレーション（大手鉄鋼メーカー）
- パタゴニア（アウトドアファッションメーカー）

＊社員の病欠に関する費用削減：英国や多くの欧州各国においては、一定期間以上病欠した社員に対して雇用者が法定の手当を支払う必要がある。

・インターフェイス（グローバルカーペットメーカー）
・ノボノルディスクファーマ（製薬会社）
・ユナイテッド・テクノロジーズ（製造業の巨大複合企業（コングロマリット））
・ヘンケル（応用化学および接着技術の世界的リーダー）

現時点では、あらゆる側面で真にリジェネラティブといえる企業があるわけではありませんが、未来の繁栄に向けて、価値提案やステークホルダーとの関わり方、あるいは内部の文化の変容に取り組んでいます。

もう1つのアプローチは、たとえば、あなたが中間管理職やチームリーダーの場合です。経営陣に直接影響を与えることは難しいと感じているが、チームのメンバーや他部署に対するなんらかの影響力を持っている場合は、まずあなた自身がチームとの関わり方をどのように変化させられるかを探究するところからはじめることができるでしょう。

たとえば、周囲のチームメンバーや他部署のリーダーたちと、リジェネラティブな企業について意見交換する場を設けてもいいでしょう。数人のチームメンバーと雑談をしたり、上司とランチの席などでカジュアルに話をしたりしてもいいかもしれません。そうすることで、自分がどれだけ変化を望んでいるのか気づくことができるでしょう。もしかしたら、生命の繁栄に向かうリジェネラティブな世界観や変化の必要性をすでに感じ取っている仲間が見つかるという、嬉しい驚きもあるかもしれません。あるいは、本書の内容や、未来に備えて組織を変容させていくことに興味がある役員が見つかるかもしれません。

1つ目のアプローチでも書いたとおり、保守的な組織環境においては、まずは将来の事業成長、優秀な人材の確保、変化への適応性やアジャイル、イノベーションや創造性向上といった観点から話をはじめていくことが効果的です。

変化が必要な理由（PART1）や先行企業の事例（PART2のビジネス・インサイト）を参考にしながら、あなたの組織にとって必要な情報を収集し、変化を起こすための小さな企画書にまとめてみてください。PART2のDNAモデルにおける各要素と実践をはじめるための具体的なツール（9章・11章を参照）への言及もお忘れなく。

Q2 活力の枯渇

現在の組織に対して活力が湧かず、疲弊してしまっています。本書の内容に共鳴し、新たな手法を切望してはいるものの、組織の変化に向き合うエネルギーが失われてしまっています。どうすればよいでしょうか？

A2

あなたは1人ではありません。さまざまな規模や業態の組織で多くの人たちが同じように徒労感やストレスを感じています。同時にお伝えしたいのは、世界は転換点にさしかかっているということです。現代社会が直面している複雑なシステム課題に向き合うために、抜本的な変化が必要であると世界中のリーダーたちが認識しはじめています。

まずは日々をありのままに受け入れて、過ごしてみてください。仕事のスケジュールを自分で調整できる環境にあるなら、8章の生命システムビーイングや次章の実践ツールも参考にしながら、あなた自身のリジェネラティブな実践のための時間を確保してみてください。昼食後に1時間ほど屋外を散歩し、ゆっくりと深呼吸をしたり、ノートにジャーナリングをしたりするのもいいでしょう（11章参照）。

また、個人用のエコシステミック・マップを描いて、あなたの人生におけるエネルギーの流れの全体像や最もエネルギーが奪われている領域を把握してください。あなたが活力を得るためにどこに意識を向け、注力するかは自分で決めることができるのです。

疲弊しているのであれば、自分の内面を労ってください。新たな選択肢を模索しつつも、まずは焦らず、ゆっくりと自分自身をケアしてあげてください。スマートフォンやSNS、TODOリストなどあらゆるノイズから離れて、ただ何もせずに自分自身を深く感じる時間を大切にして、自分がありのままでいられる時間（スペース）を与えてあげてください。

内側からエネルギーを感じられるようになるまで、そうした時間を過ごしてみてください。次第に、これまでとは異なる新たな状態で現状と向き合えるようになるはずです。既存の組織の変容に取り組むことにワクワクしそうか（質問1も参考にしてください）、あるいは新たなキャリアを模索するのがよさそうかを自分自身に問いかけてみてください。

組織の状況やキャリアについて、信頼できる人に相談してみるのもいいでしょう。その人が、これまでとは異なる新たな可能性や大切なことに気づかせてくれるかもしれません。繰り返しになりますが、ローマは一日にして成らず、です。焦って1人で背負いすぎてはいけません。無理に頑張ることで状況が解決されると思いこまないでください。むしろこうした場合には、スローダウンすることでよりよい選択肢が生まれていくことも多くあります。

Q3 機械的で硬直化した企業からの脱却

大企業のいい給料、キャリア、名声といったものから抜けだせません。心のどこかでは何かを変える必要があるとわかっていても、家族を養う必要があるので、会社を辞めることはできません。個人および組織のエコシステミック・マッピングのワークを通じて、現在の私を取り巻くエコシステムは明らかにバランスが崩れていて、職場環境が私自身の活力を育んでいないこともわかりました。どうすればよいでしょう?

A3

2つの道があります。

1つは、イントラプレナー、つまり社内起業家になることです。イントラプレナーは、組織の内側から変化を起こしていく人のことで、起業家とは異なります。DNA診断ホイールの内容を深め、組織を変えるためにどこから取り組んでいく必要があるのかを検討し、アイデアをまとめてください(質問1の回答を参照してください)。そして、そうした変化を歓迎してくれそうな関係者を探して、カフェにでも誘って提案してみてください。

もう1つの道は、組織を離れ、本来の自分の在り方と一致するような別の仕事をみつけることです。これは大きな決断のように思えるかもしれませんが、新たな機会に自らをひらいていくチャンスでもあります。

選択はあなた次第です。もちろん、何も行動せずに、現在置かれている状況（コンフォート）にとどまり、今と同じようにストレスを感じながら生きていくことも選択できます。しかし、おすすめはできません。おそらくあなたが思っている以上に、あなた自身のエネルギーを奪い、消耗させていくからです。組織がよりよい世界を生みだせるような変容を促すにせよ、活力を感じられる新たなキャリアに身を置くにせよ、あなたがあなた自身の深い願いとつながり、自分らしいリジェネラティブ・リーダーシップの旅路に踏みだしていくことを願っています。

Q4 リジェネラティブ・リーダーシップのはじめ方

私の組織では、リジェネラティブなビジネスやリーダーシップを推進していくための支援を得られる状況にあります。どこからはじめるのがよいでしょうか？

A4

最初のステップは、組織内の重要なステークホルダー（役員など）にリジェネラティブなビジネスの可能性（ポテンシャル）を認識してもらうことです。インフォーマルな場で、たとえばコーヒーを飲みながら立ち話をする機会をもち、関心度合いを探ります。その後、1時間ほど打ちあわせの場を設け、これからのVU

CAの時代におけるリジェネラティブなビジネスの必要性、他社の事例などを伝えます。相手に関心を持ってもらうことができたら、自社におけるリジェネラティブなビジネスの検討業務を提案し、たとえ小さくても、まずはやってみる機会——それを遂行するためのポジションを得てください。

次のステップでは、社内のステークホルダーを巻きこんでDNA診断ホイールのワークショップを行い、17の要素の状況について深く掘り下げます。「生命システムデザイン」「生命システムカルチャー」「生命システムビーイング」、それぞれを診断するプロセスで得た気づきを集約し、話し合いの場をファシリテートしていきます。その際には、リジェネラティブ・リーダーシップのDNAに基づく自組織の強みや弱み、未来の繁栄のために注力すべき領域についても議論を深めてください。優先領域の目処をつけることができたら、その領域の先駆的な事例などをリサーチしていくのもよいでしょう。

たとえば、もしあなたの組織が、製品開発において生命システムに寄与するパートナーシップ構築に新たな可能性を見出しているのであれば、同様の取り組みを行っている事例を調べたり、関連部署と有効性の検証をはじめてみたりするといった具合です。あるいは、DNA診断で発達指向型の文化が組織に欠如していることが明確になった場合は、外部コーチの支援を受けたり、本書や我々のウェブサイト（www.regenerativeleadership.co）のリソースも活用しながら深く掘り下げていくのがよいでしょう。

最初は比較的成果が出やすい領域——従来はおろそかにされてきたが、実は経営陣からの支援を得て取り組みをはじめやすい領域を見出してください。いきなりすべては変わりませんので、最初にエネルギーを集中すべき領域を特定し、小さな成功（スモール・ウィン）を生み、リジェネラティブな企業への変容を推し進めていく機運を社内で少しずつ高めていくことが重要です。次章ではそのための実践手法もいくつか紹介しています。

Q5 変化への心理的抵抗と反発（テンション）

私のチームメンバーには、内面と向き合うことから距離を置く人が多くいます。リジェネラティブ・リーダーシップの手法は内面と向き合うことが多いので、おそらく反発されるでしょう。また、仕事でも協力関係でも、世界との関わり方においても、これまでとは違う新しいやり方が求められることになるので、自らを開示する、相互にフィードバックをする、静けさを受容する、といったことに難しさを感じるメンバーもいるでしょう。こうした内面的な実践（インナーワーク）に対する抵抗にどのように働きかけるのがよいでしょうか？

A5

変化への抵抗は自然な反応です。これからの変容の時代には多くの人にとって心地よいものではなく、望まれないことも多いでしょう。しかし、私たちが行おうとしているのは、鉛（緊張感）を金（より深い学び）へと変えていく化学反応（アルケミー）のようなもので、成長や発達をもたらす変化が不可欠です。

影（シャドウ）やテンション、摩擦は押さえ込もうとすると、逆に増幅し、負荷が高まってしまいます。そうではなく、うまく発散して、場に解放させていく方が効果的な場合が多くあります。チームメンバー1人ひとりが内面的な実践についてどのような心地悪さを感じているのかを話し合い、抱えている不安や心配ごとに向き合ってみてはどうでしょうか。

そして、同時に、リジェネラティブ・リーダーシップや内面的な実践の目的や効果を伝えることも大切です。個人が仮面をかぶったり自己を偽ったりすることなく、学びと成長へとエネルギーを向け、個人とチームが自分たちらしく繁栄できる文化づくりのためだ、ということを理解してもらうのです。

リジェネラティブ・リーダーシップは、業績評価を刷新したり型にはまった変革プログラムを行ったりすることではありません。多くの組織や社会で蔓延しているストレスや摩擦を乗り越えていくための文化づくりであり、価値共創の営みだということを思いだしてください。

変容の旅路をはじめていくための効果的な一歩は、DNA診断ホイールを組織やチームで一緒にやってみることです。共に問いと向き合うことで、リジェネラティブなアプローチに対する好奇心を高め、どのように進めていけばよいかについて洞察を得ることができます。

Q6 業界やセクターの向き・不向き

組織や業界を問わず、リジェネラティブになることは可能なのでしょうか。それともリジェネレーションの時代に向けた変容は、セクターや業界によっては実現が難しいものなのでしょうか？

A6

あらゆる業界がリジェネラティブな方向へと舵を切ることができます。どんな組織であっても、自らが属する生態系を、生命を育む方向に移行させていく力を備えています。そして現代では、化学、農業、アパレル、事務用品、流通といったあらゆる業界で、さまざまなソリューションやテクノロジーが利用可能になっています。もちろん、新しい素材、業務プロセス、技術などへの投資は必要にはなりますが、中長期的な観点では、リジェネラティブ・ビジネスに着手するのが早いほどより健全な事業形態へと移行していくことができるでしょう。逆に舵を切るのが遅すぎれば、そのことが致命傷になり生き残れなくなるかもしれません。

デジタル写真を軽視したコダックやストリーミング型の動画配信サービスに出遅れたブロックバスターのように、時流に適応できなかった企業の仲間入りをしたくはないはずです。業界におけるリジェネラティブ・ビジネスの先駆者になるか、それとも後を追うのかが問われているのです。

世界的なカーペットメーカーであるインターフェイスの事例を思いだしてください。環境への有害性が高い生産工程を持続可能な方法に移行しつつ、イノベーションや従業員のエンパワーメントを推し進め、業界のリーダーになりました。また、英国のノーススター・ハウジング・グループは、厳しい市場環境の中にあっても、市場トップクラスの成果をあげ、組織文化を変革した結果、優れた職場を称えるアワードを受賞しました。

こうした変容は容易ではありませんが、だからこそ勇気と信念を持ったリジェネラティブなリーダーを必要としているのです。

Q7 階層型組織とリジェネラティブ・リーダーシップ

階層構造（ヒエラルキー）が強固で、トップダウンの傾向が強い組織にいます。どのようにリジェネラティブ・リーダーシップに取り組めるでしょうか？　階層構造をなくす必要があるのでしょうか？

A7

まず、階層構造（ヒエラルキー）のすべてが悪いわけではありません。自然界には、階層構造を含むさまざまな種類の構造があり、どれも生命の一部です。人間がつくりだす複雑で込み入った組織において、社会的責任や説明責任を明確にするうえで階層構造が助けになる場合もあります。問題は、階層それ自体ではなく、**階層構造の実態が権力や支配、怖れ、機械的なマネジメントに基づいていること。そして、それらが人**

が本来持つ生命の可能性を毀損したり、むしばんだりしていることです。もし人々がお互いを尊重し、あらゆる階層において学びあい、発達し、成長していくための十分な余白が担保されていれば、階層構造の組織であっても問題はないのです。

まずはあなたの組織において、トップダウンの構造が実際どのように作用しているのかを観察してみることをおすすめします。あなたの組織に、「変化への柔軟性」「共感的な対話」「エンパワーメント」「ディープリスニング（次章参照）」「他者への信頼」「各自の責任ある振る舞い」「尊重しあえる関係」といった要素は見られますか？　社員は職場環境や文化をどのように評価していますか？

生命システムカルチャーの「自己組織化と局所適応」の要素でも考察したように、階層構造は官僚主義や権力支配を生み、それによって組織の変化への適応力や社員の活力を奪ってしまいやすい傾向があります。そのため、最初の一歩としては、「ハイブリッドシステム」を採用することを検討してもよいかもしれません。つまり、階層構造の中に、自己組織化されたアジャイルでフラットな部門横断型チームを共存させるのです。社員はそのチームで動く際には部門を超えて自己組織化し、それ以外の業務においては従来の階層組織で仕事をします。こうすることで社員は、階層的ではない働き方のメリットを理解することができます。

もう1つのやり方は、7章で紹介した助言プロセスを試してみることです。助言プロセスは、従来の階層構造を壊さずに自己組織化された仕事のやり方を実験できる優れた方法で、人々は承認を求めることなく、自ら判断できるようになっていきます。

Q8 フィードバックの文化

フィードバックの文化は本当に必要なのでしょうか。私はとてもストレスを感じてしまうのですが。

A8

リジェネラティブな企業において発達指向型文化を耕していくことは重要であり、フィードバックサイクルはその一要素です。相手を尊重し、偽りのないフィードバックのやりとりに慣れている人が増えていけば、日常的にそうしたコミュニケーションが受け入れられていきます。フィードバックの文化を育むとは、コーチングの文化を育むということでもあります。それは、「自分たちはコーチングのスキルを活かして、互いに支えあうことができる」と社員たちが感じている状態です。難しい会話が必要な局面では特に、敬意あるフィードバックを行うためのトレーニングが非常に役立つので、新たなフィードバックプロセスをスタートさせる場合は、社内でコーチングスキル研修を必ず行うように提案しています。

このテーマを掘り下げるなら、7章・生命システムカルチャーの「発達指向性と尊重」のパートで紹介した文献を参照してください。フィードバック文化がほとんどない組織で、いきなり絶え間ないフィードバックと360度評価の文化に移行する必要はありませんし、おすすめもしません。お互いへの敬意を育むどころか、社員のストレスが増大してしまう可能性もあります。あくまでも目的は、1

人ひとりが全体性の旅路をより深く歩み、活力あるリジェネラティブ・ビジネスに貢献していけるような職場環境や文化を生みだすことです。そのため、人々が適切なコミュニケーションを行い、課題と向き合い、継続的に学習し続けることができれば、フィードバックの頻度は問題ではありません。

Q9 リジェネラティブ・リーダーの戦略策定プロセス

従来の戦略策定プロセスを変更する必要があるでしょうか。それともリジェネラティブ・リーダーシップを実践しながらでも、中期3カ年経営計画や四半期の目標は実行できますか?

A9

機械的な管理型のマインドセットでは、中期3カ年計画の策定は慣れ親しんだやり方であり、それは「現在地点から到達点に向かえばよい」という線形的な思考に基づいています。線形的な思考には有用な側面もありますし、組織内外の変化の力学(ダイナミクス)を継続的に反映していく生命システム的な観点での戦略が補足されれば、必ずしも弊害をもたらすわけではありません。リジェネラティブな戦略においては、ビジネスを取り巻くあらゆるステークホルダーの相互のつながりを考慮し、絶えず変化する生命の創発性を内包していくことが重要で、だからこそ、パーパスや戦略的意図が大切になります。

7章の生命システムカルチャーで述べたように、ミッションやムーブメントが明確になっているかを問いかけてみてもいいでしょう。そこで紹介したパーパスの効力は、ビジネスに関わる1人ひとりの行動によって発揮されているもので、コアバリューとともに組織の存在目的を解き放ち、変化の荒波のなかでも指針となってくれます。

リジェネラティブなビジネスにおいては、左脳(従来の線形的な戦略)と右脳(絶えず変化するシステミック・システミックな戦略)を統合していくことが必要になります。そのため、DNA診断ホイールやエコシステミック・

機会から生命システムへ

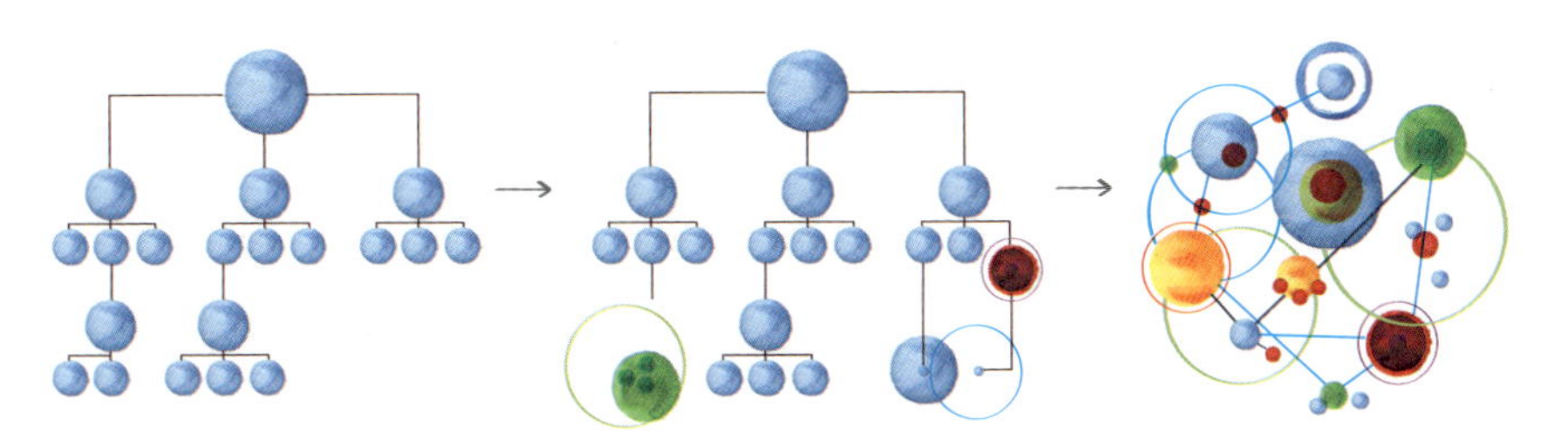

@copyright Hutchins & Storm, inspired by Biomimicry for Creative Innovation

マッピングといったリジェネラティブ・リーダーシップのツールと、SWOT分析やシナリオプランニングといった従来の戦略ツールを組みあわせることがおすすめです。次章で取り上げる、ビジネスの生態系を取り巻く多様なステークホルダーが戦略づくりに積極的に貢献していく「スウォーム」などのツールも試してみてください。大切なことは、戦略が常にミッションやムーブメントにつながるものになっているかに意識を向け、経済的な利益や短期的な株主価値に過度に偏重しないようにすることです。

Q10 リジェネラティブ・ビジネスにおけるKPIと四半期目標

リジェネラティブな企業において、KPIや四半期目標、および年間予算に代わるものは何でしょうか？ パフォーマンスの測定はよくないことなのでしょうか？

A10

すべてのパフォーマンスの測定や数値目標がよくないわけではありません。指標を計測して管理することに、私たちは慣れすぎているという側面はありますが、測定することで実行できるという従来の考え方にも一理あります。ＫＰＩは、リジェネラティブな考え方で設計し活用することができます。実際、あらゆるステークホルダーや長期的な視点が考慮されたホリスティックなＫＰＩやシステミック・バランス・スコアカードなども広がりはじめています。

これらは、トップダウンで柔軟性のない目標や予算に縛られるのではなく、絶えず変化する状況を現場のチームが感受して応答していくアプローチとともに活用されています。これを実践する際には、組織の生態系において、いいエネルギーが循環して繁栄している箇所とそうでない箇所を感知し、介入していくエコシステミック・ファシリテーターのスキルが役立ちます。ダッシュボードや数値指標を活用すると同時に、日々のエコシステミック・ファシリテーションを通じて感受した事業全体への気づきや温度感を頼りに判断していくことができるのです。5章では、パッカ・ハーブスの取り組みとして、各事業部の主要な社員が数週間ごとに集まり、生命システムとしての組織の活力を感じ取る場を設けていることを紹介しました。このような場を設けることで、機械的なＫＰＩに過度にのみ込まれずに、継続的に組織のエコシステミック・アウェアネスを育んでいくことができるのです。

Q11 競争的な文化

私の組織は競争的な文化を持ち、競争に勝つことに誇りを持っています。競争的な文化は改めた方がいいのでしょうか？

A11

競争は生命が持つ性質の一部です。システムの相互作用のなかで健全に行われる競争は生命の理に適っています。しかし、もしあなたの組織が、他者を容赦なく搾取し、弱体化させ、支配していくような振る舞いを正当化している場合、創造性やコラボレーション、組織の活力を奪ってしまっている可能性があります。食うか食われるかの競争的な文化は、常に欠如感をもたらします。しかし健全な競争であれば、創造性が刺激され、個人や組織の潜在能力の発見や成長につながる可能性があるのです。重要なのは、背後にある意図です。それが個人であってもチームや組織であっても、自己利益の最大化のために行われる搾取的なものなのか、それともよりよい活動や顧客への価値提供のための健全な競争なのかを見定める必要があります。

競争は、発散のプロセスを促すこともあります。たとえば他社から学びやイノベーションのヒントを得たり、市場環境への適応力を高めるといったことです。しかし一方で、非常に男性的で、食うか食われるかの残酷な文化や「敵vs味方」の排他的な構造を生みだし、サイロを超えたコラボレーションの機会や視点の多様性が損なわれてしまうこともあります。あなたの組織において、競争が生命システムにおいて健全な力学を生みだしているか、あるいは、それをむしばんでいるかを感受してみることからはじめてみてください。

本章では、私たちがよく尋ねられる質問のいくつかを紹介しました。まだ気になることはあるかもしれませんが、とにかくまずは「小さくてもやってみる」ことをおすすめします。

次章では、個人や組織で活用できるツールや実践を紹介しています。PART2で紹介したDNAモデル、ビジネス・インサイト、PART3のDNA診断ホイール、エコシステミック・マッピングと合わせて、あなたやチーム、組織がリジェネレーションの時代に向けた旅路を前に進めていくために活用してください。

「千里の道も一歩から」
ということわざを
思いだしてください

積み上げられた岩は、
誰かがそこに
大聖堂を見出した瞬間に、
岩でなくなるのだ
――アントワーヌ・ド・サン＝テグジュペリ
（作家）
Photo creadit: Seb Atkinson

11 道具箱

この章では、リジェネラティブ・リーダーへの変容の旅路を支える実践ツールや手法をお伝えします。これらのツールは、個人レベルでもチームや組織のレベルでも、生命の繁栄を指向するビジネスに必要な在り方を育む支えになるはずです。

まずは、リーダーシップ・ダイナミクスを構成するセルフ・アウェアネスとシステミック・アウェアネスを育む個人向けのツールを紹介します。それから、生命システムにおける発散－収束－創発というライフ・ダイナミクスを支える組織向けのツールを紹介します。

個人編

❶ ジャーナリング

ジャーナリングは、自身の振り返りや学びをノートに書きつづっていくものです。とてもシンプルですが重要な手法で、継続することでセルフ・アウェアネスを訓練することができます。

まずは、1日の終わりに5分間の時間をとって振り返ることからはじめましょう。

毎日少しずつ、たとえば仕事の帰り道や子どもたちを寝かしつけた後などに時間をとってください。1日を振り返り、湧きあがった感情や違和感（テンション）を観察してみてください。すっきりしなかったコミュニケーションや、誰かの言葉や振る舞いからくるちょっとした不安やストレス、あるいはワクワクしたり活力が溢れたりした瞬間はあったでしょうか。心がときめいたこと、ストレスを感じたこと、固執していること、あるいはその日の出来事で得られた気づきや学びなどです。うまくいかないと感じている事柄（チャレンジ）は、自分自身の内面で気づいていないところや影（シャドウ）を照らしだしたり、今後の成長や発達のために何に取り組むべきかを教えてくれたりするかもしれません。

5章で紹介したリチャード・バレットの言葉を思いだしてください。

「自分の内面で起こる反応を把握し、あらゆる感情や感覚、思考を自覚的に扱う必要があります。誰もあなたを動揺させていません。あなたを動揺させているのは、あなた自身なのです」

自分の心理的な引き金（トリガー）や反応、先入観、影（シャドウ）、慣習、恐れなどを自覚し、意識的に生き方や在り方へと統合していくことができれば、あなたが抱える影（シャドウ）は人生の贈り物（ギフト）になるのです。これは全体性へと向かう旅路であり、ジャーナリングを通じて日々新たな視点に気づき、学びを深めていくことができます。なお、ジャーナリングのノートは、新たなリーダーシップの旅路を歩みだすあなたの発達過程を記す特別なものですから、通常のミーティングメモやTODOリストとは別に記録してください。

7章で紹介したパーパスの専門家のリチャード・ライダーの研究によれば、成功しているリーダーたちは1日の終わりに「今日は何を学び、何を世界に与えることができたか」を内省し、自身の目的を意識的に生きているといいます。毎日が、学ぶことと与えることを実践する機会なのです。

❷ 静けさの確保

心のざわつきを鎮め、立ち止まり、内なるつながりを深め、振り返り、自分を新たにするためのスペースを定期的に確保することが大切です。おすすめのやり方をいくつか紹介します。

STEP❶ デジタル機器をオフにする

絶えずスマートフォンをチェックする依存症になっている方も多いのではないでしょうか。内なる静けさを養うために、そこから離れて、プレゼンスの実践をしましょう。脳にはぼーっとするアイドリングタイムが必要です。機内モードにするか電源を切って、週に一度はスマートフォンやインターネットに触れない日を持ってみてください。今この瞬間を味わうプレゼンスの感覚を養ってください。

STEP❷ 自然の中で静かな時間を過ごす

外に出て、自然の中で静かな時間を過ごしましょう。この小さな休息が、あなたの心身をリフレッシュさせ、創造性や明晰性、変化への適応性を高め、より活き活きとした状態にしてくれます。1日10分程度でもかまいませんので、日々の大切な実践として公園や水辺、森の中で過ごしてみてください。昼食後のお散歩でもいいでしょう。スマートフォンの電源は切って、その時間を味わいながら過ごしてみてください。

STEP❸ 深い思考時間を確保する

1週間のなかで、打ちあわせや作業をする「行動(do)の時間」ではなく、「ただそこに在る(be)時間」を確保するようにします。立ち止まって、より広い視野で内省し、思考する時間です。ビル・ゲイツは、新しいアイデアや思考を得るために、オフィスを1週間離れて集中する時間をもっていました(おそらく今でも)。とある著名な舞台演出家は、毎週金曜日の朝、4時間をかけて4つの事柄について深く思考するようにしているそうです。あらかじめカレンダーに入れているので、スタッフもその時間を邪魔しないようにしているのです。このように、深い思考の時間を確保するために、カレンダーに自分とのアポイントメントを入れることがおすすめです。「戦略」「プランニング」「思考時間」などなんでもよいので、ふさわしいと感じる名前をつけてください。最も貴重なリソースである「時間」と「思考」をマネジメントする上司は、あなた自身なのですから。

STEP❹ 周囲への影響

リーダーは、組織内で推奨される振る舞いの手本となります。リーダー自身が、内省やリフレッシュ、新たな自分と出会いなおす時間を大切にしていれば、周囲の人は自分も同じように振る舞っていいのだと感じるようになります。たとえば30分ほどの昼寝、瞑想などを習慣として積極的に取り入れ、組織における文化的な変化をぜひ観察してみてください。

❸ ディープリスニング

日々の会話のなかで、**内なる自己や他者の声に耳を澄ますことは、あらゆる物事の可能性がひらいていくための基盤**となります。慌ただしく忙しい日々のなかで内なる声に十分に耳を傾けることができなくなっていくと、私たちはよりどころを失い、軸がぶれ、衝動的な反応や気まぐれに振り回されます。リーダーのそうした在り方は、オフィスやリモート会議の雰囲気、メール、SNSなどを通じて周囲に伝わり、関係性や場に否応なしに影響していきます。ディープリスニングのスキルを養うことで、より自分自身や他者の真実の声に耳を傾けることができるようになるのです。

ディープリスニングには3つのレベルがあります。

① 内なる自己の声を深く聞く
② ペアでの対話を通じて、相手（他者）の声を深く聞く
③ 右記の2つに基づき、グループの声を深く聞く
※ 組織編「④ ダイアローグによる問いと応答」でも、第3のレベルのディープリスニングについて紹介します。

順番に見ていきましょう。

内なる自己の声を深く聞く

ディープリスニングを実践するときは、静けさの中に身をおき、内なる声に耳を澄ますことが効果的です。ここで紹介する3分間のシンプルなワークは、いつでもどこでも可能です。

STEP 1

1日を振り返り、印象に残っている出来事やあなたの中でしっくりきていないことについて、何が起こったのかを自分に問いかけてみてください。

STEP 2

深呼吸を数回して、おへその丹田（たんでん）のあたりを感じながら、上記の問いとただ共に在るようにしてください。

STEP 3

もう一度自分に問いかけてみてください。今度は、胸を大きく広げるように呼吸しながら、心臓のあたりを感じてみてください。ただ静かに、問いと共にいてください。そして心臓の鼓動を感じてください。鼓動と鼓動のあいだの間に気づくかもしれません。

STEP4

最後に、力を抜いて、深く呼吸をしながら、リラックスした心地よい体勢で座ってください。問いや期待を保留し、今この瞬間(プレゼンス)を感じます。

この3分間のエクササイズを毎日(あるいはできるだけ頻繁に)繰り返すことで、内面を感知し、内なる声に耳を傾け、自分自身と深くつながる力を高めていくことができます。

他者の声を深く聞く

「アクティブリスニング」を実践している方もいるでしょう。話し手に共感し、肯定的にうなずく、相槌を打つ、ボディランゲージを交えるなど、身体的な動作も使いながら積極的な態度を示す手法です。ディープリスニングはアクティブリスニングをもう一歩深めていく聞き方で、次の3つのシンプルなステップで行うことができます。

STEP1 パートナーを見つける

対話の相手は、チームメンバーや仕事仲間、あるいは家族やご近所の知人などの場合もあるでしょう。向かい合って座り、リラックスして、温かく相手の目を見てください。アイコンタクトが維持できるようにしてください。

STEP❷ 探究する問いを決める

このワークで探究する問いを決めます。なんでもよいですが、たとえば個人的なことを振り返る問いとしては「自分の人生にどんな変化を起こしたいですか？」「今、最も怖れていることは何ですか？」などがあります。あるいは仕事に関わる問いとして、「今の仕事で一番不安なことは何ですか？」「リジェネラティブ・ビジネスを実現するために、どのようなステップから変化を起こしていくことができますか？」「組織が追求すべき真のパーパスはどういったものでしょうか？」なども考えられます。パートナーと探究する問いが決まったら、どちらが最初に話し手と聞き手になるかを決めます。

STEP❸ ディープリスニングを行う

1人が最初に5分話し、もう1人は聞き手にまわります。終わったら話し手と聞き手を交代します（時間は正確に5分でなくてもいいですが、3～10分程度を目安にしてください）。

聞き手は、話し手を誘導したり影響を与えたりするような身体表現（笑顔、しかめっ面、うなずき、相槌表現など）を控えるように気をつけましょう。温かな表情で相手の目を見ながら、常にまっさらでオープンな状態でいるように努めます。自分の気が散っていたり、話し手の言葉に反応して思考が浮かんでいたりすることに気づいたら、相手に注意を戻して、再びありのままに聞くことに意識を向けます。

深く聞くという行為は、それ自体が瞑想的な行為です。聞き手は、頭の中のおしゃべりから離れて、他者の話をありのままに受け取ります。話し手がその態度を意識的あるいは無意識的に感受すると、両者のあいだに真実を語りあう信頼関係が生まれます。その結果、心からのより深い分かち合いがひらかれていくのです。

話し手は、心の赴く(おもむ)ままに問いと向き合い、自分の中の話されたがっている何かを直感的に感じ取り、それに身を委ねることが大切です。言葉が湧きあがるままにまかせ、ときには話が止まり、沈黙が流れてもまったく問題ありません。ほとんど言葉がなかったとしても、逆にとめどなく湧き出るように話し続けても、どちらでもいいのです。良し悪しはありません。あらゆることが評価を超えて、ただそこに現れていくだけなのです。

私たちは、セミナーやワークショップでこのワークをよく行っていますが、初対面の人同士であっても強い絆が生まれます。ディープリスニングを互いに行うことで、相手と特別なつながりを感じ、たとえ10分ほどの時間であっても相手への思いやりや信頼、オープンさを感じることができます。こうしたディープリスニングが日々の実践として根づいている組織では、弱さや脆さを受け止めあう信頼と健全な関係性を育むことができます。

❹ 心のプレゼンス

心のプレゼンスは、心が今ここに在る状態で、セルフ・アウェアネスやシステミック・アウェアネスの土台となります。ここで紹介する2つのツール「心の呼吸」と「心の同調」は、プレゼンスや一貫性(コヒーレンス)を高めるうえで役に立つ方法です。個別に行うことも、続けて行うこともできます。

心の呼吸

2つのステップがあります。

STEP❶ 意識の呼吸

呼吸に意識を向けてください。座っても立ってもどちらでもかまいません。息を吸ったり吐いたりしながら、肺の上下運動、腹部の膨らみやへこみを感じてください。鼻から入ってくる空気の冷たさや、身体から出ていく空気の温かさを感じてください。まずはお腹のあたりで数回深く呼吸をしてください。今度は、片手が心臓の下の方に、別の手が心臓の上の方にくるように優しく並べて置きます。もし手を動かすことが難しい場合は、胸部に手を重ねていることを想像し、心臓のあたりに意識を向けるだけでもかまいません。

STEP❷ 心の呼吸

心臓のあたりで呼吸をしているようなイメージを持ちます。手を当てている胸部から息が流れこみ、出ていくようなイメージです。心臓に深く意識を向けたまま数回大きく呼吸を繰り返します。この「心の呼吸」は、鼓動へのアウェアネスを高めてくれると同時に、心身の一貫性を整えてくれます。右脳と左脳のバランスを揃えて、交感神経や副交感神経の働きを改善してくれます。

心の呼吸を続けると、周囲の環境の感じ方や知覚の仕方、現れようとしているものへの意識の向き方などに、微細な変化が感じられるようになります。頭から心へと意識を向けていくのは、シンプルでありながらとても深淵なもので、内面のちょっとした変化で起こっていくものです。

心の同調（エントレインメント＊）

リラックスできる居心地のよいスペースを見つけてください。4分ほど1人でいられる場所であれば、公園のベンチでもオフィスのトイレでもどんな場所でもかまいません。場所を見つけたら、まず「心の呼吸」の2つのステップを行ってください。

続いて、以下の2つを行います。

STEP1　愛の感覚を思いだす

穏やかな気持ちで深く心の呼吸をしながら、自分の中の愛の感情や記憶を思いだします。たとえば、子どもたちと遊んだり、自然の中を散歩したりしている時間、以前に飼っていたペットのこと、これまでの人生のなかで幸せや生きている実感を深く味わったときのことなど、どんなことでもかまいません。自分の内にある愛の感覚を思いだしてください。心の呼吸を続けながら、この愛の感覚を呼び起こし、心臓のあたりでじっくりと味わってください。

＊エントレインメント：心理学用語で、同期行動や同調傾向ともいう。新生児が大人の話しかけに同調して自分の身体を動かしたり、また大人も子どもの動きなどに応答したりする相互作用のこと。対話においては、話者間において話し方や声の調子などの振る舞いが同調・類似する現象を指す。

STEP❷ 愛の感覚を全身に広げる

そして、この愛の感覚が胸部から全身へ広がっていくのを感じてください。呼吸のリズムに合わせて、足や腕、つま先、指先、背骨、首、頭部へと広がっていきます。今感じているこの愛の感覚に全身でたっぷりと浸ることをゆるしてあげてください。身体中の1つひとつの細胞が愛の気持ちで浄化されていくことを感じてください。

このシンプルなエクササイズは、私たちの意識の在り方に微細な変化を生みだし、執着や評価を手放して、世界に対してよりオープンに共感する状態を維持しやすくなります。

「心の呼吸」と「心の同調」の2つのワークを行っていくと、身体的・心理的な変化が感じられるかもしれません。実際に電極をつけて計測するとその変化を確認できることもあります。心のプレゼンスの実践を続けることで、心身のバランスと一貫性を取り戻し、生きることの実感と自覚に満ちた聡明な状態に立ち戻ることができます。

❺ ボディスキャン（ヨガニドラ）

横になることのできる、安全、快適で静かな空間を見つけてください。10分程度、1人でいられる場所をおすすめします。横になってリラックスすると体温が下がることがあるので、温かい格好をし、心配な方は毛布や上着を用意しておくとよいでしょう。

STEP 1
まず横になり、3～4回ほど深呼吸をします。身体の力を抜いていきます。

STEP 2
床に触れている部分に意識を向け、呼吸とともに身体の重さを感じます。肺を通じて身体の内外へ空気が出入りしていることを感じてください。

STEP 3
ボディスキャンを行います。これは伝統的なヨガニドラ*に基づいています（ここでは文章で説明していますが、より深く理解したい方はぜひ「ヨガニドラ」で検索し、映像のインストラクションを参照してください）。このエクササイズを継続的に行うことで、きっとあなたの中で眠っている活力が湧いてくるはずです。

床に横たわっている身体に意識を向けます。身体の重さや床を感じてください。肌と服が触れ合っていることや、呼吸で浮き沈みする肺の動きを感じます。呼吸に意識を向けると、肺に空気が入りこみ、そして出ていく様子が感じられます。身体の緊張や微細な感覚を感じてください。身体を包みこむようにアウェアネスを広げ、全身の感覚をやさしく感じます。

＊ヨガニドラ：「ヨガの眠り」ともいわれ、眠りに近い状態で声のガイダンスによって行うヨガの瞑想方法のこと。

数回深呼吸をしてから、今度は左足に意識を向けてみましょう。左足の中に入りこんでいるようなつもりで、左足の感覚を内側からじっくりと感じてみてください。

少しずつ意識を身体の各部位に向けて、よりつぶさに感じていきます。左足の親指からはじめて、1つひとつの足の指、足裏、足首。少しずつ意識を身体の上の方に向けて、左足のすね、ふくらはぎ、膝の前、膝の後ろ、太ももから腰の左側、そして脇腹を通って左の脇の下へ。さらに、左肩、上腕二頭筋（上腕の腹部側）、上腕三頭筋（上腕の背部側）、肘、左前腕、手首、手のひら、手の甲、親指、人差指、中指、薬指、小指といった具合に左半身をゆっくりとスキャンしていきます。

左半身が終わったら、今度は同じように右足に意識を向け、足の親指からはじめて、足の指、足裏、足首、脚、太もも、腰の右側、脇腹、腕、手、指と流れるように意識を動かしていきます。うとうとしてきたら、再び意識を身体に戻し、自分自身の状態を感じるようにしてください。

右側を終えたら、今度は尾てい骨に意識を向け、背骨を上の方へとたどっていきます。首の付け根までゆっくりと背骨を1つひとつ感じてください。そして首、後頭部、頭頂、前頭部、そこから左の眉、右の眉、鼻、鼻の先端、左の頬、右の頬、左耳、右耳、唇、舌、あご、喉、鎖骨、左胸、右胸へと順にスキャンしていきます。呼吸とともに横隔膜が上下に動くのが感じられます。心臓、お腹の内臓、下腹部、生殖器、そして再び尾てい骨に意識を戻していきます。

今度は、全身に意識を向けます。呼吸をするたびに身体の隅々に活力が行き渡っていくのを感じてみてください。数回深呼吸し、時間になるまでゆっくりと今の身体の感覚に浸ってください。

短い時間でも全身のボディスキャンを行うことで、身体を流れる微細なエネルギーの変化に気づき、身体のあらゆる場所の活力を感じることができます。このエクササイズをしていると、うとうとして眠ってしまうこともありますが、それは身体が再生していくために必要な営みですから、時間がある場合は、その流れにじっくりと委ねてあげてください。継続的に実践をしていくと、眠りにつくことなく、深くリラックスしながら目覚めている状態を保つことができるようになります。脳波や心身の調律作用が刺激され、身体や感情、直感に宿る知性や生命システムフィールドへと深くアクセスしやすくなります。

❻ 自然への感性をひらく

このエクササイズでは、外に出て地面に腰を下ろします。適切な服装で出かけてください。手順は以下のとおりです。

STEP❶ 気になる木を見つける

屋外を歩き、ふと気になった木の幹の横に腰を下ろし、リラックスしてください。力を抜いたまま背筋を伸ばし、手は優しく膝の上や身体の横におきましょう。胡座(あぐら)でも足を伸ばした状態でもよいので、心地よい姿勢で座ってください。

STEP❷ 内面を感じる

座る体勢が整ったら、数回お腹から深呼吸を行います。息を吸うたびに新鮮な空気が肺を満たし、息を吐くと同時に、自分の内にある悩みや心配事が吐き出されていくのを感じてください。次に、目を閉じて（あるいは半眼で少し前方を眺めて）、思考せずに身体の感覚を感じる時間をとります。これは言うは易しですが、頭の中で自我（エゴ）がおしゃべりをはじめて気をそらそうとするので、実践するのは簡単ではありません。脳内のおしゃべりに気づいたら、その都度ゆっくりと自分自身の身体感覚に意識を戻していきます。深呼吸をして、より深い瞑想状態に入っていくようにします。心身の力が抜けて、脳内のおしゃべりが減ってきたら（数分ほどかかるかもしれません）、意識を内臓や心臓、脚、腕、皮膚の感覚へと集中させていきます。自分を取り巻く空気の音や風のうねりも味わってください。

STEP❸ 木の根っこや幹、枝を感じる

今度は背を預けている木に意識を向けていきます。自分の後ろやお尻の下、上空に宿る生命の息吹を感じます。今この瞬間に感じられる生命システムとしての木の全体性を味わいます。その存在を十分に感じたら、今度は背中と触れあう樹皮の硬さや、土中深くへと伸びる根、空高く伸びた幹や枝を順番に感じていきます。まずは根っこに意識を向けていきましょう。

① 地下に放射状に広がる根っこをイメージする

自分が今座っている場所の地下にその木の根が広がり、土中深くにおりていく様子を想像してみ

ましょう。意識をさらに地下深くへとおろしていき、足元にひろがる地球を感じます。溶けたマグマや中心部まで深くたどっていってもいいでしょう。今度は、地下深くから木の根をたどり地上へと意識を戻していきます。木に触れている自身の尾てい骨や背骨、胸や心臓部へと意識をたどっていきます。丹田のあたりで呼吸を何度か行ったら、自分自身が木と一体になって大地に根を張り、地球の中心部と確かにつながっている感覚をじっくりと味わってください。

② 空高くに放射状に広がる木の枝をイメージする

今度は木の枝や葉が空高く、放射状に広がっていくのを感じてみましょう。さらに、私たちの上空に広がる空間や雲、大気圏の向こう側に広がる宇宙や星に意識を向けていきます。意識を目一杯広げたら、そこから再び木のてっぺんまで意識を少しずつおろし、枝や葉、そして自分の頭頂部や首、胸や心臓へとたどって戻っていきます。そして、私たちの上層に広がる空や宇宙とのつながりを感じます。

最後に、今の意識状態のまま、私たちの内面に広がる世界や外側を取り巻く世界をゆったりと感じ、お腹で呼吸をしながら数分ほど時間を過ごします。上空に広がる宇宙のエネルギーが上からあなたに流れこんでくること、自分という存在が地球の大地に深く根をのばしていることをじっくり味わってください。

ここまで紹介した個人用のツールは、シンプルでどこでも実践できますが、継続することできわめて高い効果を発揮します。この実践が、セルフ・アウェアネスやシステミック・アウェアネス（あるいはエコシステミック・アウェアネス）を養うために必要な、プレゼンスや一貫性（コヒーレンス）の在り方を支えてくれるのです。これらは、リジェネラティブ・リーダーシップの意識変容において不可欠な要素であり、この後ご紹介していく組織向けツールの基盤となります。

組織編

❶ 会議における静けさ（サイレンス）の習慣

日々多くの時間が費やされる会議ですが、エネルギーと創造性を消耗し、生産性が損なわれてしまっていることも少なくありません。そうした経験がある人は多いのではないでしょうか？　自分のことばかり話して他者の話や観点に関心を示さない人、静かであまり話さない内向的な人、影響力のある人に同調している人など、いろいろな人がいます。しかし、そうしたいつものパターンを繰り返すのではなく、1人ひとりがその場その瞬間と深くつながり、気を通わせ、その会議を通じてどうすれば本当の声が引き出されて物事が前進できるのかに耳を澄ませているような風景を想像してみてください。

あらゆる会議の冒頭に静けさ（サイレンス）の時間を習慣化することは、活き活きとした組織文化をつくりだすうえで、シンプルですがとてもパワフルな手法です。静け(サイレンス)さの文化を奨励することで、話し合いの場に本来宿るエネルギーや関係性のなかで生まれる活力を回復させることができます。特に、その場にいる誰もが安心して順番に発言できるような対話のアプローチと組みあわせると効果的です。口数の多くない内向的な人は、場の力学を変える可能性を秘めた知恵を持っていたとしても、外向的で声の大きい人が主導する従来型の会議文化では発言しづらいことも多いからです。

デンマークのコンサルタントであるバスティアン・オーバーガードは、静け(サイレンス)さの時間を取り入れた対話の文化が根づくように組織を支援しています。彼が推奨する方法は、会議の冒頭に数分間の沈黙の時間を設けた後に話し合いをはじめ、会議の時間が4分の3ほど経過したところでもう一度数分間の沈黙を取り入れることです。これを実践した組織では、話し合いのエネルギーレベルが高まり、会議の効率が高まったという効果を実感する声がありました。また、社員はくたくたに疲弊して帰宅するようなことがなくなり、活力に溢れ、生きた実感を持って仕事に取り組むことができるようになったといいます。

会議に静け(サイレンス)さを取り入れることで、うわべの話をただ続けるのではなく、本当に話されるべきことが分かち合えるようになります。そして、社員同士の信頼や尊重の文化を育むことにもつながります。

❷ 建設的なフィードバック

フィードバックは、贈り手と受け手の双方に栄養をめぐらせる贈り物(ギフト)です。それは、相手を批判・評価したり、出し抜こうとしたり、相手にあなたの意見を押し付けたりすることではありません。フィードバックというのは、他者の力になりたいという純粋な願いから生みだされるもので、共感的な視点から物事のどのような点がうまくいき、あるいはうまくいっていないのかについての気づきを伝えます。そうすると、受け手は学びや成長の伸びしろを見出すことができます。一方で、たとえそれが建設的な意見だと理解はできても、フィードバックを受けること自体には誰もが不安を感じ、自己防衛をしたくなるものです。そのため、常に共感的な雰囲気や場を確保することが重要になります。

フィードバックの進め方

誰かとペアを組んで進めます。ワークを行いたい人を見つけて、向かい合って座ります。穏やかに互いの目線を合わせ、リラックスできるように努めてください。最初にフィードバックの贈り手を決めてください。

贈り手が決まったら、まずは前向きなフィードバックからはじめます。うまくいっていると感じることをはじめに共有することで、前向きでオープンな場をつくることができます。その後、うまくいっていないと感じることや学びの可能性を伝えます。受け手がどのように感じるかを想像しながら、言葉遣いに気を配り、建設的なフィードバックを心がけます。フィードバックは受け手の気づきにつなげるための機会と捉えることが大切です。

あまりにたくさんのフィードバックをもらっても受け手は消化しきれませんから、前向きなフィードバックは3つ、改善やよりよい変化のためのフィードバックは2つほどで十分でしょう。多いと感じたら、数を減らしてください。十分に検討されていないフィードバックを多く受け取るよりも、1

つか2つの深い洞察のあるフィードバックを贈った方がきっと役に立つでしょう。また、一般論ではなく、具体的な事例を伝えたり、実際の状況や会話を取り上げたりすることで、受け手が学びの伸びしろに気づきやすくなります。

話し手が内にあるものを滞りなく共有できるように、聞き手はただ耳を傾けてメモを取るのが基本です。もし、正しく理解したいことやもう少し説明してほしいことがあれば、質問をしてください。ただし、それは話し手の視点や思考に入りこむための質問であって、聞き手のエゴを持ちこんだり、相手の行為や出来事を評価したりしないことが大切です。聞き手が前向きなフィードバックと改善のためのフィードバックの両方を共有し、十分に伝えることができたら、役割を交代して同じプロセスを繰り返します。

こうしたワークを取り入れて、チーム内に定期的なフィードバックサイクルを構築することで、より深く変化を感受・応答し、適応し、学習していくことができます。カジュアルな形式で、日々の業務の中に感性のひらかれた自発的なフィードバックの機会を取り入れていくことからはじめてもいいでしょう。フィードバックの文化が育まれれば、話し手や聞き手、そしてチームを取り巻くより広い関係性に宿る知恵や、1人ひとりの自分らしい在り方を深めていくことができます。

③ 未来からの洞察を深めるフューチャーバック

個人やペア（同僚やコーチングの相手）でもできますし、少人数のグループでもできます。長めのテーブルと椅子のある静かな会議室があれば簡単にできます。自宅の廊下や部屋、屋外の公園などでも行うことができます。

これから紹介するプロセスは、戦略策定で用いられる「未来予測」「シナリオ・プランニング」「バックキャスティング」や、ピーター・ホーキンズ教授が開発したシステムコーチング手法の「フューチャーバック」や「アウトサイドイン」などに基づいており、さまざまな状況で活用することができます。

シンプルですが大きな効果があるワークです。個人でもグループでもできますので、最初に自分で試してから、ペアの相手やチームのメンバー、経営陣や事業部門の幹部、他のさまざまなステークホルダーと取り組んでみてください。

以下の説明では、ペアでワークを行い、あなたがコーチとして相手をガイドすることを想定しています。場所は、両側に8名ずつ掛けられるような長いテーブルのある会議室を想定しています。

STEP 1

テーブルの端に相手と座ります。向かいあわせではなく、横に並んで座るようにしてください。相手に次の問いについて考えてもらいます。

問い――あなたは誰のために、または何のために仕事をしていますか？

相手には必要なだけ時間をかけて考えてもらい、自由に答えるよう促してください。家族のため、自分自身のため、組織のため、クライアントのため、自分が関わるコミュニティのため、あるいは人類のため、より広範な地球の生態系のため、子どもたちや子孫のためなど、どんなことでもかまいません。もちろん正解はありません。

この問いは、仕事や生活において、自分の根本的な動機や起点がどこにあるのかを感受してもらうためのいざないだと思ってください。個人と組織の両方の視点から考えてもらうのが自然でしょう。自分の動機や起点をはっきりと表現できることもあれば、発言の奥底にあって見えづらいものもあるでしょう。必要に応じて、A3の紙とカラーペンを渡し、自分の仕事が誰や何に奉仕しているのか、それらがどうつながっているかの大まかな地図（マップ）を描いてもらってください（別のオプションとして、もしも時間や状況がゆるすのであればここでエコシステミック・マッピングに取り組んでみてもいいでしょう）。

5分ほど経ったら、相手に対してオープンクエスチョン*を投げかけていきます。これによって、「自分の仕事が誰や何に奉仕しているのか」という問いに対して相手がより深くひらかれ、向き合っていけるようになります。

あなたはこのセッションの場のホストまたはコーチとして、ボディランゲージや感情の動きなどの非言語領域も含めた相手の声に深く耳を澄ませていきます。より深い探索のために必要だと感じたら、問いかけてもかまいません。コーチングのトレーニングを受けている

＊オープンクエスチョン：「はい」か「いいえ」ではなく、回答者が自由に考えて答えることができる質問のこと。

ことが理想ではありますが、そうでなくとも実践を重ねれば、誰もが相手にただ耳を澄ませ、純粋に問いを渡し、限られた時間のなかで安心して真実を共有できるようなオープンな場を生みだせるようになります。

STEP❷

次に、「組織が何を感じているのか」についての探索へといざないます。生命システムとしての組織が今どのように感じているのかを、文章や気持ちで表現してもらいます。たとえば、活力に満ちて活き活きとしている、忙しく焦っている感じがする、官僚的で流れが滞った状態にある、などです。

職場の雰囲気や特徴、文化についても表現してもらってください。相手はどのように説明するでしょうか。忙しく慌ただしい、意思決定に時間がかかる、起業家精神に溢れている、官僚的だ、抑圧的だ、創造的だ、衝動的だ、少し派手な感じがする、といった言葉が聞こえてくるかもしれません。繰り返しになりますが正解や間違いがあるわけではありません。

このワークは、組織を美化したり過度に批判したりするためのものではなく、よりオープンで率直な視点から組織の実態を眺め、立ち止まり、振り返るための機会を与えることが目的です。ですから、ディープリスニングとオープンクエスチョンを通じて、相手の言葉が何を表現しようとしたのかをより深く探索できるようにいざなってあげてください。

この組織の探索を数分続けてください。生命システムとしての組織の気持ちを表現するために、必要に応じて、A３の紙とカラーペンを使用してください（よい機会なので、先ほどと同様に時間と状況がゆるせば組織のエコシステミック・マップをつくってもよいでしょう）。一通りの探索が完了したと感じたら、少し休憩し、リラックスする時間をしばらくとってください。

STEP 3

ここで、机と椅子の意味を伝えます。長い机は10年先の未来を表しており、その側面に置かれている椅子は数年先を表しています。相手と一緒に立ちあがり、現在座っている場所から机の反対側に向かってゆっくりと歩いていきます。机の反対側、すなわち10年先の未来に着いたら、その場所でしばらく静かな沈黙をとり、「10年後に自分の組織や世界がどうなっているか」を感じる時間をとってください。

デジタル化やAI、ロボティクス、電気自動車、人口増加、高齢化社会、スマートグリッドなど未来に生じるトレンドに言及したくなる方もいるかもしれません。組織の活動が社会や環境に与える影響が今以上に問われているかもしれません。同時に、10年後の未来が実際のところどうなっているかは誰にもわからない、ということも伝えてください。

とはいえ、誰もが一定の確信を持っていることがあります。

① 未来の状況は現在とは大きく異なっていること
② サステナビリティや気候変動対策、持続可能な食糧生産、生態系劣化防止、社会的格差の拡大防止などSDGsで掲げられている17の目標がより重要なテーマとなっていること

私たちは「ビジネスを通じて世界に参与する責任を果たすこと」が重要な命題であると認識し、こう

したシステム課題に取り組み、事業やオペレーションの中核に据えていかなければなりません。

これらのことと向き合う静かな時間をとり、10年後の自組織のあるべき姿について感じてみるように相手に促してください。組織が将来生き残るだけでなく、真に活き活きと繁栄していくためにはどのような変化が必要でしょうか。何にエネルギーを注いでいく必要があるでしょうか。研究開発や組織変革はそのための道筋をたどっているでしょうか。どの領域の事業を変容させていく必要があるでしょうか？

STEP 4

静かな内省の時間をとったら、テーブルの最初に座っていた端（現在）に戻り、そこからもう一方の端（10年後の未来）に向かって何を変容させていく必要があるのかについて共有してもらいます。その際に、組織の内と外の双方の視点についても共有してもらってください。組織の文化、つまり生命システムとしての組織が何を感じているかという内側の視点と、顧客や地域コミュニティ、サプライヤー、投資家、組織が参与している広範な生態系とどのように関わっているかという外側の両方です。

STEP 5

今度は、10年後の未来の地点に座ってそこから現在を眺めてもらい、以下の問いかけをしてください。

問い――今あなたが果たすべき使命について、未来からどのような声（コーリング）が聞こえていますか？

再び内省の時間をとってから、相手に共有してもらってください。

そして、現在の在り方(ビーイング)ややり方(ドゥーイング)から勇気を持って抜けだし、ビジネスや取り巻く生態系のシステム課題に取り組み、10年後の繁栄のために必要な組織変容の媒介となっていくことについて、相手がどのような願いを抱いているのかを問いかけながら、相手の声に深く耳を澄ましてください。

STEP 6

いい頃合いだと感じたら、はじめに座っていた場所（現在）に戻り、このフューチャーバックのワークの振り返りを行います。各自のノートにワークを通じて感じた気づきや発見を書きだし、お互いに共有してください。

未来に向かって実際に歩んでいくこのワークは、とても効果的で、他のツールでは得られない気づきや発見を与えてくれます。現在の常識や制約に基づいた線形的な計画や未来予測、戦略ではなく、未来の世界が私たちに何を求めているのかを感受し、より広い視点から考察していくための生成的な場をつくることができるワークです。

❹ダイアローグによる問いと応答

多忙なビジネス環境では、一緒に働く同僚との深い内省や対話の時間はないと感じている方も多いかもしれません。つながりを感じられないまま、次から次へと忙しなく会議をこなし、自分の主張を通すために議論の主導権を争ったり、あるいは話題に関心が持てずパソコンやスマートフォンの背後に隠れ、心のスイッチをオフにしたりしてしまっていることもあるのではないでしょうか。

7章の生命システムカルチャーで扱ったように、組織文化の中核には人間関係の複雑な応答プロセスが存在し、会議や話し合いはそうしたプロセスに活力を与えるものです。しかし、実際には多くの組織におけるコミュニケーションは、効率的でも効果的でもあるとはいえません。オペレーションの効率化や効果検証が得意な企業でも、コミュニケーション面についてはなおざりにされてしまうことが多いようです。

これからの組織には、話し合いの質を向上させていくことが必要です。ディープリスニングや対話を行う力が求められているのです。対話では、深く聞く、感じる、学ぶ、共有するということが重視されます。著名な量子物理学者のデヴィッド・ボームは晩年、人のコミュニケーションを豊かにすることの恩恵に魅了され、対話型のアプローチを提唱しました。そのアプローチは現在まで多くの人に実践され、発展を続けています。

クリス・ラズローとジュディ・ソラン・ブラウンらが豊富な経験に基づいて企業のサステナビリティ実現方法を説いた著書『持続的に繁栄する企業』(*Flourishing Enterprise*)では次のようなガイドが掲載されています。

- 大きな問いからはじめる――「私たちの中の何が、リジェネラティブなビジネスへと向かわせているのか？」などを問いかける
- 理解から探索へのシフト――既成概念に囚われた守りの視点ではなく、疑問を投げかけ、好奇心をもって探究し、わからない状態を許容することで探索の土台がひらかれる
- 標語（ステートメント）から問い（クエスチョン）へのシフト――みんなの興味を引き、思考を促す問いへのシフト
- 正しさから好奇心へのシフト――物事の正しさを判断しようとする価値観を手放し、今この瞬間に話されていることやその場にあらわれようとしているものに、素直に好奇心を向ける
- 地に足のついた実感に基づいて「今ここ」の自分を感じながら、（他者の課題ではなく）自分自身が体験したことだけを話す
- テニスのように「こちらとあちら」の意見を打ちあう議論（ディベート）の誘惑にのみ込まれないようにする。探索的な問いを投げかけることで、議論の滞りを解消することができる
- 思いこみを疑い、強い好奇心をもって内側にも外側にも耳を澄ませる。自分の主張を聞いてもらいたい、他者に賛同してもらいたいという自我（エゴ）に基づいた欲望を手放す。自分の内面で生じているテンションに自覚的になり、それによって対話が乱されないようにする
- 静けさ（サイレンス）を許容する。静けさは、何かが新たに生まれる生成的なスペースを与えてくれる。衝動的な反応を保留し、場で話されていることをじっくりと味わうことができる
- 寛大に、深く聞く

- 議論に巻きこまれることなく、意見の差異を歓迎する。差異は集合的な探究と学びをより研ぎ澄ませる
- 一般論ではなく、その場であなたが感じていることを話す。必要であれば、偽りなき真実の言葉が湧きあがってくるまで静かに待つ。他の人が静けさを必要としていたら、邪魔をしない
- 全身全霊で場に在る。自己の内面と深くつながっているプレゼンスの状態で参加する。気が散ることやストレスを感じていることを手放す

リジェネラティブなリーダーは、目には見えないテンションに働きかけ、組織の視点を広げ、お互いの尊重と発達を促し続ける再生成的（リジェネラティブ）な対話を促します。

次に紹介する「ウェイ・オブ・カウンシル」の手法でも、対話の実践を掘り下げていきます。

❺ウェイ・オブ・カウンシル

古くから伝統的な共同体でも実践されてきた「ウェイ・オブ・カウンシル」は、互いを評価せずに受け入れあう雰囲気のなかで、1人ひとりが自らの意見を共有する手法です。参加者は輪になって座り、あらかじめ準備された意見を発表するのではなく、その場その瞬間に意識を向けたプレゼンスの状態で、心に湧きあがる雑念や評価や建前を手放し、心からの言葉を伝え、互いの声に注意深く耳を澄ませることを約束します。

実際に行うのはシンプルで、トーキングピース（棒や石、ボールなど）を持っている人が話をするだけです。トーキングピースを持っている人だけが話をし、輪の全員がその人に全意識を向けます。トーキングピースは、輪の中央に戻されて話したい人が取りにいくか、順番に横に手渡されていきます。次の人がそれを持って話している間、誰からも評価されたり邪魔されたりすることはありません。

基本となるグラウンドルールは次のとおりです。

① 内側から湧きあがるままに話す

頭で話すのではなく、心や腹から湧きあがってくることを話します。他の人が話している間、「次に自分が何を言おうか」を考えたり練習したりする必要はありません。自らの内に浮かびあがるものが、現れるままに話をすることをゆるします。相手や誰かのことではなく、常に「私」を主語に話をします。他者に対して批判や投影を行うのではなく、あなた自身に何が起こっているのか、何を感じ、どのような課題や機会を体験しているのかについて話をします。また、皆が時間に気を配り、互いに長時間話しすぎないように、簡潔に話すことを大切にします。

② 深く聞く

聞くときは、今ここの瞬間に意識を向け、全身全霊で耳を傾けます。寛大に心をひらき、話されていることにただただ意識を向け、没入します。他者の話に意識を集中させるという行為はそれ自体がとても豊かで、深いプレゼンスの状態を維持する助けにもなります。注意がそれたことに気がついたら、再び意識を話し手に戻すようにします。

③ トーキングピース――意識の向け先

トーキングピースを持っている人にあらゆる意識を向けます。深く聞いたり話したりすることは、マインドフルネスの練習になります。自分の注意が散漫になりそうになったら、そのことにまずは自覚的になり、トーキングピースを持っている人へとゆっくりと意識を戻します。

④ 他者への批判や評価はしない

自分が話すときには、他の人の発言についての批判や分析は行わないようにします。その話が自分や自身の感情にどのような影響を与えたかという観点で、他者の発言に言及することはあるかもしれませんが、そのときも「私 対 あなた」という構図が生みだす評価や批判に引き込まれることなく、あくまで私に何が起こっているか（その発言が私にどう影響したか）という観点から話をするようにします。

⑤ 自発的な貢献の尊重

トーキングピースを持っている間は常に沈黙が許容されています。何も言わずに次の人に渡すこともできます。渡されたからといって、何かを話さなければならないというプレッシャーを感じる必要はありません。

⑥ 内容はその場かぎり

普遍的なトピックや課題などは外部に共有できるものもあるかもしれませんが、特定の個人のプライベートな話は、その場かぎりに留め、許可なく外部に共有されないようにします。お互いの分かち合いに敬意を持つことが大切です。もしもうっかり誰かに話してしまいそうだと感じた場合には、自分にそうした傾向があることにまずは自覚的になりましょう。

この手法は、家族の話し合いから経営会議まで、さまざまな関係性に活用できます。伝統的な共同体においては定期的に実施され、集団としての意思決定を行っています。そこにおいて最も重要なのは合意形成ではなく、受容です。さまざまな意見を交わすなかで、最終的に決定されたことに全員が合意できなかったとしても、共感的な理解が得られていることが大切なのです。そのため、共同体に恨みやしこりが蓄積されていくことはありません。意見の違いがあるのは健全なことで、コミュニティに多様性や長期的な繁栄のためのレジリエンスをもたらすものとして祝福されるべきことなのです。

❻ ストーリーカフェとワールドカフェ

ストーリーカフェは少人数のグループで、ワールドカフェは大規模のグループでのシンプルで効果的な場づくりの手法です。多様な視点を引きだしたうえで（発散）、整理・統合のプロセス（収束）を通じて新たな洞察を導きます（創発）。

ストーリーカフェ

関係者やチームなどの少人数グループ（15人以下）を集め、2つから3つほどのテーブルに分かれます。1テーブル4～5人程度になるようにしてください。まずは全員が自分ごととして話せるようなテーマを発表します（例「生きていることを実感するのはどんなときですか？」）。話し合いは対話型のアプローチで行い、心をひらいてお互いの話に耳を傾けます。

テーマが共有されたら、深呼吸とともに数分間の沈黙の時間を取ります。プレゼンスと一貫性（コヒーレンス）を深めるための時間です。それから、1人ひとりがテーマに関する自分のストーリーを紙にメモします。3分経ったら、最初の人がストーリーを共有し、他の人はディープリスニングのワークで練習したように、話し手の話を妨げることなく静かに意識を向け、深く聞きます。再び3分経ったら、次の人が自分の話を共有し、他の人は注意深く耳を傾けます。これを全員が共有するまで繰り返します。

自分のストーリーを取り繕ったり、偽ったりする必要はありません。他者の前で自分をよくみせたいという思いは誰にでもあるものですから、はじめはそうした自我（エゴ）が顔を見せるかもしれません。しかし、このような分かち合いの経験を積んでいくと、そうした願望は消え、より深い自分にとっての真実が立ち現れてくるようになります。真実を語りあうことに慣れてきたら、組織課題に関する話し合いを行ってもよいでしょう。どうすれば職場でも真に生きている実感を抱きながら仕事ができるだろうか、そうした在り方をどのように促していけるだろうかといった問いが生まれていくかもしれません。

ワールドカフェ

ストーリーカフェとの違いは人数規模です。およそ15人以上（2～3テーブル以上）の場合に使われる手法です。各テーブルで数セッション話し合いを行った後、テーブルのホストはそこに残り、それ以外の参加者は自由にテーブルを離れて別の空いているテーブルに加わることができます。そして異なる参加者とシェアを行います。最後に、各テーブルのホストが、セッションをすすめていくなかで現れてきた問いや洞察を全体にシェアします。

ストーリーカフェやワールドカフェの良さは、あらゆる参加者が自らの気づきをシェアし、深く聞いてもらうことです。それを各テーブルのホストが全体にシェアしていくことで、多様な視点の中から全体として新たな何かが浮かびあがっていくのを体験することができます。

❼オープン・スペース・テクノロジー（OST）

自己組織化（セルフ・オーガナイジング）された対話の手法で、大小さまざまなグループで実践できます。2000人規模で効果的に行われた実績もあります。OSTの開発者であるハリソン・オーウェンによれば、このアプローチは、複雑性、多様性、衝突、緊急性という難しい要素が絡む状況において最も効果を発揮します。話し合いの場には専門のファシリテーターと主催者がいます。特定のアジェンダはありませんが、まず主催者が場における最も重要な目的を共有することからはじまります。

次に、ファシリテーターがプロセスについて説明します。重要な点は、参加者がテーマを自ら設定し、話し合いたいトピックを発表し、自己組織化を通じてグループ分けしていくことです。主要なテーマがいくつか決まりはじめると、その中の特定の課題に対して情熱を持った人が、このトピックを話したいと表明してどんどんグループをつくっていきます。似たトピックが統合されることもあります。

トピックが決まったら、会場の掲示板またはオンラインのデータに投稿されます。そして、トピックの発起人は、探究したい課題や問いを簡単にコメントします。参加者は自分が参加したいグループを選び、話し合いに加わることができます。

各グループで展開された議論や探索している内容は、オンラインや対面で掲示板にコメントされます。参加者は他花受粉を行うミツバチのように、いつでもグループ間を移動できます。それぞれのグループがつながり、オンラインにも内容がアップロードされることで、場全体として主要な気づきや発見を共有することができます。

その後、数日内に、アクションプランとあわせて、主要なアイデアやデータ、さらなる調査のための提案や問いかけが公開され、あらゆる参加者や組織、ステークホルダーに共有されます。

❽ スウォーム

スウォームは、異分野の参加者の協働を促すという点でハッカソン[*]とも似ていますが、多様なステークホルダーがより深く生命とつながりあう世界を育んでいくための解決策を共創する手法で、社会起業家たちによって開発された正式なプロセスが定義されています。共同開発者ダン・バージェスの説明を土台に、このワークショップを適切に設計、運営する方法をご紹介します。

準備フェーズ

まず、ワークショップを行う前に、焦点を当てる課題を探索し、明確にするための準備を念入りに行うことが大切です。多様なステークホルダーへのインタビューやオンラインアンケート、会議、日常の雑談や散歩での会話などから収集された情報をもとに精査を行います。その後、2~3日実施されるワークショップへの参加者を募集します。参加者のバックグラウンドやスキルや視点の多様性を担保しながら、ウェブサイトのコーディング技術、サービスデザイン、ビジネスモデルの構築など課題の探索に必要なプロトタイピングスキルを持った参加者をバランスよく集めることが必要です。

参加者は、ワークショップが行われる数日前までに、今回取り組む課題をわかりやすく整理した概要と関連情報を受け取り、目を通しておきます。こうすることで、当日はすばやく本題に取りかかることができます。

＊ハッカソン：エンジニア、プログラマー、デザイナーなどが集まり、ソフトウェア開発を集中的に行う手法。

スウォームは、オープンで遊び心や活力に溢れた空間で、創造的なコラボレーション、体験学習、集合知を融合しながら特定の課題に集中的に取り組むアプローチです。可能であれば、自然環境と近く、共創や創造性を促す会場で開催するのが理想的です。

プロトタイプフェーズ

参加者は、自己組織化されたプロセスを通じてサブグループを形成しながら、すばやく各課題へと没入し、専門家たちの力を借りてプロトタイピングを進めます。

2～3日間のワークショップでは、自然の中で過ごす時間だけでなく、身体の喜ぶ食事を共に味わい、音楽や映画鑑賞を楽しむ時間も用意されます。振り返りやフィードバック、シェア、そしてインスピレーショントークなど、楽しく遊びながら、お互いを深く聞き合い、活力を高めるための活動がちりばめられています。数日間のワークショップを通じて、参加者それぞれのコンフォートゾーンを抜けだす居心地の悪さやチャレンジ、爽快な緊張感を一度に味わいながら、個人として、そして集団としての学びの旅（ラーニング・ジャーニー）に漕ぎだしていくのです。

センスメイキングフェーズ

ワークショップの後はセンスメイキングフェーズに入ります。生みだされたアイデアやソリューションが収集・吟味されたうえで参加者やステークホルダーにフィードバックされ、さらなる検討や共有、振り返り、構築の機会が設けられます。このプロセスは、発散（複数の視点を収集し、拡散する）と収束（統合し、センスメイキングを行う）、そして新たなプロトタイプやプロジェクトの創発というリジェネラティブ・リーダーシップDNAモデルのライフ・ダイナミクスの実践といえます。

組織論の専門家であるヘンリー・リプマノビッチとキース・マクキャンドレスは、アジェンダありきの会議やプレゼンテーション、管理型のディスカッション、報告レポートといった現代の多くのビジネス慣習は、社員を受容しエンゲージメントを高めるのではなく、コントロールし指示伝達をするために設計されていると指摘しています。話し合いやワークショップ、日常の会話の仕方を少し変化させるだけで、組織に眠っている創造力を引きだし、よりよい意思決定や革新的で健全な組織文化を醸成していくことができるのです。

ストーリーカフェやワールドカフェ、OST、スウォームなど共創型の手法は、さまざまな方法で人をつなぎ、エンゲージメントを高め、参画を促し、活力を与えていくものです。従来型の階層的な意思決定プロセスを乗り越え、自己組織化された方法で傾聴し合い、アイデアを共創していくためのやり方であり、これこそが適応や創発を促すリジェネラティブなビジネスの活き活きとした姿なのです。

もちろん、AI（アプリシエイティブ・インクワイアリー）*やステークホルダー・ダイアローグ、アート・オブ・ホスティング*、SPT（ソーシャル・プレゼンシング・シアター）*

*アプリシエイティブ・インクワイアリー：問いや探求（インクワイアリー）により、個人の価値や強み、組織全体の真価を発見し、可能性を拡張させるためのプロセス。

*アート・オブ・ホスティング：直面する複雑な課題に対して、多様な立場の人々を巻きこみ、大切な話し合いに迎え入れる「参加型リーダーシップ」の一連の実践を指す。

*ソーシャル・プレゼンシング・シアター：オットー・シャーマー博士が提唱するU理論を身体を使って体験するための手法。プレゼンシング・インスティテュートの共同創始者アラワナ・ハヤシ氏が開発・主導する。

など他にも推奨するツールは多くあります。これらをより深く学びたい場合はジャイルズの著書『フューチャー・フィット』(*Future Fit*)にて詳しく触れられています。

さて、本章では個人向け・組織向けに活用できるツールをそれぞれ紹介してきました。リジェネラティブ・リーダーとしての実践を進める準備はもうできているはずです。自分自身や組織の意識を次の段階へと解き放っていく旅路に、踏みだしていきましょう。

「今はきっといい時だ。
川がとてもはやく流れている。（中略）
私たちこそ、私たちが
待ちわびた存在なのです」
——ホピ長老

エピローグ

風が強く吹いたとき、ある者は壕を掘り、ある者は風車をつくる。

――中国のことわざ

私たちは今、大変動の時代を生きています。古き時代が終わりを迎え、新たな時代が生まれようとしています。この死と再生のプロセスにおいて、生みの苦しみや衝突を避けて通ることはできません。しかし、それは同時に1人ひとりのリーダーにとって、とても挑戦しがいのある時代を生きているともいえます。

真のリーダーシップは、これまでのやり方が機能しなくなり、新たなやり方へとシフトしなければならないときにこそ問われます。そのときに必要なのは、船出の前にすべての答えが揃っていなくとも、それでも新たな未来に向かうべく、先行き不透明な大海原に漕ぎだしていく勇気です。

未来は今、私たちを必要としています。いつかではなく今この瞬間から、本書を手にした1人ひとりがリジェネラティブ・リーダーシップの旅路へと踏みだしていくことを待ち望んでいるはずです。これは、生命の繁栄を心から願いながらリーダーシップを発揮する旅路であり、だからこそ豊かな刺激と深い慈愛に満たされることができるでしょう。

もし一歩踏みだしていくことにためらいがあるなら、それはおそらく従来のやり方を手放し、慣れ親しんだ足場がぐらついていくことへの不安や恐れがあるからでしょう。どんなことも一朝一夕には起こりえません。日々を小さな歩みとして大切に抱きしめ、うつりゆく景色に学び、旅を進めながら少しずつ自らの在り方と実践に自覚的になることで、より深い真実へと向かっていくことができるのです。

別の世界は存在しているというだけでなく、近づいてきています。静かな日には、その息遣いが聞こえてくるでしょう。

——アルンダティ・ロイ（作家）

未来を予測しようとするのはあまり賢明ではありませんが、それでも確かにいえることが2つあります。

❶ 人類が現在直面しているシステム課題——気候変動、生物多様性の喪失、土壌の劣化、海洋の酸性化、社会的なストレスの高まり、格差の拡大など——が何もせずに消えてなくなることはありません。むしろ今後10年で、ますます優先度の高い重要課題となっていくでしょう。

❷ 10年後にはより多くの組織で、リジェネラティブなビジネスとリーダーシップの主な要素、つまり発達指向型文化、循環型の社会経済、生命に着想を得たイノベーション、エコシステミック・ファシリテーションなどがより重要になっていくでしょう。

だからこそ、私たちのアドバイスはシンプルです。手遅れになる前に、新しい方法に取り組みましょう。感度の高い聡明なリーダーたちは、すでにロジック・オブ・ライフに根ざしたビジネスや道徳観が不可欠であることに気づきはじめています。多くのリーダーにとっては大きな変化ですが、本書を書いている今でもすでに変化が起こりはじめています。執筆中も、多くの先駆的な経営者たちと話をしましたが、リジェネラティブ・リーダーシップはこれから静かに広がり、時代の新たなスタンダードになるだろうと確信しています。そうしなければ、組織が効果的に躍動し、未来へと適応していくことが難しいからです。

未来は自ら創造するものです。

現在の行動が、私たちの子から子へ、さらにその次の世代へと受け継ぐ未来を形づくっていきます。そして今、未来の子孫は私たちに直ちに行動するように求めています。気候変動ストライキの若き先導者であるグレタ・トゥーンベリが、ダボス会議で世界の指導者たちに向けて演説したように。

> あなたたち大人は何よりも子どもたちを愛していると言いながら、子どもたちの目の前で彼らの未来を奪っているのです。
>
> ——グレタ・トゥーンベリ（気候変動アクティビスト）

技術的な解決策はすでにあります。

何よりも変化が求められているのは、人の意識です。今こそ、風車を建て、変化の風に乗り、その流れを力に変えていくときです。もちろん防風壕（ぼうふうごう）が必要な場合もあるかもしれません。ですが、今こそ、人間の可能性を信じ、最大限の創意工夫をもって未来に向き合うときではないでしょうか。

でも、どうやって？

すべては自分からはじまります。

リジェネラティブ・リーダーシップは、何よりも内面と向き合うことを必要とする営みです。ポジティブなものであれネガティブなものであれ、あなた自身の内面の状態が組織や家族、より広範な生態系システムへと波紋を広げていくからです。あらゆるものが複雑につながりあう世界で、単独ですべてを解決できるような政策やテクノロジーや仕組みは存在しません。ヒトという種が直面している危機的な状況において根本的なアプローチが求められており、世界を崩壊させようとする原因に正面から向き合う勇気が必要なのです。傷ついた組織や社会の癒やしは、自分たち自身の内なる癒やしからはじまるのです。

最も重要な自由とは、あなたが真の自分でいるということです。役職と引き換えに本当の自分を偽り、うわべの行為と引き換えに感性を失い、感じることを諦めて、マスクをかぶっている場合ではありません。外側の世界での大いなる革命は、個人の革命なしには起こり得ないのです。内側から発生しなければなりません。

——ジム・モリソン（シンガーソングライター）

あなたが本書を手にしたのは、よりよいリーダーになるためだけではなく、自分自身の真実を生き、世界と偽りなく関わり、生命に忠実に生きるためです。生命は、その営みに身を委ねたとき、想像もできないようなシンクロニシティや新たな世界の様相をみせてくれます。あなたの存在目的がもたらすエネルギーと一体となって、自我を超えたより大きな流れと調和していくことができるでしょう。

みなさん1人ひとりの旅がすばらしいものになりますように。ぜひ旅路そのものを楽しんでください。人の意識変容がもたらす革命の前夜に、あなたが自らの役割を担っていることに心から感謝します。何かお手伝いできることがあれば、www.regenerativeleadership.co まで気軽にお問いあわせください。

最後に、あなたが本書を閉じる前に、大切な秘密をお伝えしておきたいと思います。

ロジック・オブ・ライフ。

それは、愛に他なりません。

自然の知恵というのは、純粋な愛そのものです。リジェネラティブ・リーダーシップは愛の生き方であり、導きです。愛は、生命を育み続ける状態を生みだします。愛は愛を養い、より大きな愛を生みだします。愛は響き合い、循環します。

この愛のテーマをもし本書の冒頭で持ちだしていたら、あなたはすぐにページを閉じていたかもしれません。愛ではなく、目の前のもっと重要で深刻な課題に取り組むために、もっと実用的で具体的な方法を学ぶことに時間を使いたい、と思う人もいるでしょう。それは当然なことかもしれません。しかし実は、リジェネラティブ・リーダーシップのＤＮＡモデルは、私たちを取り巻く生態系に愛と活力を吹きこみ、生命体としての組織を活性化させるものであり、現在のビジネスに関する価値観の核に愛を埋めこんでいくための具体的かつ実践可能な方法です。なぜなら、愛こそが企業の繁栄を支えるものだからです。

ビジネスはおそらく、この地球上で人が集団として創造力を発揮していくための最も影響力のある営みです。現代の文明社会が変容していくためには、ビジネスにおける考え方が変わらなければなりません。その長い長い道のりを今、私たちもあなたも歩いているのです。

愛を込めて

ローラとジャイルズ

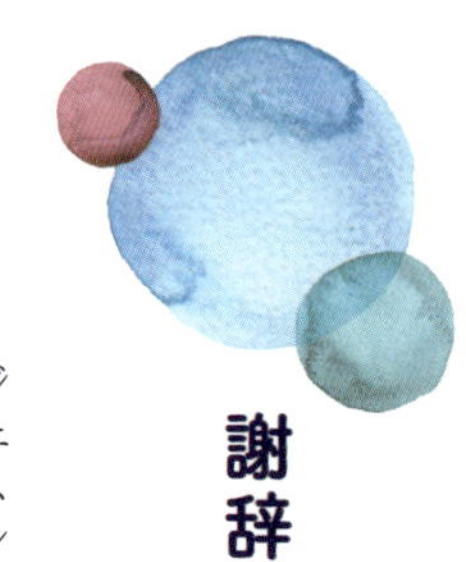

謝辞

リジェネレーションの時代の黎明期に貢献しているすべての人に、感謝をお伝えします。経営者や起業家、活動家、作家、実践者、指導者など老若男女を問わず、リジェネレーションを取り巻く運動は日に日に輪を広げています。

この本は、先駆的なパラダイムシフトを体現してきた、過去と現在の勇気ある開拓者と実践者たちの物語です。本書では、そうした巨人の肩の上に立ち、偉業を讃えながら、できるかぎり従来の分野の枠を超えて新たなアイデアを紡ぎなおそうとしてきました。本書でも多くの先駆者たちを紹介してきましたが、あまりに数が多いため紹介しきれなかった方もいます。直接的または間接的に私たちと営みを共にしてくださった方々、そして世界中でリジェネレーションのうねりに参画しているあらゆる人たちに感謝を伝えたいと思います——そう、あなたのことです。

そして、事例やインサイトの掲載のためインタビューに応じてくださったビジネスリーダー、また、本書に共感し、冒頭や巻末に推薦コメントを寄せてくださった専門家や経営者たちに心から感謝します。本書のサイト www.regenerativeleadership.co からさらに多くの推薦コメントを見ることができます。

また本書の挿絵やデザインを手がけてくれたトゥルー・ストーリー、そして執筆初期の頃――スウェーデンの湖を泳いでいたあの頃――から長く旅を支え、親切に本書の予告映像をつくってくれたピーター・トンプソンに深く感謝します。

最後に、揺るぎない愛と忍耐でサポートをしてくれた家族に心から感謝します。人生のパートナーであるスターとウルリック、最愛の子どもたちリリーベル、ヘーゼル、ロキシー、両親であるフィル、ダイアナ、レイフ、ニーナに愛を捧げます。あなたたちは私たちのいのちが喜び、繁栄していくためのかけがえのないよりどころです。

訳者あとがき

私には6歳の娘がいます。
気づけば蝶たちと踊るように草原を駆け回り、
友達と話すように鳥たちに話しかけています。

そんな娘の姿を見るたび、子どもは、現代社会の多くの大人が忘れかけている、いのちの深いつながりの中で生きる喜びを思いださせてくれる存在なのだと感じます。

私にとってリジェネラティブ・リーダーシップは、そうした生きる喜びに根ざした経営や事業を実践するためのガイドです。どうすれば関わる人たちが活力や喜びに溢れ、生命の流れの中で健全に事業が循環しながら、柔らかな波紋を広げていくような集団でいられるだろうか。さまざまな企業組織の変容やリーダーシップ醸成、事業づくりに携わり、そしてEcological Memesという一般社団法人を自分でも経営しながら、そんな探究と実践を続けてきました。

生命の流れと共振するような創発的な体験は、だれかが計画・管理して起こそうとすればするほど遠ざかっていってしまいます。もちろん意図ときっかけづくりは必要ですが、エゴによるコントロールが手放された創発的な流れの中でしか起こり得ません。その流れに多くの人を迎え入れる状態を調え続けることこそ、本書が提案するエコシステミック・ファシリテーターの役割といえます。そしてその流れに乗るためには、わからなさや混沌の中で立ちあがっていく、創発的な生命世界への確固たる信頼を育むことが必要になります。それはいわば、個を超えた、いのちの全体性への信頼です。

管理やコントロールのマインドセットを手放し、流れの中で立ち現れていくものにかたちを与えていく。1人ひとりが生命システムとしての群れの動態やゆらぎを微細に感受しながら自律主体的に動き、創発的に物事が起こっていく。

言うは易しですが、いざ、こうした考え方を大切にしながら事業を営もうとすると、葛藤や試行錯誤の連続でした。従来のビジネスや経営の常識をことごとくリセットする必要がありますし、たとえば本書で述べられた「(プロジェクトの期日や予算もある中で)待つことと介入することのタイミングを見定める」という態度一つとっても、チームメンバーとのコミュニケーションの取り方次第で流れは変わるので、唯一の正解はありません。

ですが、勇気を持って「待つ」という選択肢をとってみたり、チームを信じてこれまでとは違うコミュニケーション・パターンにしてみたりすることで、そこから生じていく生命システムとしての組織やチームのダイナミズムが大きく変わっていくことに気がつきます。そうした経験を重ねていく中でわかったことは、創発的な流れに乗ると、機械的に計画・管理をするよりもはるかにスピードが加速し、相乗的に物事が動き出し、そしてみんなが活き活きと元気になっていくということです。

メディアアート・キュレーターの四方幸子さんは著書『エコゾフィック・アート』(2023)の中で、ドゥルーズとガタリの『千のプラトー』（1994）の次の言葉を引用し、流動的かつ脱中心的な様態の中で相互的に情報や物事が生成される「リゾーム（根茎）」という概念の重要性を指摘しています。

「中間とは決して中庸ということではなく、逆に物事が速度を増す場所なのだ。事物のあいだとは（中略）はじめもおわりもなく、両岸を侵食し、真ん中で速度を増す流れなのだ」

これを読んだ時に、本書に描かれている創発の川――ライフ・ダイナミクスにおける発散と収束のあいだを流れる川――を思いだしました。流れに委ねるとは、ただコントロールを手放してゆっくり進むことではありません。混沌（発散）と秩序（収束）を往来しながら、急がずにゆったりと構えて生命の流れに委ねることで、逆に物事の速度が増す「あいだ」の場所へと入っていくことなのです。逆に言えば、「手放して委ねている」だけでは、流れが滞ってしまう可能性があります。そう、やはり生命システムビーイングの「ダンス」が不可欠なのです。

そうした創発の流れを体験すると、先に書いた「わからなさや混沌の中で立ちあがっていく、創発的な生命世界への確固たる信頼」を育む大きな契機となります。その信頼を育めれば、人と人、人と自然、場やシステムへの関わり方を生命システム論のパラダイムへと転換していく実践の旅路に、勇気を持って踏みだしていきやすくなるのではないでしょうか。

小さいことからでも構いませんので、本書で学んだことを、日々の仕事や暮らしの中でぜひ実践してみてください。そして思いや課題意識を同じくする仲間を周囲に見つけ、チームと共有し、共に旅路に踏みだしてください。

最後に、今回の翻訳出版は、たくさんの方々の協力とご縁の中で実現しました。ここでは書ききれませんが、ここまで関わり支えてくださったすべての方に感謝します。本書を生みだしてくれた共著者のジャイルズとローラをはじめ、今回の翻訳を辛抱強く見守り、丁寧かつ的確な編集を進めてくださった英治出版の下田理さんや桑江リリーさん、リジェネラティブ・リーダーシップの世界観に深く共鳴し、2年以上にわたる翻訳過程を共に歩んできてくださった徳吉敏江さん、田代周平さん、増本眞美さん、訳出にあたり適切なアドバイスを頂いた各領域の専門家の方々、翻訳出版企画チームの方々、そして、どんな時もそばで支え、生命の深淵さと喜びを伝えつづけてくれた妻の恵美と娘の怜果に心から感謝を贈ります。

本書を手にとり、読んでくださって本当にありがとうございます。本書が新たな一歩を踏みだす後押しとなれば嬉しいですし、リジェネレーションの時代の突破口（ブレイクスルー）になることを願っています。

生命をめぐる再生の旅路へ、ようこそ。

２０２４年8月31日
訳者 小林泰紘
娘の夏休みの終わりを告げるひぐらしの鳴き声を聴きながら

第1階層の意識
スパイラル理論やクレア・グレイブスの成人発達研究における用語で、ティア2に至るまでのあらゆる意識レベルを指す。リーダーの意識が分離と機械論に根ざしている段階を意味する。本書に特に関連する意識レベルとして、オレンジ（機械としての組織）とグリーン（家族としての組織）がある

第2階層の意識
分離から相互連関へと移行した意識レベル。この段階のリーダーは組織を生きた生命システムとして認識する。クレア・グレイブスは、グリーンからティールへの移行、すなわちティア1からティア2への移行は大きな飛躍であると語っている

機械としての組織
組織を、階層に基づく権力構造や分割されたサイロ構造によって硬直的に管理・支配される機械的なものとしてみなす見方、またはその認識

生命システムとしての組織
環境変化に自ら適応し、進化していく複雑な生命システムとしての組織、あるいはその認識のこと

生命システムデザイナー
リジェネラティブ・リーダーシップのDNAモデルに基づき、製品やサービス、または場の設計を行う人

生命システムパートナーシップ
複数のシステム間でウィン・ウィン・ウィンの相乗効果を生みだすパートナーシップや協働体制

生命システムフィールド
物理学において量子場または零点エネルギーフィールドとも呼ばれる、あらゆる生命が相互につながりあうフィールド

社会的相乗効果
2名以上の人が異なるアイデアや視点を持って集まり、多様なインプットを通じて部分の総和を超えた大きな何かが生まれていくこと

エコシステミック・アウェアネス
組織を取り巻く生態系における物質や情報、関係性のなかで生じるエネルギーの流れ、そして社会や環境も含めた広範なステークホルダーとのつながりあいを感受し、理解する力。ティア2段階にあるリジェネラティブ・リーダーシップの意識レベルでは、このアウェアネスが継続的に作用している

エコシステミック・ファシリテーション
生態系全体の多様なステークホルダーを巻きこみ、生命繁栄型の未来に向けたシステム変容を促していく営み

エコシステミック・ファシリテーター
活き活きとした組織のつながりや取り巻く生態系との健全な関係性を育むリーダー

リジェネラティブ・リーダーシップの キーワード集

本書全体で使用されているリジェネラティブ・リーダーシップに関するキーワードの概要を記します。

分離の旅
約1万年前から人類が歩みはじめた、自己 － 他者 － 世界との深いつながりから切り離されていく旅路。特に約500年前以降、現在に至るまで急激な分離が生じてきた

リジェネラティブ
変化し続ける環境下において、生命が絶えず再生し、新たな形態へと進化し、繁栄するための状態を生みだし続ける営み。生命の動的な変容を妨げるのではなく、促していく生命指向型のリーダーシップあるいは組織発達の根幹を支える原則

リジェネラティブ・ビジネス
生命（リビング）システムデザイン、生命（リビング）システムカルチャー、生命（リビング）システムビーイングの実践を通じて、生命指向型の未来へと貢献しながら、繁栄するビジネスのこと

リジェネラティブ・リーダーシップ
受け取る以上により多くを育み、生命に奉仕していく生き方や導き方

リジェネラティブ・リーダーシップの意識
エコシステミック・アウェアネスを伴い発言するリーダーシップの意識段階。ロジック・オブ・ライフに基づき、生命指向型の未来を模索する。ティア2段階の意識レベルに相当する

リジェネレーションの時代
私たちを取り巻く環境やビジネスそのものが変化していく前向きな兆候。生みの苦しみを伴いながらも、分離の時代から再生の時代への転換が起ころうとし、忘れかけていた自己－他者－世界との深いつながりを人類が思いだそうとしている時代のこと

生命のリズム
自然界における季節のめぐりと循環。春（萌芽）、夏（生長）、秋（実りと発散）、冬（再構築と再生）を伴う律動的な8の字の周期を表す

ロジック・オブ・ライフ
地球上で生命の繁栄を支えてきた7つの原則。リジェネラティブ・リーダーシップのDNAモデルの根底を支えている

7 Leider, Richard (2015): *The Power of Purpose: Find Meaning, Live Longer, Better*, Berrett-Koehler

8 Kegan, Robert & Lisa Lahey (2016): An Everyone Culture, Harvard Business Review Press〔ロバート・キーガン、リサ・ラスコウ・レイヒー著『なぜ弱さを見せあえる組織が強いのか――すべての人が自己変革に取り組む「発達指向型組織」をつくる』池村千秋訳、英治出版、2017年〕

9 Kegan, Robert & Lisa Lahey (2014): "Making Business Personal", *Harvard Business Review*

10 Woolley-Barker, Tamsin (2017): *Teeming: How Superorganisms Work Together to Build Infinite Wealth on a Finite Planet*, White Cloud Press

11 Hunt, Vivian et al. (2015): "Why Diversity Matters", McKinsey

12 Nielsen & Kepinski (2019): *The Inclusion Nudges Guidebook: 100 how-to behavioral designs to de-bias and make inclusive behavior, culture, and systems the default and norm*, Independently

13 Fisher, R.A. (1930): *The Genetical Theory of Natural Selection*, Clarendon Press

14 Bakke, Dennis (2005): *Joy At Work: A Revolutionary Approach To Fun on the Job*, Pear Press

15 Laloux, Frederic (2014): *Reinventing Organizations*, Nelson Parker〔フレデリック・ラルー著『ティール組織』〕

16 Kotter, John (2014): *Accelerate: Building Strategic Agility for a Faster-Moving World*, Harvard Business Review Press

17 Denning, Stephen (2018): *The Age of Agile: How Smart Companies Are Transforming the Way Work Gets Done*, AMACOM

18 Sherwood, Dennis (2002): *Seeing the Forest for the Trees: A Manager's Guide to Applying Systems Thinking*, Nicholas Brealey

19 Lerner, Jaime (2016): *Urban Acupuncture: Celebrating Pinpricks of Change That Enrich City Life*, Island Press〔ジャイメ・レルネル著『都市の鍼治療――元クリチバ市長の都市再生術』中村ひとし・服部圭郎訳、丸善出版、2005年〕

20 Mackey, John & Raj Sisodia (2014): *Conscious Capitalism, With a New Preface by the Authors: Liberating the Heroic Spirit of Business*, Harvard Business Review Press〔ジョン・マッキー、ラジェンドラ・シソーディア著『世界でいちばん大切にしたい会社――コンシャス・カンパニー』鈴木立哉訳、翔泳社、2014年〕

21 Ibid.

8 生命(リビング)システムビーイング

1 Senge, Peter et al. (2004): *Presence: Human Purpose and the Field of the Future*, SoL〔ピーター・センゲ、オットー・シャーマー、J. ジャウォースキー、ベティー・スー・フラワーズ著『出現する未来』高遠裕子訳、講談社、2006年〕

2 Parsons, Tony (1995): *The Open Secret*, Open Secret Publishing〔トニー・パーソンズ著『オープン・シークレット』古閑博丈訳、ナチュラルスピリット、2016年〕

3 Bohn, Roger & Short, James (2012): "Measuring Consumer Information", University of California, San Diego

4 Radicati Group (2018): "Email Statistics Report, 2014-2018"

5 Brown, Stuart (2010): P*lay: How It Shapes the Brain, Opens the Imagination, and Invigorates the Soul*, J P Tarcher/Penguin Putnam〔スチュアート・ブラウン、クリストファー・ヴォーン著『遊びスイッチ、オン!――脳を活性化させ、そうぞう力を育む「遊び」の効果』足立理英子ほか訳、芳賀靖史監訳、バベルプレス、2013年〕

2 Vitello, Paul (2011): “Ray Anderson, Businessman Turned Environmentalist, Dies at 77”, *The New York Times*

3 Pawlyn, Michael (2016): *Biomimicry in Architecture; 2nd edition*, RIBA Publishing

4 Harman, Jay (2013): *The Shark's Paintbrush: Biomimicry and How Nature is Inspiring Innovation*, White Cloud Press

5 Paul A. Sandifer, Ariana E. Sutton-Grier, Bethney P. Ward (Dec 10, 2014): "Exploring connections among nature, biodiversity, ecosystem services, and human health and well-being: Opportunities to enhance health and biodiversity conservation", Ecosystem Services

6 Wilson, Edward (1984): *Biophilia*, Harvard University Press〔エドワード・O.ウィルソン著『バイオフィリア――人間と生物の絆』狩野秀之訳、平凡社、1994年〕

7 Roger S Ulrich (Apr 27, 1984): "View through a window may influence recovery from surgery" Science, 224(4647):420-1.

8 Kuo, F.E., & Sullivan, W.C. (2001). “Environment and crime in the inner city: Does vegetation reduce crime?” Environment and Behavior, 33(3), 343-367, *Sage Journals*

9 Guangyu Wang, Mei He et al. (April 10, 2024): “The Impacts of Forest Therapy on the Physical and Mental Health of College Students: A Review”, *Forests* 2024, 15(4), 682

10 Hutchins, G. (2022): *Leading by Nature: The Process of Becoming A Regenerative Leader*, Wordzworth, Tunbridge Wells

11 Klepeis, N.E., et al. (2001): “The National Human Activity Pattern Survey (NHAPS): a resource for assessing exposure to environmental pollutants”, *Journal of Exposure Science & Environmental Epidemiology* 11, 231-252

12 Schwab, Katharine (2018): “7 of the World's Greenest Offices (Litterally)”, *Fast Company*

13 Ibid.

14 Ibid.

15 Yaraghi, Niam & Ravi, Shamika (2016): “The Current and Future State of the Sharing Economy”, SSRN, https://papers.ssrn.com/sol3/papers.cfm?abstract_id=3041207

16 Thomas L. Friedman (2013): “Welcome to the ‘Sharing Economy’”, *The New York Times*

17 Scharmer, Otto (2016): *Theory U (second edition)*〔オットー・シャーマー著『U理論［第二版］』〕

18 Mang, Pamela & Haggard, Ben (2016): *Regenerative Development and Design – A Framework for Evolving Sustainability*, Wiley

7 生命（リビング）システムカルチャー

1 Andrew Saunders (2011): “The MT Interview: Paul Polman of Unilever”, *Management Today*

2 Branson, Richard (2011): *Screw Business As Usual*, Virgin Books

3 Bragdon, Jaoseph (2016): *Companies That Mimic Life: Leaders of the Emerging Corporate Renaissance*, Greenleaf Publishing

4 Laloux, Frederic (2014): *Reinventing Organizations: A Guide to Creating Organizations Inspired by the Next Stage of Human Consciousness. Brussels*, Nelson Parker〔フレデリック・ラルー著『ティール組織――マネジメントの常識を覆す次世代型組織の出現』鈴木立哉訳、嘉村賢州解説、英治出版、2018年〕

5 PwC (2018): “Workforce of the Future”, PriceWaterhouseCoopers, report

6 Frankl, Vicktor (2004): *Man's Search for Meaning: The classic tribute to hope from the Holocaust*, Random House〔V.E.フランクル著『夜と霧――ドイツ強制収容所の体験記録』霜山徳爾訳、みすず書房、1985年〕

4 Wahl, Daniel (2016): *Designing Regenerative Cultures*, Triarchy Press

5 Wholleben, Peter (2015): *The Hidden Life of Trees: What They Feel, How They Communicate, Discoveries from A Secret World*, Greystone Books

6 Wilson, Edward (1984): *Biophilia*, Harvard University Press〔エドワード・O. ウィルソン著『バイオフィリア――人間と生物の絆』狩野秀之訳、平凡社、1994年〕

7 Capra, Fritjof (1997): *The Web of Life: A New Synthesis of Mind & Matter*, Anchor

8 Lipton, Bruce (2008): *The Biology of Belief: Unleashing the Power of Consciousness, Matter & Miracles*, Hay House

9 Mang, Pamela & Haggard, Ben (2016): *Regenerative Development and Design – A Framework for Evolving Sustainability*, Wiley

10 Sanford, Carol (2017): *The Regenerative Business: Redesign Work, Cultivate Human Potential, Achieve Extraordinary Outcomes*, Nicholas Brealey Publishing

11 Laszlo, Ervin (2016) et al: *What is Reality?*, New Paradigm Books

5 リジェネラティブ・リーダーシップを支える２つのダイナミクス

1 Puchner et al. (2012): *The Norton Anthology of World Literature*, Third edition, W.W. Norton & Company

2 Rensselaer Polytechnic Institute (July 2011): "Minority rules: Scientists discover tipping point for the spread of ideas", RPI News

3 Gowing, Nik & Langdon, Chris (2018): *Thinking the Unthinkable: A new imperitive for leadership in the digital age*, John Catt Educational Ltd

4 Stacey, Ralph (2012): *Tools & Techniques of Leadership & Management: Meeting the Challenge of Complexity*, Routledge

5 Elworthy, Scilla (2014): *Pioneering the Possible: Awakened Leadership for a World That Works*, North Atlantic Books

6 Barret, Richard (2011): *The New Leadership Paradigm*, Lulu

7 Seppälä, Emma (September 2013): "20 Scientific reasons to Start Meditating Today: New research shows that meditation boosts your health, happiness, and success", *Psychology Today*

8 Smuts, Jan Christiann (1926): *Holism and Evolution*, Macmillian〔ジャン・クリスチャン・スマッツ著『ホーリズムと進化』、石川光男・高橋史朗・片岡洋二訳、玉川大学出版部、2005年〕

9 Scharmer, Otto (2016): *Theory U*, Berrett-Koehler (second edition)〔オットー・シャーマー著『U理論［第二版］――過去や偏見にとらわれず、本当に必要な「変化」を生み出す技術』中土井僚・由佐美加子訳、英治出版、2017年〕

10 Claxton, Guy (2015): *Intelligence in the Flesh: Why Your Mind Needs Your Body Much More Than It Thinks*, Yale University Press

11 Pert, Candace (1997): *Molecules of Emotion: The Science Behind Mind-Body Medicine*, Simon and Schuster Ltd

12 Scharmer, Otto (2016): *Theory U (second edition)*〔オットー・シャーマー著『U理論［第二版］』〕

6 生命（リビング）システムデザイン

1 McDonough, William and Braungart, Michael (2002): *Cradle to cradle: Remaking the Way We Make Things*, North Point Press〔ウィリアム・マクダナー、マイケル・ブラウンガート著『サステイナブルなものづくり――ゆりかごからゆりかごへ』山本聡、山崎正人訳、人間と歴史社、2009年〕

6 Watts, Jonathan (October 8, 2018): "We have 12 years to limit climate change catastrophe, warns UN", *The Guardian*

7 IPCC (2018): "Global Warming of 1.5 °C", special report

8 Robin Mckie (Nov 6, 2016): "Nicholas Stern: cost of global warming 'is worse than I feared'", *The Guardian*

9 Vidal, John (March 15, 2019): "The Rapid Decline Of The Natural World Is A Crisis Even Bigger Than Climate Change", *Huffington Post*

10 IPBES (2019): "The Global Assessment Report on Biodiversity and Ecosystem Services"

11 Hallmann, Caspar et al. (October 18, 2017): "More than 75 percent decline over 27 years in total flying insect biomass in protected areas", *PLoS ONE* 12(10)

12 Davis, D.R. (December 2004): "Changes in USDA food composition data for 43 garden crops, 1950 to 1999", *Journal of the American College of Nutrition* (669-82)

13 Wahl, Daniel (2016): *Designing Regenerative Cultures*, Triarchy Press

14 Ellen McArthur Foundation (2017): "The New Plastics Economy: Catalysing action"

15 Wilcox, Chris et al. (2015): "Threat of plastic pollution to seabirds is global, pervasive, and increasing", *PNAS*. Pnas.org

16 Medical University of Vienna (Oct 23, 2018): Microplastics detected in humans for the first time. https://www.meduniwien.ac.at/web/en/about-us/news/detailsite/2018/news-october-2018/microplastics-detected-in-humans-for-the-first-time/

17 Gallup (2018): "2018 Global Emotions Report"

18 Cynthia Howard :"How to Block Executive Burnout", *Contentment*(winter 2019/2020)

19 Dan, Claire et al. (Jul 9, 2015): "Antidepressant use in 27 European countries: associations with sociodemographic, cultural and economic factors", *The British Journal of Psychiatry* (221-226)

20 U.S. Center for Disease Control and Prevention (2017): "Antidepressant Use Among Persons Aged 12 and Over: United States, 2011–2014"

21 Glover, Vivette (October 7, 2014): "Prenatal Stress and Its Effects on the Fetus and the Child: Possible Underlying Biological Mechanisms", Institute of Reproductive and Developmental Biology, Imperial College London, Hammersmith Campus London UK

22 Hawkins, Peter (2016): "Tomorrow's Leadersship and The Necessary Revolution In Today's Leadership Development", Henley Business School, University of Reading

3 新たなリーダーシップの夜明け

1 Denning, Stephen (2018): *The Age of Agile: How Smart Companies Are Transforming the Way Work Gets Done*, Amacom

2 Bragdon, Joseph (2016): *Companies That Mimic Life: Leaders of the Emerging Corporate Renaissance*, Greenleaf Publishing

3 Beck, Don et al. (2018): *Spiral Dynamics in Action: Humanity's Master Code*, Wiley

4 Ibid.

4 生命の論理に根ざした新たなリーダーシップ

1 Van Lysebeth, Andre (1995): *Tantra, The Cult of the Feminine*, Weiser Books

2 Bateson, Gregory (2000): *Steps to an Ecology of Mind*, The University of Chicago Press〔G.ベイトソン著『精神の生態学へ』佐藤良明訳、岩波書店、2023年〕

3 Harner, Michael (1990): *The Way of the Shaman*, HarperCollins

原注

1　危機の根源をさかのぼる

1 Overy, Richard (2006): *The Times Complete History of the World*, Times Books

2 Baring, Anne & Cashford, Jules (1993): *The Myth of the Goddess: Evolution of an Image*, Arkana Penguin Books

3 Stefon, Matt & Tikkanen, Amy (July 20, 1998): "Nature Worship", *Encyclopedia Britannica*

4 Blockley, Simon et al. (26 March 2018): "The resilience of postglacial hunter-gatherers to abrupt climate change", *Nature Ecology & Evolution*

5 Taylor, Steve (2005): *The Fall: The Insanity of the Ego in Human History and The Dawning of A New Era*, O Books

6 Appleby, Andrew B (1980): *The Journal of interdisciplinary history*, (643-663)

7 Merchant, Carolyn (1980): *The Death of Nature, Women, Ecology and the Scientific Revolution*, HarperOne〔キャロリン・マーチャント著『自然の死――科学革命と女・エコロジー』団まりな・垂水雄二・樋口裕子訳、工作社、1985年〕

8 Conner, Clifford (2005): *A People's History of Science: Miners, Midwives, and Low Mechanicks*. Bold Type Books

9 Bacon, Francis (1603): *The Masculine Birth of Time*

10 Bacon, Francis (1620): *Novum Organum*, Book 1, Aphorism 3. Translated as The New Organon: Aphorisms Concerning the Interpretation of Nature and the Kingdom of Man

11 Berman, Morris (1981): *The Reenchantment of the World*, Cornell University Press〔モリス・バーマン著『デカルトからベイトソンへ』柴田元幸 訳、国文社、1989年〕

12 Hobbes, Thomas (1949): *De Cive: or, the Citizen*. Appleton Century Crofts

13 Bateson, Gregory (2000): *Steps to an Ecology of Mind: Collected Essays in Anthropology, Psychiatry, Evolution, and Epistemology*, The University of Chicago Press〔G.ベイトソン著『精神の生態学へ（上・中・下）』佐藤良明訳、岩波文庫、2023年〕

14 Campbell, Joseph (1988): *The Power of Myth*, Doubleday〔ジョーゼフ・キャンベル、ビル・モイヤーズ著『神話の力』飛田茂雄訳、早川書房、1992年〕

15 McGilchrist, Iain (2009): *The Master and His Emissary: The Divided Brain and the Making of the Western World*, New Haven. Yale University Press

16 Taylor, Jill (2018): "Sounds True: Insights at the Edge", Podcast

17 Vidal, John (December 18, 2009): "Low targets, goals dropped: Copenhagen ends in failure", *The Guardian*

2　瓦解（ブレイクダウン）と打開（ブレイクスルー）のあわいで

1 Romm, Joe (September 2011): NASA's Hansen: "If We Stay on With Business as Usual, the Southern U.S. Will Become Almost Uninhabitable", Thinkprogress.org

2 Hartmann, Thom (2004): *The Last Hours of Ancient Sunlight: Revised and Updated Third Edition: The Fate of the World and What We Can Do Before It's Too Late*, Harmony

3 Fisher, Andy (2013): *Radical Ecopsychology: Psychology in the Service of Life*, Suny Press

4 Osborne, Richter-Menge & Jeffries (2018): "The Arctic report Card 2018", NOAA Arctic

5 IPBES (2019): "The Global Assessment Report on Biodiversity and Ecosystem Services"

ホログラフィック◆ホログラフィック原理はブラックホール熱力学から着想された、量子重力および超弦理論の性質。

ミーム◆文化的遺伝子。模倣によって人から人へと伝わり、増殖し、文化を形成する情報のまとまりのこと。1976年に発表されたリチャード・ドーキンス著『利己的な遺伝子』（紀伊國屋書店）においてはじめて使われた。

ミッドライフ・クライシス◆中年期特有の心理的危機、または中年期に陥る鬱（うつ）病や不安障害のこと。

結びつけるパターン◆グレゴリー・ベイトソンによって提唱された概念で、あらゆる生き物を結びつけるパターン、たとえば、エビとカニを、ランとサクラソウを、それらとあなた自身を結びつけ、片やアメーバへ、片や病棟の統合失調症の患者へ結びつけるパターンのこと。理解を深めたい方は『精神と自然』（岩波文庫）をおすすめする。

ゆりかごからゆりかごまで◆イギリスにおける社会福祉政策のスローガン「Cradle to Grave（ゆりかごから墓場まで）」をもじって提唱されたコンセプト。地球（ゆりかご）から得た資源を廃棄場（墓場）へと捨てるのではなく、再び地球（ゆりかご）に戻し、循環させる考え方。ウィリアム・マクダナーとマイケル・ブラウンガートの共著に『サステイナブルなものづくり』（人間と歴史社）がある。

サーキュラーエコノミーにおける2つの循環◆ウィリアム・マクダナーとマイケル・ブラウンガートは著書の中で、自然界の循環と産業の循環を混ぜないことの重要性を指摘し、「ゆりかごから墓場まで」における最も深刻な問題は、廃棄物の量や場所不足よりも、自然と産業双方にとってそれぞれに大切な栄養が循環せず、汚染され、無駄にされてしまっていることであると指摘している。エレン・マッカーサー財団が提唱するバタフライ・ダイアグラム（サーキュラーエコノミーのシステム概念図の通称）も、ウィリアム・マクダナーとマイケル・ブラウンガートの「ゆりかごからゆりかごまで」に大きな影響を受けた。

ヨガニドラ◆「ヨガの眠り」ともいわれ、眠りに近い状態で声のガイダンスによって行うヨガの瞑想方法のこと。

ライフサイクル・アセスメント（LCA）◆製品を製造する過程だけでなく、資源採取から原材料の調達、製造、加工、組立、流通、製品使用、さらに廃棄やリサイクルに至るまでの全過程（ライフサイクル）における環境負荷を総合して、科学的・定量的に評価する手法。サービスやシステムなど目に見えないものでも対象にすることができる。

量子場◆量子的に記述された場のこと。古典物理学ではなく、量子力学的に場を記述する理論を「場の量子論」といい、超弦理論などとも関連している。

零点（ゼロポイント）エネルギーフィールド◆「零点（ゼロポイント）エネルギー」は、量子力学における用語で、量子力学の系における最も低い基底状態のエネルギーのことを指す。一部の科学者はこのエネルギーの場を「零点エネルギーフィールド」と記述しているが、一般的ではない。

レジリエンス◆あるシステムが攪乱を受けても機能し続け、回復する能力。弾力性。

ビオモーフィズム◆自然界で見られる規則的な模様を取りこんだ芸術作品。有機的形態造形。

ビジョンクエスト◆古くから多くのネイティブ・アメリカンの種族に伝わる、子どもから大人になるための通過儀礼。

フィードフォーワード◆システムのモデルに基づいて動作を予測して制御を行う手法のこと。生命システムにおいてはフィードバックとフィードフォーワードの双方の制御が共存しているとされている。

複雑適応系（CAS）◆Complex Adaptive System。複雑系科学における用語。複数の相互接続された要素から成り、なんらかの（個別の部分からは明らかでない）全体としての性質を有する系のことを複雑系と呼び、そのなかで変化や経験から学習するものを複雑適応系という。サンタフェ研究所のジョン・H・ホランドやマレー・ゲルマンらが作った造語である。

フューチャーサーチ◆テーマに関わるさまざまなステークホルダーが一堂に会し、望ましい未来への合意とアクションを探求するための手法。ホールシステム・アプローチと呼ばれる組織開発のファシリテーション手法の1つで、部屋中にシステム全体の縮図が現れるように参加者を集める「ホールシステム・イン・ザ・ルーム」という原理に大きな特徴がある。過去と現在の状況について共有したうえで、対立や利害の不一致を超えて、みんなが望む未来への協力関係を生みだし、それぞれがアクション・プランの作成を行うもので、3日間の構造化されたプロセスがデザインされている。提唱者であるマーヴィン・ワイスボードとサンドラ・ジャノフの共著『フューチャーサーチ』（ヒューマンバリュー社）に詳しい。

フラードーム◆三角形の枠を組みあわせた支柱のないドーム。

プラネタリー・バウンダリー◆人間活動が地球全体のシステムに与える影響を科学的に評価する方法および概念に「地球の限界（プラネタリー・バウンダリー）」がある。2009年28カ国の国際的な科学者らによって提唱され、国連の持続可能な開発目標（SDGs）にも影響を与えた。2015年の段階で「気候変動」「生物圏の一体性」「土地利用の変化」「生物地球化学的循環（窒素・リン）」の4つで限界を超えているとされている。

プレゼンシング・インスティテュート◆MIT上級講師のオットー・シャーマー氏らによって設立された、U理論で提唱されるUプロセスの実践を探求するための組織。

圧力団体（プレッシャーグループ）◆共通の目標をもち、公共政策に影響を与えようとする諸個人の組織体のこと。利益団体ともいう。

フロー◆心理学者のM.チクセントミハイによって提唱された概念で、特定の対象に完全に集中して没入している創造的な精神状態のこと。

ペルソナ◆ユング心理学における概念で、自己の外的側面のこと。

ホラクラシー◆米国ホラクラシー・ワンが2007年に開発した組織運営手法。権限と役割（ロール）を組織全体に広く再分配することを特徴とする。従来の役職階層型組織の構造ではなく、ホロン（それ自体が1つの独立した性質を持ちながら、同時に全体の一部分であるもの）同士がつながりあう「ホラーキー」の構造を持つ組織のための運営手法として、自律的で目的志向の統合的な意思決定プロセスを実現することが重視されている。実践のためのルールとしてホラクラシー憲章が明文化され、進化を続けている。ブライアン・J・ロバートソン著『[新訳] HOLACRACY（ホラクラシー）』（英治出版）および https://www.holacracy.org/ に詳しい。

ネット・ポジティブ・インパクト◆Net Positive Impact（NPI）。生物多様性に差引で正の影響をもたらすこと。プロジェクトや事業において、生物多様性への負の影響を回避・最小化するとともに、オフセットおよび再生的措置を通じて、損失を上回る正の影響を及ぼすための数値目標。

パーマカルチャー◆デビッド・ホルムグレンの著書『パーマカルチャー（上・下）』（コモンズ）と共に、パーマカルチャーを創設したビル・モリソンの著書に『パーマカルチャー』（農山漁村文化協会）がある。興味がある方は、両書を見比べてみるとよいだろう。

バイオダイナミック農法◆ルドルフ・シュタイナーによって提唱された循環型農法。

『バイオフィリック・デザイン 14のパターン』（*14 Patterns of Biophilic Design*）◆バイオフィリアのコンサルティングを行うテラピン・ブライト・グリーンによるレポート『バイオフィリック・デザイン 14のパターン――健康とウェルビーイングを向上させる環境設計』は下記より英語で読むことができる。https://www.terrapinbrightgreen.com/wp-content/uploads/2014/09/14-Patterns-of-Biophilic-Design-Terrapin-2014p.pdf

バイオミミクリー◆より持続可能なデザインと自然との共生社会を生みだすために、自然界の形態や機能、プロセス、エコシステムを模倣し、人類が直面するデザイン上の課題を解決していくこと。バイオミメティクスの概念を派生させ、『自然と生体に学ぶバイオミミクリー』（オーム社）の著者であり、サイエンスライターのジャニン・ベニュスが1997年に提唱した概念。

バイオミメティクス◆生物の構造や機能、生産プロセスなどから着想を得て、新しい技術の開発やものづくりに活かそうとする科学技術のこと。1950年代に米国の神経生理学者オットー・シュミットが最初に提唱した。

ハイライン◆1960年頃からハドソン川沿いにて放置され、撤去予定だった元高架貨物鉄道の跡地を、2人の青年の働きかけをきっかけに歩行者回廊型の公園として再生させた事例。2009年の公開以降、観光地としても人気を博し、2014年の年間利用者は620万人にまでなった。周辺地域の再開発を促し、犯罪率の低下などの成果も明らかになっている。

パターン・ランゲージ◆クリストファー・アレグザンダーが提唱する「活き活き」とした建築や町を生成的にデザインするための理論、および「パターン」と呼ばれる具体的な解決策のカタログを指す。アレグザンダーは「活き活き」とした建築物および人工物には、生物や風紋のように自然と共通の普遍的な「生命構造」があり、その構造に存在する幾何学的特性、構造を生成的に生みだすプロセスの原理や具体例を全4巻の『ザ・ネイチャー・オブ・オーダー　建築の美学と世界の本質』（1巻のみ邦訳、鹿島出版会）にまとめている。アレグザンダー理論に基づき設計された埼玉県の盈進学園東野高等学校は、アレグザンダーが手掛けた最大の建築物として世界的に有名である。

ハッカソン◆エンジニア、プログラマー、デザイナーなどが集まり、ソフトウェア開発を集中的に行う手法。

発達指向型組織◆Deliberately Developmental Organization（DDO）。ロバート・キーガンとリサ・ラスコウ・レイヒーが提唱する、成人発達理論に基づく組織の運営形態。発達への欲求とチャレンジを後押しする「エッジ」、発達を実現するための組織上の慣行「グルーヴ」、弱さを共有し支えあう心理的安全性の高いコミュニティ「ホーム」の3つの相互作用を特徴とする。

ピア・ツー・ピア学習◆講師や上司から一方的に教わる受動型の学習ではなく、学習者同士が対話等を通じて互いに学びあう学習形態のこと。P2P学習、ピア・ラーニングともいわれる。

疎水性◆水に対する親和性が低く水に溶けにくい、あるいは水と混じりにくい性質のこと。一般的には撥水性と同義で使われることも多い。

ダークナイト・オブ・ザ・ソウル◆16世紀のスペインの詩人であり神秘思想家、聖ヨハネが詩の解説書で用いた表現で、精神の受動的な浄化の段階とされる。現代では、精神の枯渇、実存の懐疑と孤独という広い意味を持つ慣用句として使われる。

大海嘯◆海嘯とは満潮時に高い波が川をさかのぼり押し寄せる自然現象で、『風の谷のナウシカ』にも登場する。原著ではsea-change。シェイクスピアが『テンペスト』で使用した言葉で、急激な大変化を意味する。

対立移行◆主に紛争解決の分野で用いられ、対立や衝突が発生・終結・再発する過程の変化を捉える考え方。

「多様性の力（Diversity Matters）」◆レポート（英語）はこちらから読むことができる。https://www.mckinsey.com/~/media/mckinsey/business%20functions/people%20and%20organizational%20performance/our%20insights/why%20diversity%20matters/diversity%20matters.pdf

炭素隔離◆二酸化炭素の大気中への排出を防ぐ炭素隔離のうち「生物学的隔離」と呼ばれるものの1つ。植物は呼吸もしているため、二酸化炭素を放出しているが、出ていく量よりも光合成により取りこむ量が多いため、差し引きすると炭素の貯蔵量のほうが多くなる。

タントラ◆ヒンドゥー教や密教の聖典のこと。

チェンジマネジメント◆組織の変革の効率性を向上させ、成功に導くマネジメント手法のこと。

チキン・ティッカ・マサラ◆イギリス発祥のインド料理で、カレー料理の一種。

超個体◆superorganism。多数の個体で構成され、あたかも独立した1個の生物体のように振る舞う生物集団。通常、シロアリ・アリ・ハチ類などの社会性昆虫の集団など同種で構成される個体群やコロニーを指すが、異種集団を超個体とみなすこともある。

清渓川（チョンゲチョン）◆ソウル市内を横断し、漢江に注ぎこむ都市河川である清渓川の再生事例。衛生問題などから暗渠化され上部に高架道路が通されるなど市民の記憶からは忘れ去られていたが、2002年のソウル市長選の争点として取り上げられ、復元へと舵が切られた。現在はソウルのランドマークの1つとなっている。

『都市の鍼治療』（丸善出版）◆公益財団法人ハイライフ研究所による「都市の鍼治療データーベース」にも詳しい。https://www.hilife.or.jp/cities/

ニッチ◆生態的地位を意味する生物学用語で、ある生物の種や個体群が占める特有の生息場所やまとまった環境要因のこと。

ネット・ポジティブ◆差し引きしてプラスになること。ここでは、あらゆるステークホルダーのウェルビーイングを向上させるビジネスのことを指す。ユニリーバの前CEOを務めたポール・ポルマン氏とサステナビリティ戦略のコンサルタントであるアンドリュー・S・ウィンストン氏は同タイトルの共著書にて「あなたのビジネスが存在することで、世界はより良くなるか」と問いかけている。

心理的な投影◆自分の中で生じた感情や衝動などを、無意識のうちに外部の対象物（他者など）に帰属させる心の働きのこと。ユング心理学においては、影（シャドウ）とも関連し、否定するのではなく、自分の一面として受容することで、自己実現や超自我の発達に活かすことができるとされる。本書で用いられる投影は心理的な投影を指していると捉えて差し支えない。

スウォーム◆直接的には「群がる」を意味する。元々は生物の群行動がどのように生まれるかについての用語であったが、アジャイルの文脈においては、チームメンバーが別々のタスクに個別に取り組むのではなく、ある特定のタスクに集中して全員で密接かつ同時に協力して取り組む、あるいは役割を超えて全員で協調しながら問題を解決していく様子を指す。UXデザインの文脈においては、チームで集中的に製品の体験をデザインするワークショップ形式のことをデザインスウォームとも呼ぶ。具体的な手法を本書11章にて紹介している。

ストリップマイニング◆鉱物採取法の一種。縦に掘り進むのではなく地層を剥いで浅砂鉱床の堆積物に含まれる鉱物を採掘するためより広範なエリアに影響するとされている。

ストレンジ・アトラクター◆アトラクターは力学系における用語。運動の複雑さや種類によってさまざまな形をとるが、カオス理論における非周期的軌道から成り、予測不可能な挙動を伴うアトラクターのことをストレンジ・アトラクターと呼ぶ。

スパイラル・ダイナミクス理論◆人間の意識進化に関する統計的な実証を行い、人間の発達段階を8つにまとめた研究。『ティール組織』（英治出版）に影響を与えたケン・ウィルバーのインテグラル理論の土台となっている。

成人発達理論◆発達心理学の一分野であり、成人以降の人の意識の成長・発達に焦点をあてた理論。

生態系サービス◆私たちの暮らしを支える、食料や水の供給、気候の安定等、生態系の機能や生物多様性から得られる恵みのこと。国連の提唱によって行われた地球規模の生態系に関する環境アセスメント「ミレニアム生態系評価」では、「供給サービス」「調整サービス」「文化的サービス」「基盤サービス」の4つの機能に分類されている。

自主経営（セルフマネジメント）◆『ティール組織』における3つの特徴の1つ。従来の階層型組織のように「上司/部下」の関係ではなく、1人ひとりあるいはチーム単位での自律的な意思決定による組織の経営形態のこと。

場所の感覚（センス・オブ・プレイス）◆身体的、社会的、歴史的に構築された、人と場所との関係性を表す環境人文学の用語。

ソーシャル・プレゼンシング・シアター◆オットー・シャーマー博士が提唱するU理論を身体を使って体験するための手法。プレゼンシング・インスティテュートの共同創始者アラワナ・ハヤシ氏が開発・主導する。身体性を軸に、個人や組織、社会システムの変容を促すための方法論で、世界中のビジネス、政府、NGO/NPOなどさまざまな現場で活用されている。アラワナ・ハヤシ著『ソーシャル・プレゼンシング・シアター』（*Social Presencing Theater*）に詳しい。

ソシオクラシー◆個人や組織の平等な関係に基づくガバナンス形態のこと。いくつかの発展段階があるが、1970年にエンジニアのジェラール・エンデンブルクによりソシオクラシーサークル組織法として開発された。現在は非営利組織Sociocracy For Allなどによって啓蒙育成が行われているほか、進化型組織のためのフレームワークとしてソシオクラシー 3.0も生まれている。https://sociocracy30.org/ に詳しい。なお、ホラクラシーはソシオクラシーから影響を受けて生まれた。

コンシャス・リーダーシップ◆コンシャス（conscious）とは「意識的であること」を意味する。ホールフーズ・マーケットの創業者兼共同CEOジョン・マッキーと経営学者ラジェンドラ・シソーディアが提唱したコンシャス・キャピタリズムにおける4つの柱のうちの1つで、経済利益だけでなく、関わる人々、社会的意義、環境なども含めたあらゆるステークホルダーの幸福や便益に奉仕していくリーダーシップの在り方を指す。

最古の菌類◆2019年に学術誌「Nature」で発表された論文によれば、最古の菌類は、カナダで見つかった10億年前の化石が微小な菌類のものであることが示唆されている。また、別のグループの研究では7億1500万年以上前の化石が糸状菌の仲間であることが明らかになっている。

サイバネティックス◆生き物と機械における制御と通信を融合し、生理学、機械工学、システム工学、人間と機械の相互的なコミュニケーションなどを統一的に研究する学問。

サイロ化◆サイロとは家畜の飼料、米や麦などの農産物などが混ざらないように個別に貯蔵しておく容器あるいは倉庫のこと。企業組織が縦割り構造になり、各部門が孤立し、部門同士の連携が取れていない状況を指す。タコツボ化ともいう。

識閾◆刺激を通じて感覚や反応が起こる境界を意味する心理学用語。意識と無意識の境目を指すこともある。

時空◆時間と空間を合わせて表現する物理学用語。3次元の空間に時間を加えた4次元の世界のこと。

自己マスタリー◆『学習する組織』（英治出版）の著者ピーター・M・センゲが提示した5つの訓練法（ディシプリン）の1つ。自身の望むビジョンの実現にエネルギーを集中し、そのために自身を絶えず変容させ続ける過程のこと。

時代は変わる◆ボブ・ディランの1964年のヒット曲「The Times They Are A-Changin'」。日本で初めてリリースされたレコードの邦題は「時代は変る」という表記だった。

社員の病欠に関する費用削減◆英国や多くの欧州各国においては、一定期間以上病欠した社員に対して雇用者が法定の手当を支払う必要がある。

シャドウ◆ユング心理学における概念で、その人が生きられなかった半面（影の側面）、容認しがたく否定・抑圧されてきた心的内容のことを指す。

集合的無意識◆心理学者C.G.ユングが提示した概念で、人間の心の深層に存在する共通のパターン（元型）からなる無意識領域のこと。普遍的無意識とも呼ぶ。個人の経験によって獲得される個人的無意識と区別される。

植物の陸上進出と菌根共生◆植物の陸上進出には諸説あるが、現在確認されている最古の陸上植物「クックソニア」は約4億年ほど前に生息したとされている。植物が過酷な陸上環境に進出し、その後繁栄を遂げる際に菌根共生は重要な役割を果たしたと考えられている。

シロアリ塚の内部構造◆シロアリの塚の内部構造については、温度調節だけでなく、肺の吸入と吐出のサイクルのように内部の通路を通じて酸素と二酸化炭素の交換が行われているとする生物学者スコット・ターナーの研究結果もある。

共時性（シンクロニシティ）◆因果律によらない「意味のある偶然の一致」のこと。共時性。心理学者C.G.ユングが提唱した。

還元主義的機械論◆自然界の諸現象を、心や精神、霊魂などの概念を用いずに、部分の因果関係によって機械的に説明や解釈することが可能とする立場を機械論という。全体は部分の総和であり、部分への要素還元によって全体も説明できるとする還元主義に基づく機械論を還元主義的機械論という。全体論に基づく機械論もあることから、機械論と還元主義は同一ではないが、本書で特に説明なく「機械論」と表記されている場合は、還元主義的機械論を指す。

『木を見て森を見る』（*Seeing the Forest for the Trees*）◆管理職のためのシステム思考応用ガイドとして書かれた本。

グローバルLAMPインデックス◆Global Living Asset Management Performance（LAMP）Index。生きている資産への配慮（Living Asset Stewardship）を中核に据えた経営理論（LAS）に基づき、企業のパフォーマンスを測るために構築された。「生きている資産」（人間と自然界）と「生きていない資産」（資本資産）を区別し、企業価値を測る指標として前者をより重視するという特徴を持つ。『生命のための利益』（*Profit for Life*）の著者ジョゼフ・H・ブラグドンによって提唱された。

経営ダッシュボード◆売上や営業、人事情報など企業の経営に必要なデータを1つの場所で可視化できるようにしたもの。

経絡（けいらく）◆中医学における考え方の1つ、人体の中の気や血の流れる通路のこと。経絡が気血の出入り口に相当する外界と接している要所を経穴（ツボ）という。

ゲシュタルト領域◆形態・姿を意味する言葉で、ゲシュタルト心理学の基本概念。部分の総和として捉えられない、1つのまとまった、有機的・具体的な全体性のある構造をいう。

権力の回廊◆重要な政治決定がなされる場所のこと。C. P. スノーの小説タイトルに由来している。

個性化過程◆ユング心理学における概念で、個々の人間が未分化な無意識を発達させるプロセスのこと。

異なる樹種間のコミュニケーション◆ブリティッシュコロンビア大学の森林生態学者スザンヌ・シマードは、30年にわたる研究の末、木々が菌類によるネットワークを通じて互いにコミュニケーションを取っていることを明らかにした。炭素・窒素・リン・水・防御信号・アレル化物質・ホルモンなどを「言語」として会話し、同じ樹種だけではなく異なる樹種間においても協力し合っていることがわかっている。TED動画「森で交わされる木々の会話」参照。https://www.ted.com/talks/suzanne_simard_how_trees_talk_to_each_other/transcript?language=ja

コロニー◆群生している集団のこと。

コンシャス・キャピタリズム◆「意識的であること」を意味するコンシャス（conscious）と資本主義を意味するキャピタリズム（capitalism）を合わせた言葉。ホールフーズ・マーケットの創業者兼共同CEOジョン・マッキーと経営学者ラジェンドラ・シソーディアが提唱した概念で、経済利益だけでなく、社会的意義やあらゆるステークホルダーの幸福を指向する資本主義活動のことを指す。「存在目的」「マルチステークホルダー・アプローチ」「コンシャス・リーダーシップ」「コンシャス・カルチャー」の4つを柱とする。邦訳書にジョン・マッキー、ラジェンドラ・シソーディア著『世界でいちばん大切にしたい会社』（翔泳社）がある。

易分離分解性設計◆Design for Disassembly（DfD）。リサイクルや修復のために、容易に分解が可能な設計をする手法のこと。

イリュージョン・オブ・セパレーション
分離という幻想◆ジャイルズの前著に『分離という幻想』（*The Illusion of Separation*）がある。関心のある方は以下のインタビュー映像（英語）をおすすめする。https://www.youtube.com/watch?v=vuwgvLfWOXc

インクルーシブ・キャピタリズム
包摂的な資本主義に向けた堤防プロジェクト（EPIC）◆https://www.coalitionforinclusivecapitalism.com/epic/

ウェイ・オブ・ネイチャー◆自然とのつながりを取り戻し、精神的・生態的・社会的な意識の統合と変容を促すためのグローバルムーブメント。ジョン・P・ミルトンによって創設され、仏教や道教、チベット古来の教えゾクチェン、インドのタントラ、禅など古来の精神的実践に基づく12の原則が提示されている。

渦巻腕◆渦巻銀河が持つ渦状の構造のこと。

エクスティンクション・レベリオン（XR）◆2018年にイギリスで創設された環境保護団体。地球温暖化および生態系の危機に対して抗議を行う社会・政治的な市民運動で、世界50カ国以上で関連団体が立ちあがっている。

エントレインメント◆心理学用語で、同期行動や同調傾向ともいう。新生児が大人の話しかけに同調して自分の身体を動かしたり、また大人も子どもの動きなどに応答したりする相互作用のこと。対話においては、話者間において話し方や声の調子などの振る舞いが同調・類似する現象を指す。

大型類人猿◆ヒトと最も近縁な動物で、ヒト科の中でヒト属以外のものを指す。オランウータン属、ゴリラ属、チンパンジー属がある。尾がないことに加え、頻繁に直立二足歩行を行う、複雑な社会関係、高度な知性をもつなどほかの霊長類には見られない特徴がある。

オープンクエスチョン◆「はい」か「いいえ」ではなく、回答者が自由に考えて答えることができる質問のこと。

オキュパイ・ムーブメント◆2011年に米国ではじまった若者を中心とした反格差運動、反グローバリズム運動。またたく間に世界の主要都市に拡がった。

学習する組織◆心から望む共通の目標に向かって、集団としての「意識」と「能力」を継続的に高め、絶えず学び続ける組織のこと。1970年代後半にクリス・アージリスとドナルド・ショーンが提唱した概念を、マサチューセッツ工科大学（MIT）経営大学院上級講師ピーター・M・センゲが1990年に*The Fifth Discipline*（邦題『学習する組織』）として上梓し広めたもので、世界で200万部を超えるベストセラーとなった。変わりゆく事業環境のなかで「自己マスタリー」「メンタルモデル」「共有ビジョン」「チーム学習」「システム思考」という5つのディシプリンを生涯学び、実践しつづけることを特徴とする。

ガラスの天井◆キャリアにおける見えない天井。性別や人種などを理由に低い地位を強いられている不当な状態を表す表現。

環境フットプリント◆二酸化炭素や温室効果ガスだけでなく、それ以外の指標物質・環境影響領域も含めた環境負荷の影響を評価する手法。

訳注一覧

Bコープ（B-Corp）◆株主だけでなく、環境、従業員、顧客といったすべてのステークホルダーに配慮した事業を行い、事業を通じた社会や環境へのよい影響、社会的透明性や説明責任を高い水準で満たす企業のこと。

Etsy◆手芸や古物、アート作品などを販売・購入できる米国発のオンラインマーケットプレイス。

IPBES◆生物多様性および生態系サービスに関する政府間科学－政策プラットフォーム。

KPI◆Key Performance Indicator（重要業績評価指標）の略称。目標を達成するプロセスでの達成度合いを計測したり管理したりするために設定される定量的な指標のこと。

「The Runaway Summit: The Background Story of the Danish Presidency of COP15, the UN Climate Change Conference（逃走サミット：UN気候変動会議 COP15における議長国デンマークの舞台裏）」◆https://www.fao.org/fileadmin/user_upload/rome2007/docs/What%20really%20happen%20in%20COP15.pdfにて英語でも読むことができる。

VUCA◆「不安定（volatile）」「不確実（uncertain）」「複雑（complex）」「曖昧（ambiguous）」という4つの単語の頭文字をとった言葉で、環境変化が激しく、将来の予測が困難な状況を指す。

アート・オブ・ホスティング◆正式名称はArt of Hosting and Harvesting Conversations That Matter。直面する複雑な課題に対して、多様な立場の人々を巻きこみ、大切な話し合いに迎え入れる「参加型リーダーシップ」の一連の実践を指す。アート・オブ・ホスティング・ジャパンのHPに詳しい。https://art-of-hosting.jp

アクション・バイアス◆スピードを重視してまず行動すること。バイアス・フォー・アクション（bias for action）とも呼ばれ、Amazon社のリーダーシップ・プリンシプルの14項目のうちの1つにも定められている。

アジャイル◆元々はソフトウェア開発手法の1つで、短期間かつ機能単位の小さいサイクルですばやく開発し、フィードバックを受けながら改善を進めていく開発手法を指すものであった。各工程を後戻りしない前提で進めていく従来のウォーターフォール型開発に対して考案された。近年は、組織文化や経営の文脈において機敏に変化に適応していくための手法として「アジャイル」と呼称される。本著者ジャイルズの前著『フューチャー・フィット』（*Future Fit*）でもアジャイル型の組織文化の重要性が語られている。

アドヴァイタ・ヴェーダーンタ（不二一元論）◆インド哲学の一派ヴェーダーンタ学派を代表するシャンカラによって著された著作。ヨーガ学派・サーンキヤ学派などの二元論に対し、ウパニシャッドの梵我一如の思想を踏まえた一元論を打ち出す哲学的立場。

アプリシエイティブ・インクワイアリー◆問いや探求（インクワイアリー）により、個人の価値や強み、組織全体の真価を発見し、可能性を拡張させるためのプロセス。デビッド・クーパーライダーとダイアナ・ホイットニーらにより1987年に提唱された。『AI「最高の瞬間」を引きだす組織開発』（PHP研究所）に詳しい。

著者について

リーダーシップや組織において真にリジェネラティブな変容を促進する、という共通の情熱と目的を実現するために、私たちは力を合わせて本書を執筆しました。

企業、公的機関、スタートアップ、非営利団体、政治のリーダーたちと協働してきた長年の知見から、新たなリーダーシップのフレームワークを生みだし、その実践方法について本書で語っています。

また、私たちは2018年にあらゆる分野のリーダーたちにリジェネラティブなデザインや組織、リーダーシップ、生き方を教育するための共同体「リジェネレーターズ」を設立し、リジェネラティブ・リーダーシップの世界観と哲学を伝えるエグゼクティブ・コーチング、リトリート、セミナー、ワークショップ等を開催しています。

本書とリジェネラティブ・リーダーシップのDNAモデルが、すでに立ち現れはじめているリジェネレーションの時代変化への触媒（カタリスト）となることを願っています。

原書の公式ホームページ：www.regenerativeleadership.co
リジェネレーターズ：www.regenerators.co

ローラ・ストーム

Laura Storm

サステナビリティとリーダーシップの専門家であり、国際的な活動家。リジェネレーターズ共同設立者。多くのグローバル企業のアドバイザーを務め、さまざまなリーダーたちとパーパスやインパクトを重視する組織のムーブメントを展開している。2011年に持続可能な解決策のコラボレーションを促進するサステニアを創業。4000以上の解決策のデータベース構築、先進的な書籍出版、独自のネットワーク構築などの活動を通じて1億5000万人以上にリーチするグローバルブランドに発展した。

サステナビリティ専門メディアGreen Biz「ワールドチェンジャー」、世界経済フォーラム「ヤング・グローバル・リーダー」に選出。コペンハーゲン・ビジネススクールにて政治コミュニケーションとリーダーシップの修士号を取得。

www.laura-storm.com

ジャイルズ・ハッチンズ

Giles Hutchins

組織とリーダーシップの意識変容を支援するアドバイザー。リジェネレーターズ共同設立者。個人や組織、システムのエネルギーを高め、よりアジャイルになるための発達指向型アプローチを専門とする。KPMGでグローバル企業向けの経営コンサルタントおよび執行部門の責任者を務め、全世界で10万人以上の従業員を抱えるテクノロジー企業アトス社のグローバル・サステナビリティ・ディレクターを経て独立。フューチャー・フィット・リーダーシップ・アカデミー会長。バイオミミクリー・フォー・クリエイティブ・イノベーション共同設立者。英国ロンドン近郊にある60エーカー（約24ヘクタール）の天然林の中でリーダーシップ・イマージョン・センターを運営している。著書に、本書の続編といえる*Leading by Nature*、*Nature Works*や、新しいリーダーシップや組織の在り方を説く*The Nature of Business*、*The Illusion of Separation*、*Future Fit*などがある。

www.gileshutchins.com
www.ffla.co

翻訳

小林泰紘

Yasuhiro Kobayashi

一般社団法人 Regenerative Leadership Japan 代表理事
一般社団法人 Ecological Memes 代表理事／発起人
エコシステミック・カタリスト／リジェネラティブ・ファシリテーター

人と自然の関係を問い直し、人が他の生命や地球環境と共に繁栄していく未来（リジェネレーション）に向けた探究・実践を行う共異体 Ecological Memesを2020年に設立。インドやケニアなど世界 28ヶ国を旅した後、社会起業家支援、さまざまな業界で個人の内なる感覚を起点とした事業創造や組織変革の支援に従事したのち、独立。現在は、主に循環・再生型社会の実現に向けた事業創造や組織変容、リーダーシップ醸成などを支援・媒介するフリーランスのカタリスト・共創ファシリテーターとして活動。2024年12月にRegenerative Leadership Japanを設立し、リジェネラティブ・リーダーシップを日本に伝え、実践・深化させるため、講演・アドバイザリー活動や経営支援、リーダーシッププログラム等を展開している。本書の続編にあたる*Leading by Nature*（ジャイルズ・ハッチンズ著）も翻訳中。

座右の銘は行雲流水。一児の父。趣味が高じて通訳案内士や漢方・薬膳の資格を持つ。 環境再生型コミュニティ農園「かすかべ農園」園主。

Instagram：@yasu_em
X：@yasu_cs
https://lit.link/yasuhirokobayashi

リジェネラティブ・リーダーシップ

「再生と創発」を促し、生命力にあふれる人と組織のDNA

発行日　2025年　1月 22日　第 1 版　第 1 刷

著者　ローラ・ストーム
ジャイルズ・ハッチンズ

翻訳　小林泰紘（こばやし・やすひろ）

発行人　高野達成

発行　英治出版株式会社
〒150-0022 東京都渋谷区恵比寿南1-9-12 ピトレスクビル4F
電話　03-5773-0193　　FAX　03-5773-0194
www.eijipress.co.jp

プロデューサー　下田理

スタッフ　原田英治　藤竹賢一郎　山下智也　鈴木美穂　田中三枝
平野貴裕　上村悠也　桑江リリー　石﨑優木
渡邉吏佐子　中西さおり　齋藤さくら　荒金真美
廣畑達也　太田英里　清水希来々

装丁　HOLON

校正　株式会社ヴェリタ

印刷・製本　中央精版印刷株式会社

[英治出版からのお知らせ]

本書に関するご意見・ご感想をE-mail（editor@eijipress.co.jp）で受け付けています。
また、英治出版ではメールマガジン、Web メディア、SNS で新刊情報や書籍に関する
記事、イベント情報などを配信しております。ぜひ一度、アクセスしてみてください。

メールマガジン　：　会員登録はホームページにて
Webメディア「英治出版オンライン」　：　eijionline.com
X / Facebook / Instagram　：　eijipress

ISBN978-4-86276-333-4　C0034　Printed in Japan